Lehrerband

Natur bewusst 8

Physik • Chemie • Biologie
Hauptschule Bayern

Herausgeber

Rainer Hausfeld

Wolfgang Schulenberg

Autoren

Walter Barklage

Claus Beier

Gerd Demmer

Britta Scheffer

Wolfgang Schulenberg

Jürgen Steinbach

Thomas Sudeik

Bernd Vorwerk

Christian Wendel

westermann

Vorschlag zum Stoffverteilungsplan

Monat	Lehrplan	Kapitel im Schülerbuch
September	**8.1.1 Lebewesen im Boden** – Bedeutung des Bodens für den Menschen, für Tiere und Pflanzen – Beschaffen, Auswerten und Wiedergeben von Informationen → KR 8.5.1, D 8.1.1, 8.2.3 – Lebewesen in der Laubstreu und im Boden, z.B. Regenwurm, Pilze, Kleinlebewesen; ihre Funktion bei der Zersetzung abgestorbener Pflanzen und Tiere; Verrottung → 8.2.2 – Bakterien und ihre Bedeutung; Koloniebildung; Betrachten mit dem Mikroskop → 8.3.1, 8.3.3	**1 Lebewesen im Boden** 1.1 Bedeutung des Bodens für den Menschen für Tiere und Pflanzen; 1.2 Lebewesen in der Laubstreu und im Boden; 1.3 Bakterien und ihre Bedeutung
Oktober	**8.1.2 Bodenqualität** – Bodenproben (Schulhof, Garten, Acker, Baustelle o.Ä.); Untersuchungen, z.B. hinsichtlich Körnigkeit, Bindigkeit, Formbarkeit, Luftdurchlässigkeit, Wasserhaltevermögen, Kalkgehalt, pH-Wert → 8.4.1, Wachstum auf verschiedenen Böden – Bewahrung, Gefährdung und Vernichtung des Bodens; Verantwortung des Menschen → KR 8.5.1 **8.2.1 Pflanzen und Tiere im Wald** – Nadelbäume – Laubbäume, Sträucher, Kräuter; Tiere; Bestimmungsübungen → Ku 8.2 – Waldbäume und ihre Ansprüche an den Standort, z.B. hinsichtlich Licht, Wasser, Boden, Klima – Insekten im Lebensraum Wald, z.B. Staaten bildende Insekten, Borkenkäfer – weitere Insekten, gemeinsame Merkmale	**2 Bodenqualität**; 2.1 Wir untersuchen Bodenproben; 2.2 Eigenschaften von Böden; 2.3 Bewahrung, Gefährdung und Vernichtung des Bodens **3 Lebensgemeinschaft Wald**; 3.1 Pflanzen und Tiere im Wald; 3.2 Bäume und Sträucher des Waldes; 3.3 Wir erkunden einen Wald; 3.4 Waldbäume und ihre Ansprüche an den Standort; 3.5 Ameisen – Staaten bildende Insekten im Wald; 3.6 Insekten haben gemeinsame Merkmale
November	**8.2.2 Funktionen des Waldes** – Nahrungsbeziehungen im Wald; Erzeuger, Verbraucher, Zersetzer → 8.1.1, 8.3.1, 8.3.3 – Bedeutung des Waldes, z.B.: Lebensraum, Reinhaltung der Luft, Wasserspeicher, Erosionsschutz, Erholungsraum für den Menschen, Holzlieferant – Gefährdung des Lebensraums, z.B. durch menschliche Eingriffe, Monokulturen, sauren Regen → 8.4.1, KR 8.5.1, EvR 8.1.1 **8.3.1 Ernährung des Menschen** – Grundsätze einer ausgewogenen Ernährung, Nährstoffe; Aufbewahren, Zubereiten und Haltbarmachen/Konservieren von Nahrungsmitteln (Hygiene) → **HsB 8.1, 8.2**; Beschaffen, Auswerten und Wiedergeben von Informationen → D 8.1.1, 8.2.3	**4 Funktionen des Waldes**; 4.1 Nahrungsbeziehungen im Wald; 4.2 Die Bedeutung des Waldes; 4.3 Gefährdung des Lebensraums Wald **5 Ernährung des Menschen**; 5.1 Grundsätze einer ausgewogenen Ernährung; 5.2 Nährstoffe und andere Stoffe in der Nahrung; 5.3 Aufbewahren, Zubereiten und Haltbarmachen von Lebensmitteln
Dezember	**8.3.1 Ernährung des Menschen** – Pflanzen als Grundlage der Nahrung: Stoffkreislauf – Fotosynthese (Teil II); Produktion von Zucker und Stärke, Nachweis von Stärke → 8.1.1, 8.2.2; wichtige Kulturpflanzen (Überblick) – Getränke und ihre Bestandteile: Milch (als Emulsion), Limonade (als Lösung); ausreichende Aufnahme von Flüssigkeit und von Mineralsalzen → S 8.1.5	**5 Ernährung des Menschen**; 5.4 Pflanzen als Grundlage der Nahrung: Fotosynthese und Stoffkreislauf; 5.5 Kennübung: Einige wichtige Kulturpflanzen; 5.6 Getränke und ihre Bestandteile: Vergleich von Milch und Limonade

Vorschlag zum Stoffverteilungsplan

Januar

8.3.2 Verdauung beim Menschen
– Weg der Nahrung im Körper
– Verdauungsorgane und ihre Funktion; Verdauungsvorgänge (einfache Experimente)
Erkrankung der Verdauungsorgane; Vorbeugung; Zusammenhang von Ernährung und Gesundheit

6 Verdauung beim Menschen; 6.1 Weg der Nahrung durch den Körper; 6.2 Verdauung im Mund; 6.3 Verdauung im Magen; 6.4 Verdauung im Dünndarm; 6.5 Aufnahme der Nährstoff-Bausteine vom Darm in das Blut; 6.6 Erkrankungen der Verdauungsorgane – Ernährung und Gesundheit

Februar

8.3.3 Infektionskrankheiten
– Krankheiten, z.B. durch Bakterien → 8.1.1, 8.2.2 und Viren; Infektion und Verlauf → HsB 8.2
– Schutz und Vorbeugung; Verhalten bei Erkrankung
– Aids; Ansteckung, Verlauf, Schutz → Eth 8.2.2
– Verhalten gegenüber Kranken

7 Infektionskrankheiten; 7.1 Krankheiten durch Bakterien: Infektion und Verlauf; 7.2 Krankheiten durch Viren: Infektion und Verlauf; 7.3 Die körpereigene Abwehr von Erregern; 7.4 Schutz und Vorbeugung, Verhalten bei Erkrankung; 7.5 AIDS: Ansteckung und Verlauf; 7.6 AIDS: Schutz und Verhalten gegenüber Kranken

März

8.3.4 Genussmittel und Drogen → KR 8.1.2, EvR 8.2.2, Eth 8.1
– Genuss, Gewöhnung, Abhängigkeit, Sucht
– Ursachen von Sucht: Mensch, Milieu, Mittel und Markt; legale und illegale Suchtmittel
– Wirkung von Rauschmitteln; Alkohol und Drogen im Straßenverkehr; Arzneimittelmissbrauch
– Folgen von Sucht, z.B. organische, psychische, soziale Schäden
– Suchtprävention als Entwicklung von Lebenskompetenzen z.B. Selbstbewusstsein im Umgang mit sich und anderen → KR 8.1.3, S 8.1

8 Genussmittel und Drogen; 8.1 Ein Projekt zum Thema Drogen; 8.2 Genuss, Gewöhnung, Abhängigkeit, Sucht; 8.3 Ursachen von Sucht; 8.4 Wirkungen von Drogen; 8.5 Alkohol und Drogen im Straßenverkehr; 8.6 Folgen einer Sucht; 8.7 Suchtvorbeugung – Selbstbewusstsein im Umgang mit sich und anderen

April

8.5.1 Magnetismus, Elektromagnetismus
– Wirkung von Dauermagneten (untereinander bzw. auf andere Stoffe)
– das magnetische Feld; Feldlinien als Modellvorstellung
– magnetische Wirkung des elektrischen Stroms; Magnetfeld eines stromdurchflossenen Leiters; Beziehung zwischen Stromrichtung und Richtung des Magnetfelds (ohne Rechte-Hand-Regel)
– Elektromagnet: Abhängigkeit des Magnetfeldes von Windungszahl, Stromstärke und Eisenkern
– Gleichstrommotor und weitere Anwendungen z.B. Gong, Relais, Klingel → GtB 8.3

11 Magnetismus, Elektromagnetismus, 11.1 Dauermagnete; 11.2 Das magnetische Feld; 11.3 Magnetische Wirkung des elektrischen Stroms; 11.4 Der Elektromagnet; 11.5 Elektromagnete in Aktion; 11.6 Der Gleichstrommotor

Mai

8.5.2 Elektromagnetische Induktion
– Erzeugen von Induktionsspannung
– Abhängigkeit der induzierten Spannung von der Windungszahl der Induktionsspule, von der Stärke und der Änderungsgeschwindigkeit des Magnetfeldes
– Wechselspannung, Wechselstrom; Frequenz
– Funktionsweise eines Generators
– Transformator; Funktion und Anwendungen; einfache Berechnungen

12 Elektromagnetische Induktion; 12.1 Induktionsspannung; 12.2 Wovon hängt die Induktionsspannung ab; 12.3 Wechselspannung und Wechselstrom; 12.4 Der Generator; 12.5 Der Transformator; 12.6 Anwendungen von Transformatoren; 12.7 Generator – Transformator – Motor;
13 Leistung; 13.1 Mechanische Leistung;

Kapitel und Abschnitte im Schülerbuch

8.5.3 Leistung
– mechanische Leistung P = W/t;
Einheit: 1 Nm/s (1 Newtonmeter/Sekunde)

Juni

8.5.3 Leistung
– Bedeutung der Leistungsangabe bei Elektrogeräten
– Zusammenhang von elektrischer Leistung, Spannung und
Stromstärke; Berechnen der elektrischen Leistung P = U • I ;
Einheit: 1 VA (Voltampere) = W (Watt) = 1 J (Joule); Maßein-
heiten: 1 mW, 1 W, 1 kW, 1 MW

8.5.4 Elektrische Energie
– Bedeutung elektrischer Energie in der Schule, zu Hause
– Zusammenhang zwischen Energiebedarf, Leistung und Einschaltdauer elektrischer Geräte; (Wattsekunde); Maßeinheiten:
1Ws, 1kWh
– elektrische Energie; Zähler, Kosten (Stromrechnung); verant-
wortlicher Umgang, Einsparungsmöglichkeiten

13 Leistung; 13.2 Bedeutung der Leistungsangaben bei Elektrogeräten; 13.3
Wovon hängt die elektrische Leistung ab?
14 Elektrische Energie; 14.1 Elektrische Energie zu Hause und in der Schule;
14.2 Leistung und Energie; 14.3 Was misst der Elektrizitätszähler?; 14.4 Elektrische Energie sparsam nutzen

Juli

8.4.1 Säuren und Laugen
– Säuren(Säurelösungen) und Laugen aus dem Erfahrungsbe-
reich der Schüler, z.B. im Haushalt; sachgemäßer Umgang, Ge-
fahren
– Nachweisen von Säuren und Laugen
– Eigenschaften von Säuren und Laugen; Wirkung auf andere
Stoffe; Anwendungen
– Herstellung einer Säure(z.B. schweflige Säure, Salzsäure)
und einer Lauge z.B. Natronlauge)
– Formelschreibweise, z.B. H_2SO_3, HCl; NaOH
– Umweltgefährdungen, z.B. saurer Regen → 8.1.2, 8.2.2, Rei-
nigungsmittel → WTG 8.6

8.4.2 Salze
– Salze aus dem Erfahrungsbereich der Schüler, z.B. Kochsalz;
sachgemäßer Umgang
– Eigenschaften von Salzen; Wirkungen; Nachweis von Salzen
– Herstellen eines Salzes, z.B. durch Synthese oder Neutralisa-
tion; Element, Verbindung; Reaktion
– Wortgleichung und Formelschreibweise;
NaOH + HCl → NaCl + H_2O + Energie
– Verwendung von Salzen, z.B. Streusalz, Düngemittel; Um-
weltgefährdungen → 8.1.2, WTG 8.6

9 Säuren und Laugen; 9.1 Säuren um
uns herum; 9.2 Säuren können gefährlich
sein; 9.3 Nachweis von Säuren; 9.4 Eigenschaften von Säuren; 9.5 Herstellung
von Säuren; 9.6 Laugen im Haushalt; 9.7
Nachweis von Laugen – der pH-Wert; 9.8
Eigenschaft von Laugen; 9.9 Herstellung
von Laugen; 9.10 Säuren und Laugen
können für die Umwelt gefährlich sein

10 Salze; 10.1 Kochsalz ist ein wichtiger
Rohstoff; 10.2 Eigenschaften von Salzen;
10.3 Wie Salze hergestellt werden können; 10.4 Verwendung von Salzen

Inhaltsverzeichnis

So können Sie mit dem Lehrerband zu „Natur bewusst" arbeiten:

Meistens gehören zu einem Abschnitt im Schülerband zwei gegenüberliegende Seiten im Lehrerband. **Kopiervorlagen** zu den einzelnen Abschnitten des Schülerbuches finden Sie in einem gesonderten Band.

Unter *Lehrplanbezug* finden Sie die relevanten Aussagen des Lehrplans zitiert. Auf diese Weise können Sie schnell und ohne dauernd im Lehrplan zu blättern den Zusammenhang zwischen Unterrichtsthema und Lehrplan herstellen.

Der *Strukturierungsvorschlag* bietet Ihnen eine Übersicht, wie Sie die inhaltliche Abfolge des jeweiligen Themas im Unterricht strukturieren *können*. Den einzelnen Schritten dieses Verlaufsplan sind mit Kürzeln Bilder (**B**), Aufgaben (**A**), Versuche (**V**) aus dem Schülerband sowie Medien (**M**) und Kopiervorlagen (**K**) zugeordnet.

Der *zusammenfassende Merksatz* ist aus dem Schülerband zitiert, so dass Sie schnell die für die Schülerinnen und Schüler wesentlichen Ergebnisse erfassen können.

In der Titelleiste finden Sie das **Kapitel** und den **Abschnitt** sowie die zugehörigen **Seiten im Schülerband** vermerkt.

Unter der Rubrik **Phänomene** finden Sie Möglichkeiten für den altersgemäßen unterrichtlichen Einstieg in das jeweilige Thema. Die „Phänomene" orientieren sich an Alltagsbezügen oder an dem, was der unmittelbaren Anschauung der Schülerinnen und Schüler zugänglich ist.

In der Rubrik **Bilder** (B1, B2, ...) werden Ihnen konkrete Vorschläge unterbreitet, wie Sie mit den Abbildungen im Schülerband im Unterricht arbeiten können.

In den **Aufgabenlösungen** (A1, A2, ...) werden Lösungen und Lösungsvorschläge für alle Aufgaben im Schülerband gegeben.

Versuche im Schülerband werden im Lehrerband erläutert (u.a. Hinweise zur Versuchsdurchführung und zur Sicherheit, Materialien, Zeitbedarf, mögliche Ergebnisse, Einbindung in den Unterricht, ...). Die Rubrik „Zusätzliche Versuche" bietet Alternativen oder Erweiterungen.

An einigen Stellen im Lehrerband finden Sie Vorschläge für einfache, übersichtliche **Tafelbilder**.

Unter **Medien** werden für den Jahrgang passende audiovisuelle Unterrichtsmedien und (soweit vorhanden) Unterrichtssoftware genannt, die Sie bei den kommunalen Bildstellen und Medienzentren ausleihen können. Ergänzende **Kopiervorlagen** dienen dem abwechslungsreichen Unterricht.

In den **Fachinformationen** werden wesentliche Hintergrundinformationen passend zum Unterrichtsthema gegeben.

Tipps (– zum pfleglichen Umgang mit sich und der Umwelt) aus dem Schülerband werden im Lehrerband kurz kommentiert.

Zum Thema und zum Jahrgang besonders gut passende didaktische und methodische **Literatur**quellen werden genannt.

Grundstruktur einer Doppelseite im Lehrerband (zwei DIN-A4-Seiten)

Kapitel			Schülerband Seite ...
Abschnitt			
Lehrplan-bezug	**Phänomene**	**Versuche**	**Tipps**
Strukturie-rungsvor-schlag	**Bilder**	**Tafelbild**	**Sonstige Hinweise**
		Fachliche Information	
	Aufgabenlösungen		**Literatur**
Merksatz		**Medien und Kopiervorlagen**	

	Montag	Dienstag	Mittwoch	Donnerstag	Freitag	
1.						
2.						
3.						
4.						
5.						
6.						

1.1 Bedeutung des Bodens für den Menschen, für Tiere und Pflanzen

Lehrplanbezug

(8.1.1) Bedeutung des Bodens für den Menschen, für Tiere und Pflanzen;
(Beschaffen, Auswerten und Wiedergeben von Informationen)

Strukturierungsvorschlag

Sammeln von Aussagen zur Leitfrage: Wie nutzt der Mensch den Boden bei uns/ in unserer Umgebung? Welche Bedeutung hat der Boden für Menschen?	**B1,** **B2,** **K1,** **B3,** **A1-3**

↓

Bedeutung des Bodens für Pflanzen und Tiere Zusammenwirken von Boden, Luft und Wasser als Lebensgrundlagen	**B2**

↓

Begrenztheit und Wert von Boden: Modell des Globus mit dünner „Boden-Haut"	**B2**

Merksatz

Boden ist ein begrenzt vorhandenes, wertvolles Gut, mit dem sorgsam umgegangen werden muss.

Phänomene

• Verschiedene Formen von Bodennutzung (lokal und aktuell): Bodennutzung im Garten, in der Landwirtschaft; Hausbau, Gewerbe, Straßenbau…; Boden als Rechtsgut: Bodenverkauf in Zeitungsinseraten…
• (Topographische) Karte oder Luftbild der näheren Umgebung zeigen verschiedene Formen der Bodennutzung.
• Bei Bauarbeiten in der Nähe kann man ein „Bodenprofil" betrachten; an einem Bodenanstich (mit dem Spaten) kann man die Durchwurzelung des Bodens erkennen.

Bilder

B1 (*„Ein Landwirt bearbeitet seinen Acker"*) Zusammen mit dem einführenden Text auf der Seite lenkt das Bild die Aufmerksamkeit auf die Bodennutzung für die landwirtschaftliche Erzeugung. Der Zusammenhang Boden – Pflanze – Mensch (bzw. Ernährung des Menschen) wird in der Landwirtschaft besonders deutlich. Das Bild kann als Einstieg für die Sammlung weiterer Formen der Bodennutzung durch den Menschen im Unterrichtsgespräch (siehe auch Kopiervorlage K1) genutzt werden.

B2 (*„Lebensgrundlagen für Mensch, Tier und Pflanze"*) Die Abbildung kann für eine Wiederholung wesentlicher Sachverhalte aus entsprechenden Kapiteln aus Klasse 6 (Wasser) und Klasse 7 (Luft) genutzt werden. Zudem ist die Abbildung geeignet, mit der Frage „Welche Bedeutung haben Luft, Wasser und Boden für Menschen und für Tiere und Pflanzen?" das diesbezügliche (Vor-)Wissen der Schülerinnen und Schüler zu erkunden.

B3 (*„Bodennutzung in der Bundesrepublik Deutschland (1993)"*). Die entsprechenden Daten für Bayern sind in der Lehrerband-Abbildung zusammengefasst (nach BAYERISCHES STAATSMINISTERIUM FÜR LANDESENTWICKLUNG UND UMWELTFRAGEN, 1993; siehe unter Literatur).

Aufgabenlösungen

A1 Der Boden ist für den Menschen vor allem:
– land- und forstwirtschaftliche Erzeugungsfläche;
– Speicher für Grund- und Trinkwasser;
– Wohnungs-, Gewerbe- und Industriefläche und Gebäude;
– Fläche für Verkehrswege;
– Rohstoffquelle und
– Erholungsfläche.
Pflanzen wurzeln im Boden und entnehmen dem Boden Mineralsalze für ihr Wachstum. Von den Pflanzen ernähren sich Tiere. Viele verschiedene Tiere leben im Boden.

A2 Am besten verwendet man Millimeterpapier; 1 mm auf der y-Achse entspricht 1%. Die Farbe der Säulen kann sich an die Farbgebung in Bild 3 anlehnen. Alternativ können auch die Daten der LB-Abb. 1 (siehe unten) für solch eine Darstellung genutzt werden.

A3 Je nach örtlichen Gegebenheiten wird man einige der zu Aufgabe 1 genannten Bodennutzungen vorfinden (siehe oben), z.B. (Schul-)Gebäude, Verkehrswege, Erholungsfläche (Spielplatz), evtl. Waldfläche oder Fläche für Gärten und Landwirtschaft.

Kopiervorlagen

K1 „Wozu nutzt der Mensch den Boden?"
K2 „Ein Projekt zum Thema Boden"

Literatur

BAYERISCHES STAATSMINISTERIUM FÜR LANDESENTWICKLUNG UND UMWELTFRAGEN (StMLU): „Der Boden. Umweltschutz in Bayern". München 1993 (Broschüre, zu beziehen beim StMLU, Rosenkavalierplatz 2, 81925 München).
BRAMEYER, U.: „Bedeutung und Gefährdung unserer Böden". Unterrichtsanregungen und Materialien. Geographie und Schule, Heft August 1988, S. 2 - 16.
SLABY, P.: „Wir erforschen den Boden. Materialien für den Unterricht". Verlag Die Werkstatt / AOL-Verlag, Lichtenau, 1993.

Zusatzinformationen

Flächennutzung in Bayern in % der Gesamtfläche Anteile in %			
	1981	1985	1989
Siedlungs- und Verkehrsfläche			
Gebäude- und Freifläche	3,4	3,7	4,0
Betriebsfläche (ohne Abbauland)	0,1	0,1	0,1
Erholungsfläche (mit Friedhöfen)	0,4	0,4	0,7
Verkehrsfläche	3,7	3,8	3,9
Freifläche			
Landwirtschaftsfläche	54,3	53,8	53,3
Waldfläche	33,7	33,7	33,8
Wasserfläche	1,7	1,7	1,7
Moor	0,2	0,2	0,2
Heide, Unland	1,2	1,2	1,2
Flächen anderer Nutzung (mit Abbauland)	1,3	1,4	1,3
Gesamtfläche	100,0	100,0	100,0

Die Einführung in dieses Thema kann mit einem Unterrichtsgang verknüpft werden. Dazu wird man vorab erkunden, ob in der Nähe Bauarbeiten sind, die einen Blick in den Boden erlauben. Skizzen, Karten und Fotos der näheren Umgebung können genutzt werden, um aktuelle Nutzungsformen herauszuarbeiten.

Das Thema „Boden" ist nicht nur wegen der Möglichkeit zur unmittelbaren, originalen Anschauung und den handlungsorientierten Aspekten gut für ein Projekt mit fächerverknüpfenden Aspekten geeignet. In der K2 ist eine Möglichkeit für den Ablauf eines solchen Projekts dargestellt.

Tafelbild

(aus StMLU, 1993)

Wie nutzt der Mensch den Boden?

Für den Menschen ist Boden gleichermaßen Lebensgrundlage und Lebensraum.

Er ist vor allem

- land- und forstwirtschaftliche Erzeugungsfläche,
- schützende Deckschicht über dem Grundwasser,
- Speicherraum für Grund- und Trinkwasser,
- Wohnungs-, Gewerbe- und Industriefläche,
- Fläche für Verkehrswege und andere Infrastruktureinrichtungen,
- Standort für kulturelle Einrichtungen des Umweltschutzes sowie der sonstigen Daseinsvorsorge,
- Rohstoffquelle,
- Erholungsfläche.

1.2 Lebewesen in der Laubstreu und im Boden

Lehrplanbezug

(8.1.1) Lebewesen in der Laubstreu und im Boden; ihre Funktion bei der Zersetzung abgestorbener Pflanzen und Tiere, z.B. Regenwurm, Pilze, Kleinlebewesen; Verrottung

Strukturierungsvorschlag

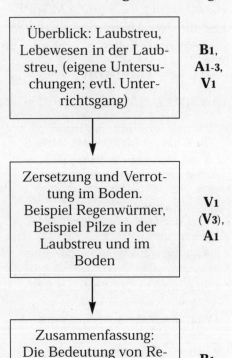

Überblick: Laubstreu, Lebewesen in der Laubstreu, (eigene Untersuchungen; evtl. Unterrichtsgang)	**B1**, **A1-3**, **V1**
Zersetzung und Verrottung im Boden. Beispiel Regenwürmer, Beispiel Pilze in der Laubstreu und im Boden	**V1** (**V3**), **A1**
Zusammenfassung: Die Bedeutung von Regenwürmern und Pilzen bei der vollständigen Zersetzung abgestorbener Pflanzen	**B1**, **A1**, **K3**

Merksatz

In der Laubstreu und im Boden lebt eine Vielzahl von kleinen und sehr kleinen Lebewesen. Die vollständige Zersetzung abgestorbener Pflanzen und Tiere zu Humus und Mineralsalzen bezeichnet man auch als Verrottung.

Phänomene

- Die Laubstreu wird nicht dicker, obwohl jedes Jahr im Herbst erneut das Laub fällt;
- In einer Handvoll Laubstreu kann man unterschiedlich stark zersetzte Blätter erkennen;
- Auch im Komposthaufen zu Hause verrotten Pflanzenreste;
- Landwirte pflügen manchmal Pflanzen auf dem Acker in die Erde (Gründüngung).

Bilder

B1 (*„Lebewesen in der Laubstreu und im Boden"*) Die Anordnung der einzelnen nummerierten Organismengruppen vor dem Hintergrund eines Bodenanstichs erfolgte nicht nach ihrem bevorzugten Aufenthaltsort im Boden, sondern gruppiert nach ihrer Größe. Mit dem Bild kann gearbeitet werden, um den Boden als außerordentlich stark belebten Lebensraum zu verstehen, um die Zersetzung von totem organischem Material zu veranschaulichen und um die wichtigsten Vertreter der Bodenfauna kennen zu lernen (siehe Aufgaben 1 bis 3).

B2 (*„Regenwurm"*), **B3** (*„Tätigkeit von Regenwürmern im Boden"*) In Ergänzung zu den Bildern, dem Text und dem Versuch 2 können folgende Daten die Bedeutung von Regenwürmern für die Zersetzung von Blättern unterstreichen; (siehe zu B2 und B3 auch die Lösung zu Aufgabe 4).

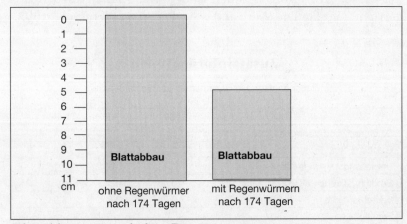

Blattabbau mit und ohne Regenwürmer

B4 (*„Pilz mit Hut und Stiel (Schema)"*), **B5** (*„Fadengeflecht eines Pilzes im Boden (800fache Vergrößerung)"*) Nicht nur quantitativ (siehe Bild 1) sondern auch durch ihre Zersetzungstätigkeit spielen Pilze eine große Rolle im Boden. Bekannt sind die Hüte bestimmter Pilze. Bedeutsamer sind jedoch die Pilzfäden. An morschem Holz oder stärker zersetzten Blattresten kann man mit bloßem Auge die weißlichen Pilzgeflechte sehen.

Aufgabenlösungen

A1 An der vollständigen Zersetzung eines abgestorbenen Laubblattes sind viele verschiedene Bodenlebewesen beteiligt, zum Beispiel Insekten, Würmer und mikroskopisch kleine Pilze und Bakterien. Zunächst werden die Blätter von den größeren Bodenlebewesen angefressen und zerkleinert. Würmer fressen Blattreste. Ausscheidungen der Bodentiere und Blattreste werden schließlich zu Humus und Mineralsalzen zersetzt.

A2 Mit dieser Frage kann das Verständnis der (relativen) Zahlenangaben (Durchschnittswerte) in der Tabelle überprüft werden. Natürlich gibt es nicht ein Tausendstel Wirbeltier . Da sich die Zahlenangabe auf einen Quadratmeter bezieht, würde man durchschnittlich 1 Wirbeltier auf 1000 Quadratmeter finden. Wirbeltiere im Boden sind zum Beispiel Maulwürfe und Mäuse.

A3 Die Blätter sind unterschiedlich hart, fest bzw. weich. Die weichen, saftigen Blätter etwa des Holunders können schnell von Mikroorganismen abgebaut werden. (Hinweis: Der Gehalt an Lignin sowie das Verhältnis von Kohlenstoff zu Stickstoff beeinflussen neben vielen anderen Faktoren die Schnelligkeit der Zersetzung.)

A4 (auch als Tafelbild geeignet; vgl. V2 und Kopiervorlage K2):

Regenwürmer haben für den Boden folgende Bedeutung:

- Wasser gelangt durch die Wurmgänge in den Boden. Besonders bei Starkregen kann das Wasser schnell versickern.
- Luft gelangt in den Boden. Pflanzenwurzeln, Bodentiere und viele Bodenbakterien brauchen Sauerstoff zum Atmen.
- Pflanzenwurzeln folgen den Gängen.
- Organisches Material, z.B. Blätter werden von der Bodenoberfläche in die Humusschicht gebracht und dort zersetzt.
- Regenwurmkot verbessert den Boden und bildet Humusmaterial.
- Regenwürmer lagern ständig den Boden um und machen ihn dadurch für andere Bodenoranismen zugänglich.
- Regenwürmer stellen für viele Tiere (z.B. Amseln, Igel, Kröten) Nahrung dar.

A5 Mulchen schützt vor Austrocknen und versorgt den Boden mit organischem Material. Bei der Zersetzung des Mulchs durch Bodenlebewesen (u.a. Regenwürmer, Bakterien, Pilze) entsteht ein an Mineralsalzen reicher Humus.

A6 a) Die Schalen an kühle Orte stellen; b) Entsprechende Bodenproben verwenden; z.B. Sandboden ist gewöhnlich ärmer an zersetzenden Lebewesen als Gartenboden.

Versuch

V1 Auf diese Weise kann man eine Zersetzungsreihe anschaulich darstellen. Vorab wäre zu überlegen, ob man Aspekte der Bodenuntersuchung (Abschnitt 2.1) damit verbindet.

V2 Eine Variante dieses Versuchs kann leicht als Hausaufgabe eingesetzt werden: Schnipsel von Salatblättern werden in Löcher im Boden gesteckt (in regelmäßigem Abstand mit einem Stöckchen vorbohren, an einer ruhigen Stelle im Garten). Einige Tage lang protokolliert man jeweils zur gleichen Zeit das Verschwinden der Salat-Schnipsel.

V3 Mit den in A6 genannten Varianten ist dies ein einfach durchzuführender Versuch, der für vergleichende Untersuchungen der mikrobiellen Destruenten-(Zersetzer-) Tätigkeit herangezogen werden kann.

Literatur

FALTERMAYER, R.: Lebensraum Boden. Klett, Stuttgart 1996.
GREISENEGGER, I. et al.: Umwelt-Spürnasen, Aktivbuch Boden. Orac, Wien 1989.
SLABY, P.: Wir erforschen den Boden. AOL, Lichtenau, 1993.

Medien und Kopiervorlagen

M1 „Leben im Boden", FWU, 32 02146 (16-mm); Video (4200235)

M2 „Lebensraum Boden", 16 mm, FWU 32 03850

K3 „Daten und Fakten zum Regenwurm (I)"

K4 „Der Regenwurm (II)"

K5 „Zersetzung im Komposthaufen I"

K6 „Zersetzung im Komposthaufen II"

1.3 Bakterien und ihre Bedeutung

Lehrplanbezug

(8.1.1) Bakterien und ihre Bedeutung; Koloniebildung; Betrachten mit dem Mikroskop → 8.3.1, 8.3.3 Hinweis:

Das Thema Bakterien wird gemäß Lehrplan mehrfach in der Jahrgangsstufe 8 angesprochen:

1.2: Bakterien als Zersetzer im Boden;

1.3: Übersicht zur Bedeutung der Bakterien;

5.3 Bakterien und Lebensmittel (Konservierung)

7.1: Bakterielle Infektionskrankheiten

Strukturierungsvorschlag

Ein Exempel auswählen: z. B. Wurzelknöllchen-Bakterien

↓

Formen von Bakterien; Größenverhältnisse mikroskopisches Bild

↓

Wachstum von Bakterien; Bakterienkolonien

↓

Bedeutung von Bakterien für die Umwelt und den Menschen

Merksatz

Bakterien sind häufige, mikroskopisch kleine, einzellige Lebewesen, die sich durch Teilung rasch vermehren können.

Phänomene

Direkt sichtbar sind Bakterien nicht, wohl aber ihre Wirkungen; z. B.

• Bakterien zur Joghurtherstellung (siehe zusätzl. Versuch),

• Zersetzung von toten Blättern durch Mikroorganismen, darunter Bakterien,

• Herstellung von Silofutter,

• Wurzelknöllchen bei Lupine, Klee, Bohnen, Erbsen (und anderen Leguminosen).

Bilder

B1 *("Wurzelknöllchen")* Wenn man dieses Beispiel als Einstieg wählt, kann entgegen verbreiteter Vorstellungen gleich deutlich werden, dass es unter den Bakterien sehr nützliche gibt. Möglicherweise kann man originales Anschauungsmaterial aus dem Garten mitbringen. *Hinweise:* Die Wurzelknöllchen-Bakterien (Rhizobium spec.) leben in Symbiose mit Hülsenfruchtern (Leguminosen). Sie können Luftstickstoff (N_2) binden und ihn in eine Form umwandeln, die die Pflanzen aufnehmen. Die Knöllchenbakterien haben damit erhebliche Bedeutung für die Bodenfruchtbarkeit. Manche Leguminosen werden als Gründünger eingesetzt.

B2 *("Verschiedene Formen von Bakterien")*, **B4** ("Bakterienkolonie") Traditionell werden die Bakterien nach ihrer Form eingeteilt. Eine entsprechende Skizze kann als Tafelbild genutzt werden. Das Bild 4 kann mithilfe des Zahlenbeispiels im Text ausgewertet werden; etwa 1 Milliarde Bakterien haben in einem Kubik-Millimeter Platz.

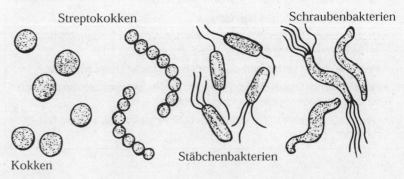

Streptokokken   Schraubenbakterien

Kokken   Stäbchenbakterien

B3 *("Bakterien haben für die Umwelt und den Menschen große Bedeutung")* Dieser Überblick sollte mit Blick auf den Lehrplan den Kern des Unterrichts über diesen Abschnitt ausmachen, zumal in späteren Kapiteln des Buches (Lebensmittel, Infektionskrankheiten) das Thema Bakterien aufgegriffen wird. Siehe auch Kopiervorlage K1.

Aufgabenlösungen

A1 Das Wachstum von Bakterien ist ein Beispiel für exponentielles Wachstum. Liegen keine einschränkenden Bedingungen vor, folgt das Wachstum der Formel 2^n, wobei n die Zahl der Generationen mit einer jeweiligen Verdoppelung der Zellzahl ist. Bei einer Verdoppelung bereits nach 20 Minuten sind das (4 Std. x 60 min): 20 = 12 Generationen in 4 Stunden; 212 = 4096. Für einen ganz Tag ergibt sich (24 x 60): 20 = 72 Generationen. An einem Tag würden aus einer Bakterienzelle 2^{72} werden. Diese Zahl ist kaum darstellbar. Bildlich bedeutet sie, dass innerhalb weniger Tage alle Weltmeere von Bakterien angefüllt wären. Dies macht deutlich, dass das Bakteriumwachstum in der Realität begrenzt ist, vor allem durch Nahrungsmangel und ungünstige Umweltbedingungen (Wärme, Feuchtigkeit, ...).

A2 Bedeutung von Bakterien:
- in der Natur: Bakterien sind sehr wichtig für den Abbau toter Pflanzen und Tiere zu Humus und Mineralsalzen; Knöllchenbakterien reichern den Boden mit Stickstoff an.
- in der Lebensmittelherstellung: Leder, Textilien, Waschmittel; Herstellen von Joghurt, Käse, Sauermilch und Sauerkraut.
- in der Medizin: Manche Bakterien sind Erreger von Krankheiten. Bestimmte Bakterien helfen dabei Arzneimittel herzustellen. (Hinweis: Die letztgenannte Bedeutung wird jetzt und zukünftig besonders durch gentechnisch veränderte Bakterien möglich. Die Bildung von Insulin für Diabetiker ist ein Beispiel dafür.).

A3 (Siehe hierzu auch Abschnitt 5.3 im Schülerband). Lebensmittel mit Folien o. ä. abschließen, damit keine Bakterien auf das Lebensmittel gelangen; hygienisches Arbeiten, z. B. Händewaschen, verhindert das Übertragen von Bakterien; Aufbewahren im Kühlschrank, bei Kälte wachsen Bakterien kaum oder gar nicht; Salzen, Säuern oder Zuckern von Lebensmitteln; Trocknen, z. B. von Obst. Die meisten Bakterien wachsen besonders gut in warmer und feuchter Umgebung.

Medien und Kopiervorlagen

M1 „Louis Pasteur, Robert Koch und die Bakteriologie", Video, FWU 4201823

M2 „Lebensraum Boden". 16-mm, FWU 32 03850

M3 „Bakterien", Diareihe, FWU 10 0424

K6 „Bedeutung der Bakterien für die Umwelt und den Menschen"

K7 „Biotechnik - eine moderne Wissenschaft mit langer Tradition"

Zusätzliche Versuche

1. Herstellen von Joghurt
Material: Topf, Rührlöffel, Thermometer (bis 100 °C), Plastikschüssel, Thermoskanne, 200 ml frische Vollmilch, Joghurtkultur (Reformhaus, Drogerie)
200 ml Milch werden in einem Topf unter ständigem Rühren auf 70 bis 73 °C erhitzt. Ist die Temperatur erreicht, muss sie wenigstens 30 Minuten beibehalten werden. Man kühlt den Topf in kaltem Wasser auf 40 bis 42 °C ab und fügt dann die Joghurtkultur hinzu. Diese Mischung gießt man in eine Thermoskanne und verschließt sie, damit die Milchtemperatur erhalten bleibt. Nach drei Stunden ist der Joghurt fertig.

2. Mikroskopieren von Joghurt
Gib einen Tropfen Wasser auf einen Objektträger. Füge mit einer Öse Joghurt hinzu. Vermische beides miteinander. Erhitze den Objektträger so lange vorsichtig über der Flamme eines Bunsenbrenners, bis der Wassertropfen verdampft ist. Färbe nun fünf Minuten lang mit Methylenblau-Lösung an. Wasche anschließend die überschüssige Farbe ab. Mikroskopiere das Präparat und zeichne, was du siehst.

Literatur

RODI, D.: „Bakterien und ihre Bedeutung für den Menschen". In: Eschenhagen, D.; Kattmann, U.; Rodi, D. (Hrsg.): „Handbuch des Biologieunterrichts", Sekundarbereich I, Band 3, S. 235 bis 253. Aulis, Köln 1995.

2.1 Wir untersuchen Bodenproben

Lehrplanbezug

(8.1.2) Bodenproben (Schulhof, Garten, Acker, Baustelle o .ä.); Untersuchungen, z. B. hinsichtlich Körnigkeit, Bindigkeit, Formbarkeit, ...

Strukturierungsvorschlag

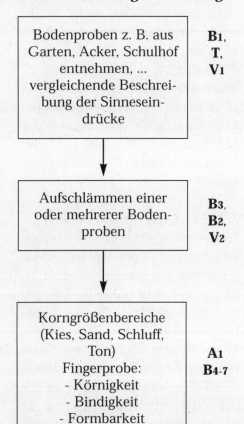

| Bodenproben z. B. aus Garten, Acker, Schulhof entnehmen, ... vergleichende Beschreibung der Sinneseindrücke | **B1**, **T**, **V1** |

| Aufschlämmen einer oder mehrerer Bodenproben | **B3**, **B2**, **V2** |

| Korngrößenbereiche (Kies, Sand, Schluff, Ton) Fingerprobe: - Körnigkeit - Bindigkeit - Formbarkeit | **A1** **B4-7** |

Merksatz

Bei Untersuchungen von Bodenproben kannst du Informationen über die Bodenart und ihre Körnigkeit, Bindigkeit und Formbarkeit durch Sehen und Fühlen erhalten.

Phänomene

- Böden können verschieden sein, zum Beispiel hinsichtlich Farben, Feuchtigkeit, Rauigkeit, Durchwurzelung.
- Durch Sehen und Fühlen lässt sich feststellen, dass es unterschiedlich große Bodenteilchen gibt.
- Wenn man verschiedene Bodenproben zwischen den Fingern reibt, stellt man Unterschiede in Körnigkeit, Bindigkeit und Formbarkeit fest.

Bilder

B1 *(„Zwei verschiedene Böden")* Die beiden Abbildungen können genutzt werden, um vergleichend mithilfe des Sehsinns Unterschiede zu erfassen und zu beschreiben. Bei Bodenanstichen vor Ort kommen weitere Sinneseindrücke hinzu, z. B. Geruch, Farbe, Körnigkeit. Bei allen Untersuchungen in diesem Abschnitt des Schülerbands geht es in sprachlicher Hinsicht auch darum, dass die Schülerinnen und Schüler für ihre Sinneseindrücke (Sehen, Tasten, Fühlen, Riechen) passende Adjektive finden (die zunächst durchaus subjektiv sein können).

B2 *(„Bodenteilchen und ihre Größenbereiche"),* **B3** *(„Absetzen der Bodenarten in einer zuvor aufgeschlämmten Bodenprobe")* Siehe hierzu die Angaben zum Versuch 2. Hinweis: Fachlich bezeichnet man als „Bodenart" die Zusammensetzung der Korngrößengruppen in einem Boden (z. B. ist „sandiger Lehm" eine Bezeichnung für eine Bodenart), während sich der „Bodentyp" auf den Entwicklungszustand und die Horizontabfolgen eines Bodens bezieht, siehe nachfolgendes Diagramm (auch als Tafelbild):

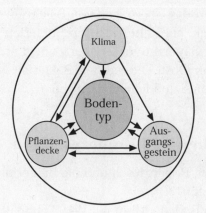

Bodenbildende Faktoren (Vergleiche mit Bild 2 im Abschnitt 1.1 des Schülerbandes).

B4 bis **B7** Diese Bilder sollen ergänzend zu eigenen Untersuchungen im Rahmen der Fingerprobe unterschiedliche Bindigkeit und unterschiedliche Formbarkeit veranschaulichen. Die Formbarkeit von Ton (Bild 8) ist den Schülerinnen und Schülern aus dem Werkunterricht bekannt und kann unmittelbar mit der fehlenden Formbarkeit von trockenem Sand kontrastiert werden.

Aufgabenlösung

A1 Diese eigentätigen Untersuchungen können mit Bodenproben erfolgen, die man zum Beispiel aus dem Garten mitnimmt oder aus dem Schulgelände besorgt. Damit die Schülerinnen und Schüler ein Gefühl für die Eigenschaften unterschiedlicher Bodenarten entwickeln, kann es sinnvoll sein, vorab nur mit Sand und Ton zu experimentieren, bevor man sich der eigentlichen Bodenprobe zuwendet. Bei der Untersuchung nimmt man die Angaben im Buch zu Hilfe (Verschmutzung des Buches unbedingt vermeiden) oder besser die Kopiervorlage.

Versuche

V1 *Sammlung von Bodenproben für eine kleine Ausstellung:* Das Anlegen einer Sammlung von luftgetrockneten Bodenproben schafft ein Medium, das auch längerfristig im Unterricht genutzt werden kann. Dabei können mithilfe einer entsprechenden Karte Bezüge zwischen heimischen Böden sowie Vegetation, Standort und Nutzung hergestellt werden.

V2 *Aufschlämmen einer Bodenprobe (Bild 3):* Hierbei wird die unterschiedliche Sinkgeschwindigkeit der verschiedenen Korngrößenfraktionen im Boden zu ihrer Trennung ausgenutzt. Nach Slaby (1993, siehe Literatur) beträgt die Sinkzeit kugelförmiger Teilchen der mittleren Dichte von etwa 2,5 g/ccm in Wasser von 20 °C bei 10 cm Sinkhöhe bei Sandteilchen mit 0,2 Millimeter Durchmesser 5 Sekunden, bei Ton von 0,002 Millimeter Durchmesser etwa 8 Stunden.

Nach einer Stunde sind Sand und Schluff voneinander getrennt. In der nachfolgend genannten Literatur finden sich vielfältige **zusätzliche Versuche** und Versuchsvarianten.

Beispiel für die Zusammensetzung von Gartenerde nach Aufschlämmung (siehe V3)

Medien und Kopiervorlagen

M1 „Entstehung eines Bodens", 16-mm, FWU 3200993

M2 „Bodenschutz - ein interaktives Lernprogramm" (Software). Auswertungs- und Informationsdienst für Ernährung, Landwirtschaft und Forsten e.V. (aid), Konstantinstr. 124, 53179 Bonn

K8 „Die Fingerprobe zur Schätzung von Bodenarten"

K9 „Ein Blick unter die Bodenoberfläche"

Literatur

BEGEROW, G.-D.; RODI, D.: „Eigenschaften verschiedener Böden". Unterricht Biologie, Heft 57, Mai 1981, S. 24 - 30.

BLUME, B.; BLUME, H.-P.: „Unterscheidung konventionell und ökologisch bewirtschafteter Böden". Unterricht Biologie, Heft 215, Juni 1996, S. 32 - 37.

FALTERMEIER, R.: „Lebensraum Boden". Klett, Stuttgart 1996.

SLABY P.: „Wir erforschen den Boden". Materialien für den Unterricht. Verlag Die Werkstatt/ AOL-Verlag, Lichtenau, 1993.

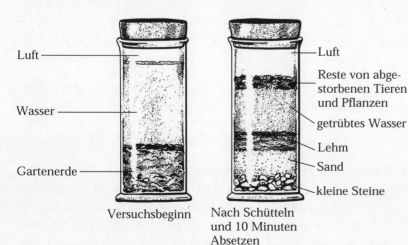

Luft — Wasser — Gartenerde

Versuchsbeginn

Luft — Reste von abgestorbenen Tieren und Pflanzen — getrübtes Wasser — Lehm — Sand — kleine Steine

Nach Schütteln und 10 Minuten Absetzen

2.2 Eigenschaften von Böden

Lehrplanbezug

(8.1.2) Bodenproben; Untersuchungen hinsichtlich Luftdurchlässigkeit, Wasserhaltevermögen, pH-Wert
8.4.1 Wachstum auf verschiedenen Böden

Strukturierungsvorschlag

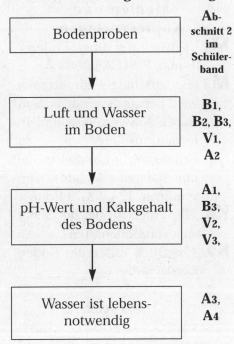

	Abschnitt 2 im Schülerband
Bodenproben	
Luft und Wasser im Boden	B1, B2, B3, V1, A2
pH-Wert und Kalkgehalt des Bodens	A1, B3, V2, V3,
Wasser ist lebensnotwendig	A3, A4

Merksatz

Die Eigenschaften eines Bodens ergeben sich aus seiner Zusammensetzung aus verschiedenen Bodenarten.

Phänomene

• Nach einem Regen versickert Wasser im Boden.
• Gärtner, Landwirte und Förster sprechen manchmal von Böden mit „guten" und solchen mit „schlechten" Eigenschaften.
• Nutzpflanzen wachsen auf verschiedenen Böden unterschiedlich gut.

Bilder

B1 *(„Der Boden nimmt Wasser auf")* **B2** *(„Wasser und Luft in den Bodenporen")* Das Bild 1 kann als phänomenorientierter Einstieg genutzt werden. Aus den Beobachtungen kann gefolgert werden, dass der so kompakt erscheinende Boden Hohlräume enthalten muss, in die Wasser versickert. Das Bild 2 ist die dazugehörige Modellvorstellung. Wasser- und Luftgehalt im Boden sind wichtige Eigenschaften, die Einfluss auf die Bodenqualität nehmen.

B3 *(„Eigenschaften von Sand-, Lehm- und Tonböden")* Diese Übersicht fasst wesentliche Eigenschaften der Bodenarten zusammen, die große Bedeutung für die Nutzung haben. Dabei muss man sich vorstellen, dass die einzelnen Eigenschaften gewöhnlich in Form feiner Abstufungen im Gelände ausgeprägt sind. Anhand der Übersicht wird deutlich, dass Sand- und Tonböden bestimmte Vor- und Nachteile haben, die die Nutzbarkeit und den Ertrag mindern.

Aufgabenlösungen

A1 Gemäß der Reaktionsgleichung im Schülerband reagiert Calciumkarbonat mit Säuren. (Bei der Reaktion mit Salzsäure entsteht Calciumchlorid, Wasser und Kohlenstoffdioxid). Durch Kalkung wird der Gehalt an Säuren im Boden geringer. Der pH-Wert steigt. Der Boden ist weniger sauer. (Der Umfang der Kalkung richtet sich nicht nur nach dem Versauerungsgrad des Bodens sondern hängt auch vom Gehalt an organischer Substanz und an Ton ab, weil diese das Absorptionsvermögen bestimmen).

A2 Sandboden hat eine hohe Wasserdurchlässigkeit und ein geringes Wasserhaltevermögen (siehe auch Bild 3). Daher ist Sandboden meistens ziemlich trocken. (Ginster und Hasenklee sind z. B. Pflanzen, die häufig auf trockenen Böden wachsen).

A3 Der Nachteil von Sandböden ist ihr geringes Wasserhaltevermögen und ihr geringer Gehalt an Mineralsalzen. Wasser und Mineralsalze sind für das Wachstum von Pflanzen wichtig. Tonboden ist meist sehr klebrig. Er ist schlecht zu bearbeiten. Außerdem staut Tonboden das Wasser. Im Wurzelbereich der Pflanzen kann es häufiger zu Staunässe kommen.

17

A4 Proben werden in Schalen gefüllt, glattgestrichen und mit einem Thermometer versehen, wobei der Messfühler bei allen drei Proben in gleicher Bodentiefe, zum Beispiel 2 cm, sein sollte. Dann werden die Proben gleichmäßig der Sonne oder einer Wärmelampe ausgesetzt. In regelmäßigem Abstand wird die Temperatur gemessen und im Protokoll festgehalten. In der Natur spielt die Feuchte des Bodens eine große Rolle. Staunasse Tonböden erwärmen sich dann schlechter als wasserarme, luftige Sandböden. Die Bodentemperatur beeinflusst Wachstumsbeginn und Wachstumsverlauf der (Nutz-)Pflanzen. Für Messungen im Gelände sei auf Blume und Blume (1996) verwiesen.

Versuche

V1 Wasserhaltevermögen verschiedener Böden: Die gleichmäßige Durchfeuchtung durch wiederholtes Aufbringen des Wassers im Auffanggefäß ist notwendig für den Vergleich der Daten. Die Auswertung kann mit Blick auf B4 im Schülerband erfolgen.

V2 Schätzung des Kalkgehalts: Die Reaktion von Salzsäure mit Calciumcarbonat erfolgt nach der Gleichung auf der vorherigen Seite im Schülerband. Das entstehende Kohlenstoffdioxid sorgt für das Aufbrausen. Wenn viel Calciumcarbonat im Boden ist, wird über einen längeren Zeitraum Kohlenstoffdioxid gebildet.

V3 Bestimmung des Boden-pH-Wertes: Im Handel gebräuchlich ist auch das sogenannte Hellige-pH-Meter. Die Übung kann auch im Kontext des Abschnittes 9.7 erfolgen. Trockene Bodenproben werden zuvor (möglichst mit destilliertem Wasser) angefeuchtet.

Zusatzinformation

Schätzen der Bodenfeuchte:
- In der Literatur (unter anderem in BLUME und BLUME, 1996, und FALTERMEIER, 1996) findet man leicht durchführbare Anlei-

Drücken der Probe	Befeuchten der Probe mit Wasser	Reiben in warmer Hand	Feuchte
kein Wasser	dunkelt stark	kaum heller	trocken
kein Wasser	dunkelt etwas	merklich heller	frisch
etwas Wasser	dunkelt nicht	merklich heller	feucht
viel Wasser	dunkelt nicht	merklich heller	nass

tungen zu Schätzungen weiterer wichtiger Bodeneigenschaften (im Gelände), unter anderem aktuelle Bodenfeuchte, Humusgehalt, Stabilität von Bodenkrümeln, Gehalt an Bioporen im Boden.

- Im Zusammenhang mit Boden-pH-Wert und Kalkgehalt sowie Wasserhaltevermögen ist ein unterrichtlicher Exkurs zum Thema „Zeigerpflanzen" möglich. Darunter versteht man solche Pflanzen, deren Häufigkeit Rückschlüsse auf Umweltfaktoren, hier auf Eigenschaften des Bodens, zulassen.

Medien und Kopiervorlagen

M1 „Lebensraum Boden", 16 mm, FWU 32 03850

M2 „Bodenschutz - ein interaktives Lernprogramm" (Software). Auswertungs- und Informationsdienst für Ernährung, Landwirtschaft und Forsten e.V. (aid), Konstantinstr. 124, 53179 Bonn

K11 „Eigenschaften von Sand-, Lehm- und Tonböden"

K12 „Bewertung der Ertragsfähigkeit unterschiedlicher Böden"

Literatur

BEGEROW, G.-D.; Rodi, D.: „Eigenschaften verschiedener Böden". Unterricht Biologie, Heft 57, Mai 1981, S. 24 - 30.

BLUME, B.; BLUME, H.-P.: „Unterscheidung konventionell und ökologisch bewirtschafteter Böden". Unterricht Biologie, Heft 215, Juni 1996, S. 32 - 37.

FALTERMEIER, R.: „Lebensraum Boden". Klett, Stuttgart 1996.

SLABY, P.: „Wir erforschen den Boden". Materialien für den Unterricht. Verlag Die Werkstatt / AOL-Verlag, Lichtenau, 1993.

2.3 Bewahrung, Gefährdung und Vernichtung des Bodens

Lehrplanbezug

(8.1.2) Bewahrung, Gefährdung und Vernichtung des Bodens; Verantwortung des Menschen → KR 8.3.1

Strukturierungsvorschlag

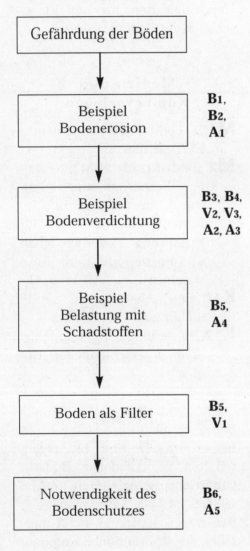

Phänomene

- Nach einem heftigen Regen sieht man am Fuß eines Hanges abgeschwemmte Erde.
- Auf Trampelpfaden und in Fahrspuren bleibt das Wasser nach einem Regenguss länger stehen als in der Umgebung.
- Manchmal sieht man Schilder (weiß auf blauem Grund), in denen ein Gebiet als "Trinkwasser-Schutzzone" ausgewiesen wird.

Hinweis: Aus dem Spektrum von Gefahren für den Boden sind für diesen Abschnitt mit Blick auf fachübergreifende Zusammenhänge drei ausgewählt worden (Bodenerosion, Bodenverdichtung, Schadstoffe im Boden). Bei der unterrichtlichen Behandlung eines oder mehrerer dieser Beispiele in Klasse 8 sollte darauf geachtet werden, dass der Lehrplan für die Jahrgangsstufe 9 unter der Überschrift „Unser Ort als Lebensraum" auch Bezug auf lokale und regionale Beispiele zum Thema Boden nimmt.

Bilder

B1 *(„Aufprallende Regentropfen"),* **B2** *(„Bodenerosion nach heftigen Regenfällen")* Das Bayerische Geologische Landesamt schätzt, dass in Bayern jährlich 18 Millionen Tonnen Ackerboden durch Erosion umgelagert werden und ca. 1 % davon durch Abschwemmung in Bäche und Flüsse endgültig verloren gehen (StMLU, 1993, S. 21). Das Ausmaß der Bodenerosion vor Ort hängt von vielen Faktoren ab, u. a. Hangneigung, Bewuchs, Durchwurzelung, Bodenart, Häufigkeit von Starkregen.

B3 *(„Verdichteter Boden mit stauendem Wasser"),* **B4** *(„Verdichteter Boden (Schema)")* Siehe nachfolgende Pressemeldung.

Studie: Immer größere Maschinen schädigen den Ackerboden

„Bleibende Schädigung schon durch übliche Trecker"

Landmaschinen schädigen den Boden stärker als bisher angenommen. „Schon ein üblicher Trecker mit einem Gewicht von acht Tonnen verursacht auf einem feuchten Acker bleibende Schäden", so Rainer Horn vom Institut für Pflanzenernährung und Bodenkunde.

Durch immer größere Maschinen sei der Bodendruck dramatisch gestiegen. Horn: „Heute ist ein Vollrübenernter mit 50 Tonnen so schwer wie ein Panzer." Bleibende Schäden verursachen die Maschinen vor allem bei feuchten Böden im Frühjahr.

Ein Acker könne sich mitunter überhaupt nicht mehr erholen: So sei selbst nach 30 Jahren Stilllegung ein erhöhter Druck im Boden schwer nachweisbar. Auch das Pflügen sei nur eine oberflächliche Lösung, denn lediglich die oberen 30 Zentimeter würden aufgelockert. „Und während der Bauer mit Trecker und Pflug übers Feld fährt, wird der Unterboden weiter verdichtet", sagt Horn. Wenn die Erde unter Druck gerate, hat das erhebliche Folgen: Von den üblichen 250 Regenwürmern unter einem Quadratmeter Acker überleben nur 20, so die Studie. Das Regenwasser stehe zu lange in den Mulden, der Boden verschlämmt und werde leicht fortgespült. Der Landwirt müsse mit Ernteeinbußen von mindestens 20 Prozent rechnen.

Merksatz

Bodenerosion, Bodenverdichtung und Belastung mit Schadstoffen sind Beispiele für die Gefährdung der Böden. Boden muss geschützt werden.

B5 *(„Schadstoffbewegungen im Boden")* Im Zusammenhang mit der Modellvorstellung vom Boden als Filter können an dieser Abbildung vier wesentliche Wege von Schadstoffen im Boden erarbeitet werden: Auswaschung (in das Grundwasser), Adsorption (bzw. Anheftung) an Bodenteile, Abbau durch Bodenmikroorganismen, Aufnahme in (Nutz-)Pflanzen.

Aufgabenlösungen

A1 Pflanzenreste und Ernterückstände mildern die Wucht der aufprallenden Regentropfen, halten die obere Bodenschicht zusammen und fördern das Bodenleben; der Anbau von Zwischenfrüchten bedeutet, dass längere Zeit eine Vegetationsdecke den Boden schützt; Bewirtschaftung (z. B. Pflügen und Aussaat) quer zur Hangneigung schafft Hindernisse für das hangabwärts fließende Wasser.

A2 (siehe hierzu auch den oben abgedruckten Zeitungsartikel); Bodenverdichtung vermindert das Porenvolumen (die Bodenteile lagern nun dichter zusammen) und dadurch das Wasseraufnahmevermögen und die Wasserdurchlässigkeit; eine Folge ist unter anderem Staunässe.

A3 Vorteil: Abkürzung; Nachteil: Beeinträchtigung der Vegetation, Verdichtung des Bodens, mitunter von Müll begleitet; in hängigem Gelände evtl. auch Förderung der Bodenerosion; ggf. Nichteinhaltung eines Verbotes.

A4 Die meisten Schadstoffe gelangen nicht direkt vom Menschen in den Boden, sondern indirekt über die Luft. Reinhaltung der Luft mindert daher erheblich die Schadstoffbelastung der Böden.

A5 Durch Auswaschung gelangen Schadstoffe vom Boden in das Grundwasser und von dort möglicherweise in das Trinkwasser (z. B. Nitrat bei übermäßiger Düngung); Schadstoffe werden von Nutzpflanzen über die Wurzeln aufgenommen und gelangen nach Ernte und Verarbeitung direkt oder über den Weg als Tierfutter zum Menschen; Nutztiere nehmen mit Schadstoffen belastete Pflanzen auf.

Versuche

Die hier ausgewählten Versuche (siehe Literatur) sind besonders anschaulich und einfach durchzuführen. Die Darstellung des Bodens als Filter (V1) ist eine wichtige Modellvorstellung zur Bedeutung des Bodens (siehe Text im Schülerband). - Alternativ zum Versuch 2 (Bestimmung der Bodenverdichtung) kann versucht werden, einen spitzen Stab durch Ziehen an einer Federwaage in den Boden zu ziehen. In der genannten Literatur finden sich zahlreiche einfache Versuche und Versuchsvarianten.

Medien und Kopiervorlagen

M1 „Bodenschäden und Bodenschutz im Flachland/im Bergland", Diareihen, FWU 10 002620/2621

M2 „Bodenschäden durch die Industriegesellschaft", Diareihe, FWU 10 02777

M3 „Bodensterben", 16-mm-Lichttonfilm, FWU 32 03996

M4 „Lebensraum Boden", 16-mm-Lichttonfilm, FWU 3203850

M5 „Was wir mit Füßen treten - Über die Gefährdung der Böden", Video, FWU 42 00626

M6 „Bodenerosion in Deutschland", Video, FWU 42 01830

K13 „Boden als Filter"

K14 „Gärtnern ohne Insektizide und Herbizide"

Literatur

BLUME, B; BLUME, H.-P.: „Unterscheidung konventionell und ökologisch bewirtschafteter Böden". Unterricht Biologie, Heft 215, Juni 1996, S. 32 - 37.

BRAMEIER, U.: „Bedeutung und Gefährdung unserer Böden". Unterrichtsanregungen und Materialien. Geographie und Schule, Heft 54, August 1988., S. 2 - 16.

FALTERMEIER, R.: „Lebensraum Boden". Klett, Stuttgart 1996.

GSF (Forschungszentrum für Umwelt und Gesundheit): „Böden - verletzliches Fundament". Neuherberg 1997.

SCHNITZER, A.: „Laßt den Boden atmen. Bodenverdichtung - Ursachen, Folgen und Gegenmaßnahmen". Praxis Geographie 2/1995, S. 20 - 25.

3.1 Pflanzen und Tiere im Wald

Lehrplanbezug

(8.2.1) Heimische Laub- und Na-delbäume, Sträucher, Kräuter und Tiere im Wald; Bestimmungsübun-gen

Strukturierungsvorschlag

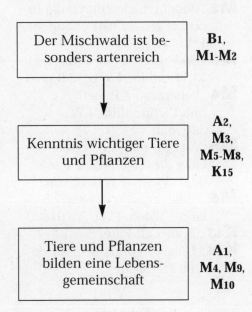

Der Mischwald ist be-sonders artenreich	**B1**, **M1-M2**
↓	
Kenntnis wichtiger Tiere und Pflanzen	**A2**, **M3**, **M5-M8**, **K15**
↓	
Tiere und Pflanzen bilden eine Lebens-gemeinschaft	**A1**, **M4, M9**, **M10**

Merksatz

In einem Mischwald bilden zahl-reiche Tiere und Pflanzen eine Le-bensgemeinschaft.

Phänomene

• Es gibt verschiedene Waldformen, z.B. Laubwald, Nadelwald, Mischwald.

Bilder

B1 *("Pflanzen und Tiere im Wald")* Diese Abbildung dient zur Erweiterung der Formenkenntnis, ebenso werden affektive Be-reiche angesprochen. Bei der Beschreibung der Abbildung kön-nen die Schüler an einigen Stellen die Verbindung von Bau und Funktion herstellen.

Der Artenreichtum der Vegetation in einem Mischwald kontras-tiert deutlich etwa mit der Artenarmut in einem Fichtenreinbe-stand(Schülerband S. 55, Bild 3). Der Artenreichtum bei den Pflanzen hat eine entsprechend hohe Zahl von Tierarten zur Folge.

Vergleich: Mischwald - Reinbestand

Mischwald	Reinbestand
Hier kommen zahlreiche Pflanzen- und Tierarten vor.	In einem Reinbestand leben nur ganz wenige Pflanzen- und Tierar-ten.
Mischwald hat viel Unter-holz mit zahlreichen Sträu-chern und Kräutern.	Hier gedeihen kaum Sträucher und Kräuter.
Der Boden ist meist feucht.	Der Waldboden ist relativ trocken.
Mischwald ist ein natur-naher Wald.	Reinbestände werden vom Men-schen planmäßig angebaut und ab-geholzt, stellen praktisch eine Anbaufläche für Holz dar.

Aufgabenlösungen

A1 In einer Lebensgemeinschaft kommen zahlreiche Tiere und Pflanzen vor, die voneinander abhängig sind.

A2 Zuordnung

Lebewesen	Nummer	Lebewesen	Nummer
Aronstab	3	Fuchs	5
Baummarder	6	Habicht	14
Borkenkäfer	18	Moospolster	8
Buntspecht	17	Reh	10
Eiche	11	Rotbuche	9

Eichelhäher	12	Rote Waldameise	15
Eichenwickler	7	Schattenblume	4
Eichhörnchen	1	Sternmiere	13
Farn	16	Waldmaus	19
Fichte	2		

Medien und Kopiervorlagen

M1 „Buchenwald", Video Film Produktion, Ulm, Best. Nr. 013

M2 „Wald 1": Geschichtliche Entwicklung, FWU, 10 2692

M3 „Wald 2": Baumarten, Waldaufbau, FWU, 10 2693

M4 „Wald 5": Lebensraum für Tiere, 12 f, FWU, 10 02696

M5 „Geschützte Pflanzen unserer Wälder", 16 f, FWU, 10 00541

M6 „Das Eichhörnchen", 16 min, FWU 32 039

M7 „Einheimische Marder", 13 f, FWU, 10 00938

M8 „Blaumeise und Kleiber", 17 min, FWU 23 02633

M9 „Wälder und Steppen im Eiszeitalter", 11 min, FWU, 32 03717

K15 „Tiere und Pflanzen im Mischwald"

Zusatzinformation

Zahl der sich von ihnen ernährenden Käfer- und Schmetterlingsarten auf heimischen und nicht heimischen Baumarten

Baumart		Artenzahl (Käfer und Schmetterlinge)
Hängebirke	heimisch	195
Rotbuche	heimisch	57
Stieleiche	heimisch	200
Hainbuche	heimisch	20
Schwarzerle	heimisch	55
Ulme	heimisch	55
Linde	heimisch	25
Tanne	heimisch	45
Rosskastanie	nicht heimisch	4
Esskastanie	nicht heimisch	5
Walnuss	nicht heimisch	3
Robinie	nicht heimisch	1

Literatur

BAYERISCHES STAATSMINISTERIUM FÜR ERNÄHRUNG, LANDWIRTSCHAFT UND FORSTEN: „Der Wald - Umweltschutz in Bayern". 7. Aufl. 1995, 80539 München, Ludwigstraße 2.

BUNDESMINISTERIUM FÜR ERNÄHRUNG, LANDWIRTSCHAFT UND FORSTEN: „Land- und Forstwirtschaft in Deutschland - Daten und Fakten 1998", Info-Broschüre mit CD-ROM, 53127 Bonn, 1998.

HÄSING-ÖPEN, P.: „Der Wald im Herbst. Unterricht Biologie", Heft 184, 1993, S. 16 - 18.

KLOHN, W.: „Wald und Forstwirtschaft zwischen Ökonomie und Ökologie". Praxis Geographie 2, Heft 6, 1998, S. 4 - 9.

3.2 Bäume und Sträucher des Waldes

Lehrplanbezug

(8.2.1) Heimische Laub- und Nadelbäume, Sträucher, Kräuter und Tiere im Wald; Bestimmungsübungen

Strukturierungsvorschlag

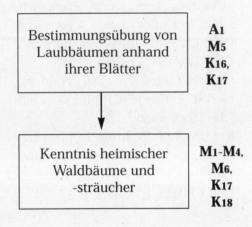

| Bestimmungsübung von Laubbäumen anhand ihrer Blätter | **A1** **M5** **K16,** **K17** |

↓

| Kenntnis heimischer Waldbäume und -sträucher | **M1-M4,** **M6,** **K17** **K18** |

Phänomene

• Vergleich der Wuchsform von Blättern verschiedener Bäume.

• Das Blätterdach des Waldes („Im Wald regnet es zweimal").

• Blattsammlung (Herbar).

Aufgabenlösungen

A1

Baum	Blattform	Blattrand
Stieleiche,	gebuchtet	glatt
Traubeneiche	gebuchtet	glatt
Spitzahorn	spitz zulaufend	gelappt
Feldahorn	gelappt	gebuchtet
Esche	gefiedert	gesägt
Erle	verkehrt eiförmig	gesägt
Bergahorn	gelappt	gesägt
Rosskastanie	handförmig geteilt	gesägt
Holunder	gefiedert	gesägt
Eberesche	gefiedert	gesägt
Rotbuche	elliptisch	glatt mit Wellen (geschweift)
Hainbuche	elliptisch	gesägt

Zusatzinformation

Lebensdaten einheimischer Baumarten

	Höchstalter (Jahre)	Maximale Höhe (Meter)	Zeit bis zum Fällen (Jahre)
Stieleiche	700	40	140 - 180
Rotbuche	250	45	120 - 160
Hainbuche	150	30	120 - 140
Birke	120	28	80
Esche	300	40	100 - 120
Feldahorn	150	20	100 - 120
Feldulme	400	35	120 - 140
Linde	1000	32	120 - 140
Erle	120	30	80 - 120
Pappel	100	25	50
Fichte	600	60	80 - 120
Kiefer	600	48	100 - 160
Lärche	600	54	120 - 160
Tanne	600	50	90 - 130

Vergleich von Hasel und Holunder

	Hasel	Holunder
Größe	2 - 4 m	bis zu 6 m
Blütezeit	März/April	Mai/Juni
Blütenform	troddelförmige Kätzchenblüte	schirmförmige Trugdolden
Blätter	kurzgestielt, spitzeiförmig	gefiedert, behaart, am Rande doppelt gesägt
Früchte	Haselnuss	Holunderbeeren

Medien und Kopiervorlagen

M1 „Wuchsformen der Laubbäume", 20 f, FWU, 10 00657

M2 „Wuchsformen einheimischer Nadelhölzer", 18 f, FWU, 10 00659

M3 „Eichen, Stieleiche und Traubeneiche", 12 f, FWU, 10 02951

M4 „Bäume und Sträucher", 12 f, FWU, 10 02454

M5 „Blüten, Blätter und Früchte III. Waldrand und Wald", 12 f, FWU, 10 0288

M6 „Waldrand: Ökologisch wertvolle Pflanzenvielfalt", 12 f, FWU, 10 02857

K16 „Bestimmungsschlüssel für Laubbäume"

K17 „Blätter häufiger Laubbäume"

K18 „Bestimmungshilfe für Nadelbäume"

Literatur

AICHELE, D.; GOLTE-BECHTLE, M: „Was blüht denn da?" Kosmos Naturführer, Franckh´sche Verlagsbuchhandlung, Stuttgart, 1992.

ENGSTFELD, C.; RICHTER-RIESLAND, R.: „Fahndung nach einem Baum". Unterricht Biologie, Heft 193, 1994, S. 34 - 35.

GROTHE, R.: „Das Leben einer Eiche". Unterricht Biologie, Heft 184, 1993, S. 46 - 47.

HERRMANN-BULBECK, H.; SVEHLA, A.: „Der Mann mit den Bäumen". Unterricht Biologie, Heft 192, 1994, S. 35.

HINTERMEIER, H.: „Der Baum als Unterrichtsthema". Naturwissenschaften im Unterricht, Heft 12, 1983, S. 429 - 433.

STICHMANN, W.: „Mit Holz kann man rechnen". Unterricht Biologie, Heft 187, 1993, S. 52 - 53.

STICHMANN, W.: „Unsere Bäume in Zahlen". Beihefter Unterricht Biologie, Heft 126, 1987.

TAUSCH-TREML, S.; TEMPLER, R.; ULRICH, W.: „Holz aus heimischen Wäldern". Unterricht Biologie, Heft 187, 1993, S. 31-35.

STORK, M.: „Aderlaß bei Bäumen". Unterricht Biologie, Heft 193, 1994, S. 44 - 45.

WEBER, E.: „Von der Eichel zur Eiche". Unterricht Biologie, Heft 202, 1995, S. 50.

WILMES, A.: „Eine Bibliothek aus Holz". Unterricht Biologie, Heft 193, 1994, S. 38 - 40.

UNTERBRUNNER, U.; HAGANEHOFER, A.: „Pflanzenbestimmung einmal anders". Unterricht Biologie, Heft 184, 1993, S. 10 - 11.

3.3 Wir erkunden einen Wald

Lehrplanbezug

*(8.2.1) Heimische Laub- und Na-
delbäume, Sträucher, Kräuter und
Tiere im Wald; Bestimmungsübun-
gen, Waldbäume und ihr Ansprüche an den Standort, z. B. hinsichtlich Licht, Wasser, Boden,
Klima*

Strukturierungsvorschlag

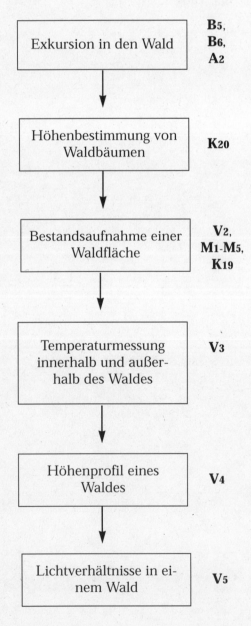

Exkursion in den Wald	**B5**, **B6**, **A2**
Höhenbestimmung von Waldbäumen	**K20**
Bestandsaufnahme einer Waldfläche	**V2**, **M1-M5**, **K19**
Temperaturmessung innerhalb und außerhalb des Waldes	**V3**
Höhenprofil eines Waldes	**V4**
Lichtverhältnisse in einem Wald	**V5**

Phänomene

• Geräusche und Töne im Wald

• Struktur von Baumrinden

Bilder

B1 *(„Walderkundung")* Dieses Bild stellt eine Schülerin bei der Untersuchung eines Baumstumpfes dar. Es hat motivationalen Charakter.

Aufgabenlösungen

A1 Die verschiedenen Sinneseindrücke, die ein Wald vermittelt, lassen sich künstlerisch verarbeiten. Eine weitere Methode, Rindenbilder von Bäumen herzustellen, ist in der folgenden Zusatzaufgabe dargestellt: Plastilinmasse wird zu einer 2 cm dicken quadratischen Platte mit einer Kantenlänge von rund 15 bis 20 cm geknetet. Ein entsprechend großes Rindenstück wird mit einer Schmierseife-Lösung bestrichen. Das Rindenstück wird fest in die Plastilinmasse eingedrückt. Die Plastilinform wird abgehoben und mit dem Abdruck nach oben in einen kleinen Karton gelegt. Anschließend wird Gips angerührt. Dazu füllt man zunächst Wasser in eine Schüssel und schüttet so lange Gips hinein, bis das Wasser aufgesogen ist. Der Karton wird so weit mit Gips ausgefüllt, bis das Plastilin völlig bedeckt ist. Die Gipsoberfläche streicht man mit einem Holzstab glatt. Wenn der Gips hart ist, wird der Ansatz vorsichtig umgedreht und die Platte herausgenommen. Die Gipsoberfläche kann nun mit den Farben der Rinde bemalt werden.

A2 Bei dieser Aufgabe sind unterschiedliche Reaktionen bei Schülerinnen und Schülern möglich: Ablehnung, Hilflosigkeit, Überraschung, Wahrnehmungssteigerungen für das Relief und die Oberflächenstruktur des Bodens.
Methodische Variante: Mehrere Schülerinnen oder Schüler verbinden sich die Augen und bilden eine Kette, indem man eine Hand auf die Schulter des Vorgängers legt. Diese Gruppe wird von einem Schüler oder einer Schülerin mit unverbundenen Augen angeführt. Beim Aufschreiben der sinnlichen Wahrnehmungen und Empfindungen sollte Anonymität möglich sein.

Versuche

V1 *(„Höhenbestimmung von Bäumen")* Bei der Messung entfernt man sich so weit von dem zu messenden Baum, bis der

Baumwipfel über die Spitze des Stockes anvisiert werden kann. Beispiel: Der Abstand bis zum Baum beträgt 20 Meter. Dieser Abstand entspricht der Höhe des Baumes, wobei allerdings die Körpergröße (Schulterhöhe) von ca. 1,5 Meter hinzugerechnet werden muss.

V2 *(„Bestandsaufnahme einer Waldfläche")* Bei der Verteilung der Bäume spielt ihre unterschiedliche Wuchsform eine Rolle. Wichtig ist, dass sie genügend Platz zum Wachsen haben. So ist zum Beispiel die Kronenausdehnung und die Kronenform der Bäume abhängig von Größe, Alter und Abstand der Nachbarbäume. Kleinere Sträucher und Kräuter wachsen nur noch an den Stellen, wo genügend Licht hinfällt. Moose wachsen an besonders feuchten Stellen.

Die Bestimmung der Baumarten kann mithilfe der Kopiervorlagen erfolgen. Die entsprechenden Symbole sind in der Abbildung 3 im Schülerband dargestellt. Zur Bestimmung der verschiedenen Pflanzenarten sollte außerdem für jede Schülergruppe ein einfaches Bestimmungsbuch zur Verfügung stehen, mit dessen Umgang man sich vor Beginn der Exkursion vertraut gemacht hat.

V3 („Temperaturmessung innerhalb und außerhalb des Waldes")

Beispiel (Angaben in Grad Celsius)

	150 cm Höhe	Bodennähe
Messstelle 1 (Waldrand)	19,0	18,5
Messstelle 2	18,3	18,0
Messstelle 3	17,8	17,5
Messstelle 4 (Waldinneres)	17,3	17,0

V4 *(„Höhenprofil eines Waldes")* Je dichter die Baumkrone, um so weniger Licht gelangt auf den Waldboden. Entsprechend gering ist die Zahl der darunter befindlichen Sträucher und Kräuter. Wo auf einer gleich großen Fläche weniger Bäume stehen, ist der Unterwuchs mit Sträuchern und Kräutern dichter. Am Waldrand findet man ein besonders dichtes Strauchwerk.

V5 *(„Lichtverhältnisse in einem Wald")* Mit der Messung der Lichtwerte beginnt man im freien Gelände. Dabei wird zunächst der Blendenwert 5,6 oder ein geringerer Wert eingestellt und die zugehörige Belichtungszeit ermittelt. Angenommen man misst eine Belichtungszeit von 1/250 sec, dann betragen die Lichtverhältnisse bei 1/125 sec 50 %, bei 1/60 sec 25 %, bei 1/30 sec 12,5 % des vollen Tageslichtes. Die gemessenen Lichtverhältnisse lassen sich in Form eines Säulendiagramms anschaulich darstellen.

Medien und Kopiervorlagen

M1 „Nadelhölzer. Blüten- und Samenstände", 19 f, FWU, 10 00660

M2 „Wuchsformen der Laubbäume", 20 f, FWU, 10 00657

M3 „Wuchsformen einheimischer Nadelhölzer", 18 f, FWU, 10 00659

M4 „Eichen, Stieleiche und Traubeneiche", 12 f, FWU, 10 02951

M5 „Waldrand: Ökologisch wertvolle Pflanzenvielfalt", 12 f, FWU, 10 02857

K19 „Bestandsaufnahme eines Waldstückes"

K20 „Rekordhöhen einheimischer Laubbäume"

Literatur

BERSE, U.: „Waldbegegnungen". Unterricht Biologie, Heft 197, 1994, S. 14-17.

HEDEWIG, R.: „Biologieunterricht und Projekte". Unterricht Biologie, Heft 18, 1993, S. 4 - 12.

JANßEN, W.; TROMMER, G.: „Naturerleben". Themenheft. Unterricht Biologie, Heft 137, 1988.

KIEFER, E.: „Erkennst du Bäume an ihren Rinden?" Unterricht Biologie, Heft 114, 1986, S. 32-35

MARKERT, B.: „Vergleichende pH-Wertmessungen in Laub - und Nadelwald". Unterricht Biologie, Heft 148, 1989, S. 53.

MUMM, N.; Kempf, D.: „Blattabdrücke in Ton". Unterricht Biologie, Heft 165, 1991, S. 55.

NOACK, W.: „Tönendes Holz". Unterricht Biologie, Heft 193, 1994, S. 12 - 14.

3.4 Waldbäume und ihre Ansprüche an den Standort

Lehrplanbezug

Waldbäume und ihr Ansprüche an den Standort, z. B. hinsichtlich Licht, Wasser, Boden, Klima

Strukturierungsvorschlag

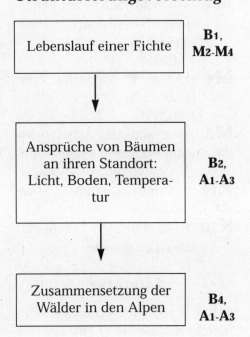

Lebenslauf einer Fichte	**B1**, **M2-M4**
Ansprüche von Bäumen an ihren Standort: Licht, Boden, Temperatur	**B2**, **A1-A3**
Zusammensetzung der Wälder in den Alpen	**B4**, **A1-A3**

Merksatz

Bäume sind je nach Art von ganz bestimmten Umweltfaktoren abhängig.

Phänomene

• Baumringe verraten das Alter der Bäume

Bilder

B1 („Lebenslauf einer Fichte") Die Fichte erreicht ein Alter von 17 Jahren.

Jahr	Zustand
1. Jahr	Keimung
5. Jahr	Baum erreicht eine Höhe von 1 m
8. Jahr	Ausschlagen schwacher Fichten, weniger Konkurrenz
10. Jahr	Baum erreicht eine Höhe von 4,5 m, nochmaliges Auslichten
11. Jahr	Ein Weg aus Schotter wird angelegt; Zunahme der Jahresringdicke
14. Jahr	Regenreicher Sommer; Zunahme der Jahresringdicke im Vergleich zu trockenen Sommern
16. Jahr	Ausbau des Weges mit einer Teerdecke, dünner Jahresringe
17. Jahr	Borkenkäferbefall, Absterben der Fichte

B2 *(„Ansprüche von Bäumen an ihren Standort")*

Kiefer	lichtempfindlich, ansonsten unempfindlich in allen Bereichen
Tanne	empfindlich gegen Spätfrost und Luftfeuchtigkeit
Fichte	empfindlich gegen Luft- und Bodenfeuchtigkeit
Lärche	lichtempfindlich
Stieleiche	empfindlich gegen Licht, Wärme, Spätfrost und Luft und Bodenfeuchtigkeit
Traubeneiche	empfindlich gegen Licht, Wärme und Spätfrost
Rotbuche	empfindlich gegen Spätfrost, unempfindlich gegen Licht, ansonsten mittlere Empfindlichkeit
Hainbuche	geringe bis mittlere Empfindlichkeit in allen Bereichen
Ahorn	empfindlich gegen Bodenfeuchtigkeit und hohen Mineralsalzgehalt des Bodens
Ulme	mittlere bis hohe Empfindlichkeit in allen Bereichen
Esche	hohe Empfindlichkeit in allen Bereichen, bis auf Wärme
Birke	lichtempfindlich, ansonsten unempfindlich in allen Bereichen

Rotbuchen stellen bei fast allen Faktoren mittlere, in Bezug auf das Licht sogar geringe Ansprüche, sie sind allerdings empfindlich gegen Frost. Die Winter in unseren Breiten im Flachland und in Höhen bis 700 m sind in der Regel mild und Spätfröste treten nur selten auf. Deshalb sind Rotbuchen in diesem Bereich weit verbreitet. In höheren Regionen findet die Rotbuche mit ihren Wurzeln zusätzlich keinen Halt auf dem steinigen Untergrund. Sie wird dort von der Fichte, Kiefer und Lärche verdrängt. Fichten und vor allem Kiefern machen Fröste kaum etwas aus. Die Fichte stellt geringe Ansprüche an das Licht, verlangt aber eine hohe Luft- und Bodenfeuchtigkeit.

B3 *(„Umweltfaktoren beeinflussen Bäume")* In dieser Abbildung sind die wichtigsten abiotischen Faktoren dargestellt, die

Wachstum und Entwicklung eines Baumes beeinflussen: Licht, Wind, Luftfeuchtigkeit, Temperatur, Bodenart, Bodenfeuchtigkeit und Mineralsalze.

B4 (*„Zusammensetzung der Wälder in den Alpen"*) und **A3**

Schneegrenze	2500 m
Baumgrenze	1900 m
Hochwaldgrenze	1700 m
Laubwaldgrenze	1300 m

Aufgabenlösungen

A1 Im Tal besteht der Wald vor allem aus Laubbäumen wie Rotbuchen, Eichen, Ahorn und Eschen. Je weiter man nach oben kommt, desto größer wird der Anteil der Nadelbäume wie Fichte, Tanne und Lärche. Ab 1300 m Höhe besteht der Wald nur noch aus Nadelbäumen. Über 1700 m Höhe kann kein Hochwald mehr existieren. Lediglich kleine, verkrümmte Nadelbäume wie Latschen, Fichten, und Lärchen können hier wachsen. Über 1900 m Höhe können Bäume nicht mehr überleben.

A2 In den höheren Regionen spielen Umweltfaktoren eine Rolle, die von bestimmten Bäumen nicht mehr ertragen werden. Hierzu gehören: starke Sonneneinstrahlung, tiefe Temperaturen, steiniger Untergrund, starker Wind.

Zusatzinformation

Im Frühjahr nutzen Frühblüher die Zeit vor der Belaubung der Bäume für die Blüte. Das Waldklima begünstigt frühes Blühen: Schneeschutz, Windschutz, leicht erhöhte Temperatur im Waldinnern. Zum Beispiel kann bei dem relativ hohen Lichteinfall die Temperatur in der feuchten Laubstreu auf dem Boden 30 °C bis 40 °C betragen. Diese hohen Temperaturen ermöglichen es Frühblühern wie dem Buschwindröschen mit ihren unterirdischen Speicherorganen, noch vor der vollen Laubentfaltung zu blühen, zu fruchten und neue Reservestoffe zu bilden. Die Knospen des Sprosses werden bereits im Herbst angelegt, hierdurch wird das frühe Blühen möglich. Blütenbestäubende Insekten gibt es zu dieser Jahreszeit in der Regel noch nicht. Entsprechend findet bei diesen Pflanzen eine vegetative Vermehrung statt. So findet man beim Scharbockskraut Brutknöllchen, beim Buschwindröschen sind Verzweigungen des Erdsprosses ausgebildet. Im Sommer sind die Lichtverhältnisse anders als im Frühjahr. Nur noch etwa 5 % des einfallenden Lichtes erreichen den Waldboden. Lediglich Gräser, Moose und wenige Pflanzen, die an ein solches „Schattendasein" angepasst sind (Schattenblume, Springkraut, Sauerklee), können unter diesen Bedingungen auf dem Waldboden wachsen und gedeihen. Die Blüte und Fruchtbildung der Frühblüher ist zu diesem Zeitpunkt bereits weitgehend abgeschlossen.

Medien und Kopiervorlagen

M1 „Das Leben einer Fichte", CVK, 19 961

M2 „Aufbau und Wachstum des Holzes", 20 sw, FWU, 10 01093

M3 „Dickenwachstum des Stammes", 14 f, FWU, 10 00639

M4 „Anatomie des Holzes", 6 sw + 3 f, FWU, 12 00078

M5 „Frühblüher", Video Film Produktion, Ulm, Best. Nr. 012

M6 „Frühlingsbilder", 12 f, FWU, 10 02861

K21 „Jahresringe von Bäumen"

K22 „Wie viel Wind in den Wald gelangt"

Literatur

DEPPE, E.: „Was grünt so früh ... im Wald?" UB, Heft 202, 1995, S. 18-21

GROTHE, R.: „Das Leben einer Eiche". UB, Heft 184, 1993, S. 46 - 47

LAMMERT, F. D.: „Bioindikatoren". UB, Heft 131, 1988, S. 4 - 13

RÜTHER, F.: „Angepaßtheit von Pflanzen". UB, Heft 173, 1992, S. 4 - 13

STICHMANN, W.: „Den Frühling miterleben". UB, Heft 202, 1995, S. 4 - 13

STICHMANN, W.: „Die Natur im Wechsel der Jahreszeiten". UB, Heft 91, 1984, S. 2 - 13

STICHMANN, W.: „Vom Märzenbecher bis zum Maiglöckchen. Frühblüher in heimischen Wäldern". UB, Heft 202, 1995, S. 27-30

3.5 Ameisen – Staaten bildende Insekten im Wald

Lehrplanbezug

(8.2.1) *Insekten im Lebensraum Wald, z. B. Staaten bildende Insekten*

Strukturierungsvorschlag

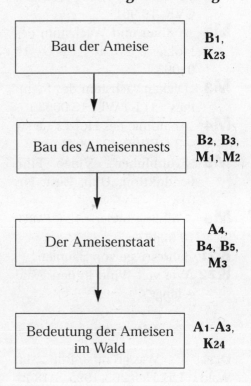

Bau der Ameise	**B1**, **K23**
Bau des Ameisennests	**B2**, **B3**, **M1**, **M2**
Der Ameisenstaat	**A4**, **B4**, **B5**, **M3**
Bedeutung der Ameisen im Wald	**A1-A3**, **K24**

Merksatz

Die Rote Waldameise gehört zu den Staaten bildenden Insekten. Ein Staat besteht vor allem aus Arbeiterinnen und wenigen Königinnen. Waldameisen fressen große Massen an pflanzlicher und tierischer Nahrung.

Phänomene

• Ameisen leben in einem durchorganisierten Tierstaat.

• Ameisen leisten einen wesentlichen Beitrag zur Erhaltung der Wälder („Polizei des Waldes").

Bilder

B1 *(„Arbeiterin (a) und Königin (b) der Ameisen")* Die Arbeiterinnen sind unfruchtbare, weibliche Tiere, die flügellos sind. Sie bauen das Nest, bessern Schäden aus, sammeln Nahrung und pflegen die Nachkommen. Im Ameisenstaat gibt es einige hundert Weibchen, die fruchtbar sind, die Königinnen. Sie legen tief im Bau die Eier, aus denen sich anschließend Puppen und Larven entwickeln.

B2 *(„Ameisennest")* und **B3** *(„Schnitt durch ein Ameisennest")* Das Ameisennest mit seinem oberirdischen Kuppelbau ist eine beachtliche bautechnische Leistung. Unter der Kuppel liegt, teilweise unterirdisch, ein weitverzweigtes Labyrinth aus Gängen und Kammern, das Hauptnest. Der Hauptvorteil solcher Kuppelbauten besteht darin, dass die Sonnenstrahlen besser zur Erwärmung der Nester genutzt werden können. Der Oberbau stellt gewissermaßen nur die Klimaanlage dar, mit der die Nesttemperatur reguliert wird. Das Thermometer für die Bestimmung der Temperatur tragen die Ameisen in ihren Fühlern. Sie können damit Temperaturunterschiede von einem Viertel Grad wahrnehmen.

90 % der Nestbewohner sind ständig im „Innendienst" beschäftigt mit Bauarbeiten am Nest, mit Brutpflege und Fütterung der Königinnen. Letzteres ist besonders aufwendig, denn anders als bei den Bienen, wo nur eine Königin versorgt werden muss, haben Waldameisen bis zu 5000 Königinnen zu füttern. Die Königinnen produzieren jeweils vom Spätwinter bis in den Herbst hinein Tag für Tag rund zehn Eier. Dabei werden die alten Königinnen, die 15 bis 20 Jahre leben, alljährlich durch junge Königinnen ersetzt. Wird die Zahl der Nestbewohner zu groß, zieht ein Teil des Volkes mit einigen Königinnen aus. Das können zusammen etwa 250 000 Tiere sein, die in der Nähe des Mutternestes ein neues Nest begründen.

B4 *(„Rote Waldameisen transportieren Schmetterlingsraupe")* Diese Abbildung zeigt eine der sozialen Verhaltensweisen bei Ameisen. Auf dem langen Weg zum Nest kommt es vor, dass eine Ameise mit schwerer Last ein Hindernis überwinden muss oder dass sie sich mit ihrer sperrigen Ladung irgendwo verfängt. Es dauert nur Sekunden, bis Helferinnen hinzukommen. Sobald das Hindernis überwunden ist, ziehen die Helferinnen wieder ab. Die Ursachen für die dabei zugrundeliegende Kommunikation ist nicht bekannt.

B5 *(„Ameisen fressen Ausscheidungen der Blattläuse")* Vom Nest aus führen strahlenförmig „Ameisenstraßen" in die Umgebung. Man erkennt sie daran, dass hier die natürliche Vegetation auf dem Boden spärlicher ist. Einige Straßen enden an Bäumen und führen den Stamm hinauf zu den „Milchkühen" der Ameisen, den Blattläusen. Deren zuckerhaltige Ausscheidungen, der Honigtau, ist eine nährstoffreiche Nahrung. Von einem Volk werden pro Jahr rund 500 kg Honigtau eingetragen.

Aufgabenlösungen

A1 Dies geschieht, weil Ameisen unter Naturschutz stehen.

A2 Es dauert in der Regel weniger als eine Minute.

A3 Ähnlich wie die Polizei kommt der Roten Waldameise im Wald eine Ordnungsfunktion zu. Sie beseitigt beispielsweise in einer Stunde 70 000 Larven, 3600 Puppen und 3400 Falter, etwa „Forstschädlinge" wie Eichenwickler und Frostspanner. Bis zu 50 000 Blattwespenlarven können von den Arbeiterinnen eines Volkes täglich „erbeutet" werden.

A4 Zu den Staaten bildenden Insekten gehören neben den Ameisen auch die Termiten und Bienen.

Medien und Kopiervorlagen

M1 „Das Jahr der Roten Waldameise", 20 min, FWU, 32 03720

M2 „Ameisen", 16 f, FWU, 10 00566

M3 „Die Brutbiologie der Kleinen Roten Waldameise", 13 min, FWU, 32 03721

K23 „Körperbau der Ameise"

K24 „Ameisen haben wichtige Aufgaben im Wald"

Zusatzinformation

Ameisen entfernen sich häufig bis zu 50 m vom Nest, manchmal auch mehr als 200 m. Für die kleinen 4 bis 9 mm langen Tiere bedeutet dies ein große Entfernung. Wenn eine Ameise etwa eine tote Honigbiene zum Nest transportiert, so trägt sie dabei etwa das siebenfache ihres Körpergewichtes. Ein erwachsener Mensch müsste vergleichsweise rund 500 kg über eine Strecke von 4 Kilometern schleppen. Rindenstücke, abgebrochene Äste, Steine, Grasbüschel sind relativ betrachtet riesige Hindernisse, die bewältigt werden. Die Tiere wählen nicht immer den kürzesten Weg zum Nest. Sie halten vielmehr Transportwege ein, die möglichst wenig Hindernisse aufweisen. Die Geschwindigkeit, mit der sich Ameisen bewegen, ist abhängig von der sie umgebenden Temperatur. Bei Temperaturen um 10 °C bewegen sie sich recht langsam, während sie bei 22 bis 25 °C eine Strecke von 1 m in wenigen Sekunden zurücklegen. Selbst schwere Lasten verringern ihre Laufgeschwindigkeit kaum. Im Sommer liegen zwischen Abmarsch vom Nest und Rückkehr mit Beute rund zwei Stunden.

Literatur

BUSCHINGER, A.: „Genetik der Kastenbildung bei Ameisen". Naturwissenschaftliche Rundschau, 1992, Heft 3, S. 85-92.

DALHOFF, B.: „Die Bedeutung der Waldameisen". Unterricht Biologie, Heft 197, 1994, S. 23 - 32.

DALHOFF, B.: „Die Waldameise". Unterricht Biologie, Heft 197, 1994, Beihefter, S. 27.

ESCHENHAGEN, D.: „Tiere bauen". Unterricht Biologie, Heft 87, 1983, S. 2 - 21.

KNOTH, M.: „Soziale Verhaltensweisen bei Tieren unter besonderer Berücksichtigung des Sozialverhaltens der Ameisen". Der Biologieunterricht, 1983 , Heft 1, S. 50-81.

TIEMANN, H.; HAGEMANN, T.: „Uneigennütziges Verhalten bei Ameisen". Unterricht Biologie, 1993, Heft 185 , S. 52-53.

3.6 Insekten haben gemeinsame Merkmale

Lehrplanbezug

(8.2.1) Insekten im Lebensraum Wald, z. B. Staaten bildende Insekten, Borkenkäfer
Weitere Insekten, gemeinsame Merkmale

Strukturierungsvorschlag

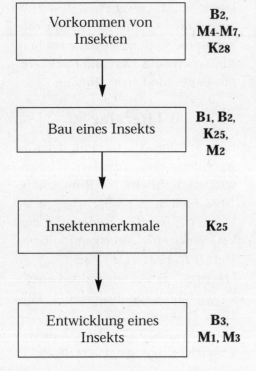

Vorkommen von Insekten	**B2, M4-M7, K28**
Bau eines Insekts	**B1, B2, K25, M2**
Insektenmerkmale	**K25**
Entwicklung eines Insekts	**B3, M1, M3**

Merksatz

Gemeinsame Merkmale der Insekten: Chitinhülle, Dreiteilung des Körpers, drei Beinpaare und Tracheenatmung. Viele Insekten haben eine indirekte Entwicklung mit Larven- und Puppenstadium.

Phänomene

• Fraßbilder vom Borkenkäfer

Bilder

B1 *(„Beispiel für ein Insekt")* Deutlich ist die Dreiteilung dieses Insekts: Kopf, Brust, Hinterleib

B2 *(„Auf der Erde sind rund eine Million Tierarten bekannt")* Drei Viertel aller Tierarten auf der Erde sind Insekten. Hierzu gehören Käfer, Schmetterlinge, Hautflügler, Zweiflügler und andere.

B3 *(„Larven des Borkenkäfers")* In den Seitennischen der Fraßgänge befindet sich jeweils ein Ei. Die Entwicklung des Käfers dauert mehr als zwei Monate. Die Larven fressen sich in den Bast ein, das heißt, sie ernähren sich von der Fichtenrinde und von Holzzellen. Die Nahrung wird im Darm von Mikroorganismen verdaut.

Zusatzinformation

Der Borkenkäfer

Aussehen	Adultes Tier wird bis 5 mm lang, hat eine feste runde Kopfkapsel, gekeulte Fühler und gestutzte Flügeldecken. Überwinternde Käfer werden bis sieben Monate alt, die Tiere der Sommergeneration nur einen Monat.
Entwicklung	Männchen begatten die Weibchen im Frühjahr nach der Überwinterung. Weibchen stellen im Bast je einen senkrecht verlaufenden Muttergang mit 20 bis 40 Seitennischen her, die mit je einem Ei beschickt werden. Die Entwicklung des Käfers dauert mehr als zwei Monate.
Gänge	Die Larven fressen sich in den Bast ein, das heißt, sie ernähren sich von der Fichtenrinde und von Holzzellen. Die Nahrung wird im Darm von Mikroorganismen verdaut. Bei diesem Fressvorgang entstehen immer breiter werdende Larvengänge, die jeweils in einer Puppenwiege enden. Dort verpuppt sich die Larve. Die schlüpfenden Käfer durchbohren dann wieder die Rinde, die nun wie durchlöchert aussieht.
Massenbefall	Bei einem Massenbefall durch die Käfer können mehrere hundert Brutplätze pro Qua-

dratmeter Rinde auftreten. Zu einem Massenbefall kommt es vor allem in geschädigten Reinbeständen.

Feinde   Feinde des Fichtenborkenkäfers sind vor allem Spechte, Meisen, Baumläufer, Buntkäfer und Schlupfwespen.

Bekämpfung   Ein vermehrtes Auftreten der Borkenkäfer wird mit sogenannten Pheromon-Fallen bekämpft. Pheromon ist ein natürlicher Lockstoff, der zur Auffindung von Paarungspartnern dient. Das Pheromon zeigt dem Borkenkäfer an, dass ein Baumstamm von Artgenossen besetzt ist und günstige Bedingungen zur Eiablage bietet. In der Falle wird ein Beutel mit Pheromon angebracht. Die Käfer fliegen gegen die glatte Kunststofffläche und fallen in eine schmale Wanne, aus der sie nicht entkommen können. Sie finden hier keine Nahrung oder ertrinken im aufgefangenen Regenwasser der Wanne.

Medien und Kopiervorlagen

M1 „Entwicklung der Insekten", FWU, 42 01 175

M2 „Die Stubenfliege", FWU, 32 02984

M3 „Die Entwicklung des Maikäfers", FWU, 32 00569

M4 „Biologische Schädlingsbekämpfung: Mit Lockstoffen gegen Insekten", FWU, 15 min, 32 03907

M5 „Borkenkäfer am Beispiel des Buchdruckers", 12 f, FWU, 10 02886

M6 „Biologie tierischer Forstschädlinge", 15 f, FWU, 10 00520

M7 „Eichenschädlinge", 12 f, FWU, 10 02877

K25 „Bau eines Insekts am Beispiel der Wespe"

K26 „Bedeutung der Insekten für die Umwelt"

K27 „Insektengruppen"

K28 „Borkenkäfer und ihre Fraßbilder"

Literatur

BRAUNER, K.: „Kupferstecher, die in Baumrinde arbeiten". Unterricht Biologie, Heft 133, 1988 ,S. 34-38.

DYLLA, K.; ESCHENHAGEN D.: „Schmetterlinge". Unterricht Biologie, Heft 104, 1985, S. 2 - 10.

ERPENBECK, A. und E.: „Bienen und Wespen bauen". Unterricht Biologie, Heft 87, 1983, S. 37 - 43.

HINTERMEIER, H.: „Naturschutz vor der Haustüre: Der Garten als Lebensraum". Naturwissenschaften im Unterricht, Heft 134, 1987, S. 19 - 22.

JANSSEN, P.: „Sommerstaaten der Faltenwespen". Unterricht Biologie, Heft 98, 1984, S. 51 - 53.

MAU, K.G.: „Fortpflanzung und Entwicklung eines Insekts". Unterricht Biologie, Heft 32, 1979, S. 18 - 28.

Themenheft: „Hummeln und Hautflügler". Umwelt lernen, Heft 3, 1989.

ZUBER, M.: „Ökologie der Borkenkäfer". Biologie in unserer Zeit, 1994, Heft 3, S. 144-152.

4.1 Nahrungsbeziehungen im Wald

Lehrplanbezug

(8.2.2) Nahrungsbeziehungen im Wald; Erzeuger, Verbraucher, Zersetzer (8.1.1, 8.3.1, 8.3.3)

Strukturierungsvorschlag

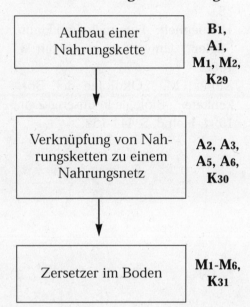

Aufbau einer Nahrungskette	**B1,** **A1,** **M1, M2,** **K29**
Verknüpfung von Nahrungsketten zu einem Nahrungsnetz	**A2, A3,** **A5, A6,** **K30**
Zersetzer im Boden	**M1-M6,** **K31**

Merksatz

In der Lebensgemeinschaft Wald sind alle Nahrungsketten zu einem vielfach verzweigten Nahrungsnetz verknüpft. Die Stoffe in der Nahrungskette befinden sich in einem ständigen Kreislauf.

Phänomene

• Räuber-Beute-Verhältnis: z.B. Ameise - Specht

• „Fressen und Gefressenwerden" in der Natur

Bilder

B1 *(„Nahrungsbeziehungen in einem Mischwald")* Bei dieser Abbildung sind von links nach rechts jeweils Erzeuger und Verbraucher erster, zweiter und dritter Ordnung dargestellt. Die einzelnen Nahrungsketten sind zu einem Netz verflochten. Am Anfang jeder Nahrungskette steht ein Erzeuger, d.h. eine grüne Pflanze. Nur die grünen Pflanzen sind in der Lage, mithilfe von Sonnenenergie organische Verbindungen herzustellen.

B2 und **A6** (*„Kreislauf der Stoffe im Wald")* Im Boden leben unzählige Kleinlebewesen. Dazu gehören Milben, Käfer, Schnecken und Würmer. Sie sind in der Regel mit bloßem Auge zu erkennen. Daneben gibt es die Kleinstlebewesen, die meist nur mit dem Mikroskop zu erkennen sind. Zu ihnen gehören die Bakterien und zahlreiche Pilze. Durch ihre Tätigkeit werden abgestorbene Tiere und Pflanzen abgebaut und zersetzt. Man schätzt, dass in einem Gramm Gartenerde bis zu 400 000 000 Bakterien enthalten sind. Sie leben von den Ausscheidungen der Kleinlebewesen und zersetzen deren Stoffwechselendprodukte zu Wasser und Mineralsalzen (Remineralisierung).

Aufgabenlösungen

A1 Weitere Beispiele für Nahrungsketten:

Eicheln - Eichhörnchen - Baummarder
Eichenblatt - Eichenwicklerraupe - Kohlmeise - Habicht
Eichenblatt - Eichenwicklerraupe - Rote Waldameise - Grünspecht - Habicht
Borke - Fichtenborkenkäfer - Buntspecht - Habicht

A2 Die Bezeichnung „Nahrungskette" ist eine vergröbernde und vereinfachende Darstellung. So dienen Pflanzen immer gleichzeitig mehreren Pflanzenfressern als Nahrung. Auf Eichen etwa leben 300 Insektenarten. Jeder Pflanzenfresser kann sich seinerseits in der Regel von mehr als einer Pflanze ernähren. Gleichzeitig dient jeder Pflanzenfresser wieder mehreren Konsumenten als Nahrung, etc. Auf diese Weise entsteht ein dicht geknüpftes Netz an Nahrungsbeziehungen. Der Begriff „Nahrungsnetz" kommt der Wirklichkeit näher und ist folglich besser.

A3 Das Fehlen der Endkonsumenten wie Bären und Luchse führte dazu, dass Rehe und Hirsche nicht mehr genügend natürliche Feinde haben, die ihren Bestand regulieren. Dieser durch den Menschen hervorgerufene Zustand ist wiederum nur durch weitere Eingriffe des Menschen, z.B. durch Jagd und aufwendige Schutzzäune um Schonungen in Grenzen zu halten.

A4

A5 Die Erzeuger stellen mithilfe des Sonnenlichts organische Stoffe (Nahrung) und Sauerstoff her. Sie dienen zum Aufbau des eigenen Körpers und zum Betrieb ihrer Lebensprozesse. Gleichzeitig dienen Pflanzen als Nahrung für Verbraucher, die Tiere und Menschen. Erzeuger und Verbraucher nutzen die Stoffe nicht vollständig, ein Teil davon wird ausgeschieden. Ein Teil der Erzeuger und Verbraucher stirbt ab. Die dabei entstehenden Überreste der Stoffe dienen den Zersetzern als Nahrung. Sie werden von ihnen zu Mineralsalzen, Kohlenstoffdioxid und Wasser abgebaut. Wasser und Mineralsalze werden von Pflanzen mit den Wurzeln aufgenommen. Der Kohlenstoffdioxid steigt in die Luft auf. Von dort wird er von den Blättern der Pflanzen aufgenommen und dient zusammen mit dem Wasser als Ausgangsprodukt für die Fotosynthese. So gelangen alle Stoffe wieder in die Nahrungskette, der Kreislauf schließt sich.

Zusatzinformation

Um Nahrungsbeziehungen anschaulich darzustellen, kann man Fotos aus Tierzeitschriften sammeln und diese auf Karton von passender Größe aufkleben. Mithilfe eines auf der Rückseite angeklebten Magnetplättchens lassen sich auf einer Stahltafel Nahrungsketten und Nahrungsnetze als Haftbilder zusammenstellen.

Medien und Kopiervorlagen

M1 „Bodensterben", 15 min, FWU, 32 03996

M2 „Der Regenwurm", 14 min, FWU, 42 00265

M3 „Leben im Boden", 16 min, FWU, 42 00235

M4 „Mikroorganismen im Boden", FWU, 10 00792

M5 „Bodenprofile", 17 f, FWU, 10 00666

K29 „Nahrungsbeziehungen im Wald"

K30 „Kreislauf der Stoffe"

K31 „Bestimmungshilfe für Bodenlebewesen"

Literatur

EHRNSBERGER, R.: „Bodentiere und Bodenfruchtbarkeit". Unterricht Biologie, Heft 144, 1989, S. 34 - 37.

EHRNSBERGER, R.: „Tiere im Boden". Unterricht Biologie, Heft 144, 1989, S. 27 - 30 (Beihefter).

ELLENBERG, H.; JANßEN, W.: „Räuber und Beute". Unterricht Biologie, Heft 112, 1986, S. 4 - 12.

JANßEN, W.: „Woher kommen die Löcher im Buchenblatt?" Unterricht Biologie, Heft 137, 1988, S. 47

KLAUTKE, S.: „Stoffkreisläufe". Unterricht Biologie, Heft 199, 1994, S. 4 - 13

KUHN, K.; PROBST, W.; SCHILKE, K.: „Biologie im Freien". Metzler, Stuttgart, 1986.

LAMMERT, F. D.: „Bodenschutz". Unterricht Biologie, Heft 144, 1989, S. 2 - 11.

MOISL, F.: „Energie". Unterricht Biologie, Heft 120, 1986, S. 4 - 12.

TENDEL, J.: „Wald und Forst". Naturwissenschaften im Unterricht, Heft 9, 1981.

4.2 Die Bedeutung des Waldes

Lehrplanbezug

(8.2.2) Funktionen des Waldes, z. B.: Lebensraum, Reinhaltung der Luft, Wasserspeicher, Erosionsschutz, Erholungsraum für den Menschen

Strukturierungsvorschlag

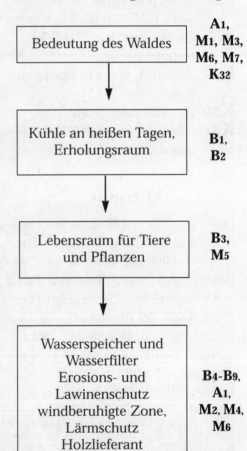

Bedeutung des Waldes	A1, M1, M3, M6, M7, K32
Kühle an heißen Tagen, Erholungsraum	B1, B2
Lebensraum für Tiere und Pflanzen	B3, M5
Wasserspeicher und Wasserfilter Erosions- und Lawinenschutz windberuhigte Zone, Lärmschutz Holzlieferant	B4-B9, A1, M2, M4, M6

Phänomene

• Waldspaziergang: Schönheit des Waldes, Erholungs- und Ruhezone

Bilder

B1 *(„Temperaturunterschiede zwischen Stadt und Wald")* Die Oberflächentemperaturen reichen an einem wolkenlosen Mittag im Sommer von 8 °C bis 41 °C. Das warme Stadtgebiet und die abgeernteten Felder sind an den Farben gelb, orange, braun zu erkennen, die kühleren Wald- und Wasserflächen an den Farben blau bis violett. An heißen, windschwachen Tagen steigt erhitzte Luft über den Häusermeeren auf, gleichzeitig strömt aus den benachbarten Wäldern kühlere, reinere Luft in die Städte.

B2 *(„Betonburgen ... Ruhe und Erholung im Wald")* Der Wald bietet seinen Besuchern Ruhe, Entspannung und Erholung. Er ermöglicht vielfältige Naturerlebnisse. Ein Wald bietet saubere Luft. Er filtert Luftverunreinigungen 200-mal besser als ein gleich großer Acker.
Mehr als ein Drittel Bayerns ist bewaldet. Mit 2,53 Millionen Hektar Wald ist es das waldreichste Land der Bundesrepublik Deutschland.

Gesamtfläche Bayern	7,05 Mio ha
Waldfläche	2,53 Mio ha
Waldanteil	36 %

B3 *(„Wald schützt Wild")* Der Wald bietet den dort lebenden Tieren Schutz und Nahrung. In naturnah aufgebauten, vielgestaltigen Mischwäldern finden die Tiere bessere Lebensbedingungen als in gleichförmigen Reinbeständen.

B4 *(„Waldboden mit Moosen")* Die Moospolster können große Mengen Wasser speichern, die den Waldboden feucht halten und vor Austrocknung schützen.

B5 *(„Gebirgswald")* In den Alpen haben rund 80 % des Waldes die Aufgabe, Erdrutsche, Stein- oder Schneelawinen zu verhindern.

B6 *(„Grundwasserspiegel im Wald und in unbewaldeten Gebieten")* Etwa ein Fünftel der Waldgebiete in der Bundesrepublik Deutschland sind heute Wasserschutzgebiete. Aus diesen Gebieten kommt besonders sauberes Trinkwasser. Der Waldboden speichert das Wasser, gleichzeitig wird das Wasser mechanisch und durch die Bodenmikroorganismen biologisch gereinigt.

B7 *("Sichere Verkehrswege")* Die Wurzeln der Bäume sind stark verzweigt und wirken der Bodenerosion entgegen, in dem sie die Bodenoberfläche zusammenhalten. Alle Wurzeln eines Baumes können eine Gesamtlänge von 25 km ergeben.

B8 *("Waldflächen schaffen windberuhigte Bereiche")*

B9 *("Wald als Holzlieferant")* Rund zwei Drittel des Holzes werden als Bauholz verwendet. Sehr viel Holz benötigt die Papierindustrie. Für eine Tonne Zeitungspapier benötigt man zwei Tonnen Holz.

Der Wald gehört einer Vielzahl von Waldbesitzern. Über die Hälfte ist Privatwald. Die meisten der 400 000 Waldbesitzer sind Landwirte. Rund ein Drittel des Waldes ist Staatswald. Der sogenannte Körperschaftswald ist Gemeindeeigentum. etwa zwei Prozent sind Bundeswald.

Privatwald	54,6 %	Körperschaftswald	13,3 %
Staatswald	30,1 %	Bundeswald	2,0 %

Aufgabenlösungen

A1 Der Wald hat verschiedene wichtige Aufgaben:

1. Klimaverbesserer: An heißen Tagen ist es im Wald kühler, an kalten Tagen ist es im Wald wärmer als außerhalb. An heißen Tagen ist die Transpiration über die Blätter besonders hoch. Bei diesem Vorgang wird rund 70 % der Wärmeenergie der Luft entzogen, sie kühlt ab. In der kalten Jahreszeit schlägt sich die Luftfeuchtigkeit als Wasser oder Eis nieder. Bei diesem Vorgang wird Wärme freigesetzt.

2. Staubfilter: Ein Wald filtert Luftverunreinigungen 200-mal besser als ein gleich großer Acker.

3. Erholungsraum: Viele Menschen suchen im Wald Ruhe und Erholung.

4. Lebensraum: Der Wald bietet dem Wild Nahrung und Schutz

5. Wasserspeicher und Wasserfilter: Der Waldboden speichert das Wasser. Bei der Wasserspeicherung spielen die Moospolster eine wichtige Rolle. Im Waldboden wird das Wasser mechanisch und durch die Bodenmikroorganismen biologisch gereinigt.

6. Lawinenschutz: In den Alpen haben rund 80 % des Waldes die Aufgabe, Erdrutsche, Stein- oder Schneelawinen zu verhindern.

7. Lärmschutz: An Autobahnen werden häufig Waldstreifen angepflanzt. Sie bilden einen natürlichen Lärmschutzwall.

8. Bodenschutz: Wald schützt als Windbremse den Ackerboden vor Erosion. Die Wurzeln der Bäume sind stark verzweigt und wirken der Bodenerosion entgegen, in dem sie die Bodenoberfläche zusammenhalten. Die Wurzeln eines einzigen Baumes können bis zu 25 km lang sein.

9. Holzlieferant: Rund zwei Drittel des Holzes werden als Bauholz verwendet. Sehr viel Holz benötigt die Papierindustrie. Für eine Tonne Zeitungspapier benötigt man zwei Tonnen Holz.

Medien und Kopiervorlagen

M1 „Wald 1: Geschichtliche Entwicklung", FWU, 10 2692

M2 „Wald 2: Baumarten, Waldaufbau", FWU, 10 2693

M3 „Wald 4: Waldfunktionen", 11 f, FWU, 10 02695

M4 „Wald 3: Waldwirtschaft", 10 f, FWU, 10 02694

M5 „Wald 5: Lebensraum für Tiere", 12 f, FWU, 10 02696

M6 „Eiche und Buche im Eichenmischwald", FWU, 10 0939

M7 „Der Baum - mehr als ein Stück Natur", 14 min, FWU, 32 03722

K32 „Wie soll der Wald aussehen?"

Literatur

DÖNHOFF, H. U.: „Modellbildung und Simulation im Unterricht". Arbeiten + lernen. Technik, 1993, Jahresheft XI: Unterrichtsmedien, S. 118-120

STICHMANN, W.: „Die Rolle der Bäume in der Welt des Menschen". Unterricht Biologie, Heft 126, 1987, S. 4 - 13; „Holz als Rohstoff und als Kohlenstoffspeicher"; „Schutz und Entwicklung der Wälder in Mitteleuropa". Beide in: Unterricht Biologie, Heft 197, 1994, S. 4 - 13

TAUSCH-TREML, S.; TEMPEL, R.; ULRICH, W.: „Holz aus heimischen Wäldern". Unterricht Biologie, Heft 187, 1993, S. 31 - 35.

4.3 Gefährdung des Lebensraums Wald

Lehrplanbezug

(8.2.2) Störungen der Lebensgemeinschaft, z. B. durch menschliche Eingriffe, Gefährdung geschützter Tiere und Pflanzen, Vermehrung von Borkenkäfern, Monokulturen, sauren Regen (8.4.1)

Strukturierungsvorschlag

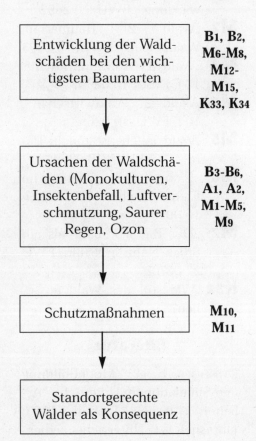

Entwicklung der Waldschäden bei den wichtigsten Baumarten	**B1, B2, M6-M8, M12-M15, K33, K34**
Ursachen der Waldschäden (Monokulturen, Insektenbefall, Luftverschmutzung, Saurer Regen, Ozon	**B3-B6, A1, A2, M1-M5, M9**
Schutzmaßnahmen	**M10, M11**
Standortgerechte Wälder als Konsequenz	

Merksatz

Hauptursache der Waldschäden ist die Verschmutzung der Luft mit Schwefeldioxid und Stickstoffoxiden.

Phänomene

• Zweig mit geschädigten Blättern oder Nadeln

Bilder

B1 *(„Waldschäden im Fichtelgebirge")* Das Bild zeigt eine stark geschädigte Waldfläche im Fichtelgebirge. Die Bäume sind abgestorben.

B2 *(„Entwicklung der Waldschäden bei den wichtigsten Baumarten in Bayern")* Im Winter 1980/81 zeigten Fichten und Kiefern in großen Gebieten Bayerns auffällige Nadelverfärbungen und -verluste, die sich Mitte der 80er Jahre verstärkten. An den wichtigsten Laubbäumen trat dies zeitlich verzögert auf. In den letzten Jahren hat sich besonders der Zustand der Eiche verschlechtert. Regional betrachtet weisen die Mittelgebirge, wie Fichtelgebirge und Bayerischer Wald, sowie der Alpenraum höhere Anteile „deutlicher Schäden" (mittelstark und stark geschädigt) auf.
Seit 1984 wird der Wald europaweit in einem Netz von Dauerbeobachtungsflächen nach einem festen Stichprobenraster regelmäßig inventarisiert.

B3 *(„Fichtenmonokultur")* Die Fichten stehen in „Reih und Glied", durch die dicht beieinander befindlichen Baumkronen fällt nur wenig Licht. Entsprechend finden sich im unteren Teil der Baumstämme keine Zweige. Der Waldboden ist nur mit wenigen Gräsern und Moosen besetzt. Auf Grund der geringen Pflanzendichte finden hier nur wenige Tiere, zum Beispiel Insekten, Nahrung.

B4 *(„Hauptverursacher der Luftverschmutzung")* In Bayern sind die Schwefeldioxid-Emissionen in den letzten Jahren zurückgegangen, lediglich im Bereich Verkehr sind die Werte nahezu unverändert.
Bei den Stickoxid-Emissionen sind die Werte bei den Kraftwerken gesunken, die Konzentration in den Bereichen Industrie, Haushalte und Verkehr sind auf dem gleichen hohen Niveau geblieben.

B5 *(„Spaltöffnungen: a) Gesundes Blatt, b) Geschädigtes Blatt")* Das Bild a) zeigt eine intakte Spaltöffnung, das Bild b) eine stark geschädigte. Die Regelung der Wasserdampfabgabe und des Gasaustausches sind bei letzterer nicht mehr möglich. Sind entsprechend viele Spaltöffnungen geschädigt, stirbt das Blatt ab.

A2 und **B6** Hauptursache der Luftverschmutzung sind Gase wie Schwefeldioxid und Stickstoffoxide. Sie gelangen durch

Kraftwerke, Industrieanlagen, den Autoverkehr, aber auch durch Haushalte in die Luft. Schwefeldioxid und Stickstoffoxide wandeln sich in der Atmosphäre mit Wasser zu schwefliger Säure, Schwefelsäure und Salpetersäure um. Vor allem diese beiden Säuren verursachen den sauren Regen. Der saure Regen schädigt die Blätter. Die Spaltöffnungen schließen sich nicht mehr, die Wachsschicht wird zerstört. Die Blätter werden abgeworfen. Starke Sonnenbestrahlung lässt aus Stickstoffoxiden und Luftsauerstoff Ozon entstehen. Gase wie das Ozon sind starke Pflanzen- und Zellgifte.

Der saure Regen schädigt auch die Bodenlebewesen. Giftig wirkende Metallionen werden gelöst. Beides stört die Aufnahme von lebenswichtigen Mineralsalzen durch die Wurzeln. Die Bäume verlieren ihre Widerstandskraft, sie werden anfällig gegen Frost, Insekten- und Pilzbefall.

Aufgabenlösungen

A1

Schwefeldioxid:

	1986		1990		1994
Kraftwerke	90 000 t	Industrie	68 000 t	Industrie	43 000 t
Industrie	90 000 t	Kraftwerke	32 000 t	Haushalte	24 000 t
Haushalte	50 000 t	Haushalte	30 000 t	Verkehr	11 000 t
Verkehr	11 000 t	Verkehr	10 000 t	Kraftwerke	10 000 t

Stickstoffoxid:

	1986		1990		1994
Verkehr	295 000 t	Verkehr	310 000 t	Verkehr	295 000 t
Industrie	50 000 t	Industrie	48 000 t	Industrie	45 000 t
Kraftwerke	50 000 t	Kraftwerke	30 000 t	Haushalte	11 000 t
Haushalte	10 000 t	Haushalte	10 000 t	Kraftwerke	10 000 t

Medien und Kopiervorlagen

M1 „Wie die Luft zum Problem wurde", 12 min, FWU, 32 03413

M2 „Waldsterben: Symptome - Ursachen - Folgen - Maßnahmen", 24 min, FWU 3203606

M3 „Schadbilder bei der Fichte", 12 f, FWU, 10 02828

M4 „Schadbilder bei Tanne, Kiefer und Buche", 12 f, FWU, 10 02829

M5 „Mögliche Ursachen des Waldsterbens", 2 sw + 12 f, FWU, 10 02830

M6 „Mögliche Maßnahmen gegen das Waldsterben", 12 f, FWU, 10 02832

K33 „Auswirkung der Luftverschmutzung auf Bäume"

K34 „Krankheitssymptome an Bäumen"

Literatur

Bayerisches Staatsministerium für Ernährung, Landwirtschaft und Forsten: „Der Wald - Umweltschutz in Bayern". 7. Aufl. 1995, 80539 München, Ludwigstraße 2.

GLASER, T. H.: „Warum sind reine Nadelwälder so gefährdet?" Hauptschulmagazin, Heft 9, 1985, S. 15-18.

HARENBERG, D.; PERKOWSKI, R.; SCHULZE, K.: „Müll in der Schulstunde". Unterricht Chemie, Heft 16, 1993, S. 43 - 47.

LAMMERT, F. D.: „Waldsterben". Themenheft. Unterricht Biologie, Heft 99, 1984.

STICHMANN, W.: „Schutz und Entwicklung der Wälder in Mitteleuropa". Unterricht Biologie, Heft 197, 1994, S. 4 - 13.

WILDENRATH, C.: „Baumsterben: Die Rätsel bleiben". Natur, Heft 4, 1994, S. 36 - 39.

WILSON, E. O. (Hrsg.): „Ende der biologischen Vielfalt?" Spektrum, Heidelberg, 1992.

5.1 Grundsätze einer ausgewogenen Ernährung

Lehrplanbezug

(8.3.1) Grundsätze einer ausgewogenen Ernährung

Strukturierungsvorschlag

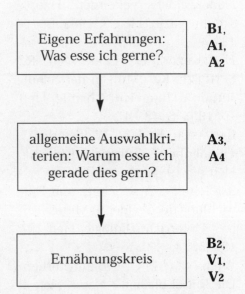

| Eigene Erfahrungen: Was esse ich gerne? | **B1**, **A1**, **A2** |

↓

| allgemeine Auswahlkriterien: Warum esse ich gerade dies gern? | **A3**, **A4** |

↓

| Ernährungskreis | **B2**, **V1**, **V2** |

Merksatz

Man spricht von ausgewogener Ernährung, wenn sie den Energiebedarf eines Menschen deckt, alle benötigten Stoffe in ausreichender Menge enthält und möglichst frei von Schadstoffen ist.

Phänomene

• Nahrungsangebote im Einkaufsladen, am Schulkiosk oder die mitgebrachten Pausenbrote.
• Ernährungsverhalten im Tageslauf.
• Hunger und Durst.

Bilder

B1 Die Palette an Nahrungsmitteln ist so groß gewählt, dass jeder etwas erkennt, was er besonders gerne mag. Die abgebildeten Nahrungsmittel können vorab von den Schülerinnen und Schülern nach selbst gewählten Kriterien in verschiedene Gruppen zusammengefasst werden.

B2 Es fällt sofort auf, dass die 7 Segmente unterschiedlich groß sind. Das größte Segment enthält Getreideprodukte; es folgen (im Uhrzeigersinn 2 - 7) Gemüse, Obst, Getränke, Milchprodukte, Fleisch / Fisch / Ei-Produkte und Öl / Butter.
Die Segmente 5 + 7 lassen auch eine Zuordnung nach den Inhaltsstoffen zu (eiweiß- und fetthaltige Nahrungsmittel); dies stellt einen Vorgriff auf den nächsten Abschnitt dar.

Aufgabenlösungen

A1 (v. l. n. r.) Gebäck (1), Kuchen (1), Joghurt (5), Tomaten (2), Schokolade (7), Milch (5), Wasser (4), Wurst (6 + 7), Aufschnitt (6 + 7), Käse (5 + 7), Obstteller (3). Einige Lebensmittel lassen sich mehreren Gruppen zuordnen; dies ist der Abbildung nicht zu entnehmen.

A2 Lösungen individuell verschieden.

A3 Antworten könnten sein: Gesellschaft, Ruhe, Zeit, stimmungsvolle Einrichtung (Blumen, Gedeck)

A4 Lösungen individuell verschieden (z. B. Sonnenwetter Eis). Als Motive für die Lebensmittelwahl können zusätzlich weitere Faktoren genannt werden: Geschmack, Hunger, Preis, kulturelle Einflüsse, Tradition, Gewohnheit, Emotionen, soziale Aspekte, Status, Angebot, Gesundheit, Fitness, Schönheit, Verträglichkeit, Neugier, pädagogische Motive, Krankheit. Das Freisein von schädlichen Stoffen verweist schon auf Kap. 7 (Infektionskrankheiten).

Zusätzliche Versuche

V1 In Form einer Collage können aus Zeitungen ausgeschnittene Nahrungsmittel zu einem eigenen Ernährungskreis (an der Klassenwand) zusammengestellt werden (vgl. K3).

V2 Als Spiel für 4 Personen gibt es vom Friedrich-Verlag (s. Literatur) ein „Nahrungsspiel", in dem das Prinzip des Ernährungskreises spielerisch aufgegriffen wird. Es dauert (lt. Angaben) ca. 35 Minuten.

Tafelbild

Gründe für die Wahl von Nahrungsmitteln:-
Hunger, Preis, Geschmack ...
Ausgewogenheit von Ernährung:
- Deckung des Energiebedarfs
- alle wichtigen Stoffe in benötigten Mengen
- unbelastet von schädlichen Stoffen

Fachinformation

Bei der **Vollwert-Kost** wird der Wert der Nahrung nicht am Gehalt von Nähr- und Wirkstoffen oder Energie gemessen. Entscheidend ist vielmehr der Verarbeitungsgrad und auch die Frische der Nahrungsmittel. Die Forderung nach kontrolliert-biologischem Anbau schließt sich hier direkt an. Hingegen ist die **Vollwerternährung** eine überwiegend Ei-/Milch-/Gemüse-haltige Kost mit viel Ballaststoffen und vollem Getreidekorn.

In Verbindung mit Vollwerternährung wird oft auch der Begriff der „Vegetarier" genannt, da diese Vollkornprodukte besonders häufig zu sich nehmen. Unter dem Oberbegriff Vegetarier werden drei etwas unterschiedliche Ernährungstypen zusammengefasst. Veganer sind strenge Vegetarier, die sich von rein pflanzlicher Nahrung ernähren. Lacto-Vegetarier nehmen zusätzlich Milch und Milchprodukte zu sich. Werden auch Eier verzehrt, spricht man von Ovo-lacto-Vegetariern.

Sonstige Hinweise

Bei der Vollwerternährung unterscheidet man fünf Wertstufen:
Stufe 1: besonders empfehlenswert (nicht bearbeitete Nahrungsmittel)
Stufe 2: sehr empfehlenswert (bearbeitete Nahrungsmittel)
Stufe 3: empfehlenswert (erhitzte Nahrungsmittel)
Stufe 4: weniger empfehlenswert (verarbeitete Nahrungsmittel)
Stufe 5: nicht empfehlenswert (Fertigprodukte)

Medien und Kopiervorlagen

M1 „Die Macht der Gewohnheit"; Video 4201058
M2 „Wer sich falsch ernährt, lebt verkehrt"; Video 4201059
M3 „Wer richtig ißt, hat es leichter"; Video 4201060

M4 „Viele Wege führen zum Ziel";
Video 4201061
M5 „Ernährung"; Video 4250302
K35 „Hunger - Nahrungsaufnahme - Leistung"
K36 „Der Ernährungskreis" (Inhaltsstoffe erst in Kap. 5.2 ergänzen)

Literatur

DRUTJONS, P. (Hrsg.): Welternährung, 1978, Unterricht Biologie, Heft 19, 52 S.
GROPENGIEßER, I. (Hrsg.): Nahrungsqualität, 1991, Unterricht Biologie ,Heft 161, 50 S.
MEYER, G. (Hrsg.): Nahrungsmittelherstellung, 1981, Unterricht Biologie Heft 63, 49 S.
VATER-DOBBERSTEIN, B. (Hrsg.): Ernährungserziehung, 1977, Unterricht Biologie , Heft 6, 52 S.

5.2 Nährstoffe und andere Stoffe in der Nahrung

Lehrplanbezug

(8.3.1)Nährstoffe; Beschaffen, Auswerten und Wiedergeben von Informationen; Hauswirtschafts-sozialer Bereich (8.1,8.2)

Strukturierungsvorschlag

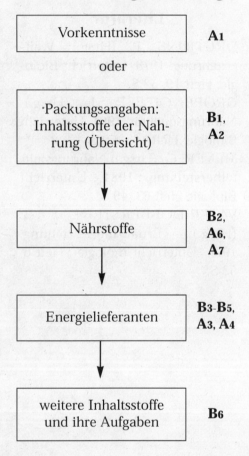

Vorkenntnisse — **A1**

oder

·Packungsangaben: Inhaltsstoffe der Nahrung (Übersicht) — **B1**, **A2**

Nährstoffe — **B2**, **A6**, **A7**

Energielieferanten — **B3-B5**, **A3**, **A4**

weitere Inhaltsstoffe und ihre Aufgaben — **B6**

Merksatz

Kohlenhydrate, Fette und Eiweiße zählen zu den Nährstoffen. Vitamine, Mineralsalze und Ballaststoffe sind weitere wichtige Stoffe in der Nahrung.

Phänomene

• Schlagwörter (zucker-, honigsüß) und Redewendungen (Fett schwimmt oben; Fett hält warm) verdeutlichen Eigenschaften von Nährstoffen.
• Auf fast jeder Verpackung von Nahrungsmitteln sind Angaben zu den Inhaltsstoffen, v. a. zu den Nährstoffen.
• Vitamin-Präparate sind z. B. aus der Werbung den Schülern als Begriff bekannt.
• Der Begriff „Mineralsalz" ist vom Mineralwasser her den Schülern ebenfalls vertraut.

Bilder

B1 In ähnlicher Form tauchen auf fast jeder Nahrungsmittelpackung Angaben zu den Nähr- und Inhaltsstoffen auf. A2 greift diese Tatsache auf.

B2 Die Textinformationen sind ausführlich und für sich sprechend angelegt; eine tabellarische Übernahme in das Hausheft wäre hier sinnvoll. K3 (aus Kap. 5.1) kann hier sinnvoll ergänzt werden.

B3 Das Bild ist mit A3 zu verbinden, so dass die mathematischen Kenntnisse der Schüler aktiviert werden.

B4 Dieses Bild ist mit A4 zu verbinden. Das Bild ist wie ein Balkendiagramm angelegt; dies dient der optischen Verstärkung.

B5 Der Auszug aus einer Nährwerttabelle ist als solcher etwas trocken; daher wurden die Zahlenwerte hier unterlegt durch Abbildungen von Nahrungsmitteln. In Kombination mit A6 lässt sich die Tabelle sinnvoll benutzen, um nährstoff-, vitamin- oder auch energiereiche Nahrungsmittel herauszusuchen.

B6 Die Wichtigkeit von Mineralsalzen wird dargestellt. Hier kann die Fertigkeit im Beschreiben von Tabellen geübt werden.

Aufgabenlösungen

A1 Der Lehrplan im hauswirtschaftlich-sozialen Bereich sieht eine „Weiterentwicklung des bewussten Ernährungsverhaltens für eine ernährungsphysiologisch ausgewogene und alltagsgerechte Speisenzusammensetzung" vor.

A2 Individuell verschieden (vgl. Bild 1).

A3 Die Ergebnisse sind abhängig vom Körpergewicht. Zu rechnen ist nach der Formel: Energiegehalt der Nahrung geteilt durch Energiebedarf (d. h. kJ mal kg Körpergewicht), Angabe in Stunden (Umrechnung in Minuten durch Multiplikation mit

60). Beispiel: Ein 50 kg schwerer Junge läuft; er verbraucht 40 x 50 = 2000 kJ/Std. Eine Scheibe Brot mit Schinken liefert 860 kJ. 2000 : 860 = 2,3; 1 Std : 2,3 = 0,43 h. 0,4 h entspricht 0,43 x 60 = 26 Minuten. Eine Scheibe Bot mit Schinken reicht ungefähr für 26 Minuten laufen mit 9 km/h. Eine mittelgroße Pizza liefert 2620 kJ. 2620 : 2000 = 1,31 x 60 = 78,6 min.

A4 Jede Tätigkeit verbraucht Energie, sogar die Verdauung (man spricht fachlich von Grundumsatz bei einem ruhenden Menschen). Die dargestellten sportlichen Aktivitäten verbrauchen mehr Energie, insbesondere für die Muskeltätigkeit.

A5 Es können Arbeiten mit hohem körperlichen, d. h. muskulärem Einsatz genannt werden (z.B. Bauarbeiter, Erntearbeiter, Zimmermann, Dachdecker, Montageschlosser) und mit weniger Energiebedarf (überwiegend sitzende Tätigkeiten).

A6 Kohlenhydratreich sind Brot und Getreide, fettreich sind Butter und Öl, eiweißreich sind Fisch und Ei. Vitaminhaltig sind Obst und Gemüse, Mineralsalze sind v. a. in Milch, Fisch und Obst enthalten.

A7 Summarisch ergäbe sich: Eiweiß = 27,1; Fett = 70,15; Kohlenhydrate = 70,08; kJ = 4440,7.

Versuche

Nährstoffnachweise kommen erst in Kap. 5.4 (Stärke), 5.6 (Fettfleck und Eiweißgerinnung) sowie 6.3 (Eiweiß durch Teststäbchen). Vitamin C wird in Kap. 5.3 nachgewiesen. Vitaminmangelkrankheiten können an historischen Bildern (Skorbut) oder Texten (Beri-Beri) gezeigt werden (vgl. K3).

Fachinformation

Die von Paul Broca entwickelte Formel zur Berechnung des Normalgewichtes (Körpergröße in cm minus 100) und die Formel zur Berechnung des Idealgewichtes (vom Normalgewicht 10% bei Männern und 15% bei Frauen abziehen) sind überholt, da sie nicht den individuell verschiedenen Körperbau berücksichtigen. Der **Body-Mass-Index** (BMI) macht dieses aber. Das Gewicht (in kg) wird durch die Körpergröße (in cm) im Quadrat geteilt. Ein BMI unter 18 deutet auf Magersucht hin. Gut ist ein BMI von 20 - 25. Ein Wert bis 30 deutet auf Übergewicht, ein BMI um 30 weist auf Fettsucht hin.

Biologische Wertigkeit entspricht der Anzahl von Gramm Körperprotein, die durch 100 g Protein eines Nahrungsmittels gebildet werden können. Je höher die Wertigkeit, desto leichter ist die Umsetzung in körpereigenes Protein.

BE (= Broteinheit) bezeichnet eine Menge von 12 g Kohlenhydraten, die in 20 g (Weiß-)Brot enthalten sind. Diese Information ist wichtig für Diabetiker.

Medien und Kopiervorlagen

K37 „Fett in der Nahrung"
K38 „Zucker in Lebensmitteln"
K39 „Ballaststoffe"

Zusatzinformation

Schüler machen oft den Fehler, die Menge bzw. den Kaloriengehalt der aufzunehmenden Nahrung nur mit dem Volumen zu verbinden anstatt mit dem Inhalt. Diese Fehleinschätzung kann an den Anfang dieser Thematik gestellt werden, indem die Schüler von definierten Nahrungsmengen aus den Energiegehalt schätzen sollen. Anhand der Nährwerttabelle können sie ihre Einschätzung überprüfen.

Der Aspekt Zucker taucht auch im Kapitel 5.6 wieder auf.

Literatur

MEYER, R.: Falsch ernährt durch Zucker. in: Unterricht Biologie , Heft 168, S.23 - 26

VOGT, D.: Essen wir zuviel Fett?: Unterricht Biologie, Heft 168, S.32 - 36

GEO-Wissen (1/1990): Nahrung + Gesundheit.

JUNGBAUER, W.: Mangelerscheinungen, Praxis der Naturwissenschaften - Biologie 7-1996, 48 S.

5.3 Aufbewahren, Zubereiten und Haltbarmachen von Lebensmitteln

Lehrplanbezug

(8.3.1) Aufbewahren, Zubereiten und Haltbarmachen / Konservieren von Nahrungsmitteln (Hygiene)

Strukturierungsvorschlag

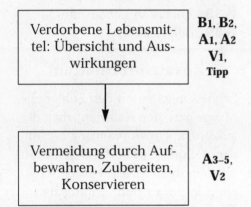

Verdorbene Lebensmittel: Übersicht und Auswirkungen	**B1, B2, A1, A2 V1, Tipp**
Vermeidung durch Aufbewahren, Zubereiten, Konservieren	**A3–5, V2**

Merksatz

Die Art der Lagerung und der Zubereitung kann die Qualität eines Nahrungsmittels beeinflussen. Durch verschiedene Konservierungsmethoden werden Nahrungsmittel für eine bestimmte Zeit haltbar gemacht.

Phänomene

• Schimmel auf Marmelade oder Brot, angefaulte Früchte, ranzige Milch und andere verdorbene Lebensmittel.
• Jeder weiß, dass käufliche Lebensmittel eingepackt sind. Warum dies so ist, dürfte im Einzelfall zu klären sein.
• Infektionsgefahr durch verdorbene Lebensmittel (Salmonellen o. a.).

Bilder

B1 Die Bilder sprechen für sich; sie wirken unangenehm, unappetitlich. Die Notwendigkeit, Lebensmittel zu schützen, wird sofort deutlich. Die Aufgabe A1 knüpft hier an.

B2 Die Angaben zum Vitaminverlust sind sowohl als konkrete Zahl als auch als Kreissegment dargestellt. Letzteres wirkt für Schüler deutlicher. Aufgabe A2 sollte einbezogen werden.

Aufgabenlösungen

A1 Feuchtigkeit, Wärme, offene Lagerung (Zutritt von Mikroorganismen), Druck, Kontakt mit anderen verdorbenen Lebensmitteln.

A2 Die Blätter beim Kopfsalat sind lockerer angeordnet als beim Blumenkohl; die Oberfläche für Austrocknung und Sonneneinwirkung ist demnach größer im Vergleich zum Volumen. Sofortiger Verbrauch ist am ehesten zu empfehlen; eine schonende Zubereitung (beim Blumenkohl) wäre auch denkbar.

A3 Grundprinzip der Versuche sollte sein, die Einwirkung der anderen Faktoren auszuschließen, den zu untersuchenden Faktor zu variieren (Intensität) und dabei einen Kontrollversuch mitlaufen zu lassen.

A4 Obst: trocken lagern; geöffnete Joghurtbecher: kühlen (Kühlschrank); Brot: trocken lagern, evt. mit (Plastik-) Hülle; Fleisch, Aufschnitt: kühl und in Behältern lagern; Fisch: kühlen, im Behälter (bald verzehren).

A5 „Einmachen" von Früchten besteht darin, die Früchte bis an den Rand des Glases einzufüllen, auf den Glasrand ein breiteres Gummiband (Weckgummi) aufzulegen und nach Aufsetzen und Verschließen des Glasdeckels die Früchte stark zu erhitzen (je nach Fruchtart unterschiedlich lange). Die Luft entweicht durch das Gummi; während des Abkühlens zieht sich das Gummi dann fest zu, so dass im Glas ein Vakuum entsteht. Durch hohe Zuckermengen, luftdichten Verschluss, kühle und dunkle Lagerung wird eine relativ lange Haltbarkeit sichergestellt.

Versuche

V1 Alternativ zu käuflichen Teststäbchen kann auch mit blauer Fehling I-Lösung Vitamin C nachgewiesen werden. Das ist zwar billiger, aber aufgrund der Eigenfärbung der Teststoffe ist der Farbumschlag oft nicht gut zu sehen. Zudem ist dies nur ein qualitatives Testverfahren.

Das Abkochen (mit dem Bunsenbrenner o. ä.) und Abkühlen sollte im Vorfeld erfolgt sein; gleiches gilt auch für die zweitägige Lagerung im Kühlschrank. Die Durchführung selber läuft schnell ab.

Apfelsinen enthalten ca. 36 mg Vitamin C/100 ml; der Tagesbedarf liegt bei ca. 75 mg. Der Vitamin C-Gehalt nimmt bei längerer Lagerung (2 Tage Kühlschrank) und Wärme (2 Tage Zimmertemperatur) bzw. Erhitzung ab.

Zum Vitamin C-Verlust lassen sich auch gut einfache Rechenaufgaben stellen: 100 Gramm Kartoffeln liefern 20 mg Vitamin C. Beim Kochen mit Schale beträgt der Vitamin C-Verlust 20 %. Beim Kochen ohne Schale ist der Verlust viermal so hoch. Wieviel Vitamin C liefern also Pellkartoffeln bzw. geschälte Kartoffeln? Ergebnis: 16 mg bzw. 4 mg.

V2 Es muss in jedem Fall sorgfältig darauf geachtet werden, dass die Petrischalen dicht verschlossen sind und hinterher in den Müll kommen, damit keine Schimmelsporen entweichen. Asthmatiker und andere Risikopersonen sollten besondere Vorsicht walten lassen. Das Ansetzen der Petrischalen geht relativ schnell (10 min).

Alternativversuche sollen in A3 geplant und durchgeführt werden.

Zusätzliche Versuche

V3 Alternativ lässt sich mit Benzoesäure auch die Konservierung von Fisch oder Fleisch untersuchen (vgl. Naroska, 1984).

V4 Das Gären von offen stehendem Apfelkompott bei Zimmertemperatur (im Vergleich zum Kühlschrank) nach 3 - 4 Tagen lässt sich leicht untersuchen.

V5 Das Sauerwerden von Milch bei Zimmertemperatur (nach 3 - 4 Tagen) kann durch Geschmacksprobe oder durch pH-Papier verdeutlicht werden.

V6 Schimmelpilze kann man auch gut im Mikroskop betrachten.

Tipps

Die krebserzeugende Wirkung von Schimmelgiften gilt vor allem für befallenen Käse, verschimmeltes Brot oder Konfitüren unter 50 % Zuckeranteil (die meisten Marmeladen haben über 60 %). Regeln zur Vorbeugung gegen Verderb von Lebensmitteln gibt es viele. Die Forderung nach Hygiene und kurzer Lagerung ist hierbei die wichtigste.

Fachinformation

Vitamin C ist gegenüber Sauerstoff, Licht und Wärme sehr unbeständig (im sauren Milieu aber stabil). Ausführlichste Informationen bietet der Artikel von Naroska (s. Literatur).

Bei Rauchern ist der Bedarf an Vitamin C höher.

Medien und Kopiervorlagen

K40 „Vitamin C-Gehalt und Vitamin C-Verluste durch Lagerung und Zubereitung"

K41 „Konservierungsmethoden"

Literatur

GROPENGIEßER, I. (Hrsg.): Nahrungsqualität, 1991, Unterricht Biologie, Heft161, 50 S.

MEYER, G. (Hrsg.): Nahrungsmittelherstellung, 1981, Unterricht Biologie, Heft 63, 49 S.

NAROSKA, V.: Ist unsere Nahrung noch gesund?, Naturwissenschaft im Unterricht, B 32 (1984), Heft 17, S.223 ff.

5.4 Pflanzen als Grundlage der Nahrung: Fotosynthese und Stoffkreislauf

Lehrplanbezug

(8.3.1) Pflanzen als Grundlage der Nahrung: Stoffkreislauf - Fotosynthese (Teil II); Produktion von Zucker und Stärke, Nachweis von Stärke

Strukturierungsvorschlag

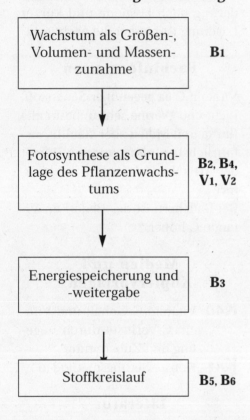

Wachstum als Größen-, Volumen- und Massenzunahme	**B1**
Fotosynthese als Grundlage des Pflanzenwachstums	**B2, B4, V1, V2**
Energiespeicherung und -weitergabe	**B3**
Stoffkreislauf	**B5, B6**

Merksatz

Grüne Pflanzen sind die Grundlage der Nahrung für Tiere und Menschen und ein wichtiges Glied im Stoffkreislauf.

Phänomene

- Nahrungspflanzen, z. B. Kartoffeln, Getreide, stellen Nährstoffe her, unter anderem Stärke.
- Pflanzen wachsen im Licht und benötigen Stoffe aus ihrer Umgebung.
- Bei der Ernte werden dem Acker Stoffe entzogen; Landwirte fügen durch Düngung Mineralsalze wieder hinzu.
- Ein Laubwald braucht nicht gedüngt zu werden; die abgestorbenen Blätter werden zersetzt.

Bilder

B1 Die Früchte tragende Kartoffelpflanze (links) und das aus Kartoffeln hergestellte Nahrungsmittel entsprechen der Überschrift (s. o.); die dahinter stehende Frage wird im ersten Textabsatz gestellt: „Wie ist die Zunahme an organischer Substanz zu erklären?" A1 stellt diese Frage konkret.

B2 Das Schema der Fotosynthese enthält schon bekannte Aspekte; in Klasse 7 wurde Fotosynthese unter dem Aspekt CO_2 - Aufnahme und - Abgabe behandelt. A2 erweitert die Thematik um einen globalen Aspekt. In K41 und K42 wird die Produktion von Stärke durch Pflanzen vertiefend behandelt.

B3 Die dem Alltag der Schüler (Fahrradfahren) entnommene Zeichnung verdeutlicht den Wandel der Energieformen (Lichtenergie - chemische Energie - mechanische Energie); u. U. kann auch darauf hingewiesen werden, dass bei körperlicher Anstrengung ein Teil der Energie als Wärmeenergie frei wird und abgestrahlt wird.

B4 Das aus sechseckigen Einfachzucker-Molekülen aufgebaute lineare Stärke-Molekül entspricht nur bedingt der Realität: Stärke besteht zu 20 % aus dem spiralig angeordneten Polysaccharid Amylose sowie zu 80 % aus verzweigten Amylopektinketten.

B5 Das Prinzip des Stoffkreislaufes ist schon aus Kapitel 4.1 bekannt. Bei der Behandlung des Waldes wurden die Begriffe Erzeuger, Verbraucher und Zersetzer eingeführt.

B6 Die Treckerspuren auf dem Kartoffelacker signalisieren die Einflussnahme durch den Menschen: Monokultur mit vielfältigen menschlichen Einflüssen. **A3** vertieft den ersten Eindruck und führt zu dem Begriff „offener Kreislauf".

Aufgabenlösungen

A1 Durch Fotosynthese werden organische Stoffe aufgebaut, z.B. Traubenzucker und Stärke. Ein Teil davon wird in den

Knollen gespeichert und für das Wachstum genutzt.

A2 Alle Tiere ernähren sich entweder von anderen Tieren oder von Pflanzen. Pflanzen bilden ihre Biomasse durch den Vorgang der Fotosynthese. Energielieferant hierfür ist die Sonne. Die Sonne liefert also letztlich die Energie für alle Lebensprozesse auf der Erde.

A3 Der Mensch ernährt sich von tierischen und pflanzlichen Produkten. Grundlage (vgl. A2) sind die Pflanzen, da sie als einzige aus anorganischen Stoffen organische Stoffe erzeugen können.

A4 Die Pflanzen stellen als Erzeuger mithilfe des Sonnenlichtes organische Stoffe her (aus Glucose z. B. Zellwände). Tiere (und somit auch der Mensch) verzehren als Verbraucher die Pflanzen. Ihre Ausscheidungen und abgestorbenen Körper werden von Pilzen und Bakterien, den Zersetzern, in anorganische Stoffe - unter anderem Mineralsalze - zerlegt. Diese können von den Erzeugern wieder aufgenommen werden. Der Kreislauf ist geschlossen.

A5 Im Mischwald herrscht ein geschlossener Stoffkreislauf, wie in A4 beschrieben. Hingegen wird auf dem Kartoffelacker bei der Ernte ein Großteil der Biomasse entnommen und diese Stoffe dem Kreislauf entzogen. Die Stoffentnahme wird durch Düngung ausgeglichen.

Versuche

V1 Die Kartoffel wird eine blauviolette Färbung zeigen. Kartoffeln enthalten Stärke. Mehl und Brot enthalten in großen Mengen Stärke. In anderen Nahrungsmitteln ist Stärke in geringerem Maße vorhanden.

V2 Stärke lagert sich in Früchten z. B. in Form von Stärkekörnern ab. Diese zeigen einen konzentrischen (z. B. Erbse) oder exzentrischen (Kartoffel) Aufbau. Die Körner sind meistens eiförmig und färben sich blauviolett.

Zusätzliche Versuche

Bei Schloms (s. Literatur) finden sich zahlreiche Versuche zur Physiologie der Kartoffelknolle.

Der Stärkenachweis im Mehlkörper von Getreidekörnern kann hier, aber auch im nächsten Kapitel (Kulturpflanze Weizen) geführt werden.

Um das Wachstum von Kartoffeln zu beobachten, legt man einige vorgekeimte (4 - 6 Wochen an einem hellen, warmen Ort ausgelegte) Knollen 10 - 15 cm tief im Abstand von 20 - 25 cm in die Erde. Nach 2 - 3 Monaten ist Erntezeit.

Medien und Kopiervorlagen

M1 „Photosynthese", Diareihe 1002263

M2 „Photosynthese", 16mm-Film 3202058

M3 „Photosynthese", Video 4200340

M4 „Die Geschichte von der wunderbaren Kartoffel", Video 4201045

K42 „CO_2-Bindung auf einem Kartoffelacker"

K43 „Fotosynthese von Kartoffelpflanzen"

K44 „Stoffkreisläufe - Lebensraum Acker"

Literatur

MOISL, F. (Hrsg.): Photosynthese, 1979, Unterricht Biologie Heft 35, 48 S.

ZABEL, E.: Das Thema Photosynthese im Unterricht - einfacher durch Nachvollzug des historischen Erkenntnisgangs?, Unterricht Biologie, Heft168, S. 49-50

SCHLOMS, M.: Physiologische Schulversuche mit der Kartoffelknolle. Aulis 1981, 79 S.

5.5 Kennübung: Einige wichtige Kulturpflanzen

Lehrplanbezug

(8.3.1) wichtige Kulturpflanzen (Überblick)

Strukturierungsvorschlag

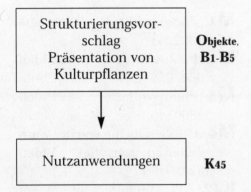

| Strukturierungsvor-schlag Präsentation von Kulturpflanzen | **O**bjekte, **B**1-**B**5 |
| Nutzanwendungen | **K**45 |

Phänomene

• Popcorn ist jedem bekannt; dass es aus Maiskörner hergestellt wird, kann in einem „Versuch" gezeigt werden.
• Pflanzliche Nahrungsmittel auf dem Wochenmarkt oder im Geschäft.
• Ernährung weltweit.

Bilder

B1 - **6** Kommentar siehe Text im Buch.
Im Atlas können die Herkunftsländer der Kulturplanzen gesucht werden; dies dient der Vertiefung geographischer Kenntnisse.

Zusätzliche Versuche

V1 Popcorn lässt sich nach folgendem Rezept herstellen: In einen Topf wird so viel Öl gegeben, dass der Boden gerade bedeckt ist, und dann stark erhitzt. In das heiße Öl werden so viele Körner Pop-corn-Mais geschüttet, dass der Boden wieder bedeckt ist. Dann wird der Deckel aufgesetzt. Sobald die ersten Maiskörner aufplatzen (sie springen dann meist gegen den Deckel, sodass man es auch hören kann), wird der Herd auf die niedrigste Stufe gestellt. Sobald alle Maiskörner aufgeplatzt sind, wird der Topf vom Herd genommen und das fertige Pop-corn in eine Schüssel gefüllt.

V2 Zur Untersuchung eines Weizenkorns wird es mit einer Rasierklinge durchgeschnitten und gezeichnet. Nach Zugabe von Iodkaliumiodid färbt sich der Mehlkörper blauviolett.

Fachinformation

In Bayern werden von den dargestellten Kulturpflanzen inbesondere Weizen, Mais und Kartoffeln angebaut. Die landwirtschaftliche Nutzung ist natürlich regional unterschiedlich und kann über geeignete Atlaskarten untersucht werden.

Im Zeitalter allgemeiner Globalisierung tauchen in Lebensmitelmärkten immer mehr neue, oft exotische Kulturpflanzen auf. Der Definition von Kulturpflanzen folgend lassen sie sich in zahlreichen Produkten wiederfinden, die mehreren Sparten zuzuordnen wären. Während die Verwendung neuer Pflanzen im landwirtschaftlichen Ernährungssektor dem Verbraucher meist geläufig ist, so finden sich auch im medizinischen, pharmazeutischen und kosmetischen Bereich Neuerscheinungen. Nicht zuletzt im Gartenbau finden immer mehr neue Pflanzenarten oder -sorten Einzug in heimische Vorgärten.

Im letzteren Beispiel lässt sich als Problemfall die Verwilderung importierter Pflanzenarten nennen, die u.U. einheimische Pflanzenarten verdrängen können (z.B. Drüsiges Springkraut, Herkulesstaude). Hierbei werden ökologische Aspekte der Konkurrenz und der Störung des biologischen Gleichgewichts berührt. Im Bereich der Heilpflanzen ist in den letzten Jahren die Bedeutung tropischer Pflanzen immer größer geworden. Gleichzeitig wird die Bedrohung der Regenwälder mit Blick auf unbekannte Tier- und Pflanzenarten immer größer. Aspekte der Rodung und Zerstörung von Regenwäldern können indirekt einbezogen werden. Beispiele aus der Umwelt der Schüler (z.B. Nutzung der Glycoside des Fingerhuts) können vergleichend genannt werden.

Der Große Bereich der Kulturpflanzen vereinigt in sich so unterschiedlichen Themen wie Pflanzenwachstum und Fruchtertrag, genetische Grundlagen der Kreuzung, Resistenz von Pflanzen gegen Gifte und Schädlingsbefall, ökologische Standortbedingungen sowie systematische Einstufung mit Blick auf die Formenvielfalt.

Auch evolutiv-geschichtliche Aspekte wie die Umstellung vom Jäger zum Sammler sowie die Einführung von Kulturpflanzen in den einzelnen Ländern (z.B. der „Siegeszug" der Kartoffel) können die Thematik abrunden.

Für die 8.Klasse ist die brandaktuelle Thematik gentechnisch veränderter Pflanzen noch zu schwierig, kann aber in einer Stichwort-Sammlung zum Thema dennoch genannt werden.

Zusatzinformation

Kulturpflanzen ist eine Bezeichnung für Pflanzen, die als Nahrungs-, Heil-, Gewürz- oder Zierpflanzen vom Menschen in Kultur, und Züchtung genommen wurden. Kulturpflanzen haben mit kontrolliertenWachstumsbedingungen und Pflegemaßnahmen weniger Konkurrenzprobleme. Durch beabsichtigte oder unbeabsichtigte Kreuzungen, und eine durch verschiedenste Kulturmaßnahmen bedingte Auslese sowie künstliche Mutationsauslösung haben Kulturpflanzen vielfältige Änderungen in ihrer Erbsubstanz, die sich in einer großen Sortenvielfalt zeigen.

Im Unterricht Biologie Themenheft „Neue Kulturpflanzen finden sich zahlreiche Beispiele (und Arbeitsblätter) zur Thematik.

Medien und Kopiervorlagen

M1 „Die Zuckerrübe", Diareihe 1002889
M1 „Der Raps - die bedeutendste Ölsaat Mitteleuropas", Diareihe 1003072
M1 „Getreide", Diareihe 1003159

M1 „Mais", Diareihe 1050637
M1 „Reisanbau in Australien", 16mm-Film 3202438
K45 „Vom Weizen zum Mehl"

Literatur

ESCHENHAGEN, D. (Hrsg.): Nutzpflanzen, 1982, Unterricht Biologie, Heft 74, 68 S.
PROBST, W. (Hrsg.): Gräser und Getreide, 1992, Unterricht Biologie, Heft175, 57 S.
PROBST, W. (Hrsg.): Neue Kulturpflanzen, 1995, Unterricht Biologie, Heft 206, 54 S.

5.6 Getränke und ihre Bestandteile: Vergleich von Milch und Limonade

Lehrplanbezug

(8.3.1) Getränke und ihre Bestandteile: Milch (als Emulsion), Limonade (als Lösung); ausreichende Aufnahme von Flüssigkeit und von Mineralsalzen

Strukturierungsvorschlag

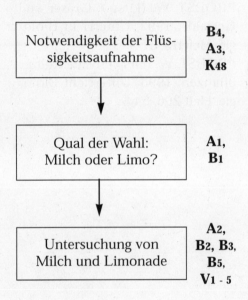

Merksatz

Milch ist ein hochwertiges Nahrungsmittel und Getränk. Limonaden sind oft stark zuckerhaltige Lösungen. Die Aufnahme von Flüssigkeit und Mineralsalzen ist unverzichtbar.

Phänomene

• An vielen Schulkiosken ist Milch (oder Kakao) im Angebot. Limonaden (v. a. Cola) hingegen sind der Verkaufsschlager.

• In der Werbung (Zeitung, Fernsehen, Kino) sind Limonaden ständig präsent.

• Flüsigkeitsaufnahme im Laufe eines Tages; nach sportlichen Tätigkeiten Durstgefühl.

Bilder

B1 Das von voreiligen Wertungen freie Bild dient als unvoreingenommener Einstieg in die Problematik.

B2 Die schematische Abbildung zur Emulsion zeigt die im Wasser fein verteilten Fetttröpfchen. Die einzelnen Fettmoleküle sind nicht dargestellt; dies erfolgt erst bei der „Verdauung der Nährstoffe" (S. 76/77). B2 auf S. 62 („Nährstoffe") sowie B2 auf S. 83 („Übersicht der Verdauungsvorgänge im Mund, Magen und Dünndarm") können ergänzend benutzt werden.

B3 In leicht zu fassender Form sind die Inhaltsstoffe von Milch und Limonade im Vergleich dargestellt. Während Limonade Zucker in hohen Mengen und Vitamin C(-Zusatz) enthält, besitzt Milch viel mehr an wertvollen Stoffen: Milcheiweiß, vier Vitamine sowie Mineralsalze.

B4 Die Abbildungen zeigen den Flüssigkeitsverlust durch Schwitzen (links) und die Flüssigkeitsaufnahme durch Trinken (rechts) infolge sportlicher Tätigkeiten.

B5 Die Abbildung („Apfelsaft (100 % Fruchtgehalt), Apfelnektar mit 50 % Fruchtgehalt und Apfelfruchtsaftgetränk mit 30 % Fruchtgehalt") kann benutzt werden, um die handelsüblichen Bezeichnungen (Saft, Nektar, Getränk) unterscheiden zu lernen.

Aufgabenlösungen

A1 Ein Nährwertvergleich könnte z. B. so ausfallen wie in der Abb.1.

A2 In einer Emulsion wie Milch liegen viele kleine Fetttropfen fein verteilt im Wasser vor. Jedes Fetttröpfchen enthält viele Moleküle. In einer Lösung, wie etwa Limonade, sind die einzelnen Moleküle vollständig von Wasser umgeben, sie sind gelöst.

A3 In B4 vermittelt die linke Person einen erschöpften Eindruck. Möglicherweise liegt dies am Kräfte-, d. h. Energieverbrauch. Der Schweiß zeigt an, dass auch Flüssigkeit verloren gegangen ist. Wasserverluste durch Schwitzen werden durch Wasseraufnahme ausgeglichen. Jeder Mensch muss trinken, weil der Körper sonst zu wenig Wasser enthält.

Versuche

V1 Der Wassergehalt von Milch beträgt ca. 88 %. Limonaden sind eine uneinheitliche Gruppe von Getränken, deren Wassergehalt höher als der von Milch ist. Bei der Milch ist ein Anbrennen zu vermeiden: entweder muss die Flamme klein gehalten oder die Milch häufig umgerührt werden.

V2 Nach Zugabe von Zitronensaft in Milch ist ein Gerinnen zu beobachten, bei Limonade hingegen nicht. Milch enthält also Eiweiß (35 g/l).

V3 Milch wird im Gegensatz zu Limonade einen positiven Fettflecknachweis aufweisen.

V4 Stärke ist in beiden Getränken nicht enthalten, aber in der Milch Lactose (Milchzucker) und in Limonaden meist Saccharose (Haushaltszucker).

V5 Auf der Milch wird sich Rahm absetzen. Rahm besteht aus vielen Fetttropfen.

Rechenaufgabe: 100 ml Milch enthalten ca. 120 mg Calcium. Wie viel Milch muss man täglich trinken, um den Tagesbedarf von 1,2 g Calcium zu decken? Ergebnis: 1 Liter.

Zusatzversuch Milchzucker kann mit Fehling I + II nachgewiesen werden. Gleiche Teile Fehling I + II (ca. 2,5 ml) werden zu der Probe gegeben und erhitzt. Es tritt im positiven Fall ein ziegelroter Niederschlag auf.

Fachinformation

Milch enthält viele wertvolle Inhaltsstoffe (vgl. B3). Milchfett ist aufgrund seiner feinen Verteilung sehr gut verdaulich, zumal sein Schmelzpunkt unterhalb der Körpertemperatur liegt. Außerdem enthält es Lecithin (Aufbaustoff für Nerven). Wichtige Mineralsalze sind Calcium und Phosphor.

Medien und Kopiervorlagen

M1 „Milchprodukte", Diareihe 1003160
M2 „Milch", 16mm-Film 3202107
K46 „Wasserhaushalt des menschlichen Körpers"
K47 „Herstellung von Orangensaft"

K48 „Herstellung von Milch und Milchprodukten"

Literatur

KLAUTKE, S.; GRUBER, W. (Hrsg.): Milch und Milchprodukte, Unterricht Biologie, Heft 170, 50 S.

6.1 Weg der Nahrung durch den Körper

Lehrplanbezug

(8.3.2) Weg der Nahrung durch den Körper; Verdauungsorgane und ihre Funktion

Strukturierungsvorschlag

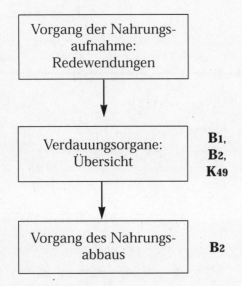

Phänomene

- Nahrungsaufnahme, Verdauung und Ausscheidung als alltägliche Vorgänge.
- Redewendungen, die sich mit dem Vorgang der Verdauung beschäftigen: „das Wasser läuft im Mund zusammen", „gut gekaut ist halb verdaut".
- Beobachtungen zur Nahrungsaufnahme und Ausscheidung bei Haustieren.

Bilder

B1 Die Abbildung zeigt - teils im Anschnitt, teils in Aufsicht - die Lage und Größe der Verdauungsorgane. Der Weg der Nahrung kann anhand dieses Bildes schon komplett verfolgt werden (siehe LB-Abb. 1). Der Übergang vom Zwölffingerdarm zum Dünndarm und weiter zum Dickdarm kann aufgrund der Länge und Verdrehung des Darmes nicht genau ermittelt werden.

B2 Das Zerlegen der Nährstoffmoleküle (Stärke - Fett - Eiweiß) wird anhand von Symbolen dargestellt. Die chemische (Ver-) Bindung der Einfachzuckermoleküle (Glucose) zu Vielfachzuckern (Stärke), die Aneinanderreihung von verschiedenen Aminosäuren zu einem Eiweiß und der Aufbau eines Fettes aus Glycerin und drei Fettsäuren ist gut zu erkennen. Die verschiedenen Aminosäuren sind nicht gesondert benannt.

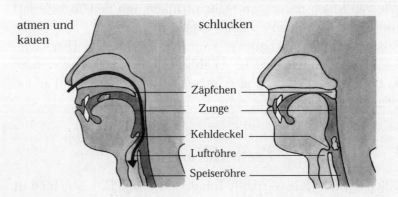

Atmen, kauen, schlucken

Tafelbild

Verdauungsorgane:	Abbau der Nährstoffe (in ihre Bausteine):
- Mund	- Stärke (als Kohlenhydrat)
.....	- Eiweiß
	- Fett

Merksatz

Bei der Verdauung werden die Nährstoffe in ihre Bausteine zerlegt. Diese Bausteine der Nährstoffe gelangen in alle Teile des Körpers.

Fachinformation

Zu dem Begriff „Verdauung" existieren zahlreiche Definitionen. Entscheidend ist hierbei, dass bei diesem Vorgang die Nahrung aufgeschlossen (d. h. zerlegt) wird in resorbierbare Stoffe. Wasser z. B. wird nicht verdaut, da es nicht weiter zerlegt werden muss.

Die im Text stehenden Aussagen „Die Bausteine der Kohlenhydrate, Fette und Eiweiße treten im Dünndarm durch die Darmwand hindurch. Sie gelangen über den Blutstrom in alle Teile des Körpers". sind zwar inhaltlich richtig, aber in dieser Form vereinfacht. Es treten zwar alle Bausteine durch die Dünndarmwand hindurch, es werden aber nur die Bausteine von Kohlenhydraten und Eiweißen dort direkt in den Blutstrom übernommen; die der Fette gelangen über die Lymphe erst im Bereich des unteren linken Halsansatzes in die Blutbahn (vgl. Kap. 6.5).

Die in den folgenden Kapiteln dargestellte Verdauung kann entweder unter dem Gesichtspunkt „Verdauungsorgan" behandelt werden (also dem konkreten Weg der Nahrung durch das Verdauungssystem folgend oder unter Berücksichtigung der Nährstoffgruppen (Kohlenhydrate, Fette, Eiweiße) erfolgen.

Man kann dabei zwischen der eigentlichen mechanischen oder enzymatischen Spaltung der Nährstoffe und zusätzlichen Aspekten (wie Absonderung von Speichel als Gleitmittel, Magensaft als Desinfektionsmittel und zur pH-Einstellung, Galle zur Emulgierung oder Bauchspeichel zur Neutralisierung des Magensafts) trennen, die aber zusammenwirken.

Zusatzinformation

Die Entleerungszeiten der Verdauungsorgane (ab Zeitpunkt der Nahrungsaufnahme) sind zwar von der Art der aufgenommenen Nahrung abhängig, können aber als Durchschnittswerte wie folgt angegeben werden:

Speiseröhre 10 Sekunden
Magen 1-3 Stunden
Dünndarm 7 - 9 Stunden
Dickdarm 25 - 30 Stunden
Enddarm 30 - 120 Stunden

Zusätzliche Versuche

In jedem Falll ist es zurVermittlung der anatomischen Verhältnisse (an dieser Unterrichtsstelle und in den Folgestufen) empfehlenswert, mit einem Torso zu arbeiten, vor allem auch deswegen, weil die Schüler selber die Organe entnehmen können und ein besseres (dreidimensionales) Verständnis entwickeln können.

Medien und Kopiervorlagen

M1 „Verdauung"; Diareihe 1002347

M2 „Der Verdauungsapparat"; Diareihe 1050382

M3 „Verdauung und Nahrung"; 16mm-Film 3202089

M4 Nahrung und Verdauung"; 16mm-Film 3203565 „Nahrung und Verdauung"; Beiheft zum AID Film (AID, PF 200153, Bonn)

K49 „Unsere Verdauungsorgane"

Literatur

MANNESMANN, R. (Hrsg.): Verdauung und Ausscheidung, Unterricht Biologie, Heft 86, 58 S.

GEO-Wissen, Nahrung + Gesundheit, 1/1990

6.2 Verdauung im Mund

Lehrplanbezug

(8.3.2) Weg der Nahrung durch den Körper; Verdauungsorgane und ihre Funktion; Verdauungsvorgänge (einfache Experimente)

Strukturierungsvorschlag

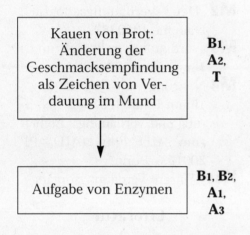

| Kauen von Brot: Änderung der Geschmacksempfindung als Zeichen von Verdauung im Mund | **B1, A2, T** |

↓

| Aufgabe von Enzymen | **B1, B2, A1, A3** |

Merksatz

Im Mund beginnt die Verdauung. Im Speichel ist ein Enzym enthalten. Enzyme wirken bei der Verdauung und bei allen anderen chemischen Reaktionen im Körper mit.

Phänomene

- Der Ort der Nahrungsaufnahme ist der Mund. Die sichtbaren Vorgänge sind das Kauen und das sich anschließende Schlucken.
- Schlucken und Weitertransport der Nahrung können auch im Kopfstand erfolgen.
- Längeres Kauen von Knäckebrot (ca 4 Minuten) führt zu einer süßlichen Geschmacksempfindung.

Bilder

B1 Die Zusammenstellung des lecker aussehenden Frühstücks dient als Leitfaden für die nächsten Abschnitte. Deshalb kann auf dieses Bild häufiger zurückgegriffen werden.

B2 Durch Symbole wird der Vorgang der Stärkespaltung gezeigt. Die aus (sechseckig dargestellten) Glucosemolekülen bestehende Stärke wird durch das Enzym Amylase in Zweifachzucker (Malzzucker = Maltose) gespalten. Das Enzym besitzt dafür ein sog. katalytisches Zentrum, das die chemische Umsetzung katalysiert; dieses Zentrum ist hier bildhaft als Pfeilspitze gezeichnet, die die Stärke zertrennt.

Aufgabenlösungen

A1 Die besonders appetitlichen und leckeren Speisen sind individuell verschieden.

A2 Zu Beginn schmeckt Knäckebrot nicht süß, da es Stärke enthält. Nach einigen Minuten schmeckt der Nahrungsbrei süß. Die α-Amylase (früher auch Ptyalin genannt) spaltet die α-Amylose in ein Gemisch aus Glucose und Maltose; auch das Amylopektin wird durch die α-Amylase abgebaut.

A3 Ein Enzym vermag chemische Reaktionen beschleunigt ablaufen zu lassen. Das Enzym im Speichel kann die Stärkeketten spalten, indem jeweils zwei Glucosemoleküle, die als Malzzucker bezeichnet werden, abgespalten werden.

Zusätzlicher Versuch

Die Wirkung von Säure auf Kalk kann am Beispiel der Zersetzung einer Kalkschale eines Hühnereis durch Essig demonstriert werden. Man benötigt zwei Hühnereier, Haushaltsessig, zwei mittelgroße Bechergläser und Fluoridgel. Ein Ei wird in ein Becherglas gelegt und so viel Essig zugegeben, dass das Ei bedeckt ist. Man beobachtet eine leichte Blasenbildung auf der Eioberfläche. Nach 10 Minuten wird das Ei herausgenommen, abgespült und die Oberfläche befühlt. Die Kalkschale beginnt sich aufzulösen. Wird bei einem zweiten Ei die eine Eihälfte mit einem Fluoridgel bestrichen (ca. 10 Minuten Einwirkzeit), so unterbleibt dort die auflösende Wirkung des Essig (s. Abb.).

Kopiervorlagen

K50 „Vier Faktoren wirken bei der Kariesentstehung zusammen"

K51 „Karies, Parodontose und Zähneputzen"

Literatur

Biotop Mundhöhle - Seid verschlungen", Millionen. GEO S. 126ff.

Eine Eihälfte wurde vor dem Versuch mit einem Fluoridgel eingestrichen   *Versuchsergebnis nach 10 Minuten Säureeinwirkung*

Tafelbild

Enzyme bewirken (bzw. beschleunigen) die chemische Umsetzung von Stoffen. Beispiel:

im Mund

Stärke (viele Trauben- zucker-Moleküle) — AMYLASE → Malzzucker (zwei Traubenzucker- Moleküle in einem Molekül Malzzucker)

Fachinformation

Stärke besteht aus unverzweigten Amyloseketten und verzweigtem Amylopektin. Die Abbildung B2 beschränkt sich auf die Amylose.

Mundhygiene mit dem Ziel, schädliche Bakterien zu beseitigen, besteht vorrangig in regelmäßigem Zähneputzen. Nach dem Genuss von Obst sollte man eine halbe Stunde nicht putzen, da Fruchtsäuren den Zahnschmelz aufweichen. Zuckerfreier Kaugummi hingegen regt den Speichelfluss an und reinigt Zahnoberflächen und Zwischenräume von Essensresten. Karies entsteht durch Auflösung des Zahnschmelzes durch Säuren von Bakterien. Parodontose (eigentlich ein veralteter Begriff; genauer wäre Parodontitis) ist eine Gewebeveränderung, die aus einer langwierigen, unbehandelten Entzündung entsteht und oft mit Zahnausfall endet.

6.3 Verdauung im Magen

Lehrplanbezug

(8.3.2) Weg der Nahrung durch den Körper; Verdauungsorgane und ihre Funktion; Verdauungsvorgänge (einfache Experimente)

Strukturierungsvorschlag

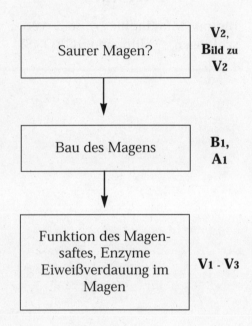

Saurer Magen?	**V2, Bild zu V2**
Bau des Magens	**B1, A1**
Funktion des Magensaftes, Enzyme Eiweißverdauung im Magen	**V1 - V3**

Merksatz

Magensaft enthält ein Enzym mit dem Namen Pepsin. Pepsin baut Eiweiße zu kleineren Bruchstücken ab.

Phänomene

- Magenschmerzen, Krämpfe, Sodbrennen, Aufstoßen, Völlegefühl, Magendruck oder Übelkeit signalisieren, dass etwas mit der Verdauung im Magen nicht stimmt.
- Nahrung wird im Magen verändert.

Bilder

B1 Ein- und Ausgang des Magens (mit Fortsetzung durch den Zwölffingerdarm) sowie die unterschiedlichen Typen der Muskulatur sind die Elemente der Abbildung.

Aufgabenlösungen

A1 Über die Speiseröhre wird dem Magen Nahrung zugeführt. Die Magenschleimhaut ist wellig, faltig ausgebildet. Der Magenausgang (auch der Eingang) wird von einem ringförmigen Muskel umschlossen und kontrolliert. Die Magenwand besteht aus mehreren Schichten Muskulatur, wobei sich Ring- und Längsmuskulatur abwechseln. Durch abwechselndes Kontrahieren (Peristaltik) wird der Mageninhalt durchmischt.
Die Salzsäure lässt Eiweiße aufquellen, sodass sie besser von den Enzymen zerlegt werden können. Gleichzeitig hat sie eine antibakterielle, d. h. bakterienabtötende Wirkung.

Versuche

V1 Bei eiweißhaltigen Lösungen (so z.B. bei Fisch oder Fleisch) ist ein positives Ergebnis in Form eines Farbumschlags zu beobachten. Teststäbchen (Albu-Sticks) kosten 50 Stk. ca. 18,00 DM.

V2 Die Milch im Glas wird gerinnen. Das Glas entspricht dem Magen, der Zitronensaft der Salzsäure und die Milch dem eiweißhaltigen Nahrungsmittel.

V3 In Reagenzglas 1 wird nach 30 Minuten nichts passieren, da kein Enzym vorhanden ist. Nach 1 - 2 Tagen wird das Eiweiß durch Bakterien faulen; es wird ein Geruch nach „stinkenden Eiern" (Bildung von Schwefelwasserstoff) auftreten. In Reagenzglas 4 ist zwar auch kein Enzym vorhanden, aber die Salzsäure verhindert Fäulnisprozesse durch Bakterien. In Reagenzglas 2 wird ein enzymatischer Abbau des Eiweiß beginnen. In Reagenzglas 4 tritt gleiches ein. Nach 2 Tagen wird der Abbau aber - aufgrund des günstigen pH-Wertes - fast ganz abgeschlossen sein.

Zusätzliche Versuche

Die Spezifität der Wirkung des Pepsin kann durch eine Alternativversuchsreihe untersucht werden, indem z.B. Stärke mit Pepsin versetzt wird und anschließend mit Iodkaliumiodid geprüft wird. Auch der pH-Wert kann variiert werden, indem die Menge an verdünnter Salzsäure verändert und der Abbaugrad durch Pepsin nach 24 Stunden ermittelt wird; der pH-Wert kann mit pH-Papier kontrolliert werden.

Die Präparate wie z.B. „Enzynorm" (Nordmann-Werke Hamburg; 100 Stk. ca. 26,00 DM) und „Pankreon forte" (Kali-Chemie Hannover; 50 Stk. ca. 48,00 DM) können untersucht werden mit Blick auf ihren Wirkort und ihre Wirkung (K52). Ergebnis ist, dass sich Enzynorm-Tabletten in saurer Lösung am schnellsten auflösen (also im Magen wirken). Pankreon forte löst sich in basischem Milieu, wirkt also im Darm und baut Öl ab.

Sonstige Hinweise

Kochsalz (NaCl) ist bei der Bildung des Magensaftes beteiligt; Kap. 10.1 auf S. 136 greift dies auf.
Salzsäure (HCl) wird in Kap. 9.5 auf S. 125 näher behandelt.

Tafelbild

Magensaft enthält:	Aufgabe:
- Schleim	Schutz der Magenwand vor Selbstverdauung
- Salzsäure	Abtöten der Erreger; Aufquellen von Eiweiß
- Enzym (Pepsin)	Abbau von Eiweiß in kleinere Bruchstücke

Fachinformation

a) Verweildauer von Nahrung im Magen
Fettreiche Mahlzeiten verweilen am längsten im Magen (acht bis zwölf Stunden), einweißreiche Mahlzeiten nur etwa ein bis drei Stunden und kohlenhydratreiche Nahrung bleibt nur etwa eine Stunde im Magen liegen. Die Entleerung des Magens erfolgt portionsweise durch kräftige Bewegungen der muskulösen Magenwand im Bereich des schlauchförmigen Magenausgangs in den Zwölffingerdarm.

b) Redewendungen „Was mir auf den Magen schlägt"
Wahrscheinlich hat jeder schon einmal in bestimmten Situationen Unbehagen in der Magengegend verspürt. „Das liegt mir schwer im Magen", „Mir zieht sich der Magen zusammen", „Da dreht sich bei mir der Magen um", „Der Ärger schlägt mir auf den Magen", „Den Ärger muss ich schlucken" sind Redewendungen von Menschen, bei denen seelische (psychische) Erregungen ein unangenehmes Gefühl oder sogar Schmerzen in der Magengegend verursachen. Diese Redewendungen haben ihre biologischen Hintergründe: Das Nervensystem eines Menschen beeinflusst die Bewegungen des Magens, die Durchblutung des Magens und die Abgabe von Pepsin und Salzsäure. Psychische Spannungen und Belastungen können dazu führen, dass der Magen nicht richtig arbeitet. Eine übersteigerte oder unregelmäßige Abgabe von Salzsäure und Pepsin sowie Krämpfe in der Magenwand können die Folge sein. Viele Menschen mit einem „Reizmagen" oder mit Magenschleimhautentzündung (Gastritis) leiden unter psychischen Konflikten und Belastungen.

Kopiervorlagen

K52 „Die Versuche von Spallanzani (1783)"
K53 „Wie funktionieren Verdauungstabletten?"

Literatur

FEEST, J.: Die Wirksamkeit von Verdauungstabletten - Schulversuch als Test? in: Naturwissenschaften im Unterricht -B 5, 1980, Heft 5, S. 152 ff.

6.4 Verdauung im Dünndarm

Lehrplanbezug

(8.3.2) Weg der Nahrung durch den Körper; Verdauungsorgane und ihre Funktion; Verdauungsvorgänge (einfache Experimente)

Strukturierungsvorschlag

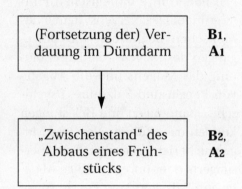

Merksatz

In den Zwölffingerdarm werden Verdauungssäfte der Leber und der Bauchspeicheldrüse abgegeben. Kohlenhydrate, Eiweiße und Fette werden im Dünndarm weiter verdaut.

Phänomene

• „Gift und Galle spucken", „mir kommt die Galle hoch", „eine Laus über die Leber gelaufen"- von Redewendungen her sind auch Leber und Gallenflüssigkeit bekannt.
• Alkohol hat schädigenden Einfluss auf die Leber.
• Manche Schülerinnen und Schüler kennen „zuckerkranke" Menschen (Diabetiker).

Bilder

B1 Den Dünndarm im Bereich des Zwölffingerdarms mit den benachbarten Organen Bauchspeicheldrüse und Leber kann man gut erkennen. Es kann auf die begriffliche Trennung von Galle (als Flüssigkeit) und Gallenblase (als Speicherort) hingewiesen werden.

B2 Eine Zusammenfassung zur Verdauung bietet die Gesamtübersicht von Verdauungsorganen und Verdauungsvorgängen. Mit Symbolen für die drei Nährstoffgruppen wird der schrittweise Abbau verdeutlicht. Die einzelnen Stationen können auch ausführlicher wiederholt werden. Der bei der Ernährung schon behandelte Begriff „Emulsion" wird im Text hervorgehoben; A1 hinterfragt diesen Begriff. Die emulgierende Wirkung von Galle kann experimentell erkundet werden.

Aufgabenlösungen

A1 Bei einer Emulsion liegen Fetttropfen fein verteilt vor, wobei die einzelnen Moleküle aber noch nebeneinander liegen und somit nicht vollständig von Wasser umgeben sind (Unterschied zur „Lösung").

A2 Die Aufgabe knüpft an die Ausgangssituation von Kap. 6.2 an. Dort wurde der Weg eines Frühstücksbrotes mit Ei und Butter verfolgt. Im Mund werden alle Nahrungsbrocken zuerst mechanisch zerkleinert und dann die Stärke enzymatisch in Malzzucker zerlegt. Fett und Eiweiß bleiben unverdaut. Im Magen wird durch die Salzsäure das Eiweiß geronnen und durch das Enzym Pepsin in kleinere Bausteine, d. h. kürzere Aminosäureketten, zerlegt. Fett und Kohlenhydrate bleiben unverdaut. Im Dünndarm werden durch den Gallensaft die Fette emulgiert. Durch den Bauchspeichel werden die kleinen Fetttröpfchen, die Kohlenhydrate (Malzzucker) und die Eiweißbruchstücke in ihre Bausteine zerlegt: Einfachzucker (am häufigsten Traubenzucker), Aminosäuren, Fettsäuren und Glycerin.

Zusätzliche Versuche

V1 Zur Überprüfung der Wirkung von Gallensaft auf Fett gib 5 Tropfen Öl auf 5 ml Wasser, schüttle gut durch und filtriere die Flüssigkeit. Wie sehen die abgefilterte Flüssigkeit und der Rückstand im Filter aus? Gib von der abgefilterten Flüssigkeit und von dem Rückstand je einen Tropfen auf ein Blatt Papier. Fett erzeugt auf dem Papier einen durchscheinenden Fleck. Gib 5 Tropfen Öl und 5 ml Gallenflüssigkeit (Ochsengalle) in ein Reagenzglas, schüttle gut durch und filtriere. Beschreibe das Filtrat und den Rückstand. Führe mit dem Filtrat den Fettfleckversuch durch. Vergleiche die Ergebnisse der beiden Versuche miteinander und begründe die Unterschiede.

V2 Führe zum Nachweis der Fettverdauung folgenden Versuch durch: Gib 5 Tropfen Öl, 5 ml Gallenflüssigkeit und 5 ml Wasser in ein Reagenzglas - kräftig schütteln! Gib in ein zweites Reagenzglas 5 Tropfen Öl, 5 ml Bauchspeichelflüssigkeit (Pankreatin), 5 ml Wasser - kräftig schütteln! Gib in ein drittes Reagenzglas 5 Tropfen Öl, 5 ml Gallenflüssigkeit, 5 ml Bauchspeichelflüssigkeit - kräftig schütteln! Stelle die drei Reagenzgläser in einen Reagenzglasständer. Gib in die drei Reagenzgläser je 10 Tropfen Universalindikator (flüssig). Beschreibe, wie der Inhalt der drei Reagenzgläser sofort nach Zugabe des Indikators, nach 10 Minuten, nach 30 Minuten, nach einer Stunde aussieht. Nenne die Ursachen für die Unterschiede.

V3 Führe mit Bauchspeichelflüssigkeit (Pankreatin) Versuche zur Eiweiß- und Kohlenhydratverdauung durch. Verwende dazu zerkleinertes Brot und gekochtes und zerstückeltes Hühnereiweiß. Gib Brotkrumen und 10 ml Wasser in ein Reagenzglas, in ein zweites Reagenzglas Hühnereiweiß und 10 ml Wasser. Gib in ein drittes Reagenzglas einige Brotkrumen, 5 ml Bauchspeichelflüssigkeit und 5 ml Wasser - kräftig schütteln! Gib in ein viertes Reagenzglas Hühnereiweiß, 5 ml Bauchspeichel und 5 ml Wasser. Stelle die Reagenzgläser in ein Wärmebad (etwa 35 °C) und betrachte sie nach 30 Minuten und nach einem Tag. Beschreibe deine Beobachtungen. Begründe.

V4 Zur Untersuchung der emulgierenden Wirkung von Gallensaft kann zuerst etwas Öl auf Wasser gegeben werden: Fett vermischt sich nicht mit Wasser. Auch nach dem Schütteln werden sich die Fettkugeln schnell wieder oben ansammeln und vereinen. Nach Zugabe von Gallensaft (Ochsengalle; als Pulver käuflich) trennt sich das Öl in feinste Fetttröpfchen: es liegt eine Emulsion vor.

Die fettspaltende Wirkung von Bauchspeichelsaft („Pankreatin") kann gezeigt werden, indem zu 10 ml Milch 3 - 5 Tropfen Phenolphthalein gegeben werden sowie (mit einer Pipette) gerade so viel Natriumcarbonatlösung, dass eine leichte Rotfärbung eintritt. Nach Zugabe von Pankreatin tritt eine Entfärbung ein, die auf eine Spaltung des Milchfetts hindeutet.

Tafelbild

entsprechend wie B2

Kopiervorlagen

K54 „Verdauungssäfte und ihre Wirkung"

K55 „Aufgaben der Verdauungsorgane"

Literatur

VOGT, D.: Essen wir zuviel Fett?, Unterricht Biologie, 1991, Heft 168, S. 32 - 36

6.5 Aufnahme der Nährstoff-Bausteine vom Darm ins Blut

Lehrplanbezug

(8.3.2) Weg der Nahrung durch den Körper; Verdauungsorgane und ihre Funktion

Strukturierungsvorschlag

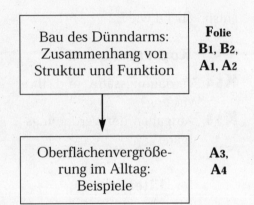

Bau des Dünndarms: Zusammenhang von Struktur und Funktion	**Folie** B1, B2, A1, A2
↓	
Oberflächenvergrößerung im Alltag: Beispiele	A3, A4

Merksatz

Durch die große Fläche des Darms werden die Bausteine der Nährstoffe in das Blut aufgenommen. Das Blut versorgt alle Teile des Körpers mit Nährstoffen.

Phänomene

• Das Prinzip der Oberflächenvergrößerung kann am Beispiel von Heizungsrippen in vielen Klassenräumen gezeigt werden.

• Auch die Möglichkeit, in einem Raum durch Aufstellen von Zwischenwänden mehr „Platz" zu schaffen, ist bekannt.

• „Zucker-Test" mit Teststreifen (Diabetes).

Bilder

B1 Die beidseitige Abbildung zeigt in vier Stufen den Feinbau des Dünndarms, wobei der jeweils vergrößerte Ausschnitt im vorhergehenden Bild markiert ist. Im Begleittext wird die Größe der Oberfläche angegeben, die durch die Vergrößerung der Innenoberfläche infolge von Auffaltungen entsteht. Der Vergrößerungsfaktor lässt sich dann leicht berechnen.

B2 Die sechs Körper bestehen aus jeweils 16 Würfeln, sodass sie alle das gleiche Volumen besitzen. Ihre Oberfläche unterscheidet sich aber (siehe A2).

Aufgabenlösungen

A1 Die innere Darmwand ist aufgefaltet (Vergrößerungsfaktor 3). Diese Darmfalten besitzen ihrerseits Faltungen, die Darmzotten (Faktor 10). Jede Zelle einer Darmzotte besitzt einen Bürstensaum (Faktor 20). In der Darmwand befinden sich Muskeln, die für eine Darmbewegung (Peristaltik) sorgen. In den Darmzotten befinden sich Blutgefäße (Arterien und Venen), die die Bausteine der Nährstoffe (Traubenzucker und Aminosäuren) abtransportieren. Lymphgefäße sorgen für einen Abtransport von Fetten und Zwischenzellflüssigkeit.

A2 a) Die Oberflächen betragen: ① (oben) 4 x 16 + 2 = 66; ② (links) 2 x 4 x 4 + 4 x 4 = 48; ③ (Mitte) 2 x 16 + 8 x 2 + 8 x 2 + 2 = 66; ④ (unten) 2 x 8 x 2 + 2 x 8 + 2 x 2 = 52; ⑤ (rechts oben) 2 x 4 x 4 + 2 x 2 x 2 = 40; ⑥ (rechts unten) 4 x 4 x 2 + 4 x 2 + 7 x 2 = 54.

b) Die beiden Körper mit der größten Oberfläche sind also der obere und der mittlere.

c) Der Körper in der Mitte besitzt - ähnlich wie die Darmzotten - Auffaltungen; fast jedes Bauteil liegt relativ frei und grenzt oft nur mit einer Seite an einen Nachbarbaustein. So sind sehr viele Oberflächenbereiche frei exponiert.

Im Text sind als Beispiele die Darmwand, die Lungenbläschen, die Rippen eines Heizkörpers oder eines Autokühlers genannt. Bei der Verdauung wird durch die Gerinnung von Eiweißen deren Oberfläche vergrößert. Ebenso wird bei der Emulgation von Fetten in Fetttröpfchen eine große Oberfläche erreicht. Bei Fischen sind die Kiemenfilamente (vergleichbar mit der Situation in der Lunge) nach dem gleichen Prinzip ausgebildet. (Im cytologischen Bereich sind auch die Auffaltungen der inneren Membran von Chloroplasten und Mitochondrien zu nennen.)

Zusätzliche Versuche

Mit mehreren DIN-A4-Blättern kann man die Vergrößerung der Oberfläche durch Auffaltungen veranschaulichen. Man knickt alle (bis auf ein Blatt) in der Mitte und stellt sie dicht nebeneinander auf das ungeknickte Blatt. Anstatt einer Oberfläche im Format eines DIN-A4-Blattes (21x29,7 cm = 623,7 cm2) hat man jetzt ein Mehrfaches (entsprechend der Anzahl an geknickten Blättern).

Ein bekanntes Beispiel zur Oberflächenvergrößerung ist die Frage, wie man eine heiße Kartoffel am Mittagstisch leicht auskühlen lassen kann. Die Antwort: indem man sie zerkleinert. Es wird verdeutlicht, dass durch die Vergrößerung der Oberfläche, bei gleichbleibendem Volumen, die wärmeabgebende Fläche erhöht wird und die Kartoffel dadurch schneller auskühlt. Insofern liegt hier eine Parallele zu Heizkörpern vor.

Es kann auch an einem Rechenbeispiel mathematisch verdeutlicht werden, um welchen Faktor sich die Oberflächen vergößern. An rechteckigen Körpern ist dies am leichtesten durchzuführen.

Wird z. B. ein Körper von 10 cm Kantenlänge (der daher eine Oberfläche von 6x10x10 cm = 600 cm^2 hat) in der Mitte durchtrennt, so erhält man zwei Quader mit den Ausmaßen 5x10x10cm, die jeder eine Oberfläche von 4x5x10cm+ 2x10x10cm also 400 cm^2 besitzen, in der Summe also 800 cm^2. Die Oberfläche hat sich demnach von 600 cm^2 auf 800 cm^2 vergrößert also um 1/3 bzw. 33,3%.

Tafelbild

Durch Auffaltungen der Innenwand des Dünndarms wird dessen Oberfläche vergrößert: Prinzip der Oberflächenvergrößerung.

Fachinformation

Die Aufnahme von Fettsäuren erfolgt nicht im Dünndarm. Fette werden über die Lymphe abtransportiert und im Bereich des unteren linken Halsansatzes in die Blutbahn übernommen.
Zum Stichwort „Verstopfung" ist anzumerken, dass man erst dann von Verstopfung spricht, wenn der Stuhlgang länger als

drei Tage auf sich warten lässt. Abführmittel beeinträchtigen den Wasser- und Mineralsalzhaushalt. Besser sind ballaststoffhaltige Lebensmittel wie Vollkornprodukte und Gemüse. Auch Bewegung und ausreichende Flüssigkeitsaufnahme sind zu empfehlen.

Kopiervorlagen

K56 „Kann weniger mehr sein?"

Literatur

TILLE, R.: Oberflächenvergrößerung - ein erstaunliches Phänomen plausibel vermitteln; Teil 3: Falten, Zotten und Blasen. Biologie in der Schule 46 (2-1997), S.78-80

6.6 Erkrankungen der Verdauungsorgane – Ernährung und Gesundheit

Lehrplanbezug

(8.3.2) Erkrankungen der Verdauungsorgane; Vorbeugung; Zusammenhang von Ernährung und Gesundheit

Strukturierungsvorschlag

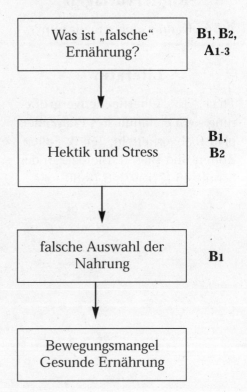

Merksatz

Einseitige Ernährung, mangelnde Bewegung und Hektik im Alltag können zu Erkrankungen führen. Abwechslungsreiche Ernährung, viel Bewegung und Sport sowie eine ausgeglichene Lebensweise fördern die Gesundheit.

Phänomene

• Situationen, wie sie in den Bildern 1 + 2 dargestellt sind, entstammen dem Alltag der Schüler.
• Redewendungen wie „mir kommt die Galle hoch", „schlägt mir auf den Magen", „mir dreht sich der Magen um" zeigen, dass Ernährung und Gesundheit (bzw. das Gegenteil) unter dem Einfluss ungünstiger Faktoren („Stress") in Beziehung stehen.

Bilder

B1 Die Situationen zeigen verschiedene Aspekte zur Nahrungsaufnahme. Die Person rechts oben genießt ruhig ihr Essen. Rechts unten findet Essen eher aus Gewohnheit und Langeweile statt. Links unten sind mit Alkoholika und Zigaretten Genussmittel abgebildet. Schädlich sind sie - in größeren Mengen - in jedem Fall. Links oben isst der Schüler sein Brot beim Anziehen. Die Situation vermittelt Hektik, Stress, wenig Zeit und wenig Ruhe: die Mahlzeit wird fast verschlungen. Das zentrale Bild zeigt die Lieblingsspeise vieler Jugendlicher, Pommes frites (mit Mayonnaise), deren Fettgehalt hoch ist.

B2 Die Situation ist doppelt bedenklich. Erstens hat die Schülerin zu Hause nicht die Gelegenheit gefunden, ihr Frühstück zu sich zu nehmen und dabei noch mit den Familienmitgliedern zu sprechen. Zweitens ist sie auch nicht geneigt, dies auf dem Weg zur Schule oder in einer Pause nachzuholen (vielleicht wird „passender" Ersatz am Schulkiosk besorgt).

Aufgabenlösungen

A1 Aus den Bildern wird nicht deutlich, ob die Situationen einmalig sind oder schon die Regel. Zu fettiges (Bild Mitte), salziges oder süßes (rechts unten) Essen (in Kombination mit zu wenig Bewegung), zu wenig Zeit für das Essen (links oben) oder Genussdrogen (links unten) können Ursachen für ernährungsbedingte Störungen des Körpers sein.

A2 In Anlehnung an den Ernährungskreis („Natur bewusst 8, S. 58/59) sollte die Nahrung vielseitig zusammengestellt sein (dabei vor allem wenig Fett, stattdessen viel Obst und Gemüse enthalten), man sollte ausreichend Bewegung haben (Energiebedarf und Energiezuführung über die Nahrung müssen abgestimmt sein) und sich für das Essen Zeit nehmen. Stress fördert Erkrankungen des Verdauungssystems.

A3 individuell verschieden

Fachinformation

Funktionen der Leber:

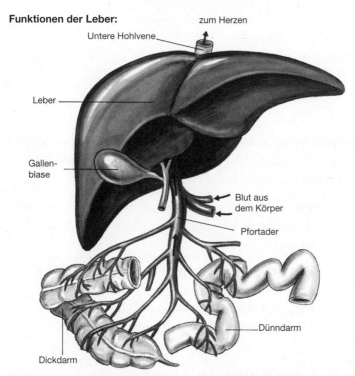

zum Herzen

Untere Hohlvene

Leber

Gallen-
blase

Blut aus
dem Körper

Pfortader

Dünndarm

Dickdarm

- Bildung und Abgabe des Gallen-
  safts
- Aufnahme von Traubenzucker aus
  dem Blut und Speicherung in Form
  von Glykogen
- Abbau von Glykogen zu Trauben-
  zucker und Abgabe in das Blut
- Speicherung und Umbau von
  Fettsäuren
- Speicherung von Eisenverbindun-
  gen
- Speicherung bestimmter Vitamine
  (A, B12, K)
- Speicherung von Eiweißen

- Abbau von Eiweißen und Ami-
  nosäuren; Bildung von Harnstoff,
  der über die Nieren ausgeschieden
  wird
- Bildung von Bluteiweißen
- Bildung von Aminosäuren
- Bildung von Blutgerinnungsstoffen
- Abbau überalterter roter Blutkör-
  perchen
- Entgiftung von vielen köpereigenen
  oder körperfremden Stoffen (u. a.
  Medikamente)

Bei der Behandlung der Thematik ist zu bedenken, dass ratio-
nale die eine Seite, emotional-irrationale Gründe für den Konsum von Speisen (Bedürfnisbefriedigung, Gewohnheit, Genuss)
die andere Seite der „Essens - Medaille" darstellen.

Ernährungsbedingte Mangelkrankheiten sind im Allgemeinen
recht selten. So kann der Verzicht auf Milch und Milchprodukte die Knochenbildung beeinträchtigen, unzureichende Iodzu-
fuhr zur Kropfbildung führen oder mangelnder Obst- und
Gemüsekonsum zu Vitaminmangelkrankheiten führen.

Häufiger ist, in Kombination mit unzureichender Bewegung und
einem falschen Verhältnis von Kalorienaufnahme im Vergleich
zum Verbrauch, zu hoher Zucker-, Fett- oder Salzkonsum ein
Auslöser von ernährungsbedingten Krankheiten. Diese Art von
Überernährung kann zu Arterienverkalkung, verschiedenen
Herzerkrankungen und Diabetes führen.

Die Belastung der Nahrung mit
chemischen Schad- und Giftstoffen
ist eine Frage der gesetzlich vorgeschriebenen Höchstmengen.
Schwermetalle (wie Blei, Cadmum
und Quecksilber), Pflanzenschutz-
mittel, Antibiotika, Hormone, Zu-
satzstoffe (wie Farb- und Konservierungsstoffe, Emulgatoren, Antio-
xidantien, Geschmacksverstärker,
Süßstoffe) Arzneimittel oder auch
Strahlung haben Einfluss auf die
Belastung der Nahrung.

Sonstige Hinweise

In Kap. 8 (Genussmittel und Drogen) wird näher auf die Thematik
„Alkohol" eingegangen (Kap. 8.4
und 8.5)

Kopiervorlagen

K57 „Möglichkeiten der Vorbeugung gegen Krankheiten"

Literatur

DOHMEN, K. (Hrsg.): Drogen.
1996, Praxis der Naturwissenschaften - Biologie, Heft 5
HEDEWIG, R. (Hrsg.): Gesundheitsvorsorge, 1980, Unterricht
Biologie, Heft 52, 48 S.
HEDEWIG, R. (Hrsg.): Drogenwirkungen, Unterricht Biologie, Heft
194, 54 S.
VATER - DOBBERSTEIN, B.
(Hrsg.): Ernährungserziehung,
1977, Unterricht Biologie, Heft 6,
52 S.

7.1 Krankheiten durch Bakterien: Infektion und Verlauf

Lehrplanbezug

(8.3.3) Krankheiten, z. B. durch Bakterien und Viren; Infektion und Verlauf

Strukturierungsvorschlag

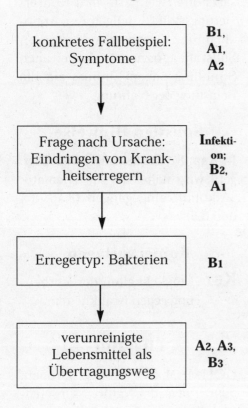

konkretes Fallbeispiel: Symptome	**B1**, **A1**, **A2**
Frage nach Ursache: Eindringen von Krankheitserregern	**Infektion**; **B2**, **A1**
Erregertyp: Bakterien	**B1**
verunreinigte Lebensmittel als Übertragungsweg	**A2, A3, B3**

Merksatz

Man spricht von einer Infektion, wenn Krankheitserreger in den Körper gelangen. Manche Infektionskrankheiten werden durch Bakterien verursacht.

Phänomene

• Fehlende Schüler einer Klasse aufgrund bakterieller und viraler Infektionskrankheiten.

• Beschreibung des Verlaufs von Infektionskrankheiten aus eigener Erfahrung.

Bilder

B1 Das Bild zeigt Bakterien als Mikroorganismen; es handelt sich um Salmonellen-Bakterien, die eine im Text geschilderte Lebensmittelerkrankung hervorrufen.

B2 Der positive Eindruck des Bildes (infolge des klaren Wassers und der lächelnden Person) soll hinterfragt werden, denn „klar" bedeutet nicht „sauber".

B3 Die Schemazeichnung verdeutlicht, welche Übertragungswege bei häufig vorkommenden Bakterienarten auftreten können. Die Vielfalt und Alltäglichkeit der Übertragungswege stehen hierbei im Mittelpunkt. Zu Einzelheiten siehe A2.

Aufgabenlösungen

A1 Krankheitserreger wie Bakterien sind so klein, dass sie mit bloßem Auge im Brunnenwasser nicht zu erkennen sind, dieses Wasser also auch nicht durch Bakterien getrübt erscheint. Brunnenwasser wird gespeist durch oberirdische Zuflüsse, die verunreinigt sein können.

A2 Es sind drei Übertragungswege dargestellt: Aufnahme von Krankheitserregern über den Mund und die nachgeschalteten Atmungsorgane; Eindringen über die Haut, z. B. durch Verwundungen oder über das Verdauungssystem; Infektion über die Geschlechtsorgane, also eine sexuelle Art der Übertragung.

A3 individuell verschieden (vgl. mit Bild 5 in 7.2)

Aufgaben

1. Eine vielleicht einigen Schülern bekannte Geschichte kann hier als (rechnerischer) Modellversuch eingebracht werden. Ein König gab einem armen Mann einen Wunsch frei; dieser wünschte sich Reis, und zwar sollte auf einem Schachbrett (aus 64 Feldern) auf das erste Feld ein Reiskorn, auf das zweite Feld zwei Körner, auf das dritte Feld vier Körner u.s.w. gelegt werden. Dem König erschien dies lächerlich, aber er sollte bei Erfüllung des Wunsches eines besseren belehrt werden...! An der Tafel können die Zahlen in Felder eingetragen werden, wobei man für eine Gewichtsumrechnung 100 Körner mit 2 Gramm gleichsetzen kann. Rechnerisch wäre das Ergebnis $2^{63} = 9,22 \times 10^{18}$.

2. Bakterien vermehren sich durch Zweiteilung, im günstigsten Fall alle 20 Minuten. Wie viele Bakterien ergeben sich nach 8 Stunden, wenn man von einem Bakterium ausgeht? Durch jeweilige Verdopplung des vorhergehenden Wertes ergeben sich nach 8 Stunden (d. h. 24 „Verdoppelungsrunden") 838.860.800 Bakterien, also mehr als 0,8 Milliarden! Eine Rechenaufgabe, die durch ein gutes Foto (siehe Medien) veranschaulicht werden kann. (Vgl. auch Kariesbakterien, Kap.6.2, S. 69)

Zusatzinformation

Bakterien werden vom Immunsystem angegriffen. Ein bakterieller Infekt kann auch medikamentös behandelt werden. Die Effektivität der Imunabwehr hängt vor allem von der Fähigkeit ab, die Zellwände der Bakterien zu zerstören. Die der inneren Zellmembran anliegende Zellwand besteht bei Bakterien aus dem Murein, das aus Polysacchariden mit quervernetzten Oligo-Peptiden aufgebaut ist. Dieses Murein bildet in Form eines einzigen Moleküls eine Art Netzwerk, das die Zelle umgibt. Auf dieser Skelettstruktur befinden sich weitere chemische Stoffe (z.B. sogenannte Lipopolysaccharide bei Gram-negativen Bakterien oder Säuregruppen), die für die Anheftung von Antikörpern wichtig sind. Zahlreiche Bakterien scheiden darüber hinaus auch eine schleimige Kapsel ab, die eine Anheftung von Antikörpern verhindern soll. Antibiotika (z.B. Penicillin) hemmen die Bildung der Quervernetzungen im Murein und destabilisieren somit die Zellwand.

Tafelbild

Bakterien (winzig kleine Einzeller)
verunreinigen (infizieren) Lebensmittel

⇩

Übertragung der Bakterien auf den Menschen:
Ansteckung (Infektion)

⇩

Verlauf der Krankheit mit Anzeichen für die Ansteckung
(= *Symptome*)

⇩

ärztliche Untersuchung und Behandlung
(in schweren Fällen mit Medikamenten)

⇩

(ergänzend) Beispiele für Bakterien (aus B3)

Medien und Kopiervorlagen

M1 „Bakterien". Diareihe 10.00242 (8sw + 12 f)

M2 „Mikroorganismen im Boden". Diareihe 10.00792 (16 f)

M3 „Die großen Seuchen und ihre Bekämpfung". Diareihe 10.00119 (14 sw)

M4 „Tuberkulose heute". 16mm-Film 32.03583 (16 min)

M5 „Louis Pasteur, Robert Koch und die Bakteriologie". Video 4201823

M6 „Rückkehr der Seuchen? Invasionen der unheimlichen Art". Video 4250286

M7 „Telekolleg II - Bakterien und Viren, Helfer und Gegner". Video 4250924

M8 „Mikroorganismen". Video 4250732

K58 „Vermehrung von Salmonellen in Lebensmitteln"

K59 „Verbreitungswege von Salmonellen"

Literatur

ABWEHR-AIDS-ALLERGIE. GEO-Wissen 1/1988

DRUTJONS, P.(Hrsg.): Alltagskrankheiten, 1979, Unterricht Biologie, Heft 29, 48 S.

HEDEWIG, R. (Hrsg.): Einzeller, 1984, Unterricht Biologie, Heft 97, 52 S.

JUNGBAUER, W. (Hrsg.): Impfungen, 1995, Praxis der Naturwissenschaften Heft3, 48S.

MEYER, G. (Hrsg.): Bakterien, 1980, Unterricht Biologie, Heft 50, 48S.

MOISL, F. (Hrsg.): Immunbiologie, 1985, Unterricht Biologie, Heft 107, 52 S.

7.2 Krankheiten durch Viren: Infektion und Verlauf

Lehrplanbezug

(8.3.3) Krankheiten, z. B. durch Bakterien und Viren; Infektion und Verlauf

Strukturierungsvorschlag

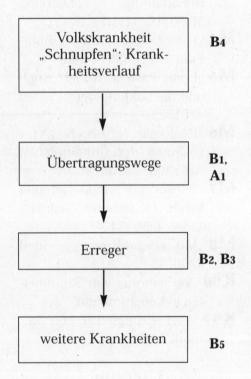

Volkskrankheit „Schnupfen": Krankheitsverlauf	**B4**
Übertragungswege	**B1, A1**
Erreger	**B2, B3**
weitere Krankheiten	**B5**

Merksatz

Schnupfen ist ein Beispiel für eine Infektionskrankheit, die durch Viren hervorgerufen wird. Viren sind kleiner als Bakterien. Manche Krankheiten, die durch Viren hervorgerufen werden, sind sehr gefährlich.

Phänomene

• Vor allem im Herbst werden viele Schüler und Lehrer von Erkältungen heimgesucht. „Ich hatte die Grippe"; Grippeviren und Schnupfenviren im Vergleich.

• Seit AIDS ist das Thema „Virus-Erkrankung" häufig in den Medien.

• Berichte über eine der in Bild 5 genannten Krankheiten.

Bilder

B1 Es sollte darauf hingewiesen werden, dass die Schüler die Atemtröpfchen (aus Wasserdampf) nicht für die Viren selbst halten. Im Kontext des Bildes werden entsprechende Situationen beschrieben.

B2 In der elektronenmikroskopischen Aufnahme werden Schnupfen-Viren gezeigt, die vom Aussehen an Kristalle erinnern.

B3 Die Abbildung zeigt schematisch die Größenverhältnisse zwischen Virus, Bakterium und Blutzelle. In der 7. Klasse haben Schüler Blutzellen kennengelernt und auch mit dem Mikroskop gearbeitet, sodass hier Anknüpfungspunkte bestehen. Der Größenvergleich bezieht sich auf die Seitenansicht, also auf einen zweidimensionalen Vergleich. Volumenvergleiche wären noch eindrucksvoller.

B4 Die Zeichnung zeigt in mehreren Teilbildern den Infektionsweg von Schnupfen-Viren in der menschlichen Nasenschleimhaut. Ganz links ist die gesunde Schleimhaut in der Nase zu sehen. Viele Flimmerhärchen der äußeren Schleimhautzellen sind erkennbar. Viren befallen einzelne Zellen (Infektion), vermehren sich in ihnen (Brutzeit) und verlassen dann die sterbende Zelle, wobei sie weitere Zellen befallen (Krankheit). Nach dem Virusbefall sind viele Flimmerhärchen der Schleimhaut zerstört, sodass die Aufgabe des Abtransports von Fremdpartikeln nicht mehr voll geleistet werden kann.

B5 Da überwiegend typische Kinderkrankheiten dargestellt sind, bieten sich persönliche Anknüpfungspunkte an; ein Bezug zu A3 aus dem vorhergehenden Kapitel (Berichte über selbst erlebte Infektionskrankheiten!) ist gegeben.

Aufgaben

A1 Unter einer Tröpfchenübertragung versteht man die Übertragung von Bakterien oder Viren über die Atemluft (z. B. durch Husten, Niesen, Atmen). Die Übertragung von Erregern durch die Luft muss verhindert werden. Ein direktes Anatmen, Anhusten, direkter Mundkontakt o. ä. muss unterbleiben; beim Niesen oder Husten ist die Hand oder ein Taschentuch vor das Gesicht zu halten.

Versuche

Aufgrund der Gefährlichkeit von Viren sind keine praktischen Versuche zu diesem Thema durchführbar.

Fachinformation

Der Ausspruch „Eine richtige Erkältung dauert ohne Arzt 14 Tage, mit Arzt zwei Wochen" verweist darauf, dass - im Gegensatz zu bakteriellen Infektionen - bei einer viralen Infektion keine Antibiotika eingesetzt und wirksam werden, da Viren über keinen eigenen Stoffwechsel verfügen und daher nicht gezielt bekämpft werden können. Eine Grippe wird durch Grippe- (= Influenza)-Viren hervorgerufen und kann aufgrund von bakteriellen Nebeninfektionen auch zu Lungenentzündungen und zum Tode führen. Ein grippaler Infekt oder ein Schnupfen wird hingegen von zahlreichen anderen Erregern (z. B. Rhinoviren) hervorgerufen und ist trotz grippeähnlicher Symptome nicht so gefährlich.

Zusatzinformation

Viren vermehren sich in ihren Wirtszellen, nachdem sie sich oft jahrelang in deren Genomen versteckt gehalten haben. Die immunologischen Abwehrmechanismen greifen vor allem in die Interaktion zwischen Wirtszelle und Virus ein, indem Anheftung, Eindringen und Vermehrung behindert werden. Der Einsatz sogenanner antiviraler Medikamente (Virostatika) zielt besonders auf eine Hemmung der Verdoppelung des Erbgutes in der Wirtszelle (Replikation), auf die Umsetzung der Erbinformationen in Virus-Proteine (Transkription) sowie auf den Zusammenbau und die Freisetzung neuer Viruspartikel ab. Da sich diese Vorgänge im Inneren der Wirtszellen abspielen, ist es natürlich entscheidend, gezielt die viralen Stoffwechselwege von den Wirtszelltypischen zu unterscheiden, sodass nur infizierte Zellen von den Medikamenten betroffen sind.

Medien und Kopiervorlagen

M1 „Viren und Bakteriophagen". Diareihe 10.00426 (13 sw)
M2 „Die menschliche Haut". Diareihe 10.00696
M3 „Tollwut". 16mm-Film 32.03124 (18 min)
M4 „Vorsicht, Tollwut!" 16mm-Film 32.03378 (10 min)
M5 „Viren". Video 4201826
M6 „Die Zecke". Video 4210371
K60 „Übersicht häufiger Infektionswege von Krankheitserregern"
K61 „Informationen zur Geschichte der großen Seuchen und ihrer Bekämpfung"
K62 „Vermehrung des Masern-Virus"

Literatur

ROTTLÄNDER, E.: Grippeviren und Grippeschutzimpfung, 1985, Unterricht Biologie, Heft 107, S. 30-35

7.3 Die körpereigene Abwehr von Erregern

Lehrplanbezug

(8.3.3) Grundsätze einer ausgewogenen Ernährung

Strukturierungsvorschlag

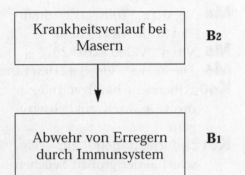

| Krankheitsverlauf bei Masern | **B2** |

↓

| Abwehr von Erregern durch Immunsystem | **B1** |

Merksatz

Erreger von Infektionskrankheiten werden von weißen Blutzellen im Körper erkannt und bekämpft. Killerzellen und Antikörper bildende Zellen richten sich ganz gezielt gegen einen bestimmten Erreger. Gedächtniszellen können einen Erreger später wieder erkennen.

Phänomene

- Ein erstaunliches Phänomen ist die Tatsache, dass wir uns nach einer Infektion wieder erholen, oft schon nach relativ kurzer Zeit. Die Frage nach den Ursachen unserer Immunabwehr stellt sich daher nicht automatisch.
- Die Tatsache, dass man sich gegen bestimmte Krankheiten impfen lassen kann, ist den Schülern bekannt. Worin das Prinzip der Impfung aber besteht, dürfte im Detail unbekannt sein und wird nur mit Kenntnis des Immunsystems verständlich.
- Es kann sich als Einstiegsphänomen auch anbieten, einen Zeitungsartikel (auf Folie oder vorgelesen) zu präsentieren, in dem auf eine notwendige Impfung gegen aktuelle Krankheitserreger hingewiesen wird (z. B. gegen eine drohende Grippewelle).

Bilder

B1 Das Schema ist recht umfassend angelegt. Die Besprechung sollte nach Möglichkeit anhand einer Folie erfolgen, da die Entwicklung der Blutzellen und ihr Zusammenspiel bei der Immunabwehr so am besten verfolgt werden können.

B2 Das Bild ist dreistufig angelegt: es zeigt zwei Symptome (rote Flecken, Temperaturwerte über 2 1/2 Wochen) und eine elektronenmikroskopische Aufnahme der Krankheitserreger. Die Fieberwerte sind (der Sprung vom 1. zum 8. Tag entspricht der Inkubationszeit) wie ein um 90° gekipptes Balkendiagramm angelegt, wobei die Absolutwerte mit angegeben sind.

Tafelbild

Zelltyp	Aufgabe
Fresszelle	frisst Fremdkörper auf, informiert Helferzellen
Helferzelle	informiert Killerzelle
Killerzelle	vernichtet infizierte Zellen
Immunzelle	bildet Antikörper, die Erreger festhalten und unschädlich machen
Gedächtniszelle	merkt sich Gestalt des Erregers

Fachinformation

Es lassen sich mehrere Abwehr-Systeme gegen Erreger unterscheiden: Mechanische Barrieren existieren in Form der Haut, von Schleimschichten, Flüssigkeitsbenetzungen (Urin, Tränen) und Export (mittels Stuhl und Urin). Ein niedriger pH (auf der Haut, im Magen oder im Genitalbereich) wirkt ebenfalls abweisend. Auch Bakterienkonkurrenz kann eine mikrobielle Abwehr darstellen (in Mund, Rachen, Darm, auf der Haut).

Das Grundprinzip des Imunsystems lässt sich vereinfacht dadurch umreißen, dass ein Organismus zwischen körpereigen und körperfremd unterscheiden muss. Er muss also über Mechanismen verfügen, nicht körpereigene Stoffe oder Zellen zu erkennen. Die Fremderkennung setzt also automatisch einen Vergleich zu körpereigen voraus, d.h. das Abwehrsystem muss wissen, was körpereigene Stoffe sind, um andere als körperfremd einordnen zu können. Körpereigene Zellen sollten daher eine Art von „Identifizierungs-Merkmal„ besitzen, das sie der Immunabwehr entzieht. Wer bzw. was dieses nicht besitzt, ist fremd. Häufig auftauchende Stoffe wie Wasser oder Sauerstoff sollten sich sinnvollerweise ebenfalls einer Fremdeinordnung entziehen. Daher wird deutlich, dass Immunabwehr vor allem eine Angelegenheit biochemischer Erkennung in Form von Bindungsfähigkeit zwischen „Kontrollstoffen" und den „Identifizierungsmerkmalen" ist.

Medien und Kopiervorlagen

M1 „Das Lymphgefäßsystem", 16mm-Film 32.02421 (15 min)

M2 „Immunität und Immunisierung", 16mm-Film 32.03431 (12 min)

M3 „Immunität und Immunisierung", Video 4201645

M4 „Immunsystem": Paul Ehrlich, Elias Metschnikoff; Video 4202063 (16 min)

M5 „Infektion und Abwehr", Video 4250113

M6 „Angriff aus dem Mikrokosmos - Jagdszenen aus dem Inneren unseres Körpers", Video 4250284

M7 „Krebs und Immunsystem", Video 4250417

K63 „Die körpereigene Abwehr von Erregern"

Literatur

ROTTLÄNDER, E. (Hrsg.): Immunantwort des Menschen, 1996, Unterricht Biologie, Heft 219, 54 S.

7.4 Schutz und Vorbeugung – Verhalten bei Erkrankung

Lehrplanbezug

*(8.3.3) Schutz und Vorbeugung;
Verhalten bei Erkrankung*

Strukturierungsvorschlag

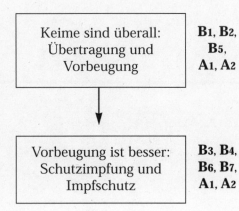

Keime sind überall: Übertragung und Vorbeugung	**B1**, **B2**, **B5**, **A1**, **A2**

↓

Vorbeugung ist besser: Schutzimpfung und Impfschutz	**B3**, **B4**, **B6**, **B7**, **A1**, **A2**

Merksatz

*Sauberkeit und Hygiene sind
wichtige Maßnahmen zur Vorbeugung von Infektionskrankheiten.
Schutzimpfungen dienen dazu,
den Körper für längere Zeit gegen
bestimmte, gefährliche Erreger immun zu machen.*

Phänomene

• Händewaschen, das Benutzen von Taschentüchern, das Hand-vor-den-Mund-Halten beim Niesen oder Husten, der Arztbesuch.

Bilder

B1 Von Bahnhöfen (v. a. in Großstädten) her ist diese Situation wohl allen bekannt; auch an (Schul-)Bushaltestellen, auf Feiern und im Klassenraum ist die Personendichte recht hoch.

B2 Wie Handabdrücke erscheinen die Bakterien- und Pilzkolonien auf den Nährplatten. Da an fast allen Abdruckstellen der Hände Mikroorganismen gewachsen sind, kann gefolgert werden, dass fast überall auf der Haut sich Keime (in Form von Sporen) befunden haben. Die Handabdrücke gehören zu 5 Personen, von denen sich vier die Hände gewaschen haben. Durch Händedruck der ersten Person mit ungewaschenen Händen wurden die Keime auf Person 2, 3 usw. übertragen (von links nach rechts). Vgl. auch A2.

B3 Die Symptome bei Mumps (a) sind starke Schwellungen der Ohrspeicheldrüse sowie anschließend der Wangen, verbunden mit Fieber bis fast 40 °C. Symptome der Masern (b) sind rote Flecken hinter den Ohren, dann an Kopf und Oberkörper bis zu den Beinen. Husten und entzündete Augen treten ebenfalls auf.

B4 Die Inschrift des Bildes verdeutlicht, dass in früheren Zeiten (1775) eine sehr hohe Kindersterblichkeit herrschte, der oft der gesamte Nachwuchs zum Opfer fiel. Vgl. A3.

B5 Die Tabelle zeigt häufige Kinderkrankheiten; sie sollte nicht als Medium zur Selbstindikation bei auftretenden Erkrankungen verstanden werden. Ein Vergleich mit den Eintragungen im Impfpass wäre hier möglich und sinnvoll.

B6 In drei Einzelbildern ist das Prinzip der Schutzimpfung (aktive Immunisierung) zu sehen, bei der abgeschwächte Krankheitserreger injiziert werden, gegen die der Körper selber (aktiv) Antikörper bildet; über Gedächtniszellen baut der Körper eine langjährige Immunität gegen den jeweiligen Erreger auf.

B7 Der Artikel verdeutlicht mit alarmierenden Zahlenbeispielen die Gefahren der Sorglosigkeit beim Impfen. Die Notwendigkeit regelmäßiger Impfungen wird hierdurch aufgezeigt.

Aufgabenlösungen

A1 Der enge Kontakt zu anderen Personen hebt die Wahrscheinlichkeit, dass Erreger erfolgreich übertragen werden. Vor allem in geschlossenen Räumen entweichen die Erreger nicht, sondern zirkulieren im Raum. Die Anonymität in großen Menschenmengen kann bei Einzelnen dazu führen, dass die Rücksichtnahmebereitschaft absinkt. Bei größeren Menschenmengen ist die Wahrscheinlichkeit, dass einzelne erkrankt und somit infektiös sind, von vornherein größer.

A2 Nur durch gründliches und regelmäßiges Händewaschen kann die Besiedlung der Haut mit Mikroorganismen (und somit auch deren Verbreitung) vermieden werden. Vgl. B2.

A3 Die allgemeine Lebenserwartung im 18. Jahrh. betrug ca. 35 Jahre. Ursachen der Kindersterblichkeit waren damals v. a. mangelnde Hygiene, geringe medizinische Möglichkeiten zur Heilung von Krankheiten, Hungersnöte oder Kriege. Man kann in diesem zeitlichen Zusammenhang auf folgende Daten hinweisen: Dr. Jenner experimentiert um 1796 mit Kuhpockenviren als Impfstoff, zwei Jahre später wird die erste staatliche Schutzimpfung gegen Pocken durchgeführt.

A4 Über den Impfkalender werden folgende Impfungen empfohlen: Diphtherie, Tetanus, Kinderlähmung, Keuchhusten, Masern, Mumps, Röteln, evtl. Tuberkulose.

A5 Aufgrund der vom Körper gebildeten Gedächtniszellen können bei Neuinfektion mit einem bekannten Erreger diese Abwehrzellen sehr schnell passende Antikörper bilden, ohne dass es zu einem Ausbruch der Krankheit kommen muss.

A6 vgl. B6

A7 Es spielt hierbei keine Rolle, welche ansteckende Krankheit „gewählt" wird. Entscheidend ist nur, mögliche Übertragungswege aufzuzeigen und dazu die passenden Verhaltensweisen vorzustellen.

A8 Aufgrund der immensen Erfolge der Medizin glauben viele, selber keinen eigenen Beitrag zur Krankheitsvorbeugung leisten zu müssen und sehen die Wichtigkeit von Impfungen nicht. Infektionskrankheiten können - bei fehlendem Impfschutz der Bevölkerung - verstärkt zurückkehren.

Zusätzliche Versuche

Das Anlegen von Standard-Impfplatten wie in B2 ist nicht schwer. In ein 500 ml-Becherglas gibt man 0,3 g Liebigs Fleischextrakt, 0,5 g Pepton, 2 g Agar und 100 ml destilliertes Wasser. Mit einem Glasstab wird alles verrührt und über dem Bunsenbrenner gekocht. Da Agar leicht überkocht, nur noch mit kleiner Flamme weiterkochen. Mit 1%iger Natronlauge wird ein pH von 7,4 - 7,6 eingestellt (Kontrolle mit Indikatorpapier). Der Nährboden wird dann in Petrischalen gegossen, sodass diese halb gefüllt sind. Die Schalen werden dicht verschlossen gehalten. Nach der Beimpfung werden sie mit Tesafilm zugeklebt und nach der Auswertung weggeworfen.

Medien und Kopiervorlagen

M1 „Innen-u. Ektoparasiten des Menschen"; Diareihen 1000428+1000960

M2 „Geschlechtskrankheiten"; Diareihe 1002685

M3 „E. Jenner, P. Ehrlich, E. v. Behring und die Impfung"; Video 4201824

M4 „Keimfreiheit": Ignaz Semmelweis, Joseph Lister; Video 4201939

M5 „Impfen statt leiden - Impfungen im Kindesalter"; Video 4250192

K64 „Passive Schutzimpfung und Aktive Schutzimpfung"

Literatur

HEDEWIG, R. (Hrsg.): Gesundheitsvorsorge, 1980, Unterricht Biologie, Heft 52, 48 S.

7.5 AIDS: Ansteckung, Verlauf, Schutz

Lehrplanbezug

(8.3.3) Aids: Ansteckung, Verlauf, Schutz

Strukturierungsvorschlag

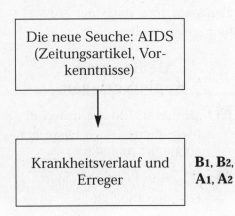

Die neue Seuche: AIDS (Zeitungsartikel, Vorkenntnisse)

↓

Krankheitsverlauf und Erreger   **B1, B2, A1, A2**

Merksatz

AIDS ist eine durch HI-Viren hervorgerufene Erkrankung des Immunsystems. Die Viren zerstören dabei die Helferzellen.

Phänomene

- Das Thema AIDS in Zeitungen; Meldungen über infizierte bekannte Persönlichkeiten.
- Fragen aus dem Bereich der Sexualität.

Bilder

B1 Die Abbildung zeigt sehr gut den Größenvergleich von Viren und Wirtszelle (hier einer weißen Blutzelle).

B2 Im unteren Teil der Abbildung sieht man eine Kurve, die die Anzahl an Helferzellen im Blut nach einer Infektion mit HI-Viren verdeutlicht. Nach einer symptomfreien Inkubationszeit (von oft mehr als einem Jahr) ist das Absinken der Helferzellen gekoppelt mit vereinzelt auftauchenden Symptomen (wie Fieber, Durchfall, Pilzinfektionen), die auf eine Störung des Immunsystems hinweisen. Diese Phase dauert oft mehrere Jahre. Ist die Zahl an Helferzellen auf unter 200 abgesunken, treten Infektionen häufiger und verstärkt auf: das Immunsystem bricht zusammen, schon relativ einfache Infektionen können zum Tode führen. Parallel zu diesem Graphen ist in einer zellulären Darstellung die Infektion durch HI-Viren dargestellt, so dass der Zusammenhang von Virusbefall, Absinken der Helferzellenzahl und Überforderung des Immunsystems deutlich wird. Die „anderen Erreger" sind mit verschiedenen Symbolen (Kreis, Balken, Dreieck) dargestellt; die Pfeile weisen darauf hin, dass diese Erreger auf das Immunsystem einwirken, aber vom Immunsystem nicht mehr erfolgreich bekämpft werden können. Vgl. mit Aufg. 1.

Aufgabenlösungen

A1 Helferzellen informieren andere weiße Blutzellen (die sog. Antikörper bildenden Plasmazellen), die daraufhin eine zum Erreger spezifische Abwehr aufbauen. Fallen die Helferzellen aus, so ist die spezifische Abwehr geschwächt. Zwar kann der Körper Erreger durch Fresszellen weiterhin vernichten, doch ist diese Art der Feindabwehr nicht so effizient wie die spezifische Abwehr.

A2 Bei Unfällen tritt oft aus Wunden Blut aus. Da dem Helfer unklar ist, ob das Blut infiziert ist, sollten virenundurchlässige Einmalhandschuhe angelegt werden, um den Kontakt mit infiziertem Blut zu verhindern.

Fachinformation

HIV zählt zu den sog. Retroviren: dies sind Viren, die als Erbgut keine DNA besitzen, sondern eine RNA, die über ein spezielles Enzym, die Reverse Transkriptase, erst in DNA umgeschrieben werden muss. Der Wissensstand über AIDS und HI-Viren ist noch nicht vollständig. Da weiterhin nach wirksamen Medikamenten und Impfstoffen gesucht wird, lohnt es sich, die Zeitungen nach aktuellen Meldungen durchzusehen.

In den letzten Jahren sind immer häufiger Infizierte für die medizinische Forschung interessant geworden, bei denen trotz einer Infektion die Zahl an Helferzellen nicht absinkt und die Zahl an Viren konstant niedrig bleibt. Wurden diese Personen früher als Ausnahmefälle ignoriert, so konzentriert sich das Forscherinteresse jetzt vor allem darauf, welche individuellen Besonderheiten im Immunsystem dieser Infizierten vorliegt, um neue therapeutische Ansätze erarbeiten zu können. So wurden schon körpereigen Signalstoffe (Interleukin - 16, MIP -1 alpha, MIP -1 beta, Rantes) gefunden, die von den Killerzellen ausgeschüttet werden, und deren Wirkung entweder auf einer Unterbrechung der Virusvermehrung auf Ebene des Erbgutes oder einer verstärkten Aktivierung von weiteren Killerzellen oder einer Blockade des Rezeptors für HI-Viren beruht.

Mit Blick auf den Lebenszyklus des zu den Retroviren zählenden HI-Virus sind theoretisch viele weitere Ansatzpunkte für Medikamente denkbar. Zusammengefasst zielen sie auf folgende Phasen im Lebenszyklus eines HI-Virus ab. Andocken des Virus an die Zelle, Umschreiben der Virus-RNA in Wirts-DNA durch das Enzym Reverse Transkriptase, Einbau der viralen DNA in das Erbgut der Wirtszelle und anschließendes Abschreiben bzw. mehrfaches Kopieren in virale RNA (als neues Virus-Erbgut) oder in RNA, die dann in virale Proteine umgesetzt wird. Letzte Schritte sind dann der Zusammenbau neuer Viren und Ausschleusen aus der Zelle, evtl. gekoppelt mit der Auflösung der Zelle. Die wichtigsten Ansatzstellen sind hierbei die virustypischen Aspekte wie Hemmung des Enzyms Reverse Transkriptase, z.B. durch das Medikament AZT, sowie die Synthese viraler Proteine. Ob allerdings ein Impfstoff entwickelt werden kann, wird zur Zeit skeptisch beurteilt. Die Gefahr, dass abgeschwächte Viren oder isolierte Hüllproteine bei Impfungen dennoch zu tödlichen Infektion führen können, kann nicht ausgeschlossen werden.

Medien und Kopiervorlagen

M1 „AIDS"; Diareihe 1051239

M2 „AIDS - die tödliche Seuche"; 16mm-Film 3203781

M3 „AIDS geht uns alle an"; 16mm-Film 3210030 (28 min)

M4 „Was jeder über AIDS wissen sollte"; 16mm-Film 3203808 (16 min)

M5 „Was jeder über AIDS wissen sollte"; Video 4200960 (15 min)

M6 „AIDS - die tödliche Seuche"; Video 4200961 (18 min)

M7 „AIDS - die Sache mit dem HIV-Test"; Video 4201486 (22 min)

K65 „Bauanleitung für ein HI-Virus-Modell"

Literatur

ETSCHENBERG, K. (Hrsg.): Seuchen: AIDS, 1990, Unterricht Biologie, Heft 152, 49 S.

KOCH, M. G.: AIDS - Vom Molekül zur Pandemie, Spektrum der Wissenschaft, 1987SCHARF, K.H.; JUNGBAUER, W.: AIDS, Praxis der Naturwissenschaften - Biologie. 7-1987

7.6 AIDS: Schutz und Verhalten gegenüber Kranken

Lehrplanbezug

(8.3.3) Verhalten gegenüber Kranken

Strukturierungsvorschlag

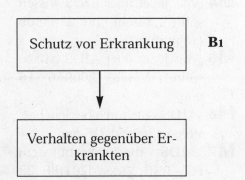

Schutz vor Erkrankung   **B1**

↓

Verhalten gegenüber Erkrankten

Merksatz

HI-Viren können durch direkten Kontakt von Körperflüssigkeiten (Blut, Sperma, Scheidenflüssigkeit) übertragen werden. Ein normaler Umgang mit Erkrankten ist im Alltag ohne Probleme möglich.

Phänomene

• Selten werden bzw. wurden Schüler in ihrem Umfeld mit konkreten Fällen von HIV-Infektionen konfrontiert. Eher bekannt ist das Thema aus Zeitungen oder dem Fernsehen. Zeitungsartikel (wie der in B2) können die Problematik aber anschaulich vermitteln.

Bilder

B1 Im Mittelpunkt der Zeichnung stehen ein Mann und eine Frau (evtl. ein Pärchen), die sich an einem Bistro-Tisch gegenübersitzen; ob die beiden sich schon länger kennen, wird dabei nicht deutlich. Rechts und links sind - in Form des immer undeutlicher werdenden Hintergrundes - ebenfalls Pärchen dargestellt. Die Bildunterschrift verweist darauf, dass jeder eine mögliche Vorgeschichte hat, also andere Partner besaß, die sein Gegenüber vermutlich nicht kennt. Bei der Frage nach dem soliden Lebenswandel muss also auch nach den (sexuellen) Gepflogenheiten der jeweiligen Vor-Partner gefragt werden. Eine starke Vertrautheit mit dem Partner sowie die Kenntnis seiner Vorgeschichte ist für beide eine sehr gute Basis für eine Beziehung.

B2 Die Überschrift („Ein Urlaubsflirt mit dem Tod") zeigt die Ambivalenz des Themas auf: AIDS hat sowohl mit Liebe und Sex als auch mit Leid und Sterben zu tun. Die Entwicklung der Geschichte verdeutlicht sowohl medizinische als auch psychologisch-soziale Aspekte: HIV-Infektion ist fast stets gekoppelt mit Erkrankung an AIDS. Das Bekanntwerden einer Infektion ruft bei den Mitmenschen - durch Unkenntnis der minimalen Übertragungsrisiken - oft ein Meideverhalten hervor. Selbstmordgedanken sind den Infizierten schon deshalb nicht fremd. Die Notwendigkeit der Zuwendung durch Familie und Freunde ist umso wichtiger.

Aufgabenlösungen

A1 siehe B1

Fachinformation

• Die Kontaktaufnahme mit einer AIDS-Beratungsstelle wäre an diesem Punkt sicherlich interessant, denn die psychologische Vielschichtigkeit der Thematik kann durch externe Fachleute nachdrücklich betont werden.

• Aus der Tafelbild-Abb. kann die aktuelle Entwicklung abgelesen werden.

Tafelbild

Anzahl neu infizierter Erwachsener in Millionen

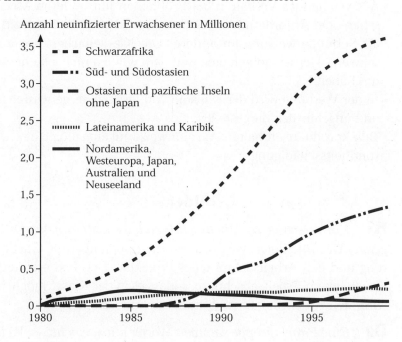

Anzahl neuinfizierter Erwachsener in Millionen

- - - - Schwarzafrika
- · - · Süd- und Südostasien
- - - Ostasien und pazifische Inseln ohne Japan
··········· Lateinamerika und Karibik
——— Nordamerika, Westeuropa, Japan, Australien und Neuseeland

Probleme beim Sprechen über AIDS

Linda, Bettina und Katharina haben sich nachmittags im Café getroffen. Die drei Mädchen besuchen gemeinsam die 10. Klasse eines Gymnasiums. Sie kommen auf das Thema AIDS zu sprechen:

Linda: „Als ich gestern mit Timo über die AIDS-Gefahren sprechen wollte, hat der nichts als dumme Sprüche losgelassen!".Bettina: „Ja, mir kommt das auch so vor, dass die Jungen alles viel lockerer sehen. Fängst du von AIDS an, heißt es gleich: Trink' bloß nicht von meiner Cola, sonst krieg ich noch AIDS." Katharina: „Ach, die wollen mit den starken Sprüchen doch nur ihre Angst überspielen. In Wirklichkeit sind sie genauso unsicher wie wir." Linda: „Selbst mein Bruder sagt zu meiner Akne immer AIDS, wenn er mich hochnehmen will." Katharina: „Die Erwachsenen meinen oft, AIDS gehe sie nichts an. „Ich habe ja einen festen Partner", heißt es da immer. „Ich bin ja treu, da passiert mir nichts." Bettina: „Aber was ist mit uns? Wir machen doch jetzt gerade unsere ersten Erfahrungen. Ich weiß gar nicht mehr, wie ich mich verhalten soll!"

Viele Jugendliche und Erwachsene sind durch das Auftreten der Krankheit AIDS stark verunsichert. Angesichts der Gefährlichkeit dieser Krankheit und weil sie zur Zeit noch nicht zu heilen ist, ist das verständlich. Nur wer sich über AIDS informiert, weiß, wie er sich vor einer Ansteckung schützen kann.

8.1 Ein Projekt zum Thema Drogen

Lehrplanbezug

(8.3.4.) Genussmittel und Drogen Neben dem gefächerten Unterricht sieht der Lehrplan auch fächerübergreifendes Arbeiten vor und gibt Raum für Projekte.

Strukturierungsvorschlag

| **Projektvorbereitung** Motivation für Thema und Arbeitsform; Ziele; Arbeitsgruppen | **B1, B2** |

↓

| **Projektplanung** Festlegen der Gruppenarbeits- und Zeitpläne; Informationsquellen erschließen und Material beschaffen | **B1, B2** |

↓

| **Projektdurchführung** Bearbeitung der Projektthemen durch die Gruppen | **B1-B3** |

↓

| **Projektpräsentation** Informative Darstellung und Zusammenfassung der Gruppenergebnisse | **B3** |

↓

| **Projektevaluation** Ermittelung der positiven und kritisch zu gewichtenden Aspekte des Projektes | **B3** |

Phänomene

- Kaffee-, Alkohol- und Nikotinkonsum begegnet den Jugendlichen im Alltag.
- Ausweichendes Verhalten bei Problemen mit anderen Menschen oder Anforderungen der Schule wird oft praktiziert, z.B. als Schuldzuweisung an andere: Die Klassenarbeit war zu schwer. - Der ist einfach blöd, mit dem will ich nichts mehr zu tun haben.
- In der Werbung wird der Konsum von Drogen als genussreich und ungefährlich dargestellt.
- Tabakprodukte enthalten Warnhinweise auf eine mögliche Gesundheitsschädigung.

Bilder

B1 *(„Ein Vorschlag zu Arbeitsschritten bei einem Projekt »Drogen«")* Das Bild liefert wichtige Informationen über die Gliederung und den Arbeitsablauf eines Projektes. Der Text erläutert die einzelnen Arbeitsabschnitte, sodass es in der Klasse möglich wird, den Arbeitsablauf zu diskutieren und festzulegen.

B2 *(„Eine Projektgruppe sammelt Wörter mit »...sucht...« . Welche haben etwas mit Drogen zu tun?")* Das Bild zeigt beispielhaft das Ergebnis eines Brainwritings zum Thema Sucht. Dabei erhalten die Jugendlichen den Auftrag, auf einen kleinen Zettel jeweils nur ein Wort, das den Wortbestandteil „...sucht..." enthält, aufzuschreiben. Die so gefundenen Wörter werden auf den Tisch gelegt und in einem ersten Schritt Doppelungen entfernt. Anschließend können die Wörter geordnet werden. Dabei treten meist übergeordnete Kriterien zutage (stoffgebundene - stoffungebundene Sucht, Wortstamm: suchen). Durch das Strukturieren werden auf den ersten Blick leicht zu übersehende Zusammenhänge aufgedeckt.Der rote Kasten erleichtert den Jugendlichen eine erste Informationsbeschaffung als Planungs- und Arbeitsgrundlage für das Projekt. Die Inhalte des Abschnittes werden stichwortartig beschrieben.

B3 *(„Eine Projektgruppe spielt ein Stück zum Thema »Auf der Suche nach dem Ich«")* Das Bild kann dazu anregen, eigene Ideen zum Thema „Drogen" in kreativer Weise zu vermitteln. Dabei kommt die Vermittlungsform des darstellenden Spiels als Theater oder Pantomime besonders zum Tragen.

Medien

Übersicht der Videofilme
M1 „Lebenssucht... mehr tot als lebendig", FWU 4202220

M2 „ECSTASY (XTC) - Faszination & Gefahr", FWU 4202317

M3 „Ich war kein starker Typ", FWU 4200109

M4 „The World is Yours. Ein Report über den internationalen Drogenhandel", FWU4200934

M5 „Tödliche Kombination - Alkohol am Steuer", FWU 4201480

M6 „Der goldene Schuß - Sven, ein Leben mit der Droge", FWU 4201621

M7 „Tablettensucht", FWU 4210233

M8 „Drogenproblem Alkohol", FWU 4210234

M9 „Die physiologische Wirkung von Drogen", FWU 4210258

Übersicht der 16mm-Filme

M10 „Tabak aus Virginia", FWU 3200552

M11 „Tabakbauern in Mazedonien", FWU 3200553

M12 „Auf einer Kaffeepflanzung in Mittelamerika", FWU 3200581

M13 „Auf einer Teeplantage in Dardschiling", FWU 3200616

M14 „Kaffeepflanzer am Kilimandscharo", FWU 3200726

M15 „Eine Freitagsparty. Beeinträchtigte Fahrtüchtigkeit", FWU3202149

M16 „Die moderne Haschlegende", FWU3202227

M17 „Wem nützen Drogen?", FWU3202361

M18 „Mofa 25 Trinktabellen", FWU 3203223

M19 „Einfach nur da sein - Straßensozialarbeit in der Drogenszene", FWU3203354

M20 „... schon mal von Restalkohol gehört?", FWU 3203411

M21 „Du und Deine Umwelt Kritisch konsumieren", FWU 3203487

M22 „Man nehme - einen klaren Kopf Medikamente und Verkehrsverhalten", FWU3203946

M23 „Tablettensucht", FWU3210233

M24 „Drogenproblem Alkohol", FWU 3210234

M25 „Die physiologische Wirkung von Drogen", FWU 3210258

M26 CD-ROM „Factory X", kostenlos zu bestellen bei: Deutscher Verkehrssicherheitsrat e.V., Beueler Bahnhofsplatz 16, 53222 Bonn

Literatur

AOK, BARMER ERSATZKASSE, DAK, u. a. kostenlose Broschüren bei den Geschäftsstellen

BAYERISCHES STAATSMINISTERIUM FÜR ARBEIT UND SOZIALORDNUNG, FAMILIE, FRAUEN UND GESUNDHEIT (Hrsg.): Gesundheitsverhalten von Jugendlichen in Bayern, München 1997

BKA-Rauschgift Jahresbericht 1996, Wiesbaden 1997

BUNDESZENTRALE FÜR GESUNDHEITLICHE AUFKLÄRUNG, 51101 Köln; ausführliches kostenloses Informationsmaterial

DAUNDERER, Max (Hrsg.): Drogen-Handbuch für Klinik und Praxis. LechVerlag, Landsberg, Loseblattsammlung, ab 1990, ISBN/ISSN : 3-609-71090-X

DEUTSCHE HAUPTSTELLE GEGEN SUCHTGEFAHREN (Hrsg.): Jahrbuch Sucht '97, Hamm 1996

DEUTSCHE HAUPTSTELLE GEGEN SUCHTGEFAHREN (Hrsg.): Postfach 1369, 59003 Hamm, kostenlose Broschüren

Drogenwirkungen. (Unterricht Biologie) Heft 113/1986

GEO-WISSEN: Sucht und Rausch. Gruner + Bundeskriminalamt (Hrsg.): Jahr, Hamburg 1990

KOLLEHN, K.; Bäuerle, D.: Der drogengefährdete Schüler. Schwann Verlag, Düsseldorf 1991 ISBN/ISSN : 3-590-14594-3

SCHMIDBAUER, W.; SCHEIDT, J.: Handbuch der Rauschdrogen, Frankfurt 1994

INTERNATIONAL POLICE ASSOCIATION (IPA), Deutsche Sektion e. V.: Alltagsdrogen und Rauschgifte, Robert-Koch-Str. 2, 38642 Goslar

8.2 Genuss, Gewöhnung, Abhängigkeit, Sucht

Lehrplanbezug

(8.3.4) Genussmittel und Drogen: Genuss, Gewöhnung, Abhängigkeit, Sucht

Strukturierungsvorschlag

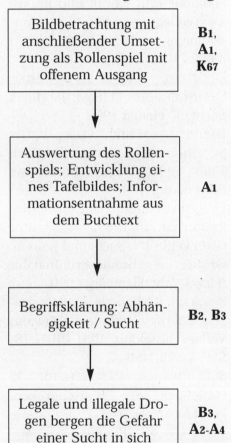

Bildbetrachtung mit anschließender Umsetzung als Rollenspiel mit offenem Ausgang	**B1**, **A1**, **K67**
Auswertung des Rollenspiels; Entwicklung eines Tafelbildes; Informationsentnahme aus dem Buchtext	**A1**
Begriffsklärung: Abhängigkeit / Sucht	**B2**, **B3**
Legale und illegale Drogen bergen die Gefahr einer Sucht in sich	**B3**, **A2-A4**

Merksatz

Der Genuss von Drogen kann zur Gewöhnung und schließlich zur Abhängigkeit (Sucht) führen.
Dann ist der Mensch kaum oder gar nicht fähig auf die Droge zu verzichten.

Phänomene

- Zigarettenautomaten sind auch in der Nähe der Schule zu finden.
- „Raucherecken" (erlaubte - heimliche) kennt jeder Schüler an seiner Schule.
- In den meisten Haushalten finden sich auch alkoholische Getränke. Erwachsene konsumieren Alkohol.
- Viele Jugendliche werden in Diskotheken mit „Pillen" zur Erlebnissteigerung konfrontiert.
- Tee und Kaffee gehören für viele bereits zum Frühstück dazu.
- Videos, Video- und Computerspiele üben eine große Anziehungskraft aus.

Bilder

B1 *(„Rauchst du eine mit?")* Beide Fotos zeigen eine Situation, in der Zigaretten angeboten werden. Auf dem linken Bild wird die Situation als angenehme, fröhliche Cafeszene dargestellt. Unter Mädchen wird eher in einer netten, geselligen Situation die angebotene Zigarette genommen. In der rechten Szene wird ein anderer Aspekt deutlich. Es scheint sich um eine Herausforderungssituation zu handeln. Der Junge übt durch seine Mimik und Gestik Druck auf den Jüngeren aus. Die Körpersprache sagt: „Na, traust du dich wohl?" Demgegenüber macht der Jüngere eher einen widerwilligen Eindruck. Die Körpersprache signalisiert: „Ich möchte eigentlich nicht, aber dir zuliebe mach ich's mal." Die Jugendlichen können diese Unterschiede selbstständig herausarbeiten und für ein geplantes Rollenspiel nutzen.

B2 *(„Kleines ABC der Suchtbegriffe")* Der Text informiert in knapper, lexikalischer Form über Grundbegriffe der Drogenproblematik. Er kann daher gut zum selbstständigen Informieren und Erarbeiten, z.B. von A2, genutzt werden.

B3 *(„Mögliche Wege in die Abhängigkeit")* Die treppenförmige Darstellung der Entwicklung von Sucht und Abhängigkeit zeigt, wie ein Abgleiten in die Sucht voranschreiten kann. Dies kann an Beispielen verdeutlicht werden (Zigarettenkonsum, Alkoholiker, Tablettenabhängigkeit vgl. B4). Dabei kann darauf hingewiesen werden, dass nicht notwendigerweise alle Stufen durchlaufen werden müssen.

B4 *(„Zeitungsartikel")* Der Zeitungsbericht kann im Kontext von B3 und A3 bearbeitet werden. Die Jugendlichen können vermuten, welche Ursachen und Wirkungen die 18jährige dazu gebracht haben, Amphetamine zu konsumieren. Der Begriff „Designerdroge" muss als eine Droge, die aus verschiedenen chemischen Stoffen gezielt zusammengesetzt wurde, mit dem

Ziel, eine Rauschwirkung zu erreichen, erklärt werden. Amphetamine sind als Aufputschmittel bekannt gewordene Medikamente.

führen. Statt der erwarteten schöneren, freien Welt dreht sich alles nur noch um den Erwerb und Konsum von Drogen.

Tafelbild

Rauchst du eine mit?

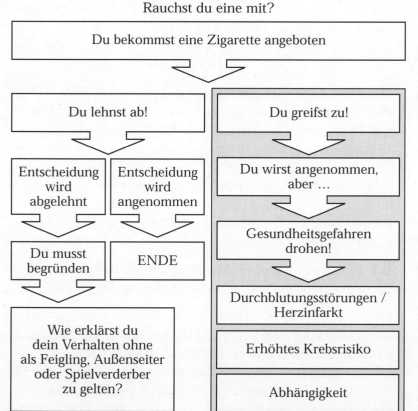

Medien und Kopiervorlagen

M1 „ECSTASY (XTC) - Faszination & Gefahr", FWU 4202317

M2 „Du und Deine Umwelt Kritisch konsumieren", FWU 3203487

M3 „Eine Freitagsparty Beeinträchtigte Fahrtüchtigkeit", FWU 3202149

M4 „Zwischen beiden Herzen", FWU 323450

M5 „Das vergessene Herz", FWU 3203440

K66 „Rauschgifttote in der Bundesrepublik Deutschland"

K67 „Designer-Drogen - Rausch mit großem Risiko"

Literatur

(Unterricht Biologie): Drogenwirkungen, Heft 113/1986

AOK, BARMER ERSATZKASSE, DAK u.a. kostenlose Broschüren bei den Geschäftsstellen

BAYERISCHES STAATSMINISTERIUM FÜR ARBEIT UND SOZIALORDNUNG, FAMILIE, FRAUEN UND GESUNDHEIT (Hrsg.): Gesundheitsverhalten von Jugendlichen in Bayern, München 1997

KOLLEHN, K.; BÄUERLE, D.: Der drogengefährdete Schüler, Schwann Verlag, Düsseldorf 1991

Aufgabenlösungen

A1 vgl. B1

A2 Daniel ist süchtig. Er ist nicht fähig, auf das Rauchen zu verzichten. Er hat ein unwiderstehliches Verlangen danach, Zigaretten zu rauchen, weil er sonst unruhig wird.

A3 Die 18jährige wollte wahrscheinlich durch die Einnahme der Designer-Droge Musik, Menschen und Atmosphäre viel mehr als sonst auskosten. Die Verbindung der Droge mit dem Alkohol kann zum Tode geführt haben.

A4 Drogen wirken im Gehirn. Sie beeinflussen Stimmung, Gefühle, Bewusstsein und Verhalten. Drogen können süchtig machen. Nur legale Drogen darf man kaufen und gebrauchen. Der Gebrauch und Handel der illegalen Drogen ist strafbar.

A5 Der Gebrauch von Drogen kann in eine Abhängigkeit

8.3 Ursachen von Sucht

Lehrplanbezug

(8.3.4) Ursachen von Sucht: Mensch, Milieu, Mittel und Markt; legale und illegale Suchtmittel

Strukturierungsvorschlag

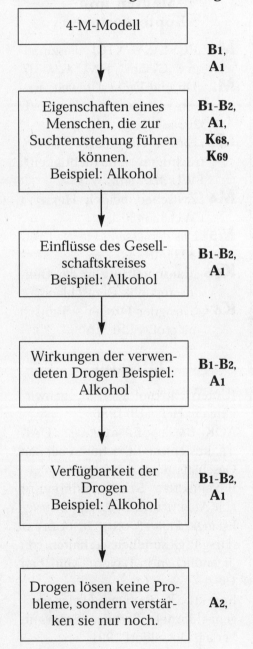

4-M-Modell   **B1, A1**

↓

Eigenschaften eines Menschen, die zur Suchtentstehung führen können. Beispiel: Alkohol   **B1-B2, A1, K68, K69**

↓

Einflüsse des Gesellschaftskreises Beispiel: Alkohol   **B1-B2, A1**

↓

Wirkungen der verwendeten Drogen Beispiel: Alkohol   **B1-B2, A1**

↓

Verfügbarkeit der Drogen Beispiel: Alkohol   **B1-B2, A1**

↓

Drogen lösen keine Probleme, sondern verstärken sie nur noch.   **A2,**

Merksatz
Durch Drogen werden Menschen abhängig. Ob ein Mensch süchtig wird, hängt meist von verschiedenen Ursachen ab.

Phänomene:

• Die Werbung stellt Alkohol- und Tabakgebrauch als genussbringend für die Konsumenten dar.
• Jeder Mensch kennt „liebe Gewohnheiten", die vermeintlich in Problemsituationen helfen sollen: Ein Stückchen Schokolade versüßt die bittere „Fünf" in Mathe. Ein Video lässt den Stress für eine Zeit vergessen. Den Ärger mit dem Chef spült Vater mit einem Bierchen einfach hinunter.

Bilder

B1 *(„Ursachen und Bedingungen einer Sucht - das 4-M-Modell")* Mitentscheidend für die Entstehung einer Sucht sind die vier Bedingungen Mensch, Milieu, Mittel und Markt. An einem Beispiel (vgl. K2) kann aufgezeigt werden, wie diese vier Faktoren in einem ungünstigem Fall zu einer Sucht führen. Wenn kein Fallbeispiel eingesetzt wird, kann auch mithilfe der vier Zeichnungen von B2 eine Aussprache über die Ursachen angeregt werden. Deutung der Schienen mit Weichen als Entscheidungspunkte auf dem Lebensweg

B2 („Entwicklung einer Abhängigkeit am Beispiel Alkohol") Vier Zeichnungen veranschaulichen die vier M-Ursachen:

Der für eine Feier gekleidete Mann, der sich vielleicht auf die Begegnung mit Freunden freut. Der Geselligkeitsaspekt steht für ihn im Vordergrund, wenn er Alkohol trinkt. - Mensch
Die Einkaufsszene beim Kaufmann verdeutlicht die leichte Verfügbarkeit des Alkohols auch schon für Jugendliche.- Markt
Das Anstoßen am Stammtisch ist eine gesellschaftliche Trinksitte. Alkoholkonsum gehört für uns oft zum Alltag. Die Familie, die Freunde und Freundinnen trinken Alkohol, also trinke ich auch. - Millieu
Wenn der Alkohol bereits zur Abhängigkeit geführt hat, treten Gleichgültigkeit und seelische Zusammenbrüche auf. Der Mensch verwahrlost. Der Alkohol zerstört die Gesundheit. - Mittel

Aufgabenlösungen

A1 vgl. B1

A2 Die Werbung für Tabak oder Alkohol enthält häufig als Werbebotschaft, dass durch den Tabak- oder Alkoholgenuss eine Entspannung eintritt. Der Genuss macht einfach Spaß. Er bringt mehr Lebensfreude und vermittelt leicht Kontakte zu anderen Menschen.

Fachinformationen

Die Suchtprävention gehört zu den besonders wichtigen Aufgaben von Erziehung und Schule. Als Sucht oder Abhängigkeit bezeichnet man ein Verhalten, das durch ein dauerhaftes Ausweichen vor scheinbaren oder tatsächlichen Konflikten und einem unabweisbarem Verlangen nach Mitteln oder Verhaltensweisen, mit denen man vor den bestehenden, momentanen Lebensbedingungen in einen anderen erwünschten Zustand fliehen kann, gekennzeichnet ist. Jugendliche sind besonders anfällig für Drogen, wenn sie die bevorstehenden Lebensaufgaben (Akzeptanz der körperlichen Veränderungen; Erwerb einer Geschlechterrolle; Positionsgefüge in der Gruppe; Ablösung vom Elternhaus; Entwicklung einer Zukunftsperspektive; Ausprägung eines eigenen Wertesystems; Überlegungen zur Sinnhaftigkeit des Lebens; ...) nicht angemessen bewältigen können. Der Drogenkonsum kann auch als Vorgriff auf das Erwachsensein, als eine bewusste Provokation von Eltern, Erziehern bzw. der Gesellschaft, als Versuch familiäre, schulische oder persönliche Konflikte zu bewältigen sowie als Mutprobe oder Aufnahmeritual verstanden werden.

Im Rahmen einer modernen schulischen Suchtprävention ist darauf zu achten neben der Ursachenorientierung auch von den momentanen Bedürfnissen der Schülerinnen und Schüler auszugehen.

Tafelbild

Mögliche Ursachen für das Entstehen einer Sucht

Medien und Kopiervorlagen

M1 „Immer unter Dampf", BZGA
M2 „Moskito: Gesundheit", BZGA
M3 „Vier wie wir",V, FWU 4201108
M4 „Unser Umgang mit Gefühlen",V, FWU 4201108
M5 „Mensch, ich lieb dich doch!", Aufnahme der Theatergruppe „Rote Grütze", V, FWU
M6 „Du und Deine Umwelt Kritisch konsumieren",F16, FWU 3203487
M7 „... erwachsen sein dagegen sehr",F 16, FWU 3201564, Fotoplakat „Der Rausch des Lebens ..."; Aktion Jugendschutz, Landesstelle Bayern e.V., Fasaneriestr. 17, 80636 München; Tel.: 089/1299052
K68 „Das 4-M-Modell"
K69 „Hauptsache ich krieg ‘nen Schnaps!"

Literatur

BAYERISCHES STAATSMINISTERIUM FÜR ARBEIT UND SOZIALORDNUNG, FAMILIE, FRAUEN UND GESUNDHEIT (Hrsg.): Gesundheitsverhalten von Jugendlichen in Bayern, München 1997
KOLLEHN, K.; BÄUERLE, D.: „Der drogengefährdete Schüler". Schwann Verlag, Düsseldorf 1991

8.4 Wirkung von Drogen

Lehrplanbezug

(8.3.4) Wirkung von Rauschmitteln; Folgen von Sucht; z.B. organische, psychische, soziale Schäden

Strukturierungsvorschlag

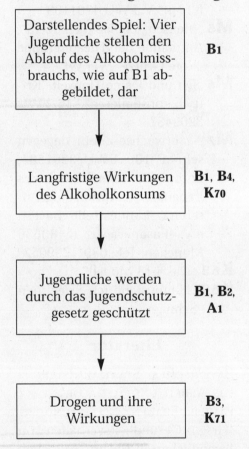

Merksatz

Alkohol ist eine Droge, deren regelmäßige Einnahme zu Schäden an verschiedenen Organen und zur Abhängigkeit führen kann.

Phänomene

• Die Werbung stellt Alkoholkonsum als gewinnbringend für die Konsumenten dar.
• Im Supermarkt findet man ganze Abteilungen mit Alkohol.

Bilder

B1 *(„Die kurzfristigen Wirkungen von Alkohol")* Die vier Bilder können dazu animieren, die Wirkungen des Alkoholtrinkens in vier Phasen als Pantomime darzustellen (Anm.: Der Sketch „Dinner for one", alljährlich zu Silvester im Fernsehen zu sehen, entwickelt seine Komik auf dieser Grundlage. Ein fächerübergreifendes Arbeiten mit dem Fach Englisch ist hier gut möglich.)

B2 *(„Jugendschutzgesetz, Auszug")* Kind im Sinne des Jugendschutzgesetzes ist, wer noch nicht 14 Jahre alt ist. Als Jugendliche werden Jungen und Mädchen zwischen 14 und 18 Jahren bezeichnet. Kindern und Jugendlichen unter 16 Jahren ist der Genuss von Alkohol in der Öffentlichkeit untersagt. Jugendliche von 14 bis 16 Jahre dürfen nur in Begleitung eines Erziehungsberechtigten Bier, Wein oder Sekt trinken. Jugendlichen ab 16 Jahren ist das Trinken von Bier und Wein erlaubt. Stark alkoholhaltige Getränke (Schnäpse) dürfen nur von Erwachsenen getrunken werden. In Gaststätten hängt ein Auszug des Jugendschutzgesetzes.

B3 *(„Drogen und ihre Wirkungen")* Die Tabelle gibt eine Übersicht der häufigsten Drogen und ihrer Wirkungen. Die Jugendlichen können sich selbstständig mit den Wirkungen auf den Körper vertraut machen und die Tabelle zur Information in ihr Heft eintragen. Auch die Arbeit mit K2 ist möglich.

B4 *(„Langfristige körperliche Schäden durch Alkohol")* Die Schülerinnen und Schüler können die langfristigen Folgen von Alkoholkonsum auf verschiedene Organe des Körpers beschreiben. Sie können diese in geeigneter Form z.B. tabellarisch (eventuell Farbgebung entsprechend der Organfarbkennzeichnung im Buch) aufschreiben. Dazu eignet sich auch K1.

Fachinformation

In Gesprächen mit Jugendlichen wird oft von den Gesprächspartnern geäußert, dass andere Jugendliche mehr dürfen als man selbst. Diese Einschätzung trifft auch für das Thema Alkoholkonsum zu. Man bezeichnet diese Fehleinschätzung als das „Mehrheitsmissverständnis". Eine Umfrage in einem 8. Schuljahr zum Thema „Alkoholkonsum" brachte folgendes Ergebnis.

Gefragt wurde, zu welcher der vier Gruppen (A- kein Alkohol; B - 1/2 Flasche Wein oder 2 Flaschen Bier im Monat; C - 2 Flaschen Wein oder 4 bis 8 Flaschen Bier im Monat; D - mehr als 2 Flaschen Wein oder als 8 Flaschen Bier im Monat) für die Mitschülerinnen und Mitschüler zutreffen. Eine solche Befragung kann auch von einer Klasse für eine Schülergruppe (z.B. 7 bis 10 Schuljahr einer Schule) durchgeführt und ausgewertet werden.

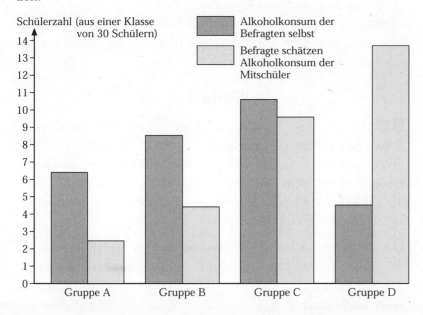

Der Körper von Jugendlichen reagiert nachweislich empfindlicher als der von Erwachsenen auf Alkohol. Bei einem täglichen Konsum von 40 bis 80 g reinen Alkohols müssen Männer mit einer krankhaften Vorschädigung der Leber rechnen. Frauen und Jugendliche entwickeln Vorschädigungen der Leber bei weitaus geringeren Werten.
Den Alkoholgehalt verschiedener Getränke verdeutlicht folgende Tabelle:

Alkoholgehalt in Gramm

Getränk	Glasgröße	Alkohol (g)
Bier	0,3 l	14,4
Wein	0,2 l	12,8 - 32
Schnaps	0,02 l	5,1 - 7,8

Medien und Kopiervorlagen

M1 „Sprit für Spatzen", Atlas Film, Duisburg
M2 „Lukas" (Alkoholismus, Sucht und Familie), Spielfilm ab 12 Jahre, katholische und evangelische Medienzentrale

M3 „ECSTASY (XTC) - Faszination und Gefahr", FWU 4202317

M4 „Drogenproblem Alkohol", V, FWU 4210234
M5 „Die physiologische Wirkung von Drogen", V, FWU 4210258
M6 „Tabakbauern in Mazedonien", F16 FWU 3200553
M7 „Auf einer Teeplantage in Dardschiling", F16, FWU 3200616
M8 „Kaffeepflanzer am Kilimandscharo", F16, FWU 3200726
M9 „Die moderne Haschlegende", F16, FWU 3202227
M10 „Wem nützen Drogen?", F16, FWU 3202361
K70 „Langfristige körperliche Schäden durch Alkohol"
K71 „Übersicht: Drogen und ihre Wirkungen"
K72 „Drogensteckbrief: Aufputschmittel"
K73 „Drogensteckbrief: Coffein"
K74 „Drogensteckbrief: Haschisch und Marihuana (Cannabis)"
K75 „Drogensteckbrief: Heroin"
K76 „Drogensteckbrief: Kokain (Crack)"
K77 „Drogensteckbrief: LSD"

Literatur

SCHLEE, D.: „Drogen rauben unsere Kinder". Aktuell Verlag 1990
BÜHRINGER, G.: „Drogenabhängig", Herder 1992
SCHMIDBAUER, W.; v. SCHEIDT, J.: „Handbuch der Rauschdrogen", Frankfurt 1994
Deutsche Hauptstelle gegen Suchtgefahren (Hrsg.): Jahrbuch Sucht '97, Hamm 1996

8.5 Alkohol und Drogen im Straßenverkehr

Lehrplanbezug

(8.3.4) Wirkung von Rauschmitteln; Alkohol und Drogen im Straßenverkehr; Arzneimittelmissbrauch

Strukturierungsvorschlag

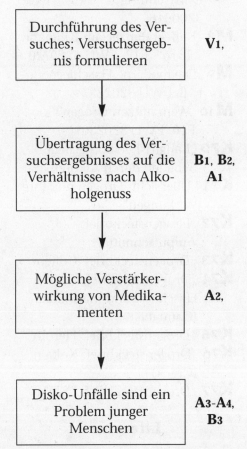

Merksatz

Alkohol und andere Drogen beeinträchtigen schon in geringsten Mengen die Verkehrstüchtigkeit. Die Wirkungen von Drogen und Alkohol können sich gegenseitig verstärken.

Phänomene

- Bei 34 561 Verkehrsunfällen (von insgesamt 506 937 im Jahr 1995) war Alkoholgenuss des Fahrers eine Unfallursache.
- Bei 3017 Unfällen als Fußgänger (von insgesamt 32 308 im Jahr 1995) war ein Fehlverhalten durch Alkoholgenuss die Unfallursache.
- In Bayern liegt der Anteil der Alkoholunfälle an allen Personenschadensfällen unter 10 %.
- Die meisten Verursacher von Verkehrsunfällen mit Alkohol als Ursache sind jung (25 % zwischen 18 und 24 Jahren / 34 % zwischen 25 und 34 Jahren).

Bilder

B1 *(„Gesichtsfeld nüchtern und bei 0,8 Promille Alkohol im Blut")* Durch Vergleich der beiden Fotos können die Schülerinnen und Schüler die Auswirkung des „Tunnelblicks" erkennen. Sie stellen fest, dass das Gesichtsfeld stark eingeschränkt wird. Mit Gesichtsfeld ist der Winkel gemeint, den das ruhende Auge erfassen kann (180 Grad).

B2 *(„Alkohol im Blut")* Das Bild erklärt den Begriff „... Promille Alkohol". Damit ist der in Promille ausgedrückte Alkoholgehalt des Blutes gemeint. Die Blutalkoholkonzentration kann man nach der Formel

$$\text{Promille} = \frac{\text{Getrunkener Alkohol in Gramm}}{\text{Kg x 0,7 (für Frauen hier 0,6)}}$$

berechnen.

B3 *(„Einige Auswirkungen des Drogenkonsums auf die Fahrtüchtigkeit")* Die Auflistung verdeutlicht die gefährlichen Wirkungen von Drogen auf die Selbsteinschätzung. Die Schülerinnen und Schüler entdecken in den ersten fünf Auswirkungen vor allem eine Selbstüberschätzung, während in den sechs weiteren Listenpunkten Einschränkungen der Fahrtüchtigkeit deutlich werden. Die Kombination von Selbstüberschätzung und Fahruntüchtigkeit erklärt die Häufigkeit und Schwere der alkoholbedingten Verkehrsunfälle.

Aufgabenlösungen

A1 Das Gesichtsfeld ist deutlich eingeschränkt. Ein alkoholisierter Radfahrer wird Probleme mit Kopfsteinpflaster, überraschend auf die Fahrbahn tretenden Personen, aus der Parklücke rückwärtsfahrenden Autos und der Kreuzungssituation am Ende der Straße bekommen.

Zusätzlich zu den Problemen des Radfahrers treten für einen alkoholisierten Autofahrer noch Probleme auf, wenn die Fahrzeuge vor ihm plötzlich bremsen müssen.

A2 Bereits geringe Mengen Alkohol beeinflussen die Fahrtüchtigkeit sehr stark. Dem gegenüber meint der angetrunkene Autofahrer ein besonders guter und sportlicher Fahrer zu sein. Die Gefahrensituation wird völlig unterschätzt.

A3 Weil oft keine öffentlichen Verkehrsmittel mehr fahren, ist das Auto die einzige Möglichkeit nach Hause zu kommen.
Es sitzen (zu) viele Personen im Auto.
Auf das Anlegen eines Gurtes wird aus alkoholbedingter Leichtsinnigkeit verzichtet.
Die Unfälle ereignen sich in der Nacht, also bei eingeschränkter Sicht.
Der Alkoholgenuss verführt zu schneller Fahrweise, weil man seine Fahrkünste überschätzt.
Junge Männer verunglücken weit häufiger als junge Frauen, weil Männer mit ihrer forschen Fahrweise prahlen wollen.
Die eingestellte Musik übertönt alle anderen Geräusche (Feier geht im Auto weiter!).

A4 Eine Kurve wird zu schnell durchfahren.
Die Geschwindigkeit ist viel zu hoch für die schlechten Sichtverhältnisse (Nachtfahrt).
Bei plötzlich auftauchenden Hindernissen kann nicht mehr rechtzeitig gebremst werden.
Riskante Überholmanöver auf der Landstraße.
Zu starkes Auffahren auf das Fahrzeug des Vordermannes. Bedrängen mit der Lichthupe.
Übersehen von Fahrzeugen, die Vorfahrt haben (z.B. an Kreuzungen).
Überholen trotz herannahenden Gegenverkehrs.
Übersehen von Personen, die die Fahrbahn betreten.
Überfahren einer Ampel bei rot, weil der Farbwechsel nicht rechtzeitig bemerkt wurde.
Einschlafen auf einer längeren Strecke.
Slalomfahren- Fahren in ruckartigen Schlangenlinien.

Versuche

Als Papprollen eignen sich besonders gut die Rollenkerne von Küchenrollen, da sie die richtige Länge für den Versuch besitzen.
Während des Versuches ist unbedingt darauf zu achten, dass sich der umhergehende Schüler nicht durch Fallen oder Anstoßen verletzen kann.

Medien und Kopiervorlagen

M1 „Tödliche Kombination - Alkohol am Steuer", V, FWU 420148
M2 „Lukas" (Alkoholismus, Sucht und Familie), Spielfilm ab 12 Jahre, katholische und evangelische Medienzentrale, Video
M3 „Drogenproblem Alkohol", V, FWU 4210234
M4 „Die physiologische Wirkung von Drogen", V, FWU 4210258
M5 „Sprit für Spatzen" Atlas Film, Duisburg
M6 „Immer unter Dampf" (Jugend und Alkohol, Sucht, Drogenprobleme), Spielfilm, ab 14 Jahren, kath., ev. Medienzentrale
M7 „Helmut, 18 Jahre, Alkoholiker", F16, FWU 32 02761
M8 „Schon mal von Restalkohol gehört?", F16, FWU 32 03411
M9 „Alkoholmissbrauch", F16, FWU 32 50145
K78 „Auswirkungen von Alkoholgenuss auf das Sehvermögen I"
K79 „Auswirkungen von Alkoholgenuss auf das Sehvermögen II"
K80 „Diskounfälle"

Literatur

Schwarzkopf, M.: „Alkoholabhängigkeit". Verlag für angewandte Psychologie, 1991
Ladiges, A.: „Hau ab du Flasche". Rororo, 1991
Unterricht Biologie: „Drogenwirkungen". Heft 194, 1994

8.6 Folgen einer Sucht

Lehrplanbezug

(8.3.4) Folgen von Sucht, z.B. organische, psychische, soziale Schäden

Strukturierungsvorschlag

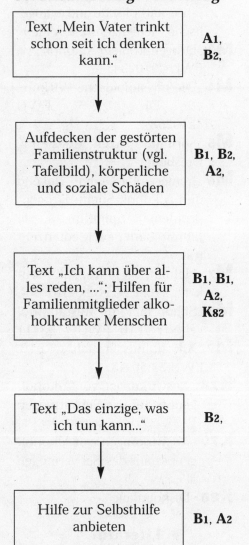

Text „Mein Vater trinkt schon seit ich denken kann."	**A1**, **B2**,
Aufdecken der gestörten Familienstruktur (vgl. Tafelbild), körperliche und soziale Schäden	**B1**, **B2**, **A2**,
Text „Ich kann über alles reden, ..."; Hilfen für Familienmitglieder alkoholkranker Menschen	**B1**, **B1**, **A2**, **K82**
Text „Das einzige, was ich tun kann..."	**B2**,
Hilfe zur Selbsthilfe anbieten	**B1**, **A2**

Merksatz

Drogensucht hat körperliche, seelische und soziale Folgen. Nicht nur die süchtige Person selbst, sondern auch nahe stehende Menschen leiden an den Folgen einer Sucht.

Phänomene

- Zum Feiern gehört für viele Menschen der Alkoholgenuss.
- Wenn sie ein Problem oder ein unangenehmes Gefühl vergessen möchten, trinken Menschen Alkohol „zur Entspannung".
- Betrunkene oder angetrunkene Menschen begegnen uns.

Bilder

B1 *(„Mögliche Wege in die Abhängigkeit und aus der Abhängigkeit")* Die Schülerinnen und Schülern können die gegenüberliegenden Hälften miteinander vergleichen. Sie erkennen so den symbolisch dargestellten Abstieg in die Alkoholkrankheit und die als Aufstieg gezeichneten Wege aus der Abhängigkeit. Die einzelnen Phasen können auch pantomimisch nachempfunden werden.

Die Abbildung kann als Anlass dazu genutzt werden, eine Geschichte zu erdenken, in der ein Mensch die abgebildeten Phasen durchläuft. Als Arbeitsform eignen sich hier Kleingruppen, die gemeinsame Geschichtsstrukturen festlegen und dann individuell ausarbeiten können.

B2 *(„Mirjam (18 Jahre) lebt in einer Familie mit einem alkoholkranken Vater")* Die Abbildung beinhaltet die Geschichte eines Mädchens, das in einer Familie mit einem alkoholkranken Vater aufwächst. Die verwendete Ich-Form des Berichtes ermöglicht eine Identifikation mit Mirjams Situation und Verständnis für ihre Gefühle. Die Geschichte verdeutlicht beispielhaft, wie ein alkoholkrankes Familienmitglied die familiäre Umgebung negativ beeinflusst. Die Schülerinnen und Schüler können diese Faktoren aus dem Text herausarbeiten (vgl. Tafelbild und A2).

Aufgabenlösungen

A1 Körperliche Auswirkungen einer Alkoholkrankheit können Fettleber, Leberschrumpfung, Entzündungen der Bauchspeicheldrüse, Magenschleimhautentzündungen, Herz- und Kreislaufstörungen, höheres Krebsrisiko im Mund Rachen und Speiseröhrenbereich sein.

Seelische Veränderungen können Verstimmungszustände (Depressionen), Veränderungen im Wesen eines Menschen durch Störungen des Gedächtnisses, der Intelligenz, der Aufmerksamkeit oder Beeinflussungen durch Sinnestäuschungen sein. Der Alkoholkranke meint, er höre Stimmen, die ihn beschimpfen und schlecht über ihn reden.

Soziale Folgen können die Vernachlässigung der eigenen Person, ständige Streitsituationen in der Familie, Verlust des Arbeitsplatzes und damit des Einkommens, durch herabgesetzte Kritikfähigkeit verursachte Straftaten, völlige Vernachlässigung der Familienangehörigen in Verbindung mit einer ausgeprägten Ich-Sucht sein.

A2 Die Folgen der Alkoholabhängigkeit des Vater können in einer übersichtlichen Struktur an der Tafel entwickelt werden (vgl. K3).

Mirjam beschreibt die Wünsche nach eigener Veränderung:
- Ich muss mir über meine Gefühle gegenüber meinem Vater (Angst, Wut, Mitleid) klar werden und verstehen, dass Vater ernsthaft krank ist.
- Ich muss mich nicht verantwortlich und schuldig für die Alkoholabhängigkeit meines Vaters fühlen.
- Ich muss mein Leben selbst gestalten und unabhängig werden.

Hilfsmöglichkeiten für Mirjams Vater sind gleichzeitig auch Hilfen für die ganze Familie. Vater braucht einen Alkoholentzug und eine langfristige Beratung und Begleitung. Vielleicht hilft die Mitarbeit in einer Selbsthilfegruppe. Vater braucht wieder eine sichere Arbeit und viele kleine Erfolge, die seine persönlichen Probleme überwinden helfen.

Mirjams Mutter braucht Hilfe und Rat im Umgang mit der Alkoholkrankheit und der Erziehung ihrer Kinder. Sie muss weniger Stress erleben können und ihre Gesundheit muss, z.B. durch eine Kur, wieder verbessert werden.

Die Kinder benötigen eine/n Ansprechpartner/in, damit sie ihre Erlebnisse besser verarbeiten können und ihre psychischen Probleme in den Griff bekommen.

Medien und Kopiervorlagen

M1 „Lukas" (Alkoholismus, Sucht und Familie), Spielfilm ab 12 Jahre, FWU 4200631

M2 „Drogenproblem Alkohol" FWU 4210234

M3 „Die physiologische Wirkung von Drogen", FWU 4210258

K81 „Ablauf der Alkoholkrankheit"

K82 „Der Alkohol verändert Mirjams Familienleben"

Literatur

DEUTSCHE HAUPTSTELLE GEGEN SUCHTGEFAHREN (Hrsg.), Westring 2, 59065 Hamm: „Jahrbuch Sucht '97", Hamm 1996
BUNDESZENTRALE FÜR GESUNDHEITLICHE AUFKLÄRUNG, Ostmeerheimer Str. 200, 51109 Köln: Kostenlose Materialien zum Alkoholismus

Geo Wissen: „Sucht und Rausch", Gruner & Jahr, 1990

8.7 Suchtvorbeugung – Selbstbewusstsein im Umgang mit sich und anderen

Lehrplanbezug

(8.3.4) Suchtprävention als Entwicklung von Lebenskompetenzen, z.B. Selbstbewusstsein im Umgang mit sich und anderen

Strukturierungsvorschlag

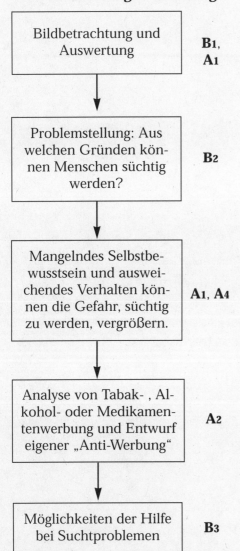

Bildbetrachtung und Auswertung — **B1, A1**

↓

Problemstellung: Aus welchen Gründen können Menschen süchtig werden? — **B2**

↓

Mangelndes Selbstbewusstsein und ausweichendes Verhalten können die Gefahr, süchtig zu werden, vergrößern. — **A1, A4**

↓

Analyse von Tabak-, Alkohol- oder Medikamentenwerbung und Entwurf eigener „Anti-Werbung" — **A2**

↓

Möglichkeiten der Hilfe bei Suchtproblemen — **B3**

Merksatz

Ein ehrlicher, selbstbewusster Umgang mit sich und anderen und die Fähigkeit über Probleme und Konflikte zu sprechen, können dazu beitragen, Süchtigkeit zu vermeiden.

Phänomene

• Versüßen des Tages mit Naschereien, wenn mal Probleme auftreten.

• Ausweichendes Verhalten bei Problemen mit anderen Menschen oder Anforderungen der Schule wird oft praktiziert, z.B. als Schuldzuweisung an andere: Die Klassenarbeit war zu schwer. - Der ist einfach blöd, mit dem will ich nichts mehr zu tun haben.

• In der Werbung wird der Konsum von Drogen als genussreich, kontaktfördernd und ungefährlich dargestellt.

• Das Video- / Computerspiel ist so spannend, dass man gar nicht mehr aufhören möchte.

Bilder

B1 *(„Gemeinsam Spaß haben")* Das Bild zeigt fünf Jugendliche, die sich gemeinsam einer sportlichen Aufgabe stellen. Die Schülerinnen und Schüler können einerseits aus eigener Erfahrung mitteilen, dass die Anforderung nicht so einfach ist. Andererseits erkennt man an den Gesichtern, dass die Aufgabe mit Spaß und Selbstvertrauen gemeinsam gelöst wird.

B2 *(„Süchtige in Deutschland (geschätzt)")* Die Liste zeigt Schätzzahlen für ganz Deutschland im Jahr 1997. Die hohe Zahl der Alkohol- und Nikotinabhängigen führt zur Frage nach den Gründen des Drogenkonsums (Problemstellung).

B3 *(„Hilfe bei Suchtproblemen")* Das Bild kann dazu anregen, sich über die Möglichkeiten einer Suchtberatung und Suchtvorbeugung zu informieren. Das kann schul- und ortsbezogen erfolgen. Die Jugendlichen können eine Liste der Beratungsstellen erarbeiten.

Aufgabenlösungen

A1 Freude, Spaß, Zuversicht und Anstrengung spiegeln sich in den Gesichtern der fünf Jugendlichen wider.

A2 Bei der Plakatgestaltung soll die Werbebotschaft der professionellen Werbung kritisch hinterfragt werden. Statt der kurzfristigen Wirkung können die längerfristigen Schäden bewusst gemacht werden. Auch einzelne Zeilen bekannter Trinklieder (z.B. „Trink, trink, Brüderlein trink ...") können durch einen entsprechend dargestellten bildlichen Kontrast (z.B. Zeitungsberichte über Alkoholunfälle; Abbildung eines Menschen im Vollrausch; ...) provokativ genutzt werden.

A3 Rat und Hilfe kann eine süchtige Schülerin oder ein süchtiger Schüler bei Menschen finden, denen er vertraut. Das können neben den Eltern auch der / die Beratungslehrer/in, eine Ärztin oder ein Arzt, ein Geistlicher oder eine Geistliche sowie Personen in Beratungsstellen und bei Selbsthilfeorganisationen sein.

A4 Ein Mensch mit wenig Selbstwertgefühl wird sich bei Problemen eher zurückziehen, als dass er die Auseinandersetzung austrägt. Er wird seine Gefühle nicht so wichtig nehmen. Trost, Vergessen und Entspannung sucht er beispielsweise durch Alkoholtrinken, Rauchen, Essen oder illegalen Drogen. Auch Arzneimittel können vorübergehende Erleichterung bieten. Wenn in belastenden Situationen häufig auf diese Weise reagiert wird, besteht die Gefahr des Süchtigwerdens.

Medien und Kopiervorlagen

M1 „Vier wie wir" (Was Jugendliche bewegt), V ‚FWU 42001108

M2 „Unser Umgang mit Gefühlen", V ‚FWU 4201108

M3 „Immer unter Dampf" (alltägliches Missbrauchsverhalten; Jugend und Alkohol; Gruppenkonflikte Entwicklung und Erziehung), Bundeszentrale für gesundheitliche Aufklärung, Ostmeerheimer Str. 200, 51109 Köln

M4 „Lieber frei als high" (Jugend und Drogen, Sehnsüchte, Gruppenverhalten) Dokumentarfilm, Katholische und evangelische Medienzentralen

K83 „Trink, trink, Brüderlein trink"

Tipps

Anschriften von Selbsthilfegruppen:
Deutsche Hauptstelle gegen Suchtgefahren, Westring 2, 59065 Hamm

Blaues Kreuz Deutschland e. V., Landesverband Bayern, Kurfürstenstr. 34, 80801 München

Deutscher Guttempler-Orden e. V., Landesgruppe Bayern, Herbartstr. 67, 90461 Nürnberg

Anonyme Alkoholiker (AA), Landesgruppe Bayern e. V., Postfach 12 01 22, 8000 München 12

Katholische Bundesarbeitsgemeinschaft gegen Suchtgefahren einschl. der Diözesanverbände des Kreuzbundes, Landessekretariat Bayern, Adlzreiterstr. 22, 80337 München

Literatur

Bayerische Staatsministerium für Arbeit und Sozialordnung, Familie, Frauen und Gesundheit (Hrsg.): „Gesundheitsverhalten von Jugendlichen in Bayern", München 1997
PRIEBE, B. u. a.: „Sucht und Drogenvorbeugung mit Kindern und Jugendlichen in Elternhaus und Schule", Weinheim 1993
WEIBL, E.-M.: „Von der Suchtprävention zur Gesundheitsförderung in der Schule". Peter Lang Verlag, Frankfurt 1992

9.1 Säuren um uns herum

Lehrplanbezug

(8.4.1) Säuren (Säurelösungen) aus dem Erfahrungsbereich der Schüler, z. B im Haushalt; ...;...; Anwendungen 8.2.2; Reinigungsmittel → WTG 8.6

Strukturierungsvorschlag

Begriffsklärung Säure: Haben Schülerinnen oder Schüler bereits Erfahrungen im Alltag mit Säuren gemacht.

↓

Säuren sind Stoffe, die beim Kontakt mit Menschen Wirkung zeigen. **B1**

↓

Säuren sind wichtige Verbindungen in der Natur. Sie sind u. a. ein natürlicher Bestandteil von vielen Früchten. **B2**

↓

Säuren werden vom Menschen für bestimmte Zwecke verwendet. **A1, B2, B3**

Merksatz

Säuren begegnen uns in vielen Bereichen des täglichen Lebens. Sie sind in Früchten, Lebensmitteln, Konservierungsmitteln und Reinigungsmitteln zu finden.

Phänomene

- Jeder kennt das Brennen auf der Haut, wenn man von einer Wespe gestochen wurde.
- Der Maurer entfernt Kalk- und Zementrückstände von einer frisch gemauerten Wand durch Abschrubben mit Säure.
- Sodbrennen ist eine Folge von zu viel Säure im Magen.

Bilder

B1 *("Verletzung der Haut durch Brennnesseln")* Mit diesem Bild lässt sich den Schülerinnen und Schülern sehr anschaulich erklären, dass es Säuren sind, also chemische Stoffe, die für die Hautreizung nach der Berührung mit Brennnesseln verantwortlich sind.

B2 *("Früchte enthalten Säuren")* Das Bild zeigt den Schülerinnen und Schülern bekannte Früchte, die verschiedene Fruchtsäuren enthalten. Es sind auch vom Menschen hergestellte Produkte, wie z.B. eine Flasche Orangensaft, abgebildet. Dies verdeutlicht, dass die natürlich vorkommenden Fruchtsäuren auch vom Menschen für Konsumartikel nützlich eingesetzt werden können.

B3 *("Säuren in Lebensmitteln")* Es besteht die Möglichkeit anhand der hier abgebildeten Lebensmittel über die verschiedenen Säuren zu sprechen, um so einen Bezug zu Aufgabe 1 herzuleiten.

Aufgabenlösungen

A1 In den Haushalten ihrer Eltern finden die Schülerinnen und Schüler die notwendigen Informationen. Der Lehrer sollte an dieser Stelle mit Zusatzfragen rechnen, da neben den Säuren sicherlich noch eine ganze Reihe anderer Substanzen aufgeführt sind (siehe Literaturhinweis).

Zusatzinformation

Konservierung
Ohne besondere Maßnahmen sind der Haltbarkeit unserer Nahrungsmittel enge Grenzen gesetzt. Durch den Einfluss von substanzeigenen Enzymen (Biokatalysatoren), vor allem aber von allgegenwärtigen Mikroorganismen kommt es sehr bald zu Veränderungen von Aussehen und Geschmack bis hin zum völligen Verderb. Um dies zu verhindern, gibt es eine ganze Palette von Möglichkeiten u. a. die chemische Konservierung. Die wichtigsten chemischen Konservierungsverfahren sind Salzen,

Pökeln, Räuchern, Säuern und Zuckern und der Zusatz von Konservierungsmitteln, welcher kennzeichnungspflichtig ist. Welches Konservierungsmittel jeweils eingesetzt wird, richtet sich nach der Art des Lebensmittels.

Die Sorbinsäure (CH_3-CH=CH-CH=CH-COOH) und ihre Salze sind ein im Sauren bis pH 6 wirksames Konservierungsmittel für Brot, Backwaren u. a. Lebensmittel. In den Grenzen der vorgeschriebenen Höchstmengen ist Sorbinsäure unbedenklich. Sie wird vom Organismus in eine natürliche Fettsäure umgewandelt, die weiter abgebaut wird. Sorbinsäure hat keinen Einfluss auf Farbe, Geruch und Geschmack von Lebensmitteln.

Die Benzoesäure (C_6H_5COOH) wirkt genauso wie auch die Sorbinsäure im Sauren bakterizid. Deshalb zeigt sie ihre größte Wirksamkeit im sauren Bereich, während sie in neutralen oder alkalischen Lösungen praktisch unwirksam ist. Ihre Einsatzbereiche sind oft in Kombination mit Sorbinsäure, z.B. Mayonnaisen, Fleischsalate, Kaltmarinaden.

Tabelle: Verluste bei einzelnen Konservierungsmethoden

Methode	Nähr-und Mineralstoffe
Säuern	Starke chemische Veränderungen bei Kohlenhydraten und Proteinen
Salzen	Denaturierung der Proteine, wasserlösliche Mineralstoffe gehen in Salzlake
Pökeln	Nährstoffverlust durch in Salzlake gehende Fleischanteile
Einfrieren	Saccharose invertiert zu Glucose u. Fructose
Trocknen	Eiweiße u. Kohlenhydrate Dunkelfärbung, oxidative Zersetzung der Fette
Dosenkonserven	Keine wesentlichen Einbußen
Konservierungsmittel	Keine

Säuren in Reinigungsmitteln

Saure Rohrreiniger enthalten Säuren die kalkauflösend wirken und zusätzlich Korrosionsinhibitoren (rostschützend) sind.

Saure Sanitärreiniger bekämpfen die typisch anfallenden Anschmutzungen von Toiletten und Nassräumen im Sanitärbereich wie Kalk- und Urinsteinablagerungen. Für die WC-Beckenreinigung verwendet man meist Pulverprodukte auf der Basis des sauer reagierenden Natriumhydrogensulfats ($NaHSO_4$) oder von Sulfaminsäure. Sie können auch noch sprudelnde Zusätze (Natriumhydrogencarbonat, $NaHCO_3$) enthalten.

Für die Flächenreinigung in Nassräumen verwendet man phosphorsäurehaltige Flüssigreiniger, die zur Unterstützung der Reinigungswirkung meist noch Tenside ("Lösungsvermittler") ent-

halten. Weitere Bestandteile sind Desinfektionsmittel und synthetische Riechstoffe oder Campher zur Parfümierung.

Bei Anwendung dieser Produkte ist darauf zu achten, dass die behandelten Oberflächen säurefest sind. Bei längerer Einwirkung auf Toilettendeckel, Abflussrohre, Kleidungsstücke oder Emails, die nicht als säurefest gekennzeichnet sind, können Schäden entstehen.

Kopiervorlagen

K84 "Säuren um uns herum"

Literatur

HAMMER, H. O.: "Säure-Base-Vorstellungen. Geschichtliche Entwicklung eines Begriffspaares." Praxis der Naturwissenschaften, Teil Chemie, Heft 1, 1995, S. 37 - 45.
SOMMERFELD, H.: "Chemie im Haushalt - Wieviel Chemie ist in Scheuermitteln?" Praxis der Naturwissenschaften, Chemie 1/44, 1995 S. 11.
VOLLMER; G.; FRANZ, M.: "Chemische Produkte im Alltag"

9.2 Säuren können gefährlich sein

Lehrplanbezug

(8.4.1) sachgemäßer Umgang, Gefahren
Eigenschaften von Säuren; Wirkungen auf andere Stoffe;

Strukturierungsvorschlag

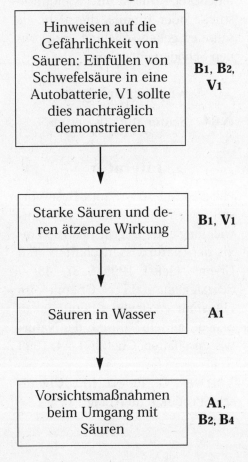

Hinweisen auf die Gefährlichkeit von Säuren: Einfüllen von Schwefelsäure in eine Autobatterie, V1 sollte dies nachträglich demonstrieren	**B1**, **B2**, **V1**
Starke Säuren und deren ätzende Wirkung	**B1**, **V1**
Säuren in Wasser	**A1**
Vorsichtsmaßnahmen beim Umgang mit Säuren	**A1**, **B2**, **B4**

Merksatz

Starke Säuren sind gefährlich, da sie eine ätzende Wirkung haben. Im Umgang mit ihnen muss man vorsichtig sein.

Phänomene

• Chemiker haben im Laborkittel oft kleine Löcher, die durch Säurespritzer entstanden sind.
• Einige Schülerinnen und Schüler haben sicherlich schon einmal das Gefahrensymbol für Säuren auf entsprechenden Behältern gesehen.
• Von den Eltern haben viele sicherlich schon gehört, dass Säuren gefährliche Stoffe sind, von denen man sich besser fernhält.

Bilder

B1 *(„Säuren können gefährlich sein")* Dieses Bild verdeutlicht die ätzende Wirkung von Säuren. Dieser Lappen wurde benutzt, um die beim Einfüllen der Autobatterie verschütteten Reste von Schwefelsäure zu beseitigen. Der Lehrer kann mit der Durchführung von V1 den Schülerinnen und Schülern die gleiche Wirkung anschaulich demonstrieren.

B2 *(„Batteriesäure einfüllen")* Hier kann man sehen, wie Sicherheitsvorkehrungen im alltäglichen Leben getroffen werden. Die Schülerinnen und Schüler sollten genau beschreiben und erkennen, welche Sicherheitsmaßnahmen beim Einfüllen der Säure getroffen wurden (genaue Bildbeschreibung!). Es soll auch diskutiert werden, ob der Arbeiter alle nötigen Vorsichtsmaßnahmen im Umgang mit Säuren eingehalten hat (es fehlt die Schutzbrille, obwohl im Bild das Symbol für das Tragen einer Schutzbrille abgebildet ist; nur einen Handschuh angezogen)

B3 *(„Gefahrensymbol für Säuren")* Hier ist das Gefahrensymbol für Säuren abgebildet. Es ist an dieser Stelle sicherlich sinnvoll darauf hinzuweisen, dass generell Behälter chemischer Stoffe neben dem Namen der Substanz auch mit Gefahrensymbolen gekennzeichnet sein müssen. Je nach den Eigenschaften der Stoffe werden entsprechende Gefahrensymbole verwendet.

B4 *(„Richtiger Umgang mit Säuren")* Es muss den Schülerinnen und Schülern verdeutlicht werden, dass man bei entsprechenden Sicherheitsmaßnahmen (Schutzkleidung, Schutzbrille, Schutzhandschuhe, Chemikerregel: Erst das Wasser dann die Säure, sonst geschieht das Ungeheure), zwar nicht den Respekt gegenüber Säuren ablegt, aber auch nicht überängstlich agieren sollte. Es ist daher sicherlich sinnvoll auf die möglichen Folgen bei Nichteinhaltung dieser Maßnahmen hinzuweisen.

Aufgabenlösungen

A1 Beim Verdünnen von konzentrierten Säurelösungen erwärmen sich die Säurelösungen so stark, dass sie zum Sieden kommen können. Damit die Säure nicht herumspritzt, darf deshalb niemals Wasser zu konzentrierter Säure gegossen werden.

Zusätzlicher Versuch

V1 Um die zerstörende Wirkung von Schwefelsäure zu demonstrieren, sollte der Lehrer, natürlich unter Einhaltung der Sicherheitsbedingungen, einen alten Lappen mit etwas Schwefelsäure übergießen.

Zusatzinformation

Schwefelsäure
Die reine Schwefelsäure (H_2SO_4) ist eine farblose, ölartige Flüssigkeit. Sie wirkt hygroskopisch, d. h. nimmt begierig Wasser aus der Luft und aus anderen feuchten Gasen auf und dient daher zum Trocknen von Gasen. Viele organische Stoffe zersetzt sie und lässt sie durch abgeschiedenen Kohlenstoff schwarz erscheinen. Durch hineingefallenen Staub wird die Säure deshalb dunkel gefärbt.

Generell gilt beim Verschütten von Säure auf Haut oder Kleidung: sofort mit viel Wasser abwaschen. Eine Ausnahme von dieser Regel stellt sich beim Umgang mit konzentrierter Schwefelsäure. Hier empfiehlt es sich zunächst mit einem trockenen Lappen die gröbsten Spuren zu beseitigen, bevor dann die letzten Reste mit sehr viel Wasser abgewaschen werden sollten. Würde man sofort Wasser auf die entsprechenden Hautstellen gießen, kann dies zu schweren Verbrennungen führen, da speziell die Reaktion von Wasser und Schwefelsäure unter großer Wärmeentwicklung abläuft.

In der Batterie übernimmt die Schwefelsäure die Funktion als leitende Flüssigkeit (Elektrolyt). Es spielen sich im Innern der Batterie während des Lade- und Entladevorgangs bestimmte Reaktionen ab (Elektrodenreaktionen), bei denen Schwefelsäure verbraucht wird.

Salzsäure
Eine andere wichtige Säure ist die Salzsäure. Dabei handelt es sich um eine Lösung von Chlorwasserstoffgas (HCl) in Wasser. Aus der konzentrierten Salzsäurelösung entweicht ständig das stechend riechende Chlorwasserstoffgas. Deshalb ist Vorsicht beim Öffnen von Flaschen mit Salzsäurelösungen angebracht. Immer Laborkittel tragen, da die leichtflüchtigen HCl-Dämpfe ätzend wirken und Textilgewebe angreifen. Von einem Geruchstest ist ebenfalls abzusehen, da die Nasenschleimhäute sehr stark angegriffen werden.

Salpetersäure
Konzentrierte Salpetersäure (HNO_3) ist eine farblose, charakteristisch riechende Flüssigkeit. Sie zerfällt aber am Licht oder beim Erwärmen leicht in braunes, gasförmiges Stickstoffdioxid. Sie wirkt als starkes Oxidationsmittel und kann daher brennbare Stoffe in Brand setzen. Viele organische Stoffe werden durch die Säure in kurzer Zeit zerstört. Eiweiß (auch die Haut) gibt mit Salpetersäure eine Gelbfärbung.

Kopiervorlagen

K85 „Säuren können gefährlich sein"

9.3 Nachweis von Säuren

Lehrplanbezug

(8.4.1) Nachweisen von Säuren

Strukturierungsvorschlag

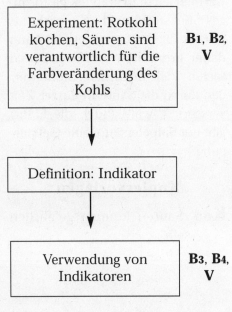

| Experiment: Rotkohl kochen, Säuren sind verantwortlich für die Farbveränderung des Kohls | **B1**, **B2**, **V** |

| Definition: Indikator |

| Verwendung von Indikatoren | **B3**, **B4**, **V** |

Merksatz

Mithilfe von Indikatoren kann man die Anwesenheit von Säuren nachweisen.

Phänomene

• Gibt man zu schwarzem Tee einige Tropfen Zitronensaft, so hellt sich die Farbe auf.
• Lackmuspapier färbt sich rot beim Eintauchen in Säure.

Bilder

B1 *(„Blaukraut")* Anschauliche Darstellung. Kohl vor Zugabe der Säure. Die beiden Bilder B1 und B2 aus diesem Kapitel bilden einen guten und verständlichen Einstieg in das noch komplexe Gebiet der Indikatoren.

B2 *(„Rotkohl")* Es zeigt sich die Veränderung der Farbe des Kohls nach Zugabe der Säure.

B3 *(„Lackmuslösung")* Lackmus ist der Farbstoff einer Flechte. Er kann in verschiedenen Formen als Indikator benutzt werden: aufgetragen auf Papier (Lackmuspapier, B3) oder als Pulver aufgelöst in Wasser, wie dargestellt auf diesem Bild.

B4 *(„Lackmuspapier")* Lackmuslösung und noch mehr Lackmuspapier sind die geläufigsten und am meisten verwendeten Indikatoren in chemischen Laboratorien zum möglichst schnellen qualitativen Routinenachweis von Säuren. Auf diesem Bild (wie auch in B3) sehen die Schülerinnen und Schüler das gleiche Phänomen (Farbänderung) wie bei den Blaukraut/Rotkohl-Bildern, lediglich auf eine abstraktere Form. Abstraktes Denken in der Chemie ist besonders wichtig für spätere Zwecke (z.B. beim Erlernen der chemischen Formelschreibweise).
Es gibt noch viele andere Indikatoren, siehe dazu Fachinformation. Es sei auch darauf hingewiesen, dass es mittlerweile schon Geräte (pH-Elektroden) zur quantitativen Bestimmung der Säuremenge gibt.

Aufgabenlösungen

A1 Traditionell wird in Süddeutschland der bläuliche Rotkohl ohne Äpfel gekocht, sodass er seine blaue Farbe behält. Im Norden wird eher ein säuerlicher Apfel oder etwas Essig hinzugefügt, der dann zur Farbumwandlung nach Rot hin führt.

Versuche

V1 Anhand dieses Versuches lernen die Schülerinnen und Schüler, dass es nur ein ganz bestimmter Stoff im Rotkohl ist, der die Anwesenheit von Säuren anzeigt. Dazu muss der rote Pflanzenstoff durch Auflösen in heißem Wasser vom restlichen Rotkohl abgetrennt werden.

V2 Cola, Apfelsaft, Sprudel, Orangensaft, Entkalkungsmittel, Brausepulver, Milch, Mineralwasser, Joghurt, Sauerkraut und Birne enthalten Säuren.

Zusätzliche Vorschläge

Zu Beginn der Unterrichtsstunde zeigt der Lehrer die verschiedenen Stoffe Zitronensaft, Essig, Mineralwasser und eine Vitamin C-Lösung (ohne Namensnennung), welche sich in Haushalts-Trinkgläsern befinden. Einige Schülerinnen und Schüler dürfen auf freiwilliger Basis Geschmacksproben durchführen. Als Gemeinsamkeit ergibt sich der saure Geschmack. Zum Teil können die untersuchten Stoffe auch von den Schülern identifiziert werden; die Vitamin C-Lösung muss vom Lehrer geboten werden. Als Ursache für den sauren Geschmack der Stoffe wird das Vorhandensein von Säuren herausgestellt, die teilweise auch von den Schülerinnen und Schülern genannt werden können, z.B. Citronensäure im Zitronensaft. In diesem Zusammenhang werden die Schüler nach weiteren bekannten Säuren befragt.

Im weiteren Verlauf der Unterrichtsstunde wird erarbeitet, dass die Geschmacksprobe kein geeignetes Mittel zur Erkennung von Säuren ist (und überhaupt generell zur Erkennung von Stoffen nicht angewendet werden sollte), da viele Säuren äußerst gefährlich sind. Es stellt sich das Problem, wie man Säuren dann erkennen bzw. bestimmen kann. Zur Lösung des Problems wird den Schülerinnen und Schülern die Frage gestellt, ob sie bei der Zugabe von Zitronensaft zu Schwarztee nicht schon einmal eine Beobachtung gemacht haben. An dieser Stelle sollte auch das Phänomen der Verfärbung des Blaukrauts bei Zugabe von Zitronensaft erwähnt werden. Es wird herausgestellt, dass man zu Säuren einen Farbstoff (z.B. Rotkohlsaft) hinzugeben kann, der dann einen Farbumschlag erfährt. Danach wird der Name Indikator erwähnt und als Nachweismöglichkeit für saure Lösungen herausgestellt. Der Lehrer könnte dann in einem Versuch verschiedene Indikatorlösungen zu Säurelösungen geben.

Farben gebräuchlicher Indikatoren

Indikator	Farbe in saurer Lösung
Bromthymolblau	gelb
Lackmus	rot
Phenolphthalein	farblos

Fachinformation

Die Bezeichnung Säuren geht historisch auf den sauren Geschmack von entsprechend sauren Lösungen zurück. Um nun festzustellen, ob Lösungen Säuren enthalten, eignen sich natürlich nur sehr schlecht „Geschmacksproben". Die Problematik der Geschmacksproben kann man nun ausnutzen, um auf Indikatoren überzugehen. Die Bezeichnung Indikator leitet sich ab vom lat. indicare = anzeigen. Im Unterschied zu üblichen Nachweisreagenzien, die in der Regel nur einen Stoff nachweisen, werden mit Indikatoren verschiedene Stoffklassen, saure bzw. alkalisch regierende Lösungen, identifiziert. Wie bereits im Text angegeben, kann für den Nachweis von sauren Lösungen frischer Rotkohlsaft eingesetzt werden. Da dieser natürliche Farbstoff nicht haltbar ist, fand er keine praktische Anwendung. Diesbezüglich besser geeignet ist der rotviolette Farbstoff Lackmus.

Indikatoren sind komplizierte Kohlenstoffverbindungen. Die Zusammensetzung ihrer Moleküle und damit ihre Farbe ändert sich, wenn die Säurekonzentration steigt oder fällt.

Lackmus ist ein aus Flechten hergestellter Farbstoff. Das Lackmuspapier ist mit diesem Farbstoff getränkt.

Weitere Fachinformationen zum Thema Indikatoren können Kapitel 9.7 entnommen worden.

Kopiervorlagen

K86 „Nachweis von Säuren"

9.4 Eigenschaften von Säuren

Lehrplanbezug

(8.4.1) Säuren (Säurelösungen) aus dem Erfahrungsbereich der Schüler; Gefahren Eigenschaften von Säuren; Wirkungen auf andere Stoffe; Anwendungen

Strukturierungsvorschlag

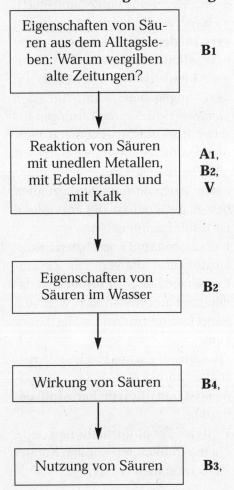

Phänomene

- Säuren lösen einige feste Stoffe auf, etwa Marmor oder Zement, die in Wasser nicht löslich sind.
- Holz, Textilstoffe und Papier werden von konzentrierter Schwefelsäure unter Verkohlung „zerfressen".
- Das Gleiche gilt für Rohrzucker. Gibt man dazu etwas konzentrierte Schwefelsäure, so beobachtet man Verkohlung.

Bilder

B1 *(„Alte Zeitung")* Das Bild der alten vergilbten Zeitung bietet einen idealen Einstieg für dieses Kapitel. Sicherlich haben sich bereits einige Schülerinnen und Schüler die Frage gestellt, warum sich alte Zeitungen verfärben, wodurch sicherlich Interesse geweckt wird. Es ist ebenfalls wichtig auf den Einfluss von Sonnenlicht zur Beschleunigung dieses Prozesses zu verweisen.

B2 *(„Eigenschaften von Säuren")* Die in diesen Bildern dargestellten Versuche ersparen dem Lehrer Zeit und Arbeit. Es sollte aber klar sein, dass die hier abgebildeten Versuchsresultate genauer ausgearbeitet werden müssen. Erfahrungsgemäß sind die Versuchsergebnisse für die Schülerinnen und Schüler schwer zu verstehen, da zur Erklärung von der makroskopischen (B2) zur mikroskopischen Betrachtungsebene übergegangen werden muss.

B3 *(„Nutzung von starken Säuren")* Diese tabellarische Zusammenstellung verdeutlicht den Schülerinnen und Schülern die vielseitigen Verwendungsmöglichkeiten von Säuren. Dadurch lässt sich ebenfalls die chemische Massenproduktion von Säuren (z.B. Schwefelsäure) erläutern. Es ist sicherlich sinnvoll die Verwendungsmöglichkeiten einzeln zu besprechen, da der interessierte Schüler sicherlich nicht auf Anhieb die Funktion der Säure bei einigen Anwendungen erkennen kann (z.B. Was macht die Säure in Sprengstoff?).

B4 *(„Wirkung von Säuren")* Mithilfe dieser Abbildung sollten sich die Schülerinnen und Schüler die wichtigsten Säuren und ihre Wirkung einprägen. Die Begriffe „verdünnt" und „konzentriert" sollten an dieser Stelle eingeführt werden.

Merksatz

Säuren leiten den elektrischen Strom, reagieren mit unedlen Metallen und lösen Kalk auf. Sie werden vom Menschen für vielfältige Zwecke genutzt.

Aufgabenlösungen

A1 In vielen dieser Kriminalfälle geht es z.B. um Kaliumcyanid-Vergiftungen. Die Giftigkeit von Kaliumcyanid (KCN) und auch von der Säure, der sogenannnten Blausäure (HCN) beruht darauf, dass sie mit schwermetallhaltigen Fermenten sehr stabile Komplexe bilden und diese lebensnotwendigen Fermente dadurch binnen weniger Sekunden unwirksam werden. In vielen Fällen wird über das Auflösen von Leichen in Säuren geschrieben.

Versuch

V Der Versuch zeigt sehr schön die ätzende Wirkung von Säuren auf unedle Metalle. Die Wachsschicht schützt das Metall vor der ätzenden Wirkung der Salzsäure, sodass nach dem Abwaschen der Säure und des Wachses lediglich die eingeritzten Buchstaben als verätzte Spuren auf der Metalloberfläche sichtbar sind.

Fachinformation

• Zur Leitfähigkeit von Säurelösungen
Leitet man Chlorwasserstoffgas (HCl) in Wasser, so erhält man die sogenannte Salzsäure (HCl_{aq}). Lösungen von Säuren, wie auch von Metallhydroxiden und Salzen nennt man Elektrolyte. In ihren Lösungen sind elektrisch positive und negativ geladene Teilchen vorhanden, die Ionen genannt werden. Wenn man an die in eine Salzsäurelösung eintauchenden Elektroden eine Gleichspannung anlegt, werden die positiven Ionen, die Kationen, von der Kathode (positiv geladene Elektrode), die negativ geladenen, die Anionen, von der Anode (negativ geladene Elektrode) angezogen und es fließt ein Strom, d. h. die wässrige Elektrolytlösung leitet den elektrischen Strom. Beim Kation handelt es sich um das Wasserstoffion H^+ und beim Anion um das Chloridion Cl^-. In Säurelösungen sind positiv geladene Wasserstoffionen (sog. Protonen) und negativ geladene Säurerestionen enthalten. In wässrigen Lösungen sind die Protonen mit einem Wassermolekül zu einem Hydroniumion H_3O^+ verbunden.
Die freibeweglich, elektrisch geladenen Teilchen, also die Ionen, sind für die Leitfähigkeit der Säurelösungen verantwortlich.

• Zur Reaktion mit Metallen
Die meisten Metalle werden von Säuren angegriffen. Nur gewisse Edelmetalle wie Platin und Gold, reagieren nicht mit Säuren. Lässt man z.B. verdünnte Salzsäure auf Magnesium einwirken, so entwickelt sich sehr lebhaft Wasserstoff und das Metall löst sich langsam auf.

$Mg + 2\,HCl_{aq} \rightarrow MgCl_{2aq} + H_2$
Magnesium + Salzsäure $\rightarrow$ Magnesiumchlorid + Wasserstoff

Verschiedene Metalle verhalten sich aber derselben Säure gegenüber verschieden. Lässt man z.B. auf gleich beschaffene Stücke von Magnesium, Zink, Eisen, Blei und Kupfer Salzsäure gleicher Konzentration einwirken, so zeigt sich verschieden starke Wasserstoffentwicklung. Kupfer reagiert sogar überhaupt nicht. Werden sehr viele Metalle auf diese Weise untersucht, so kann man sie nach der Heftigkeit der Wasserstoffentwicklung in eine Reihe ordnen.

• Zur Reaktion mit Kalk
Die Reaktion zwischen Kalk ($CaCO_3$) und Salzsäure:

$CaCO_3 + 2HCl \rightarrow CaCl_2 + CO_2 + 2H_2O$
Kalk + Salzsäure $\rightarrow$ Calciumchlorid + Wasser

$CaCl_2$ ist im Gegensatz zu Kalk löslich in Wasser.

Kopiervorlagen

K87 „Eigenschaften von Säuren"
K88 „Wirkung von Säuren"

9.5 Herstellung von Säuren

Lehrplanbezug

(8.4.1) Nachweisen von Säuren Herstellen einer Säure (z.B. schweflige Säure, Salzsäure) Formelschreibweise z.B. H_2SO_3, HCl,

Strukturierungsvorschlag

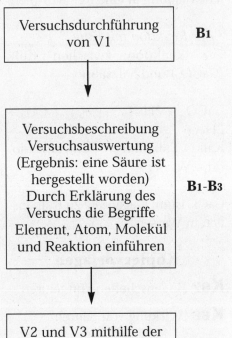

Phänomene

- Große Blöcke von elementarem Schwefel werden für die Herstellung von Schwefelsäure in Waggons in die Chemiefirmen gefahren.
- Riesige Chemieanlagen sind z.B. für die tonnenweise Herstellung von Salzsäure, Schwefelsäure und Salpetersäure konstruiert worden.

Bilder

B1 *(„Kennkarten wichtiger Verbindungen")* Diese Kennkarten sind sehr hilfreich bei der Erklärung von V1. Der Lehrer/die Lehrerin sollte sie jedoch erst nach Erklärung der Begriffe Element, Atom, Molekül benutzen.

B2 *(„Elementsymbole")* Bei dieser Unterrichtseinheit geht es weniger um die Herstellung der Säuren, als viel mehr um die Einführung solch wichtiger Begriffe wie Element, Atom und Molekül. Die Reaktion zur Darstellung von Säuren wird hier lediglich als Mittel benutzt, um diese Begriffe den Schülerinnen und Schülern auf anschauliche Weise näher zu bringen.
In B2 sind die bekanntesten Elemente und deren Elementsymbole gegenübergestellt (Für A1 fehlt allerdings das Elementsymbol für Phosphor, nämlich P).

B3 („Kennkarte von Chlorwasserstoffgas") Diese Karte sollte bei der Erläuterung von V3 mit zur Hilfe genommen werden.

Aufgabenlösungen

A1 Kennkarte von **Kohlensäure** H_2CO_3

Verbindung aus : Wasserstoff H
      Kohlenstoff C
      Sauerstoff O
Molekül besteht aus: 2 Atomen Wasserstoff
       1 Atom Kohlenstoff
       3 Atomen Sauerstoff

Kennkarte von **Phosphorsäure** H_3PO_4
Verbindung aus: Wasserstoff H
      Phosphor P
      Sauerstoff O
Molekül besteht aus: 3 Atomen Wasserstoff
       1 Atom Phosphor
       4 Atomen Sauerstoff

Merksatz

Viele Säuren entstehen durch die Reaktion eines Nichtmetalloxides mit Wasser.

Kennkarte von **Salpetersäure** HNO_3
Verbindung aus: Wasserstoff H
               Stickstoff N
               Sauerstoff O
Molekül besteht aus: 1 Atom Wasserstoff
                        1 Atom Stickstoff
                        3 Atomen Sauerstoff

Kennkarte von **Schwefelsäure** H_2SO_4
Verbindung aus: Wasserstoff
               Schwefel
               Sauerstoff
Molekül besteht aus: 2 Atomen Wasserstoff
                        1 Atom Schwefel
                        4 Atomen Sauerstoff

Versuche

V1 Durch Entstehung der schwefligen Säure verfärbt sich die mit Lackmus versetzte Lösung rot.

V2 Die Lösung von Kohlenstoffdioxid in Wasser färbt blaues Lackmuspapier langsam rot. Ein geringer Teil des Kohlenstoffdioxids verbindet sich mit Wasser zur Kohlensäure, die für die Rotfärbung verantwortlich ist. Dabei stellt sich in Wasser folgendes Gleichgewicht ein:

$$CO_2 + H_2O \rightarrow H_2CO_3$$
Kohlenstoffdioxid + Wasser $\rightarrow$ Kohlensäure

Entfernt man nun z.B. durch Erhitzen CO_2 aus der Lösung, so verschiebt sich das Gleichgewicht wieder auf die Seite der Ausgangsstoffe und man verringert mit zunehmender Erhitzungsdauer die Konzentration an Kohlensäure. Die Rotfärbung des Lackmuspapieres würde wieder verschwinden.

V3 Bei der Reakton der konzentrierten Schwefelsäure mit Kochsalz (NaCl) entsteht Chlorwasserstoffgas gemäß folgender Reaktionsgleichung:
$$2\,NaCl + H_2SO_4 \rightarrow Na_2SO_4 + 2\,HCl$$

Natriumchlorid + Schwefelsäure $\rightarrow$ Natriumsulfat + Chlorwasserstoffgas

Das Chlorwasserstoffgas entweicht durch das Glasrohr in das mit Wasser gefüllte Becherglas und verfärbt den Lackmusfarbstoff rot. Gerät das Gas in die Nähe der Ammoniaklösung (NH_3) so beobachtet man weiße Nebelschwaden von Ammoni-

umchlorid (NH_4Cl), die sich nach folgender Reaktion bilden:

$$NH_3 + HCl \rightarrow NH_4Cl$$
Ammoniak + Salzsäure $\rightarrow$ Ammoniumchlorid

Zusatzinformation

Die meisten Säuren entstehen durch Vereinigung eines Nichtmetalloxides mit Wasser. Dies ist aber nicht die einzige Methode. So wird z.B. in der Industrie HCl durch Reaktion von Wasserstoff mit Chlor erzeugt.
Eines der wichtigsten großtechnischen Produkte, die Schwefelsäure, wird über das sog. Kontaktverfahren hergestellt. Dabei wird mithilfe von Katalysatoren SO_3-Gas aus elementarem Schwefel hergestellt, welches mit Wasser zur Schwefelsäure reagiert.

Kopiervorlagen

K89 „Nutzung von verschiedenen Säuren"
K90 „Schweflige Säure"
K91 „Herstellung von Kohlensäure"
K92 „Salzsäure"

9.6 Laugen im Haushalt

Lehrplanbezug

(8.4.1) ...Laugen aus dem Erfahrungsbereich der Schüler, z. B. im Haushalt; sachgemäßer Umgang, Gefahren
Eigenschaften von ... Laugen; Wirkungen auf andere Stoffe; Anwendungen
8.2.2 Reinigungsmittel → WTG 8.6

Strukturierungsvorschlag

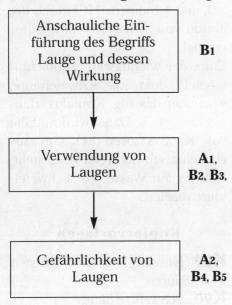

Merksatz

Laugen können die Wirkung von Säuren aufheben. Im Haushalt werden sie meist für Reinigungszwecke und die Körperpflege genutzt. Beim Umgang mit Laugen muss man sehr vorsichtig sein.

Phänomene

• Wässrige Lösung von Ätznatron fühlt sich schlüpfrig wie eine Seifenlösung an (Vorsicht: Bei Berührung entsprechende Hautstelle gleich mit Wasser abwaschen)
• Wenn in der Dusche das Wasser nicht mehr vernüftig abfließt, hilft Natronlauge gegen die Rohrverstopfung.

Bilder

B1 *("Spülmittel lindert einen Bienenstich")* Ein gutes Beispiel für den Einstieg in die Stoffklasse der Laugen. Die Schülerinnen und Schüler sollen verstehen, dass es Stoffe gibt, die die Wirkung von Säuren aufheben. Mithilfe dieses Bildes und des Schulbuchtextes lässt sich sehr anschaulich die Neutralisationsreaktion zwischen Säuren und Laugen erklären.

B2 *("Laugen werden vielseitig genutzt")* Anschauliche Gegenstände aus dem Alltag in denen Laugen enthalten sind.

B3 *("Mithilfe von Laugen werden Kaltdauerwellen angelegt")* Dieses Bild zeigt eine ganz spezielle Anwendung von Laugen. Es könnte insbesondere bei den Schülerinnen spezielles Interesse erwecken und gleichzeitig für eine Auflockerung des Unterrichtes sorgen.

B4 *("Laugen wirken ätzend")* Hier ist das Gefahrensymbol für Laugen abgebildet. Es handelt sich dabei um das gleiche Symbol, wie es auch bei Säuren verwendet wird (siehe Schulbuchtext).

B5 *("Warnhinweis auf Haushaltsreiniger")* Es wird empfohlen den Text auf dem Bild laut vorlesen zu lassen. Den Schülerinnen und Schülern soll verdeutlicht werden, dass die Hersteller der Haushaltsreiniger gesetzlich dazu verpflichtet sind, diese Warnhinweise auf ihren Produkten abzubilden. An dieser Stelle könnte man Aufgabe A1 noch etwas erweitern, indem die Schülerinnen und Schüler auch noch auf Warnhinweise auf den Verpackungen achten sollen. Die gefundenen Warnhinweise könnten dann gesammelt und näher erörtert werden.

Aufgabenlösungen

A1 Man wird neuerdings neben Natriumhydroxid auch andere hochalkalische Substanzen z.B. Natriumhypochlorit (NaOCl) vorfinden. Es gibt mittlerweile ebenfalls ammoniakhaltige Reiniger, die aber nicht mit den Chlor-Reinigern zusammengebracht werden sollten, da Ammoniak und Chlor miteinander reagieren und dadurch die Reiniger unwirksam werden.

A2 Es wird neben der ätzenden Wirkung auf der Haut vor allem davor gewarnt, dass Lauge in die Augen gerät. Das wird deutlich, weil vom Hersteller direkte Sofortmaßnahmen bei Berührung von Lauge mit den Augen auf dem Warnhinweis berücksichtigt wurden. Da Haushaltsreiniger gewöhnlich, wie es der Name schon sagt, im Haushalt aufbewahrt werden, sollten Eltern diese Stoffe sicher aufbewahren, damit sie nicht in die Hände von Kindern geraten und diese sich damit nicht verletzen können.

Spezialdeckel verhindern das Öffnen durch einfaches Drehen. Somit können Kinder diese Behälter nicht mehr einfach öffnen.

Fachinformation

Laugen sind das chemische Gegenstück zu Säuren. In Laugen sind positiv geladene Metallionen und negativ geladene Hydroxidionen (OH^--Ionen) enthalten. Die Reaktion einer Säure mit einer Lauge nennt der Chemiker Neutralisationsreaktion, es wird von den Laugen die Wirkung der Säuren aufgehoben. Chemisch lässt sich dies durch die Reaktion des H^+-Ions (Proton) der Säure mit dem OH^--Ion der Lauge erklären. Die Lauge wirkt als Protonenfänger und die Säure als Protonenspender (Brönsted Definition von Säuren und Laugen).

Zusatzinformation

Viele Menschen sind beim Umgang mit Säuren vorsichtig, bei Laugen aber meist sorglos. Dabei greifen stark wirkende und vor allem erhitzte Laugen die Haut, Haare und überhaupt sämtliche Körperzellen an. Die Verätzungen von Laugen hinterlassen sehr schmerzhafte Wunden und in den meisten Fällen hässliche Narben. Daher nochmal eindringlich die Aufforderung die Gefährlichkeit von Laugen nicht zu unterschätzen.

Rohrreiniger

In pulverförmigen, hochalkalischen Rohrreinigern sind starke Laugen (Basen) wie Natriumhydroxid (NaOH) der Hauptbestandteil. Die hohe Alkalität in Verbindung mit der Hydrationswärme, die bei ihrer Auflösung in Wasser frei wird, führt zur Verseifung von Fettbestandteilen und zum Anlösen von Haaren, die in derartigen Verstopfungen meist reichhaltig vorhanden sind. Zusätzlich können diese Produkte noch Aluminium- oder Zink-Körner enthalten, die in der stark alkalischen Lösung unter Bildung von Wasserstoff reagieren. Wegen der Explosionsgefahr der entstehenden Luft-Wasserstoff-Gemische werden jedoch zusätzlich Nitrate beigegeben, die mit Wasserstoff bzw. Zink und Aluminium direkt, zu gasförmigem Ammoniak reagieren. Diese Gasbildung fördert die Lockerung des Schmutzverbandes auf mechanischem Wege. Flüssige Rohrreiniger sind ebenfalls hochalkalisch, enthalten aber zusätzlich Hypochlorit (OCl^-), das für eine schnellere oxidative (Chlor!) Haarzerkleinerung sorgt. Dafür ist die Wärmeentwicklung geringer.

Grill- und Backofenreiniger

Die im Innenraum von Backöfen angebrannten verkohlten Speisereste haften besonders stark. Ihre Entfernung gelingt leichter, wenn man sie quellen lässt. Geeignete Mittel hierfür sind starke Laugen wie Natrium- und Kaliumhydroxid, vorzugsweise in Kombination mit Tensiden und wasserlöslichen Lösungsmitteln. Grill- und Backofenreiniger benötigen eine längere Einwirkzeit. Um diese zu verkürzen, werden die Geräte oft auf 50 - 70 °C erwärmt.

Kopiervorlagen

K93 „Gefährlichkeit von Laugen"

Literatur

SOMMERFELD, H.: „Chemie im Haushalt - Wieviel Chemie ist in Scheuermitteln?" Praxis der Naturwissenschaften, 1/44, 1995 S. 11.
WEISSER, J.: „Chemie der Dauerwelle", Praxis der Naturwissenschaft, Chemie 3/46, 1997 S. 38.

9.7 Nachweis von Laugen – der pH-Wert

Lehrplanbezug

(8.4.1) Nachweisen von Säuren und Laugen

Strukturierungsvorschlag

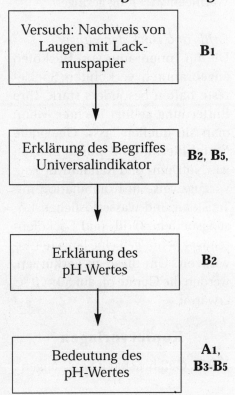

Merksatz

Laugen können mit rotem Lackmuspapier nachgewiesen werden. Der Universalindikator gibt Auskunft über die Stärke einer Säure oder Lauge. Eine Maßeinheit dafür ist der pH-Wert.

Phänomene

• Auf Kosmetikartikeln sind häufig Angaben über den pH-Wert gemacht, z.B. pH-hautneutral.

Bilder

B1 *(„Laugen färben rotes Lackmuspapier blau")* Der Lehrer könnte die auf dem Bild dargestellte Farbveränderung durch einen einfachen Versuch bestätigen (siehe dazu zusätzlicher Versuch).

B2 *(„pH-Werte einer Säure, destillierten Wassers und einer Lauge")* Das in B2 abgebildete Experiment sollte ebenfalls vom Lehrer durchgeführt werden. Mittels unterschiedlich konzentrierter Säure- bzw. Laugenlösungen lässt sich sehr schön der Unterschied zwischen dem einfachen Indikator und dem Universalindikator erklären (siehe zusätzlicher Versuch). Ebenfalls empfehlenswert ist an dieser Stelle die Einführung des pH-Wertes (siehe Schulbuchtext).

B3 *(„Günstige pH-Werte des Bodens für Pflanzen")* Diese Grafik sollte mithilfe des Schulbuchtextes von den Schülerinnen und Schülern genauer erläutert werden. Es soll erkannt werden, dass der pH-Wert im Boden eine wichtige Voraussetzung für das Gedeihen einer Pflanze ist. Die Grafik kann auch dazu genutzt werden, um mit dem Begriff des pH-Wertes umzugehen. Welche Pflanzen gedeihen besser im sauren, neutralen oder basischen Bereich?

B4 *(„Hortensie - eine Indikatorpflanze")* Am Beispiel der Hortensie erkennen die Schülerinnen und Schüler auf sehr anschauliche Weise, wie sich der pH-Wert des Bodens auf das Gedeihen der Planze auswirkt. Mit der Frage, warum die Hortensienpflanzen auf Böden mit unterschiedlichen pH-Werten unterschiedlich gefärbte Blüten bekommt, bietet sich nochmal für den Lehrer die Gelegenheit an, das Gelernte über Indikatoren bei den Schülerinnen und Schülern zu kontrollieren.

B5 *(„Beispiele von pH-Werten, Messbereich pH 1 - 11")* Dieses Bild zeigt die pH -Werte von Stoffen, die den Schülerinnen und Schülern bekannten sind. Es wird hierdurch nochmal verdeutlicht, welch wichtige Rolle die Säure- bzw. Laugenkonzentration (also der pH-Wert) in unserem täglichen Leben spielt. Es soll den Schülerinnen und Schülern demonstriert werden, dass solche aus dem Alltag bekannten Stoffe wie Blut, Darmsaft, Colagetränke o. ä. auch als chemische Substanzen aufzufassen sind.

Aufgabenlösungen

A1 Bspw.:

Stoffe	pH-Wert
Mineralwasser	5
Coca Cola	4
Orangensaft	2
Rohrreiniger	10

Fachinformation

Der pH-Wert ist ein Maß für die Wasserstoffionenkonzentration in einer Lösung. In sauren Lösungen überwiegt die Konzentration der H_3O^+-Ionen, in alkalischen Lösungen die Konzentration der OH^--Ionen. Durch die Angabe der einen dieser Konzentrationen lässt sich der Charakter einer verdünnten wässrigen Lösung eindeutig kennzeichnen. Man hat dazu die H_3O^+-Konzentration gewählt und verwendet als Maßzahl dafür ihren negativen Logarithmus, der als 'pH' bezeichnet wird.
Es handelt sich bei den Indikatoren um schwache Säuren (Hind). In der wässrigen Lösung eines Indikators liegt folgendes Gleichgewicht vor:

$$HInd + H_2O \rightleftharpoons H_3O^+ + Ind^-$$
Indikator + Wasser $\rightleftharpoons$ Hydronium Ion + Säurerestion   vom Indikator

Durch Zusatz einer Säure wird dieses Gleichgewicht nach links verschoben. Die Konzentration der Hind-Moleküle wird größer, und ihre Farbe wird sichtbar. Umgekehrt verschiebt ein Zusatz einer Base das Gleichgewicht nach rechts. Die Farbe der Ind-Ionen wird sichtbar.
Es sind Hunderte von pH-Indikatoren bekannt. Daher gelingt es durch geeignete Mischung dieser Indikatoren Universalindikatoren herzustellen, welche je nach dem pH-Wert eine charakteristische Farbe annehmen. Tränkt man Filterpapierstreifen mit Lösungen solcher Universalindikatoren und trocknet man dieselben, so erhält man die Universalindikatorpapiere, welche zur raschen Bestimmung des pH-Wertes einer Lösung Verwendung finden. Solche Universalindikatorpapiere werden kurz in die zu prüfende Lösung eingetaucht und der entstehende Farbton auf der beigelegten Farbskala - welche die pH-Werte enthält - ermittelt. Universalindikatoren, welche einen großen pH-Bereich (ungefähr 10 pH-Einheiten) umfassen, erlauben lediglich eine Abschätzung des pH mit einer Genauigkeit von höchstens 0,5 pH-Einheiten. Dies genügt für die Wahl des geeigneten Spezialindikators (umfasst nur 2 bis 3 pH-Einheiten), mit dem eine Genauigkeit von gegen 0,1 pH-Einheiten erreicht werden kann.

Bedeutend genauer lässt sich der pH einer Lösung mit einem pH-Meter auf elektrischem Wege messen. pH-Meter gehören zur Standard-Ausrüstung jedes Labors.

Kopiervorlagen

K94 "Nachweis von Säuren und Laugen"
K95 „Der Universalindikator und der pH-Wert"
K96 „Bedeutung des pH-Wertes"

Literatur

BRAUN, T.M.: „Kohlenstoffdioxid und Blut", Praxis der Naturwissenschaften, Chemie 5/43, 1994 S. 20.
KEUNE, H. u. DÄMMGEN, U.: „Böden und Säureeintrag - Erhalt der Nutzbarkeit von Kulturböden durch Kalkung", Praxis der Naturwissenschaften, Chemie 3/46, 1997, S. 19.

9.8 Eigenschaften von Laugen

Lehrplanbezug

(8.4.1) Eigenschaften von Laugen; Wirkungen auf andere Stoffe, Anwendungen

Strukturierungsvorschlag

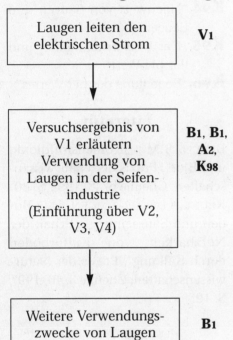

Laugen leiten den elektrischen Strom — **V1**

↓

Versuchsergebnis von V1 erläutern. Verwendung von Laugen in der Seifenindustrie (Einführung über V2, V3, V4) — **B1, B1, A2, K98**

↓

Weitere Verwendungszwecke von Laugen — **B1**

Merksatz

Wässrige Laugelösungen leiten den elektrischen Strom und fühlen sich schlüpfrig an, ähnlich wie eine Seifenlösung. Sie werden u. a. zur Seifenherstellung benutzt. Bestimmte Laugen werden in speziellen Industriezweigen verwendet.

Phänomene

• Wassertropfen bleiben an den Fasern eines Kleidungsstücks hängen, Tropfen einer Seifenlösung versickern sofort in dem Gewebe.

• Bekommt man Seifenlösung in die Augen, so empfindet man einen brennenden Schmerz.

Bilder

B1 *(„Nutzung von Laugen")* Diese Tabelle mit all den Verwendungsmöglichkeiten dieser speziellen Laugen sollte erst nach Beendigung der Versuche genauer besprochen werden.

Aufgabenlösungen

A1 Wässrige Laugelösungen leiten den elektrischen Strom und fühlen sich schlüpfrig an, ähnlich wie eine Seifenlösung. Sie werden u. a. zur Seifenherstellung benutzt. Bestimmte Laugen werden in speziellen Industriezweigen verwendet.

Versuche

V1 („Natronlauge und elektrischer Strom") Der Versuch wird gemäß der beschriebenen Versuchsanordnung aufgebaut und zunächst destilliertes Wasser und dann verdünnte Natronlauge auf elektrische Leitfähigkeit untersucht. Im Gegensatz zu destilliertem Wasser leitet Natronlauge den elektrischen Strom, d. h. die Glühlampe leuchtet auf, wenn der Versuch mit Natronlauge durchgeführt wird.

V2 („Natronlauge, Öl und Fett") Mit Wasser lassen sich die Bechergläser nicht reinigen, da sich die Öle und Fette in Wasser nicht lösen. Anders dagegen verhält es sich mit der Natronlauge. Hierin lösen sich die Fette und Öle relativ schnell, und man ist in der Lage die Bechergläser zu reinigen.

V3 („Natronlauge und organische Stoffe") Mit diesem Versuch kann den Schülerinnen und Schülern die ätzende Wirkung der Natronlauge demonstriert werden. In je ein Reagenzglas gibt man zu 30%iger Natronlauge Stoffreste aus Baumwolle, Leinen, Schafwolle und Seide. Nach kurzer Zeit beginnt die Auflösung der Stoffe.

V4 („Herstellung von Seife") Folgende Reaktion läuft bei diesem Experiment ab:

$$C_{17}H_{33}COOH + NaOH \rightarrow C_{17}H_{33}COO^-Na^+ + H_2O$$

Ölsäure + Natronlauge → Natriumsalz der Ölsäure + Wasser

Zusätzliche Informationen zum Thema Seifen

Die klassische Seife ist im chemischen Sinne als „Alkalisalz von Fettsäuren" zu bezeichnen. Die Waschwirkung von Seifen lässt sich wie folgt erklären: Bei der Einwirkung von Wasser auf Seife reagieren die Seifenanionen. $R-COO^-$ unter Bildung von OH^--Ionen mit dem Wasser zur undissoziierten Fettsäure $R-COOH$. Da diese auf der einen Seite eine sich im Wasser gut lösende Gruppe (-COOH) besitzen, auf der anderen Seite einen das Wasser abstoßenden Kohlenwasserstoffrest, orientieren sie sich auf der Wasseroberfläche so, dass die -COOH-Gruppe in die Flüssigkeit eindringt, das andere Ende des Moleküls dagegen außerhalb des Wassers bleibt. Damit werden die Oberflächenspannung des Wassers und somit die Benetzungsverhältnisse verändert. Dies hat zur Folge, dass die Schmutzteilchen besser von Flüssigkeit umhüllt, erweicht und abgelöst werden können.

Da die oberste Hautschicht normalerweise schwach sauer reagiert (pH-Wert zwischen 4 und 6), wird dieser natürliche „Säuremantel" durch die Hydroxidionen der wässrigen Seifenlösung angegriffen. Nach guter Spülung wird er jedoch innerhalb von dreißig Minuten wieder hergestellt.

Zusätzliche Versuche

V5 („Verwendung der Natronlauge als Abbeizmittel") Zur Vorbereitung dieses Versuchs wird einige Tage vor der Unterrichtsstunde ein Stück z.B. Holz mit einer roten Farbe gestrichen. Im Unterricht streicht man mit einem Pinsel konzentrierte Natronlauge auf das vorbereitete Holzstück und lässt sie einige Minuten einwirken (Schutzbrille, Handschuhe). Die vorher glatte Oberfläche verändert sich durch Aufwerfung. Mit Hilfe eines Spachtels kann die zerstörte Farbschicht abgetragen werden.

V6 („Hygroskopische Wirkung von Natriumhydroxid") Etwa 15 g festes Natriumhydroxid werden auf ein Uhrglas gebracht und auf einer Balkenwaage austariert.

Nach ca. 20 - 30 Minuten lässt sich eine deutliche Massenzunahme beim Natriumhydroxid feststellen. Natriumhydroxid ist stark hygroskopisch, es hat Wasser aus der Luft aufgenommen und zerfließt.

Der Versuch V6 sollte nach Möglichkeit gleich zu Beginn der Stunde in Gang gesetzt werden, da ein Ergebnis erst nach längerer Zeit festgestellt werden kann.

Zusatzinformation

Während der Stunde muss den Schülerinnen und Schülern durch demonstrative Beachtung der Sicherheitsmaßnahmen (Schutzbrille, Schutzhandschuhe) immer wieder bewusst gemacht werden, dass Natronlauge und Natriumhydroxid stark ätzende Wirkung besitzen. In V3 wird diese Wirkung an Textilien demonstriert. Dazu ist es aber notwendig, im Unterricht den Zusammenhang zwischen menschlicher Haut und Textilien herzustellen. Menschliche Haut und die im Versuch verwendeten Stoffe sind aus Eiweißen aufgebaut und werden beim Zusammentreffen mit Natriumhydroxid zerstört.

Die Formulierung der Reaktionsgleichung in Ionenschreibweise ist dann möglich, wenn die entsprechenden Vorkenntnisse über die Bildung von Ionen vorhanden sind. Dasselbe gilt für die Auswertung von V1 (Die Bildung der Na^+- und OH^--Ionen als Ursache für die Leitfähigkeit).

Kopiervorlagen

K97 „Eigenschaften von Laugen"
K98 „Seifen"

Literatur

HUHN, P.: „Seife - eine der ältesten Haushaltschemikalien", Praxis der Naturwissenschaften, Chemie 7/46, 1997 S. 19.

9.9 Herstellung von Laugen

Lehrplanbezug

*(8.4.1) Nachweisen von Laugen
Herstellen … einer Lauge (z.B. Na-
tronlauge)
Formelschreibweise, z.B. … NaOH*

Strukturierungsvorschlag

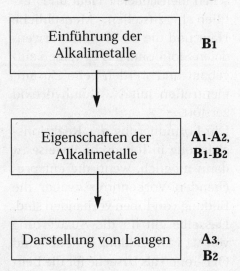

Phänomene

- Wenn ein Stückchen Natrium offen an der Luft liegenbleibt, überzieht es sich sehr schnell mit einem dunklen Belag.
- Wirft man ein Stückchen Natrium in Wasser, wird eine Verbrennung des Natriums unter heftiger Feuererscheinung beobachtet.

Bilder

B1 *("Natrium")* Die Schülerinnen und Schüler sollten sich beim Anschauen dieses Bildes die Frage stellen, was denn dort hochentzündlich ist (siehe A1)? Siehe ebenfalls zusätzlicher Versuch V1.

B2 *("Natrium reagiert mit Wasser")* In eine mit Wasser gefüllte Wanne taucht ein Messzylinder mit Öffnung nach unten ein. Ein Sieblöffel mit einem kleinen Stück Natrium befindet sich unter der Öffnung des Messzylinders. Das entstehende Gas (Wasserstoff) wird so aufgefangen und könnte hinterher entzündet werden. Es ist nicht empfehlenswert, diesen Versuch in der Schule durchzuführen, da es manchmal zu explosionsartigen Reaktionen des Natriums kommen kann.

Aufgabenlösungen

A1 Elementares Natrium kann an der Luft nicht aufbewahrt werden, da es sich schnell mit einer Schicht aus Hydroxid und Carbonat überziehen würde. Natrium ist sehr leicht oxidierbar. Natrium kann man ebenfalls nicht in Wasser aufbewahren, da es mit einer heftigen Reaktion unter Entstehung von Wasserstoffgas zu NaOH reagieren würde. Der Wasserstoff würde sich durch die bei der Reaktion entstehende Wärme entzünden (Knallgasreaktion).
Natrium muss daher in einem Lösungsmittel wie Petroleum aufbewahrt werden, mit dem es nicht reagieren kann.

A2 Unsere Haut ist normalerweise immer feucht. Natrium könnte mit dem Wasser der Haut reagieren. Das dabei entstehende NaOH würde die Haut verätzen.

A3 $2K + 2H_2O \rightarrow 2KOH + H_2$
Kalium + Wasser → Kalilauge + Wasserstoff

Zusätzlicher Versuch

V1 („Reaktion von Natrium mit Wasser") Eine Kristallisierschale wird etwa zur Hälfte mit Wasser gefüllt, dem einige Tropfen Phenolphthalein zugesetzt wurden. Dann wird die Kristallisierschale zur Sicherheit in eine weitere Kristallisierschale ge-

Merksatz

Bei der Reaktion von Alkalimetallen mit Wasser entstehen Laugen.

stellt, die sich auf dem Tageslichtprojektor befindet. Anschließend gibt man ein stäbchenförmiges Stückchen Natrium (zusammen höchstens erbsengroß!) auf die Oberfläche der wassergefüllten Schale und beobachtet (Schutzscheibe, Schutzbrille). Natrium ist leichter als Wasser und reagiert mit Wasser unter Gasentwicklung. Das Natrium schmilzt zu einer Kugel, und der Indikator Phenolphthalein wird rot gefärbt.

V2 („Nachweis von Wasserstoff bei der Reaktion von Natrium mit Wasser") Ein höchstens erbsengroßes, gut entkrustetes Stück Natrium wird zusammen mit einigen Kieselsteinen bzw. Glasperlen (als Beschwerung) in durchlöcherte Aluminiumfolie gewickelt und in eine pneumatische Wanne mit destilliertem Wasser gegeben. Der entstehende Wasserstoff wird in einem Reagenzglas aufgefangen und mittels Knallgasprobe nachgewiesen.

V3 („Gewinnung von festem Natriumhydroxid aus Natronlauge") Einige Milliliter Natronlauge werden in einer schwarzen Porzellanschale im Abzug vorsichtig eingedampft (Vorsicht vor Verätzungen! Schutzbrille!). Man erhält dabei einen festen weißen Rückstand von Natriumhydroxid.

Zusatzinformation

Zu Beginn wird als Hinführung zum Thema der Versuch V1 wiederholend vorgeführt. Die Schülerinnen und Schüler werden aufgefordert, die Beobachtung selbst zu interpretieren: die Reaktion von Natrium mit Wasser, die Bildung einer alkalischen Lösung und die Wasserstoffentwicklung. Die Erfahrung zeigt, dass die Beobachtung einer Gasentwicklung bei diesem Versuch schwierig ist. Sie wird von den Schülerinnen und Schülern oft nur als Vermutung geäußert. Deshalb wird anschließend V2 durchgeführt. Er zeigt sehr deutlich eine Gasentwicklung. Dadurch wird die Vermutung bestätigt. Das entstandene Gas wird mithilfe der Knallgasprobe als Wasserstoff identifiziert. Die Wiederholung wird mit der Formulierung der Reaktionsgleichung abgeschlossen.

Das erste Reaktionsprodukt, nämlich Wasserstoff, ist aus dem bisherigen Versuch hinreichend bekannt. Vom zweiten Reaktionsprodukt kennen die Schülerinnen und Schüler nur die Begriffe Natriumhydroxid und alkalische Lösung. Es erfolgt nun noch die Information, dass die alkalische Lösung als Natronlauge bezeichnet wird.

Zur Herstellung von Natriumhydroxid werden den Schülerinnen und Schülern zunächst zwei Substanzflaschen mit Natronlauge und festem Natriumhydroxid vorgestellt. In einem Unterrichtsgespräch wird erarbeitet, dass beide Substanzen zwar dieselbe Formel besitzen, aber in verschiedenen Aggregatzuständen vorliegen. Falls die Schülerinnen und Schüler dies nicht richtig interpretieren, wird ihnen mitgeteilt, dass man Natriumhydroxid aus Natronlauge auf einem sehr einfachen Wege gewinnen kann. So wird die Vermutung entwickelt, dass man Natriumhydroxid evtl. durch Eindampfen von Natronlauge gewinnen kann. Anschließend wird Versuch V3 durchgeführt.

Für die technische Darstellung von Laugen in der Industrie wurden kostengünstigere Herstellungsverfahren entwickelt. Man gewinnt sie durch Elektrolyse von Natrium- bzw. Kaliumchloridlösung.

Kopiervorlagen

K99 „Die Alkalimetalle"

K100 „Herstellung von Laugen"

9.10 Säuren und Laugen können für die Umwelt gefährlich sein

Lehrplanbezug

(8.4.1) Umweltgefährdungen, z. B. saurer Regen → 8.1.2, ...

Strukturierungsvorschlag

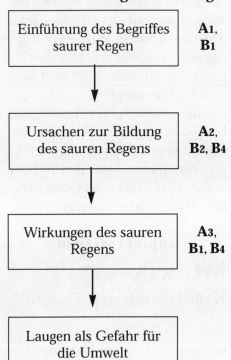

Einführung des Begriffes saurer Regen	**A1, B1**
Ursachen zur Bildung des sauren Regens	**A2, B2, B4**
Wirkungen des sauren Regens	**A3, B1, B4**
Laugen als Gefahr für die Umwelt	

Merksatz

Säuren und Laugen können schwere Umwelt- und Gebäudeschäden verursachen.

Phänomene

- In Nadelwäldern beobachtet man sehr häufig, dass die Kronen der Nadelbäume stark gelichtet sind.
- Kraftfahrzeuge, Industrieanlagen und private Heizungsanlagen blasen jährlich Millionen Tonnen Staub und schädliche Abgase in die Luft.
- Denkmäler und andere Bauten aus Naturstein zeigen in den letzten Jahrzehnten eine beschleunigte Verwitterung.

Bilder

B1 *(„Bayerisches Nationalmuseum in München")* Anhand der Fassade des Bayerischen Nationalmuseums erkennen die Schülerinnen und Schüler die Wirkung des sauren Regens an Gebäuden. Die Schüler sollten genau die Schäden des sauren Regens an diesem Gebäude beschreiben. Vielleicht haben sie selber schon ähnliche Erscheinungen an anderen Gebäuden beobachtet.

B2 *(„Schwefeldioxidgehalte der Luft")* Das Bild soll die Verringerung des Schwefeldioxidausstoßes in Deutschland innerhalb der letzten 10 Jahre verdeutlichen. Interessant wäre auch die Frage, in welchen Gebieten Deutschlands 1985 der Schwefeldioxidgehalt in der Luft besonders hoch war.

B3 *(„pH-Werte des Regens am Brotjacklriegel")* Es sollte deutlich gemacht werden, dass der pH-Wert des Regens in den letzten Jahren sehr ungleichmässig angestiegen ist. Natürlich soll auch klar gemacht werden, dass tendentiell der pH-Wert im Laufe der letzten Jahre angestiegen ist, um damit auf die Folgen der umweltfreundlichen Maßnahmen hinzuweisen.

B4 *(„Wirkungen des sauren Regens")* Dieses Bild zeigt in sehr schöner Weise nicht nur die Wirkung des sauren Regens, sondern auch einige Gründe für seine Entstehung. An dieser Stelle sollte man auch an den Versuch V1 aus Kapitel 9.5 zur Darstellung der schwefligen Säure erinnern. Ebenfalls sollte damit auch wieder auf die Wichtigkeit des pH-Wertes im Boden aufmerksam gemacht werden.

Aufgabenlösungen

A1 Der saure Regen zerstört Sandstein und Kalkstein besonders leicht. Die Säure verbindet sich mit dem Gestein und bildet so wasserlösliche Stoffe. Diese werden vom Regen ausgewaschen und weggespült. Auf diese Weise wird die Oberfläche des Natursteins rauh und später bröckelig. Schließlich brechen ganze Stücke ab und die Bauten verlieren ihre Form und Festigkeit. Aus diesem Grunde sollte der zur Renovierung verwendete Stoff keinen Kalk enthalten, z.B. könnte man Basaltgestein (vulkanisches Gestein) benutzen.

A2 Erste Feststellung ist natürlich, dass der Schwefeldioxidgehalt in der Luft in Deutschland von 1985 - 1995 stark abgenommen hat. Als Gründe hierfür sind umweltpolitische Maßnahmen wie die Einführung von Katalysatoren in Autos zur Schadstoffreduzierung, sowie umweltfreundlichere Heizungsanlagen in Häusern zu nennen. Darüber hinaus sollten aber auch die Umweltauflagen für industrielle Unternehmen wie die chemische Industrie erwähnt werden.

A3 Die Schülerinnen und Schüler nehmen dabei mindestens sechs Messwerte auf und tragen die Messergebnisse in ein Diagramm ein, in dem der pH-Wert gegen die Zeit aufgetragen ist. Die einzelnen Punkte sollen dann durch eine Kurve verbunden werden (ähnlich wie in Bild 3).

Zusatzinformation

Bis vor einigen Jahren trugen SO_2-Abgase wesentlich zur Entstehung des sauren Regens bei. Inzwischen ist aber der Ausstoß an Schwefeldioxid stark verringert worden. Dazu haben die Maßnahmen zur Rauchgasentschwefelung wesentlich beigetragen. Dafür hat jedoch der Anteil an Stickstoffoxiden in der Luft zugenommen. Es fahren heute viel mehr Autos als früher. Deshalb sind gegenwärtig die Stickstoffoxide die Hauptverursacher des sauren Regens.

Am meisten betroffen sind nach wie vor die Seen und Gewässer Nordeuropas. Die Folgen des sauren Regens bekämpft man in Schweden sehr radikal: Dort kippt man jährlich etwa 100 000 t Kalk von Flößen in die Gewässer. Damit soll die saure Wirkung des Wassers verringert werden. Erste Erfolge sind bereits eingetreten: Es konnten wieder mehr Lachse gefangen werden.

Stickstoffoxide
Kohle z.B. enthält Stickstoff in organischen Stickstoffverbindungen, aus denen bei der Verbrennung Stickstoffmonoxid (NO) entsteht. Bei hohen Temperaturen, z.B. in Kfz-Motoren, reagiert der Luftstickstoff mit Luftsauerstoff zu NO. Das NO wird in der Atmosphäre zu NO_2 oxidiert. NO_2 in Wasser gelöst ergibt Salpetersäure.

Kopiervorlagen

K101 „Umweltproblem Schwefeldioxid"
K102 „Umweltproblem Stickoxide"

Literatur

RIEDEL: „Anorganische Chemie", 3. Auflage, S. 624 - 629.

10.1 Kochsalz ist ein wichtiger Rohstoff

Lehrplanbezug

*(8.4.2) Salze aus dem Erfahrungs-
bereich der Schüler, z.B. Kochsalz;
sachgemäßer Umgang*

Strukturierungsvorschlag

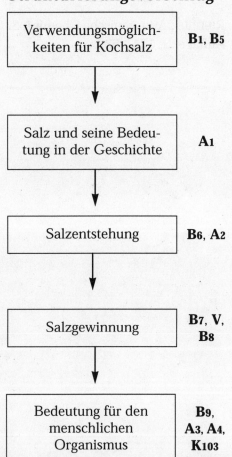

Verwendungsmöglich-keiten für Kochsalz	**B1, B5**
Salz und seine Bedeu-tung in der Geschichte	**A1**
Salzentstehung	**B6, A2**
Salzgewinnung	**B7, V, B8**
Bedeutung für den menschlichen Organismus	**B9, A3, A4, K103**

Merksatz

*Kochsalz ist ein Stoff, der bei uns
vielfältig genutzt wird. Chemisch
heißt er Natriumchlorid.*

Phänomene

• Kochsalz fehlt in keiner Küche als Würzmittel.
• Salz macht Speisen haltbar.
• Salz wird zum Enteisen auf die Straßen gestreut.

Bilder

B1 *(„Konservieren von Nahrungsmitteln")* und **B2** („Würzen
von Pommes frites") bilden einen unmittelbaren Zugang zum
Thema „Salz". Den Schülern ist der Stoff zunächst einmal als ein
aus der Küche nicht wegzudenkendes Würzmittel bekannt. Weniger bewusst ist schon, dass es sich bei dem Stoff um einen chemischen Stoff, eine Verbindung handelt. Noch weniger ist bekannt, dass der Begriff in der Chemie für eine ganze Stoffgruppe, die Salze steht. Es sollte an dieser Stelle schon darauf aufmerksam gemacht werden, dass zwischen dem umgangssprach-
lich gebrauchten Wort Salz und der Bedeutung dieses Wortes in
der Chemie ein Unterschied besteht.

B3 *(„Leckstein für Tiere")* Pflanzenfresser wie Pferde, Kühe,
aber auch Rehe und verschiedene andere wildlebende Tiere
können ihren Bedarf an Salz nicht immer ausreichend durch die
Nahrung decken. Daher stellt man den Tieren Lecksteine zur
Verfügung, deren Hauptbestandteil Kochsalz ist.

B4 *(„Industriesalz")* zeigt eine Lagerhalle, in der Industriesalz
gelagert wird. Dieses Salz hat nicht den Reinheitsgrad von Speisesalz und wird in großen Mengen als Ausgangsstoff für die Verarbeitung zu weiteren Stoffen verwendet.

B5 *(„Streusalz")* Außer als Speisesalz ist den Schülern die Verwendung von Natriumchlorid als Streusalz bekannt. Es wird in
Haushaltsmengen verpackt verkauft und dient dazu, Straßen
und Gehwege eisfrei zu halten. Wegen der umweltschädigenden
Wirkung von Salz sollte im Haushaltsbereich auf die Verwendung von Streusalz verzichtet werden. Abstumpfende Streumit-
tel wie Splitt u.ä. reichen meist aus.

B6 *(„Entstehung von Salzlagerstätten")* Die stark vereinfachende Darstellung zeigt in drei Abschnitten die Entstehung der
Salzlagerstätten. Wo sich heute Salzlagerstätten befinden, sind
früher einmal Meere gewesen. Durch Anhebungen des Meeres-
bodens wurden Binnenmeere abgetrennt, die anschließend aus-
trockneten. Das im Wasser gelöste Salz lagerte sich ab (vgl. Versuch) und wurde von Erdschichten überdeckt.

B7 *(„Meersalzgewinnung")* Ähnlich wie in B6 beschrieben, gewinnt man Meersalz. Große seichte Becken werden mit Meerwasser geflutet, das anschließend langsam verdunstet und das

gelöste Salz freigibt (vgl. Versuch). Das Bild ist gut geeignet, die aus der Entstehung der Salzlagerstätten gewonnenen Erkenntnisse zu übertragen und anzuwenden.

B8 (*„Steinsalzbrocken"*) Salz kommt in der Erde in festem Zustand als Steinsalz und in gelöstem Zustand als Sole vor. Die bergmännische Gewinnung von Salz als Steinsalz hat heute kaum noch Bedeutung. Meist wird das Salz mithilfe von Wasser gelöst und als Sole ausgespült.

B9 (*„Physiologische Kochsalzlösung"*) Unser Blut enthält 0,9 % Kochsalz NaCl. In gleicher Konzentration ist das Salz in physiologischer Kochsalzlösung enthalten. Diese dient als zeitweiliger Ersatz für Blutplasma.

Aufgabenlösungen

A1 Z.B. Salzburg, Salzgitter, Salzhausen, Bad Reichenhall, Hallstatt, Hallbergmoos, Bruchsal, Solingen, Soldau, Solling

A2 (siehe Buchtext S.135 unten - S. 136 oben)

A3 Durch starkes Schwitzen verliert der Körper außer Wasser auch Salze, die dem Körper durch mineralsalzhaltige Getränke wieder zugeführt werden können.

A4 In einer 500-ml-Flasche befinden sich 45 g Kochsalz.

Versuch

Achtung: Kurz bevor alles Wasser im Becherglas verdampft ist, kann es passieren, dass Salzkristalle „herausspritzen".
Im Becherglas und im Teller bleiben Salzkristalle als Rückstand und bilden einen weißen Belag. Die Kristalle im Teller sind im Regelfall größer und auch eindeutiger ausgebildet als die im Becherglas.

Medien und Kopiervorlagen

M1 F 16mm „Salzgewinnung, Nutzung deutscher Lagerstätten"; FWU 32 03191

M2 F 16mm „Salz im Spätmittelalter, Gewinnung - Transport - Handel"; FWU 32 03302

M3 V „Was kann das bißchen Salz schon schaden?"; FWU 42 04816

M4 V „Peter sucht das weiße Gold"; FWU 42 31150

M5 Medienverbund „Salz aus Bayern"; FWU 50 05014

K103 „Kochsalz ist ein wichtiger Rohstoff"

10.2 Eigenschaften von Salzen

Lehrplanbezug

(8.4.2) Eigenschaften von Salzen; Wirkungen; Nachweis von Salzen

Strukturierungsvorschlag

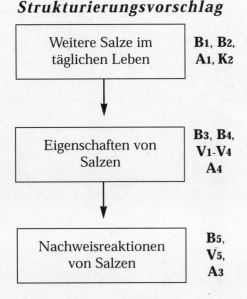

Weitere Salze im täglichen Leben	B1, B2, A1, K2
Eigenschaften von Salzen	B3, B4, V1-V4 A4
Nachweisreaktionen von Salzen	B5, V5, A3

Merksatz

Salze sind eine wichtige Stoffgruppe in der Chemie. Sie bilden Kristalle.

Phänomene

- Unbewußter Umgang mit Salzen im täglichen Leben: Backpulver, Gips, Mörtelarten
- Große Kristalle als Schmuckstücke
- Feuerwerkskörper enthalten Salze unterschiedlicher Metalle.

Bilder

B1 *(„Gipsabdruck eines Gebisses")* Für die Schüler verbirgt sich hinter dem Wort Salz zunächst nur Kochsalz. Mithilfe weiterer Beispiele ist zu erarbeiten, dass die vorgestellten Stoffe, mit denen auch häufig umgegangen wird, ebenso Salze sind. Gips findet außer in der Medizin hauptsächlich beim Bauen und Renovieren Verwendung.

B2 *(„Backen mit und ohne Backpulver")* Das Bild zeigt die Wirkung eines Backtreibmittels. Der im Bild links dargestellte Kuchen ist großporiger und lockerer. Die Wirkung des Treibmittels beruht darauf, dass die Treibmittel bei Hitze zerfallen und Kohlenstoffdioxid abgeben, das für die Lockerheit verantwortlich ist. Neben dem im Text genannten Treibmittel gibt es noch weitere, z.B. Pottasche (Kaliumkarbonat K_2CO_3) oder Hirschhornsalz (Ammoniumhydrogenkarbonat NH_4HCO_3). Auch diese Stoffe sind Salze.

B3 *(„Gipskristalle")* und **B4** *(„Kochsalzkristall")* zeigen die unter einem Mikroskop erkennbare räumliche Struktur der Stoffe Gips und Kochsalz. Dieser Kristallaufbau ist ein Stoffmerkmal und kann in Verbindung mit A4 intensiver erarbeitet werden.

B5 *(„Flammenfärbung verschiedener Salze")* In Anlehnung an „Natur bewusst" Band 7, S. 80 - 81 lässt sich hier noch einmal vertiefend die Flammenfärbung als Nachweisreaktion erarbeiten. Salze mit dem gleichen Metallanteil färben die Brennerfarbe gleich (vgl. A3).

Aufgabenlösungen

A1 Der im Bild linke Kuchen ist besser aufgegangen, lockerer und insgesamt von besserer Konsistenz. Er bietet den größeren Genuss. Vergl. B2.

A2 Genannt werden noch: Calciumsulfat (Gips), Natriumbicarbonat (ein Backpulver), und Natriumcarbonat (Soda).

A3

Salz	Flammenfärbung
Natriumchlorid	gelb
Natriumcarbonat	gelb
Kupfersulfat	blaugrün
Kupferchlorid	blaugrün
Calciumcarbonat	rot
Calciumchlorid	rot

A4 Durch eine Lupe sind nur Grobstrukturen der Kristalle zu erkennen. Die eigentliche Form sieht man im Mikroskop. Bei guter Lichteinspiegelung kann man quaderförmige Kristalle in schwarz-weiß Darstellung erkennen, die gut nachzuzeichnen sind.

Versuche

V1 („Löslichkeit von Salzen") Es lässt sich mehr Kupfersulfat lösen. In 100 ml Wasser von 20 °C lösen sich 35,8g NaCl, aber 42,3 g $CuSO_4$.

V2 („Kristallbildung") Es ist zugegebenermaßen ein etwas schwieriges Unterfangen, ein Kupfersulfatkristall an einem Faden zu befestigen. Am besten eignet sich ein dünner Nylonfaden.
Das Glas mit der gesättigten Kupfersulfatlösung sollte abgedeckt werden, um Verdunstungsverluste zu vermeiden. Einige Tage später kann man feststellen, dass ein blauer Kristall gewachsen ist.

V3 („Leiten Salze Strom?") Wenn die beiden Kohleelektroden im Salzhaufen sich nicht berühren, zeigt das Messgerät keinen Ausschlag. Es fließt kein Strom. Kochsalz in kristalliner Form ist kein elektrischer Leiter. Werden die Elektroden dagegen in eine Salzlösung gebracht, zeigt das Messgerät einen Ausschlag, es fließt Strom. An den Elektroden sieht man kleine Blasen aufsteigen. Achtung: Man sollte den Versuch nicht zu lange laufen lassen. Es entwickeln sich Chlorgas und Wasserstoff. Chlorgas ist giftig und das Gemisch aus beiden explosiv.

V4 („Verändert Strom die Kupfersulfatlösung?") Dieser Versuch ist geeignet, um kurz auf Vorgang und Bedeutung des Galvanisierens (Verchromen, Vergolden, Versilbern, Verkupfern ...) aufmerksam zu machen. Die in der Kupfersulfatlösung enthaltenen positiv geladenen Kupferionen wandern zum Minuspol und überziehen dort den Schlüssel mit einer dünnen Schicht Kupfer.

V5 („Flammenfärbung durch Salze") Nachdem in Vorversuchen die Flammenfärbung als Nachweisreaktion für Metalle erfasst ist, kann mit Geschenkpapier weiter experimentiert werden. Die einzelnen Farbanteile sollten getrennt verbrannt werden, um die Bestimmung des Metallanteils zu erleichtern.

Medien und Kopiervorlagen

M1 D „Kristalle"; FWU 10 00508
M2 F „Elektrolyse"; FWU 32 00866
K104 „Eigenschaften von Salzen"

10.3 Wie Salze hergestellt werden können

Lehrplanbezug

(8.4.2) Herstellen eines Salzes, z.B. durch Synthese oder Neutralisation; Element, Verbindung; Reaktion

Strukturierungsvorschlag

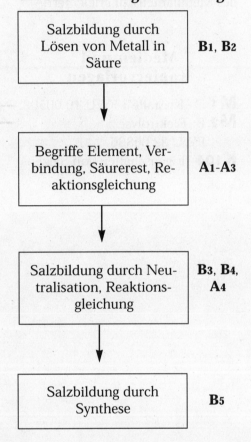

Merksatz

Salze können durch Neutralisation, durch Synthese oder durch die Reaktion von Metallen mit Säuren hergestellt werden.

Phänomene

• Rotkraut oder Sauerkraut soll nicht in Aluminiumtöpfen gekocht werden.
• Säurewirkung kann durch Lauge, Laugenwirkung durch Säure aufgehoben werden. Es entsteht jeweils ein Salz (Behandlung von Insektenstichen, ...).

Bilder

B1 *(„Magnesium und Zink reagieren mit Salzsäure")* Die Bilder zeigen die Reaktion von geraspeltem Zink (jeweils rechtes Reagenzglas) und Magnesiumband (jeweils linkes Reagenzglas) mit Salzsäure. Am Aufsteigen der Gasblasen lässt sich die Heftigkeit der Reaktion ablesen. Magnesium als unedleres Metall reagiert heftiger als Zink.

B2 *(„Kennkarte von Magnesiumchlorid")*

B3 *(„Eingedampfte Salzlösung")* Die in B3 und B4 dargestellten Vorgänge lassen sich gut als Schülerversuch zur Salzherstellung durch Neutralisation durchführen, wenn man mit verdünnter Salzsäure und verdünnter Natronlauge arbeitet und dabei die Sicherheitsbestimmungen für den Umgang mit Säuren und Laugen beachtet. Nachdem Natronlauge mit Salzsäure neutralisiert wurde, kann die entstandene Salzlösung in einer Porzellanschale über einem Brenner eingedampft werden. Wenn alle Flüssigkeit verdampft ist, bleibt Kochsalz als weißer, kristalliner Rückstand in der Schale.
Vorsicht: Am Ende des Versuchs können Kristalle aus der Schale spritzen!

B4 *(„Vorgang der Neutralisation")* Die drei Erlenmeyerkolben enthalten die für den Vorgang der Neutralisation entscheidenden Flüssigkeiten: Links, blau eingefärbt, eine Lauge, rechts die Säure und in der Mitte die Salzlösung, die durch tropfenweises Zugeben von Säure aus der Bürette in die Lauge entstanden ist.

B5 *(„Chlor und Natrium reagieren miteinander")* Der in diesen Bildern zur Salzbildung durch Synthese dargestellte Versuch sollte in keinem Fall so wie abgebildet durchgeführt werden. Zum einen braucht man dazu einen Standzylinder voll mit Chlorgas, zum zweiten darf der Versuch nur unter dem Abzug durchgeführt werden.
Das rechte Bild zeigt einen metallisch glänzenden Natriumbrocken, bei dem die Rinden mit einem Messer entfernt wurden (vgl. Schülerbuch S.131).
Im linken Bild wird dieser Natriumbrocken in eine Chloratmosphäre gehalten und überzieht sich mit einer weißen Schicht von Natriumchlorid.

Aufgabenlösungen

A1

Eisen + Salzsäure → Eisenchlorid + Wasserstoff

Zink + Salzsäure → Zinkchlorid + Wasserstoff

A2 Es werden hier nicht alle denkbaren Salze erwähnt, sondern nur die, die auch tatsächlich technisch-chemisch eine Rolle spielen: Eisenchlorid, Natriumchlorid, Magnesiumchlorid, Kupferchlorid, Natriumsulfat, Eisensulfat, Magnesiumsulfat, Kupfersulfat, Natriumnitrat, Magnesiumnitrat, Kupfernitrat, Magnesiumkarbonat, Magnesiumphosphat, Kupferkarbonat, Kupferphosphat.

A3 s.o.: Natriumfluorid, Natriumchlorid, Natriumsulfat, Natriumhydrogencarbonat, Kaliumchlorid, Kaliumnitrat, Kaliumsulfat, Magnesiumchlorid, Magnesiumnitrat, Magnesiumsulfat, Calciumfluorid, Calciumchlorid, Calciumnitrat, Calciumsulfat, Calciumhydrogenkarbonat

A4

Säure	Säurerest	Lauge	Metall	Salz
Salzsäure	Chlorid	Natronlauge	Natrium	Natriumchlorid
Schwefelsäure	Sulfat	Kalilauge	Kalium	Kaliumsulfat
Salpetersäure	Nitrat	Kalkwasser	Calcium	Calciumnitrat

Fachinformation

Salze sind nach ihrer Zusammensetzung Stoffe, die aus einem Metall und einem Säurerest bestehen. Sie sind chemische Verbindungen und zerfallen, wenn sie geschmolzen oder in Wasser gelöst werden, in positiv geladene Metallionen und in negativ geladene Säurerestionen. Für die Moleküle von Salzen ist die Ionenbindung typisch, wobei bei der Salzbildung die Metalle Außenelektronen abgeben und die Säurerestionen Elektronen aufnehmen.

Es gibt verschiedene Möglichkeiten der Salzbildung:

1. aus Metall und Nichtmetall
2. aus Metalloxid und Säure
3. aus Metall und Säure
4. aus Säure und Lauge
5. aus Lauge und Nichtmetalloxid.

Die wässrigen Lösungen von Salzen wirken nicht in jedem Fall neutral, sondern nur die, die aus starken Säuren und starken Laugen entstanden. Salze aus schwachen Säuren und starken Laugen reagieren in wässrigen Lösungen basisch (z.B. Natriumcarbonat), solche aus starken Säuren und schwachen Laugen reagieren in wässrigen Lösungen sauer (z.B. Aluminiumchlorid).

Medien und Kopiervorlagen

M1 F „Reaktionen von Säuren und Basen"; FWU 32 10197

M2 F „Chemische Reaktionen"; FWU 32 10046

K105 „Wie Salze hergestellt werden können I"

K106 „Wie Salze hergestellt werden können II"

10.4 Verwendung von Salzen

Lehrplanbezug

(8.4.2) Verwendung von Salzen, z.B. Streusalz, Düngemittel; Umweltgefährdungen

Strukturierungsvorschlag

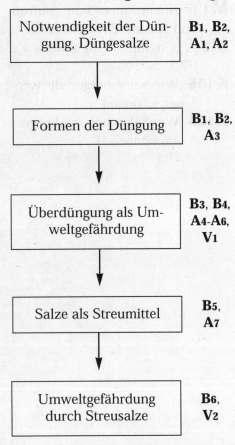

Notwendigkeit der Düngung, Düngesalze	**B1**, **B2**, **A1**, **A2**
Formen der Düngung	**B1**, **B2**, **A3**
Überdüngung als Umweltgefährdung	**B3**, **B4**, **A4-A6**, **V1**
Salze als Streumittel	**B5**, **A7**
Umweltgefährdung durch Streusalze	**B6**, **V2**

Merksatz

Salze werden als Düngemittel und Streusalz verwendet. Von Überdüngung spricht man, wenn dem Boden zu viel Mineralsalze zugeführt werden. Das kann zu Belastungen von Pflanzen, Boden, Gewässern und Trinkwasser führen. Auch der Einsatz von Streusalz birgt Gefahren für die Umwelt.

Phänomene

- Pflanzen mit Wachstumsschäden in Wohnung und Garten
- Geschädigte Pflanzen am Straßenrand
- Landwirtschaftliche Fahrzeuge mit Behältern im Straßenverkehr
- Geruchsbelästigung bei Überlandfahrten
- Fernsehwerbung für Düngemittel in Gartenbedarfscentern

Bilder

B1 (*„Organische Düngung mit Mist"*) **B2** (*„Kunstdünger wird aufgebracht"*) Beide Bilder im Vergleich eignen sich als Ausgangspunkt für ein einführendes Gespräch zum Thema „Verwendung von Salzen als Düngemittel". Vorwissen kann abgeklärt werden und grundlegende Fragen wie „Warum ist Düngung notwendig?", „Welche Arten von Düngung gibt es?", „Was brauchen Pflanzen zum Wachstum?" können mit den beiden Bildern angebahnt werden.

B3 (*„Ertrag bei Kartoffeln mit unterschiedlicher Stickstoffdüngung"*) Dieses Schaubild zeigt eindrucksvoll, dass der Ertrag bei zunehmender Stickstoffdüngung nur bis zu einer bestimmten Grenze ansteigt, dann aber wieder abfällt. Daher kann mit diesem Schaubild auch gut dargelegt werden, dass man die Mengenangaben auf Düngerbehältern durchaus einhalten sollte, da ein Mehr an Dünger nicht unbedingt ein Mehr an Ertrag bringt.

B4 (*„Stickstoffdüngung und der Ertrag beim Weizen"*) Die Tabelle zeigt ein ähnliches Ergebnis wie B3, jedoch sind die Ergebnisse etwas differenzierter dargestellt. Zusammen mit A5 kann ein Diagramm aus der Tabelle erstellt werden, das sich gut mit B3 vergleichen lässt.

B5 (*„Streufahrzeug"*) Ein Streufahrzeug verteilt Streusalz als Auftaumittel auf der Fahrbahn. Durch die Fahrbahnneigung und die Räumvorrichtungen gelangen die Streusalze an den Fahrbahnrand, können dort versickern und erreichen so die Wurzelbereiche der Pflanzen bzw. gelangen ins Grundwasser.

B6 (*„Streusalzwirkungen auf die Blätter eines Baumes"*) Die Blätter streusalzgeschädigter Pflanzen vertrocknen vom Rand her, sterben ab und werden abgeworfen. Dies hat unterschiedliche Ursachen. Zum einen kommt es durch Streusalzeinwirkung zu einer Nährsalzauswaschung im Boden, die mit einer Bodenverdichtung und einem geringeren Bodenwassergehalt einhergeht. Zum anderen wird durch einen höheren osmotischen Wert im Boden den Faserwurzeln die Wasseraufnahme erschwert, ja manchmal sogar den Wurzeln Wasser entzogen. Dadurch entstehen die an den Blättern beobachtbaren Schäden.

Aufgabenlösungen

A1 Die Pflanzen benötigen Mineralsalze für ihr Wachstum. Fehlen sie, kommt es zu Mangelerscheinungen, die Pflanze kümmert oder wird krank.

A2 Stickstoff (N), Phosphor (P), Kalium (K), Calcium (Ca), Magnesium (Mg) sind die wichtigsten Mineralsalze. Daneben sind noch Spurenelemente notwendig.

A3

organische Düngung:	Pflanzenreste, Kompost Tierausscheidungen Mist, Gülle
Kunstdünger:	industriell hergestellter Dünger in perlierter, pulverisierter oder flüssiger Form

A4 Überdüngung: Dem Boden werden mehr Mineralsalze zugeführt, als die Pflanzen aufnehmen können. Gefahren: Wachstumsschäden, Dünger gelangt in Flüsse und Seen und gefährdet dort die Tier- und Pflanzenwelt, Dünger gelangt ins Grundwasser und gefährdet unser Trinkwasser

A5

Düngung mit Stickstoff	Gesamtgewicht in mg
einfach	9120
doppelt	17328
vierfach	20700
fünffach	19008

A6 Bis zu einem bestimmten Punkt steigt der Ertrag bei steigender Stickstoffdüngung, dann fällt er wieder ab. Es sollte etwa 150 kg Stickstoffdünger pro ha ausgebracht werden, da dabei der größte Erfolg erzielt wird.

A7 Eine Kältemischung ist eine Mischung aus 3 Teilen Eis mit einem Teil Kochsalz. Man erreicht durch sie eine Herabsetzung des Gefrierpunktes von Wasser.

Versuche

V1 Der Langzeitversuch sollte zusammen mit den Schülern geplant werden und zeigt das Pflanzenwachstum bei normaler Versorgung mit Nährsalzen (1), bei Überdüngung (3) und bei mangelnder Versorgung mit Nährstoffen (2). Bei (2) und (3) sind Wachstumsbeeinträchtigungen sowohl im Blatt- wie im Wurzelbereich beobachtbar.

V2 Auch dieser Versuch sollte zusammen mit den Schülern geplant werden und ermöglicht durch den Kontrollversuch einen Einblick in wissenschaftliche Arbeitsmethoden. Die Kressesamen in Salzwasser keimen sehr viel schlechter, gehen z.T. gar nicht auf und die Pflänzchen zeigen deutliche Wachstumsschäden.

Medien und Kopiervorlagen

M1 F „Woher der Salat kommt"; FWU 32 03238

M2 V „Wie Pflanzen wachsen"; FWU 42 00976

M3 D „Stickstoffkreislauf"; FWU 10 02050

M4 V „Justus von Liebig"; FWU 42 01588

K107 „Verwendung von Salzen I"

K108 „Verwendung von Salzen II"

11.1 Dauermagnet

Lehrplanbezug

*(8.5.1) Wirkungen von Dauerma-
gneten (untereinander bzw. auf andere Stoffe)*

Strukturierungsvorschlag

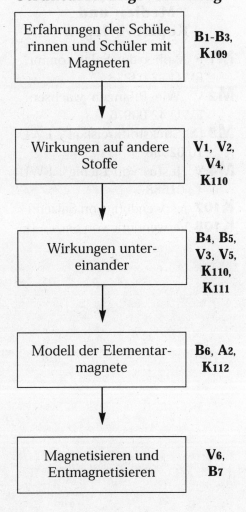

Merksatz

*Magnete und Eisen ziehen sich ge-
genseitig an. Gleichnamige Pole
stoßen sich ab, ungleichnamige
Pole ziehen sich an. Jeder Magnet
besteht aus vielen Elementarma-
gneten.*

Phänomene

• Spielzeugwagen werden durch Magnete angekoppelt.
• Schranktüren werden durch Magnete zugehalten.
• Eine Kompassnadel stellt sich in Nord-Süd-Richtung ein.
• Magnete werden zum Anbringen von Zetteln auf Merktafeln benutzt.

Bilder

B1 (*„Schwebender Schlüssel"*) Dieser Versuch kann als Ein-
stiegsversuch dienen. Wenn der Hufeisenmagnet hinter einer
Verblendung (Pappe oder Papier) versteckt wird, ist die Motiva-
tion zur Erklärung des Phänomens stärker. Das Bild zeigt, dass
die Anziehungskraft eines Magneten auch aus der Entfernung
wirkt.

B2 (*„Magnete wirken"*) Die abgebildeten Beispiele können
durch die Schülerinnen und Schüler ergänzt werden.

B3 (*„Unterschiedliche Magnetformen"*) Unterschiedliche Magnetformen: Hufeisenmagnet, Stabmagnet, Rundmagnet, Ring-
magnet

B4 (*„Ein beweglicher Magnet stellt sich in Nord-Süd-Richtung
ein"*) und **B5** (*„Die Kompassnadeln zeigen in Nord-Süd-Richtung"*) Bild 4 stellt das Ergebnis von V5 dar. Es vermittelt die Er-
kenntnis, dass frei bewegliche Magnete sich in Nord - Süd -
Richtung einpendeln. Somit führt dieser Versuch zur Kompassnadel. Da das Wechselwirkungsgesetz der Magnetpole vorab
erarbeitet worden ist, ergibt sich aus der Beobachtung von V5
die Frage nach den magnetischen Polen der Erde. Das Ergebnis
dieser Überlegungen können die Schülerinnen und Schüler
selbst finden und mit dem Bild 5 a vergleichen. Im Lehrmittelhandel erhältlich ist ein Globus mit Bohrungen an den Polen,
durch die man entsprechende Stabmagnete stecken kann. Wird
dann ein Kompass an eine beliebige Stelle des Globus gebracht,
stellt sich die Magnetnadel parallel zu den Längenkreisen ein.

B6 („Modell der Elementarmagnete") Als Erklärungsmodell
für das Magnetisieren von Eisen wird das Modell der Elementarmagnete eingeführt. Mit diesem Modell lässt sich auch das
Entmagnetisieren verdeutlichen. Durch Erschütterungen, beispielsweise fallen lassen des Magneten oder durch Erhitzen, geraten die Elementarmagnete in Unordnung.

B7 („Ein Eisendraht wird magnetisiert") Dieses Bild führt zum
Erklärungsmodell Elementarmagnete.

Aufgabenlösungen

A1 Ein Ende der Stricknadel wird jeweils einem Magnetpol der Kompassnadel genähert. Ist die Stricknadel unmagnetisch, wird sie von beiden Polen der Kompassnadel angezogen. Ist die Stricknadel magnetisch, wird nur ein Pol der Kompassnadel angezogen, der andere Pol wird abgestoßen.

A2 Wenn ein Stück Eisen magnetisch werden soll, müssen die Elementarmagnete geordnet werden. Das bedeutet, dass sie so ausgerichtet werden, dass alle gleichen Pole der Elementarmagnete in die gleiche Richtung zeigen.

Versuche

V1 („Was wird angezogen") Zunächst werden die Schülerinnen und Schüler untersuchen, welche Gegenstände angezogen werden. Danach ist das gemeinsame Merkmal dieser Gegenstände herauszuarbeiten: Sie bestehen aus Eisen oder enthalten Eisen.

V2 („Starke Stellen eines Magneten") Mit diesem Versuch sollen die Schülerinnen und Schüler herausfinden, dass die Magnete Stellen aufweisen, die besonders stark anziehen.

V3 („Anziehen und Abstoßen") Dieser Versuch führt zum Wechselwirkungsgesetz. Das Eisen und der Magnet ziehen sich gegenseitig an. Gleichnamige Pole stoßen sich ab, ungleichnamige Pole ziehen sich an.

V4 („Ein Hindernis für die Magnetkraft") Die Magnetkraft wirkt durch alle Stoffe hindurch, die nicht zu den ferromagnetischen Stoffen gehören. Diese Eigenschaft des Magneten erleichtert das Aufsammeln von verschütteten Eisenspänen mit einem Magneten, die normalerweise nur sehr schwer restlos von den Polen zu entfernen ist. Wenn man den Magneten in ein Papiertaschentuch wickelt, wirkt die Magnetkraft durch das Papier. Die Späne können leicht aufgenommen und anschließend abgeschüttelt werden.

V5 („Ein drehbarer Magnet") Besonders eindrucksvoll gelingt der Versuch mit einem Faden von der Decke des Raumes. Der Versuch verdeutlicht die Namengebung der Pole des Magneten. Das Ende des Magneten, das nach Süden zeigt, erhält den Namen Südpol.

V6 („Magnetisieren") Es ist darauf zu achten, dass der Magnet zum Magnetisieren immer in die gleiche Richtung über den Draht geführt wird. Ein Hin- und Herstreichen führt zu einem schwächeren Ergebnis. Mit dem Modell der Elementarmagnete wird verdeutlicht, dass durch die Bewegung des Magneten immer in dieselbe Richtung letztlich alle Elementarmagnete ausgerichtet werden.

Zusätzlicher Versuch

„Eisenspäne werden geordnet" Um die „Unordnung" und die „Ausrichtung" der Elementarmagnete zu veranschaulichen, werden in ein Reagenzglas Eisenspäne gegeben. Das Reagenzglas wird mit einem Stopfen verschlossen. Nähert man einen Dauermagneten, richten sich die Teilchen der Eisenspäne aus. Beim Hin - und Herstreichen mit einem Pol des Magneten am Reagenzglas folgt die Ausrichtung der Teilchen der Bewegung des Magneten. Wird das Glas geschüttelt, ist die Unordnung der Teilchen wieder vorhanden.

Kopiervorlagen

K109 „Wirkungen von Magneten"
K110 „Wechselwirkung von Magneten"
K111 „Magnet Erde"
K112 „Elementarmagnete"

Literatur

GÖTZ, R.; DAHNKE; H.; LANGENSIEPEN, F. (Hrsg.): „Handbuch des Physikunterrichts" Sekundarstufe I Band 5 „Elektrizitätslehre I", S. 205 -248, Aulis Verlag Deubner & CO KG, Köln 1992

11.2 Das magnetische Feld

Lehrplanbezug

(8.5.1) Das magnetische Feld, Feldlinien als Modellvorstellung

Strukturierungsvorschlag

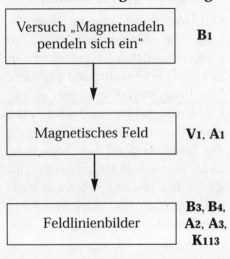

Phänomene

- Ein Magnet bewegt eine Kompassnadel aus der Ferne.
- Eine Magnetnadel zeigt nach Norden.
- Ein Büroklammer kann auch dann schon von einem Magneten angezogen, wenn sie noch ein Stück entfernt ist.

Bilder

B1 *(„Magnetnadeln pendeln sich ein")* Bei diesem Modell sind die Magnetnadeln zwischen zwei fest verbundenen Kunststoffplatten leicht drehbar angeordnet. Es eignet sich zur Projektion mit dem Tageslichtprojektor und ist auch zu verwenden zur Beschreibung des Magnetfeldes eines Hufeisenmagneten oder des Magnetfelds zwischen zwei gleichnamigen bzw. zwei ungleichnamigen Magnetpolen.

B2 *(„Die Brieftaube orientiert sich am Magnetfeld der Erde")* Beobachtungen und Experimente mit Zugvögeln und Brieftauben lassen vermuten, dass sich diese Vögel am Magnetfeld der Erde orientieren. In ihren Kopfskeletten hat man mit Magnetit angereicherte Stellen gefunden, die als Sensoren für Magnetfelder dienen können. Stört man beim Transport der Brieftauben an einen anderen Ort ihre Umgebung durch ein zusätzliches Magnetfeld, so sind die Tiere bei der Freilassung zunächst orientierungslos.

B3 *(„Eisenspäne ordnen sich im Magnetfeld")* und **B4** *(„Das Feldlinienbild eines Hufeisenmagneten")* Diese beiden Bilder zeigen den Verlauf der Feldlinien eines Stabmagneten und eines Hufeisenmagneten. Die Schülerinnen und Schüler können diese Bilder mit ihren Ergebnissen aus Versuch 1 vergleichen.

Aufgabenlösungen

A1 Das Magnetfeld kann man durch Magnetnadeln oder durch Eisenspäne nachweisen.

A2 Die magnetischen Feldlinien verlaufen vom Nordpol zum Südpol eines Magneten.

A3 Siehe **B3** und **B4**

Versuche

Durch Eisenspäne können die Tische leicht verschmutzt werden. Es empfiehlt sich, Zeitungspapier o.ä. unterzulegen. Um zu vermeiden, dass die Eisenspäne an den Magnetpolen hängen bleiben, kann der Magnet mit Klarfolie (Haushaltsfolie) umwickelt werden.

Merksatz

Jeder Magnet ist von einem Magnetfeld umgeben. Das Magnetfeld kann durch Feldlinien dargestellt werden.

V1 („Das Feld eines Magneten") Die Glasplatte bzw. der Zeichenkarton wird durch Unterlegklötze oder Stopfen so gesichert, dass sie nicht umkippt. Zum Streuen der Eisenspäne eignen sich auch gewöhnliche Salzstreuer oder kleine Siebe. Damit sich die Späne besser anordnen, wird leicht an die Glasscheibe geklopft. Das ebene Feldlinienbild kann mit Bild 3 im Schülerband verglichen werden. Bei der Beschreibung der Anordnung der Eisenspäne ist aber auch darauf zu achten, dass auch die an den Polen aufrecht stehenden Eisenspäne beachtet werden. Sie deuten darauf hin, dass das Feld räumlich angeordnet ist. Die räumliche Struktur des Feldes kann gezeigt werden, wenn der Magnet aufrecht unter die Glasplatte gestellt wird.

Die Struktur des Feldes wird durch die Anordnung der Eisenspäne gekennzeichnet. Auf der Unterlage können die Linien mit Folienstiften festgehalten werden. Die Eisenspäne können auch mit Sprühkleber oder Haarspray auf dem Zeichenkarton fixiert werden.

Zusätzliche Versuche

V2 („Magnetfeld zwischen zwei gleichnamigen Magnetpolen") Zwei Stabmagnete werden mit den gleichen Polen gegenüber wie im Versuch 1 unter eine Glasplatte oder unter Zeichenkarton gelegt. Der Abstand muss so gewählt werden, dass beide Magnete noch liegen bleiben und sich nicht aufeinander zu bewegen. Der „richtige" Abstand muss durch Probieren gefunden werden. Zwischen den beiden Polen werden die Eisenspäne nach außen weggedrückt.

V3 („Magnetfeld zwischen zwei ungleichnamigen Polen") Zwei Stabmagnete werden mit den ungleichen Polen gegenüber wie im Versuch 1 unter eine Glasplatte oder unter Zeichenkarton gelegt. Das Feldlinienbild verdeutlicht die anziehende Kraft.

Fachinformation

Die Wirkung eines Magneten verringert sich mit zunehmendem Abstand. Das Magnetfeld wird als Bereich, als Raum beschrieben, in dem vom Magneten eine Kraft ausgeübt wird. Als Indikatoren für ein Magnetfeld werden Magnetnadeln oder Eisenspäne verwendet. Die Magnetnadeln richten sich entlang der Feldlinien aus, die Eisenspäne ordnen sich längs der Feldlinien an. Die Stärke des Feldes wird durch den kleineren bzw. größeren Abstand der Feldlinien veranschaulicht. Die Richtung der Feldlinien ist definiert: Sie verlaufen außerhalb des Magneten vom Nordpol zum Südpol.

Die genaue Ursache des Erdmagnetismus ist noch nicht geklärt, vermutlich wird er durch Ströme im Erdinnern erzeugt.

Die Lage der magnetischen Pole weicht von der Position der geografischen Pole ab. Diese Abweichung wird als Deklination bezeichnet. Die Inklination gibt den Winkel zwischen einem frei aufgehängten Magneten und der Tangente zur Erdoberfläche an.

Medien und Kopiervorlagen

M1 Magnetfeldliniengerät, das dreidimensional den Verlauf der Feldlinien um einen Stabmagneten anzeigt. Bezugsquelle: Lehrmittelhandel

K113 „Feldlinienbilder"

11.3 Magnetische Wirkung des elektrischen Stroms

Lehrplanbezug

(8.5.1) Magnetische Wirkung des elektrischen Stromes, Magnetfeld eines stromdurchflossenen Leiters, Beziehung zwischen Stromrichtung und Richtung des Magnetfeldes (ohne Rechte-Hand-Regel)

Strukturierungsvorschlag

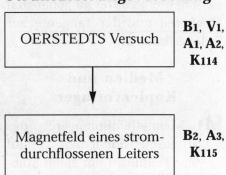

| OERSTEDTS Versuch | B1, V1, A1, A2, K114 |

↓

| Magnetfeld eines stromdurchflossenen Leiters | B2, A3, K115 |

Phänomene

- Eine Kompassnadel, die sich in der Nähe eines Drahtes befindet, durch den ein elektrischer Strom fließt, wird abgelenkt.
- Wenn Strom durch einen Draht fließt, hat der Draht magnetische Eigenschaften.

Bilder

B1 *("Oerstedt zeigt seine Entdeckung einem staunenden Publikum")* Der Versuch von Oerstedt zeigt den Zusammenhang von Elektrizität und Magnetismus. Er gilt als grundlegender Versuch zur Entdeckung des Elektromagnetismus. Das Bild zeigt seine Versuchsanordnung. Eine Voltasäule als Spannungsquelle ist mit einem Draht kurzgeschlossen. Der Draht verläuft über der Magnetnadel in Nord - Süd - Richtung.

B2 *("Das Magnetfeld eines geraden Leiters")* Dieses Bild zeigt in einer Zusammenfassung die Struktur des Magnetfeldes eines stromdurchflossenen Leiters in unterschiedlichen Abstraktionsstufen. Da für diesen Versuch hohe Stromstärken erforderlich sind, ist der Versuch im Schülerband beschreibend dargestellt. Für den entsprechenden Demonstrationsversuch bietet sich ein Projektionsmodell zur Darstellung der Feldlinienbilder an, bei dem der Draht durch Kunststoffplatten mit hochgezogenem Rand geführt wird. Die erforderliche Stromstärke wird durch einen Akku, eine Hochleistungsstromquelle oder durch einen Hochstromtransformator erreicht.

Aufgabenlösungen

A1 Gemeinsamkeiten von Dauermagneten und Elektromagneten: Nord- und Südpol, magnetisches Feld, magnetische Feldlinien, unterschiedliche Stärken, wirken durch andere Stoffe hindurch, außer durch Stoffe, die sie anziehen, gleiche Pole stoßen sich ab, ungleiche Pole ziehen sich an.
Unterschiede von Dauermagneten und Elektromagneten: Ein Elektromagnet lässt sich ein- und ausschalten, ein Dauermagnet nicht. Beim Elektromagneten ändern sich die Pole, wenn die Anschlüsse an der Spannungsquelle getauscht werden. Die Pole eines Dauermagneten lassen sich nicht einfach vertauschen.

A2 Beispiele für ein- und ausschaltbare Magnete sind elektrische Türöffner, elektrischer Gong, elektrische Klingel, elektrische Weichen bei der Spielzeugeisenbahn.

A3 Das magnetische Feld wird mit zunehmenden Abstand vom Draht schwächer. Die Magnetkraft reicht dann nicht mehr aus, die Eisenspäne zu ordnen.

Merksatz

Fließt ein elektrischer Strom durch einen Draht, so ist der Draht von einem Magnetfeld umgeben. Die magnetischen Feldlinien bilden geschlossene Kreise um den Draht herum.

Versuche

V1 („Oerstedts Versuch") Dieser Versuchsaufbau ist recht einfach als Schülerversuch durchzuführen. Der Zusammenhang zwischen Stromrichtung und Richtung des magnetischen Feldes kann durch die Änderung der Stromrichtung durch Umpolung erreicht werden, oder indem die Bewegung der Magnetnadel unterhalb und oberhalb des Drahtes untersucht wird.

Fachinformation

Jede bewegte elektrische Ladung ist von einem Magnetfeld umgeben. Die Stärke des Feldes nimmt mit der Entfernung ab. Als Indikatoren für das Magnetfeld dienen kleine Magnete oder Eisenspäne, die sich im Magnetfeld wie Magnete verhalten. Die Eisenspäne ordnen sich um einen stromdurchflossenen Leiter in konzentrischen Kreisen an. Die so sichtbar gemachten Linien werden als Feldlinien bezeichnet. Aufgestellte frei bewegliche Magnete zeigen in unterschiedliche Richtungen. Das Magnetfeld besitzt eine Richtung. Der Zusammenhang zwischen Stromrichtung und Richtung des Magnetfeldes wurde wie nachstehend festgelegt. Er lässt sich durch die Rechte-Hand-Regel veranschaulichen: Als Stromrichtung wird nicht die Bewegungsrichtung der Elektronen sondern die technische Stromrichtung zugrunde gelegt. Der Strom fließt außerhalb der Stromquelle vom Pluspol zum Minuspol. Zeigt der Daumen der rechten Hand die Stromrichtung vom Plus- zum Minuspol an, dann verlaufen die Feldlinien in die Richtung der gekrümmten Finger der rechten Hand.

Durch die Entdeckung Oerstedts, dass eine Magnetnadel durch den elektrischen Strom beeinflusst wird, begann auch die Nachtrichtenübertragung auf elektromagnetischem Wege.

Für die ersten brauchbaren Telegrafen wurden sechs parallele Stromkreise benutzt. Durch Taster konnte der Stromkreis jeweils geschlossen werden. An der Empfangsstelle befand sich je Stromkreis eine Spule mit einer Magnetnadel, die sich je nach Stromrichtung nach rechts oder links ausrichten ließ.

Durch das gleichzeitige Drücken der Schalter konnten unterschiedliche Kombinationen zur Übertragung der Buchstaben codiert werden. Diese Übertragungsmöglichkeit wurde aber kurze Zeit später durch das Morsesystem abgelöst, das nur einen Stromkreis benötigt.

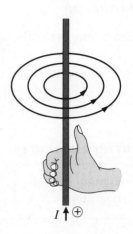

Rechte-Hand-Regel

Die Erarbeitung der elektromagnetischen Vorgänge im Schülerbuch folgt einer aufbauenden Struktur: Magnetfeld eines geraden Leiters, Magnetfeld einer Spule, Anwendungen des Elektromagneten, (Gong, Klingel, Relais) Elektromotor.

Kopiervorlagen

K114 „Oerstedts Versuch"
K115 „Der Elektromagnet"

11.4 Der Elektromagnet

Lehrplanbezug

(8.5.1) Elektromagnet: Abhängigkeit des Magnetfeldes von Windungszahl, Stromstärke und Eisenkern

Strukturierungsvorschlag

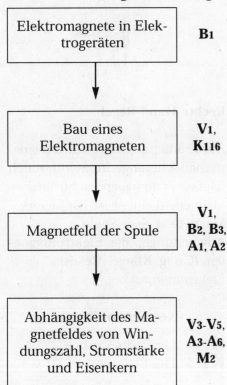

Elektromagnete in Elektrogeräten	**B1**
Bau eines Elektromagneten	**V1, K116**
Magnetfeld der Spule	**V1, B2, B3, A1, A2**
Abhängigkeit des Magnetfeldes von Windungszahl, Stromstärke und Eisenkern	**V3-V5, A3-A6, M2**

Merksatz

Eine Spule, durch die ein elektrischer Strom fließt, ist von einem Magnetfeld umgeben. Ein Eisenkern in der Spule verstärkt die magnetische Wirkung.

Phänomene

- Durch Einschalten eines Stromkreises bewegt sich das Türschloss und die Tür lässt sich öffnen.
- Die Magnetschwebebahn gleitet durch Magnete über der Fahrbahn.
- Abschaltbare Magnete werden auf Schrottplätzen eingesetzt.
- Wenn durch Drahtspulen Strom fließt, können sie Gegenstände aus Eisen festhalten.

Bilder

B1 *(„Spulen als Elektromagneten in unterschiedlichen Geräten")* Elektromagnete werden vielfältig eingesetzt. Das Bild kann als Sprechanlass für die Strukturierung der Erfahrungen der Schülerinnen und Schüler eingesetzt werden.

B2 *(„Feldlinienbild einer Spule")* Um das Feldlinienbild einer Spule in einem Versuch zu zeigen, werden zwei festere Kartonstücke so in Form eines E ausgeschnitten, dass beide Teile die Spule innen und außen voll umschließen. Die Kartonstücke werden mit Eisenspänen bestreut, in die Spule hineingeschoben und durch Unterlegklötze stabilisiert. Wird nach dem Einschalten des Stroms leicht gegen den Karton geklopft, ordnen sich die Eisenteilchen wie im Bild an. Zur Ergänzung kann auch der Verlauf der Feldlinien im Innern der Spule sichtbar gemacht werden. Dazu werden nach dem Ausschalten des Stromes die beiden Kartonstücke vorsichtig aus der Spule herausgezogen und auf einer ebenen Unterlage zusammengesetzt. Für einen entsprechenden Demonstrationsversuch bietet sich ein Projektionsmodell für den Tageslichtprojektor an.

B3 *(„Magnetpole einer Spule")* Das Bild kann als Vorlage für einen Schülerversuch eingesetzt werden, um die Pole einer Spule herauszufinden. Die in Reihe geschaltete Lampe dient als Anzeigegerät.

Aufgabenlösungen

A1 Ich schließe die Spule an eine Spannungsquelle an und nähere eine Magnetnadel der Spule. Dort, wo der Nordpol der Magnetnadel angezogen wird, befindet sich der Südpol der Spule.

A2 Zeichnung analog Bild 2.

A3 Die magnetische Kraft einer Spule kann verstärkt werden, indem die Stromstärke erhöht, die Anzahl der Windungen vergrößert oder ein Eisenkern in die Spule gesteckt wird.

A4 Die Magnetkraft der Spule wird geringer.

A5 Die Spule mit 800 Windungen übt die größere Magnetkraft aus.

A6 Möglicher Versuchsaufbau in Anlehnung an Versuch 5: Eine Spule (z.B. 400 Wdg.) wird an ein Netzgerät angeschlossen. Über der Spule wird ein Eisenstück an einen Kraftmesser oder an eine Schraubenfeder gehängt. Nacheinander wird in die Spule ein Kern aus Holz, Aluminium und Kupfer eingefügt. Bei gleicher Stromstärke wird die Auslenkung der Feder bestimmt.

Versuche

V1 („Ein selbst gebauter Elektromagnet) und **V2** („Magnetfeld einer Spule") Mit diesen beiden Versuchen sollen die Schülerinnen und Schüler einen Elektromagneten selbst herstellen und die Eigenschaften herausfinden. Dabei ist zu beachten, dass die Windungen möglichst eng aneinander liegen und die Kabelenden vor dem Befestigen der Krokodilklammern abisoliert werden.

V3 („Magnetfeld und Stromstärke") Die Magnetnadel wird in einem Abstand von ca. 8 cm von der Spule aufgestellt. Die Spule wird so ausgerichtet, dass sie sich in Höhe der Magnetnadel befindet und mit den Öffnungen quer zur Magnetnadel weist. Nach dem Einschalten unterschiedlicher Stromstärken dreht sich die Magnetnadel unterschiedlich stark aus der Nord-Süd-Richtung in Richtung Spule. Beim Ausschalten kehrt sie in die Nord-Süd-Richtung zurück.

V4 („Magnetfeld und Windungszahl der Spule") Durch die Reihenschaltung der Spulen wird erreicht, dass in allen drei Spulen dieselbe Stromstärke vorhanden ist. So ist ein Vergleich der Wirkungen gleichzeitig möglich. Um die Spulen durch die höheren Stromstärken nicht zu lange zu belasten, empfiehlt es sich, drei Plastikkästchen mit kleinen Eisennägeln oder Büroklammern vorzubereiten, die jeweils unter die Spulen gehalten werden. Die Elektromagnete ziehen dann unterschiedliche Mengen von Nägeln oder Büroklammern heraus. Besonders eindrucksvoll ist die unterschiedliche Wirkung zu beobachten, wenn der Versuch wie Versuch 5 durchgeführt wird und die Spulen jeweils einen Eisenkern enthalten.

V5 („Magnetfeld und Eisenkern") Durch den Einsatz eines Kraftmessers kann die Magnetkraft einer Spule ohne und mit Eisenkern quantitativ ermittelt werden. Soll auf die Kraftmessung verzichtet werden, kann der Versuchsaufbau so geändert werden, dass die in Reihe geschalteten Spulen mit Eisenkern und ohne Eisenkern jeweils im gleichen Abstand über einem Plastikkästchen mit kleinen Eisennägeln angeordnet werden. Schaltet man das Netzgerät ein, werden von der Spule mit Eisenkern deutlich mehr Nägel angezogen als von der Spule ohne Eisenkern.

Medien und Kopiervorlagen

M1 „Magnetfeld" FWU 6100960
K116 „Spulen als Elektromagnet"

11.5 Elektromagnete in Aktion

Lehrplanbezug

(8.5.1) Gleichstrommotor und weitere Anwendungen, z.B. Gong, Relais, Klingel

Strukturierungsvorschlag

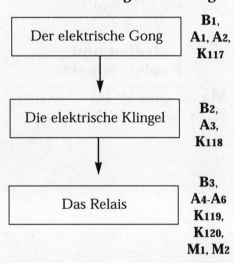

Der elektrische Gong	**B1**, **A1, A2**, **K117**
Die elektrische Klingel	**B2**, **A3**, **K118**
Das Relais	**B3**, **A4-A6** **K119**, **K120**, **M1, M2**

Merksatz

Elektromagnete werden in vielen elektrischen Geräten benutzt, um den Strom ein- oder auszuschalten.

Phänomene

- Beim Druck auf einen Klingelknopf gibt es beim Türgong nur einen Gong.
- Beim Druck auf einen Klingelknopf klingelt es ununterbrochen weiter.

Bilder

B1 *(„Elektrischer Gong")* Anhand der Realaufnahme und der Modellschaltung können die wesentlichen Bauteile herausgearbeitet und ihre Funktion erklärt werden. Anschließend sollte eine entsprechende Anlage mit den Geräten der Physiksammlung von den Schülerinnen und Schülern gebaut werden. Um den Gong mehrfach hintereinander zum Ertönen zu bringen, muss der Stromkreis mehrfach ein- und ausgeschaltet werden. Das Problem, den Ein- und Ausschaltvorgang zu automatisieren, führt zum Prinzip des Selbstunterbrechers, der auch Wagnerscher Hammer genannt wird.

B2 *(„Elektrische Klingel")* Anhand der Realaufnahme und der Modellschaltung kann der Stromweg bei der elektrischen Klingel herausgearbeitet werde. Dabei können die wesentlichen Bauteile genannt und ihre Funktion erklärt werden. Erfahrungsgemäß wird die Funktion des Selbstunterbrechers besonders ausführlich zu erarbeiten sein. Dabei muss deutlich werden, dass die Blattfeder mit dem Klöppel durch die Federkraft bei Unterbrechung des Stromkreises in die Ausgangslage zurückschwingt. Mit den Geräten der Physiksammlung kann in Anlehnung an die Modellzeichnung eine elektrische Klingelanlage aufgebaut werden.

B3 *(„Das Relais")* Dieses Bild zeigt ein Einschaltrelais, ein Relais mit Arbeitskontakt. Beim Schließen des Steuerstromkreises wird durch das Relais der Arbeitsstromkreis geschlossen. Für das Verständnis über die Wirkungsweise eines Relais ist es wichtig, dass die Schülerinnen und Schüler die beiden Stromkreise erkennen. Im Schülerbuch sind die beiden Stromkreise durch unterschiedliche Farben durchgängig gekennzeichnet. Anhand der Abbildung und mithilfe des Schaltplanes können die Schülerinnen und Schüler mit den Materialien der Sammlung ein Relais nachbauen und zu einem Ausschaltrelais, einem Relais mit Ruhekontakt, umbauen. Eine weitere Variation des Versuches ist möglich, indem beide Funktionen zu einem Umschaltrelais kombiniert oder mit einem Steuerkreis mehrere Arbeitskreise ein- oder ausgeschaltet werden.

Aufgabenlösungen

A1 Der Aufbau hängt von den Geräten der Sammlung ab, Zeichnung und Beschreibung ergeben sich nach Bild 1.

A2 Der Klingelknopf muss mehrfach hintereinander gedrückt werden.

A3 Der Aufbau hängt von den Geräten der Sammlung ab, Zeichnung und Beschreibung ergeben sich nach Bild 2.

A4 Der Aufbau hängt von den Geräten der Sammlung ab, Zeichnung und Beschreibung ergeben sich nach Bild 3.

A5 Schaltplan:

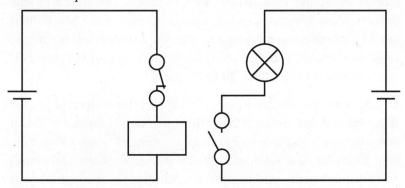

A6 Schaltplan:

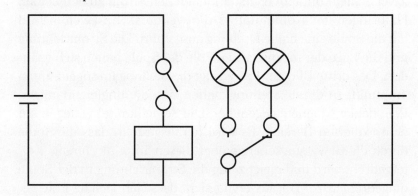

Beschreibung: Wird der Strom im Steuerkreis eingeschaltet, wird die Spule magnetisch. Die Blattfeder wird angezogen. Es leuchtet die Lampe 1. Wird der Steuerstromkreis unterbrochen, verliert die Spule ihre Magnetkraft, die Feder geht in die Ausgangslage zurück und schließt den Stromkreis mit der Lampe 2.

Fachinformation

Die Spule als Elektromagnet bildet die Grundlage vieler technischer Geräte. Bei der elektrischen Klingel und beim Relais wird der Elektromagnet als Schalter benutzt. Dabei kann er beim Überschreiten einer bestimmten Stromstärke seinen eigenen Stromkreis unterbrechen. Er wirkt dann als Magnetsicherung.

Medien und Kopiervorlagen

M1 „Elektromagnetismus: Elektromagnet, Relais, Elektrische Klingel", 11 min, FWU 32 03750

M2 „Elektromagnet und Sicherungen", 22 min, FWU 4201014

K117 „Der elektrische Gong"

K118 „Die elektrische Klingel"

K119 „Das Relais I"

K120 „Das Relais II"

11.6 Der Gleichstrommotor

Lehrplanbezug

(8.5.1) Der Gleichstrommotor

Strukturierungsvorschlag

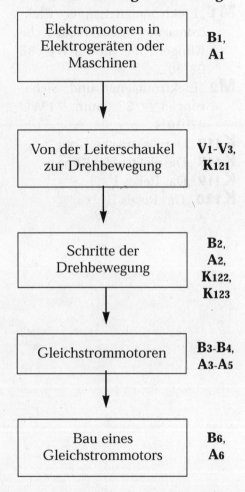

Elektromotoren in Elektrogeräten oder Maschinen	B1, A1
Von der Leiterschaukel zur Drehbewegung	V1-V3, K121
Schritte der Drehbewegung	B2, A2, K122, K123
Gleichstrommotoren	B3-B4, A3-A5
Bau eines Gleichstrommotors	B6, A6

Merksatz

In einem Gleichstrommotor dreht sich eine Spule im Magnetfeld eines festen Magneten.

Phänomene

- Eine Bohrmaschine dreht sich, wenn der elektrische Strom eingeschaltet wird.
- Eine Straßenbahn wird durch einen Elektromotor angetrieben.
- Ein batteriebetriebener Elektromotor bewegt die Zeiger einer Uhr.

Bilder

B1 *(„Elektromotoren")* Elektromotoren sind den Schülerinnen und Schülern aus der unmittelbaren Umwelt bekannt. Elektromotore erleichtern die Arbeit der Menschen. Das Bild kann als Sprechanlass genutzt werden, um die Geräte oder Maschinen mit Elektromotoren zusammenzustellen. Dabei kann herausgestellt werden, dass die Leistungen dieser Motoren von etwa einem Milliwatt bis zu über 30 MW reicht.

B *(„Schritte der Drehbewegung")* Anhand des ersten Bildes der Bildfolge auf den Seiten 166 - 167 von „Natur bewusst 8" kann der prinzipielle Aufbau eines Gleichstrommotors erarbeitet werden. Der einfache Gleichstrommotor besitzt einen Dauermagneten mit Nord - und Südpol als Ständer (Stator) und einen Elektromagneten mit Nord- und Südpol als Läufer (Rotor). Zwei Schleifkontakte (Bürsten) leiten den Strom zu den beiden Halbringen des Kommutators (Polwenders). Im zweiten Bild hat die Spule eine halbe Drehung ausgeführt. Die Stromrichtung und die Lage der magnetischen Pole der Spule haben sich geändert. Das dritte Bild der Folge zeigt die Stellung im sogenannten Totpunkt. In dieser Stellung stehen sich die ungleichnamigen Pole beider Magnete gegenüber. Die Schleifkontakte liegen auf dem isolierten Bereich. Es wird herausgestellt, dass die Spule durch die Bewegungsenergie über diesen Totpunkt hinaus weitergedreht wird und gleichzeitig die Stromrichtung in der Spule umgedreht wird. Daraus ergibt sich, dass sich gleiche Pole gegenüberstehen. Das vierte Bild zeigt diese Stellung. Durch die abstoßenden Kräfte wird der Rotor weitergedreht.

B2 *(„Kein Start in dieser Stellung")* und **B3** *(„Start in jeder Stellung durch mehrere Spulen")* Das Bild 2 zeigt die Stellung des Motors im Totpunkt. Es können Vorschläge gesammelt werden, um den Elektromotor technisch weiterzuentwickeln. Eine Lösung, den Doppel-T-Anker zu einem Dreifach-T-Anker umzubauen, kann anhand der Zeichnung in Bild 3 gefunden werden. Durch die größere Anzahl der Spulen (z.B.: Trommelanker) wird erreicht, dass der Motor in jeder Stellung starten kann.

B4 *(„Ein Hufeisenmagnet wird durch Elektromagnete ersetzt")* Bei größeren Motoren wird der Dauermagnet durch einen Elektromagneten ersetzt. Auch hier wechselt der Elektromagnet des Rotors nach jeder halben Drehung die Pole.

B5 *(„Schaltzeichen für einen Elektromotor")*

B6 *(„Gleichstrommotoren selbst zusammengebaut")* Bei diesem Elektromotor kann der Stromverlauf deutlich verfolgt werden. Anhand dieser Zeichnung kann - u.U. in Zusammenarbeit mit dem Fach Technik - auch ein einfacher Elektromotor nachgebaut werden.

Aufgabenlösungen

A1 Weitere Beispiele für Geräte mit Elektromotoren sind Staubsauger, Wäschetrockner, Plattenspieler, Kassettenrecorder, Straßenbahn, Lift.

A2 In dieser Stellung befinden sich die ungleichnamigen Pole von Dauermagnet und Spule gegenüber. Sie ziehen sich an.

A3 Die Halbringe haben die Aufgabe, nach jeder halben Drehung der Spule die Stromrichtung innerhalb der Spule zu ändern.

A4 Die Richtung des elektrischen Stromes wird geändert. Das geschieht durch Vertauschen der Anschlüsse.

A5 Der Motor dreht sich entgegengesetzt herum.

A6 Stromkreis: Der Strom fließt von dem einen Pol der Batterie durch die feste Spule zum Schleifkontakt. Von dort fließt er weiter durch die drehbare Spule zum zweiten Schleifkontakt und anschließend zum anderen Pol der Batterie.

Schaltplan:

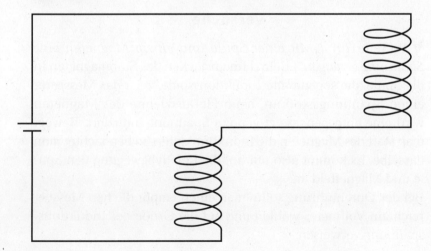

Bewegung: Wenn der Strom durch die beiden Spulen fließt, werden sie zu Elektromagneten. Wenn sich die gleichnamigen Pole der beiden Spulen gegenüberstehen, stoßen sie sich ab.

Versuche

V1 („Leiterschaukel") Dieser Versuch zeigt die Umkehrung des Oerstedtschen Versuches. Ein elektrischer Leiter bewegt sich im Magnetfeld eines Dauermagneten.

V2 („Eine Spule dreht sich im Magnetfeld") Mit diesem Versuch sollen die Schülerinnen und Schüler die Bewegung einer stromdurchflossenen Spule in einem Magnetfeld untersuchen. Durch geschicktes Umpolen der Stromrichtung soll die Spule eine volle Drehung ausführen.

V3 („Eine Magnetnadel rotiert") Durch Ein- und Ausschalten des Stromes im richtigen Moment gelingt es, die Magnetnadel in ein Drehbewegung zu versetzen.

Kopiervorlagen

K121 „Versuch: Einen Magneten in Drehung versetzen"
K122 „Gleichstrommotor I"
K123 „Gleichstrommotor II"

Literatur

Naturwissenschaft im Unterricht Physik/Chemie 2/88; Heft 32 Elektromotor; Friedrich Verlag, Seelze 1988

12.1 Induktionsspannung
12.2 Wovon hängt die Induktionsspannung ab?

Lehrplanbezug

(8.5.2) Erzeugung von Induktionsspannung

Strukturierungsvorschlag

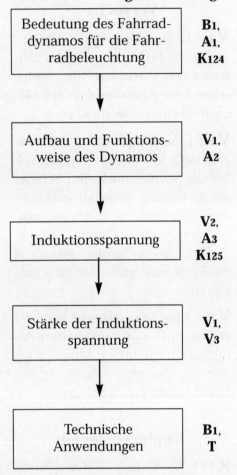

Bedeutung des Fahrraddynamos für die Fahrradbeleuchtung	**B1,** **A1,** **K124**
Aufbau und Funktionsweise des Dynamos	**V1,** **A2**
Induktionsspannung	**V2,** **A3** **K125**
Stärke der Induktionsspannung	**V1,** **V3**
Technische Anwendungen	**B1,** **T**

Merksatz *(Seite 171)*

Wenn sich ein Magnetfeld in einer Spule ändert, entsteht an den Enden der Spule eine Induktionsspannung.

Merksatz *(Seite 172)*

Je schneller sich das Magnetfeld ändert, desto größer ist die Induktionsspannung.

Phänomene

• Ein Fahrraddynamo stellt die Spannungsquelle im „Fahrradstromkreis" dar.
• Je schneller sich das Dynamorädchen dreht, umso heller leuchtet die Fahrradlampe.

Bilder

B1 (Seite 170) *(„Der Fahrraddynamo")* Der Längsschnitt durch diesen Fahrraddynamo zeigt die gleichen Bestandteile wie ein Elektromotor. Ein Elektromotor wandelt elektrische Energie in mechanische Energie (Bewegungsenergie) um. Ein Dynamo leistet Umgekehrtes: mechanische Energie wird in elektrische Energie (hier jetzt Induktionsspannung) umgewandelt. Eine erste qualitative Untersuchung der Wirkungsweise erfolgt in V1.

B1 (Seite 172) *(„Von der Entdeckung der Induktion durch Michael Faraday zum Datenlesegerät")* Die Auswahl der Bilder verdeutlicht, wie die Entdeckung der Induktionsspannung zu Anwendungen in modernen technischen Geräte geführt hat. Das obere Bild zeigt eine Originalabbildung aus Faradays „Experimental Researches in Electricity", seinen Tagebüchern, die zu den berühmtesten Dokumenten der Physikgeschichte gehören. Der mit Kupferdraht umwickelte Eisenstab (Spule) wird vom Hufeisenmagneten entfernt. An den Enden lässt sich mit einem Galvanometer (Spannungs- bzw. Strommesser) die Induktionsspannung nachweisen. Weiter unten finden sich dann Schemazeichnungen technischer Anwendungen. Zum einen ein Längsschnitt durch ein elektrodynamisches Mikrofon, zum anderen die Darstellung eines Datenlesegeräts, wie es zum Einlesen von Daten von einer Diskette im Laufwerk eines Computers verwendet wird.

Versuche

V1 (Seite 170) *(„Mit einer Spule und einem Magneten eine Spannung erzeugen")* Beim Hineinstecken des Stabmagneten in die Spule, die sogenannte Induktionsspule, zeigt das Messgerät einen Spannungsstoß an, beim Herausziehen des Magneten wird eine entgegengesetzt gepolte Spannung induziert. Bewegt man statt des Magneten die Induktionsspule, so beobachtet man dasselbe. Es kommt also nur auf die Relativbewegung von Spule und Magnetfeld an.
Bei der Durchführung sollte man einen empfindlichen Messbereich am Voltmeter wählen und auf die Größe der Induktionsspannung verweisen.

V2 (Seite 171) *(„Induktionsspannung im Modell")* Hier wird das Entstehen einer Induktionsspannung auf die Elektronenverschiebung im Leiter (Spule und Kabel) durch eine Magnetfeldänderung am Ort des Leiters näher ausgeführt. Anknüpfend an den in der Klasse 7 festgelegten Spannungsbegriff (eine Spannung entsteht zwischen unterschiedlich verteilten Ladungen) wird eine Elektronenverschiebung im metallischen Leiter verständlich. Die unterschiedliche Polung der Induktionsspannung entsteht durch Umkehrung des Elektronenflusses. Ursache dafür ist die Magnetfeldänderung durch die Relativbewegung zwischen Spule und Magnet.

V1, **V2** (Seite 172) *(„Eine möglichst hohe Spannung hervorrufen")* Diese Versuche können als Schülerversuche durchgeführt werden. Je nach Empfindlichkeit des Messgeräts und der Stärke der verwendeten Magneten lassen sich über die Größe des Zeigerausschlags Aussagen über die Stärke der Induktionsspannung machen. Wenn man den Magneten schneller in die Spule hineinführt oder einen stärkeren Magneten (z.B. zwei parallel gleich ausgerichtete Stabmagneten) verwendet, so zeigt sich ein erhöhter Zeigerausschlag. Benutzt man einen Elektromagneten, so zeigen sich ähnliche Ergebnisse. Hier sollte man deutlich trennen: Eine mit Gleichstrom durchflossene Spule ersetzt den Stabmagneten und wird üblicherweise als Feldspule bezeichnet, die zweite Spule dann als Induktionsspule. Ist die Feldspule an eine einstellbare Stromquelle angeschlossen, so lässt sich hier schon das Transformatorprinzip deutlich machen. Verändert man die Stromstärke (und damit das Magnetfeld) der Feldspule z.B. durch ständiges Ein- und Ausschalten, so zeigt sich eine ständig wechselnde Induktionsspannung. Die Relativbewegung zwischen Feld- und Induktionsspule wird ersetzt durch den Auf- und Abbau des Magnetfelds in der Feldspule. Statt ständig Ein- und Auszuschalten wird später eine Wechselspannung verwendet. Im zweiten Versuchsteil lässt sich über den Zeigerausschlag ein nahezu propotionaler Zusammenhang nachweisen: Bei Verdoppelung der Windungszahlen der Induktionsspule verdoppelt sich auch die Induktionsspannung.

Aufgabenlösungen

A1 Zum Aufbau vergleiche B1 im Schülerbuch. Über das Antriebsrädchen wird ein im Innern liegender Dauermagnet, der von einer Induktionsspule umgeben ist, gedreht. Das eine Ende der Spule ist mit dem Dynamogehäuse und das andere Ende mit einer Anschlussklemme für das Lampenkabel verbunden.

A2 Magnet und Spule müssen sich relativ zueinander bewegen.

A3 Durch eine Relativbewegung zwischen Magnet und Spule kommt es zu einer Magnetfeldänderung innerhalb der Spule. Dieses führt zu einer Elektronenverschiebung im Draht. An einem der beiden Drahtenden kommt es zu einem Elektronenüberschuss, den ein Messgerät als (Induktions-) Spannung nachweist.

Fachinformation

Michael Faraday (1791-1867) hatte über alle physikalischen Arbeiten Tagebuch geführt. Sein Name ist heute neben der wohl wichtigsten Entdeckung der elektromagnetischen Induktion mit vielen weiteren Untersuchungen in der Physik verknüpft. In der Elektrostatik schuf er das noch heute verwendete Feldlinienkonzept zur Beschreibung elektrischer Felder. Nach ihm wurde der Faraday-Käfig benannt und die Größe der Kapazität eines Kondensators wird in Farad angegeben. Die Gesetze der Elektrolyse heißen 1. und 2. Faradaysches Gesetz, in denen die wichtige Faraday-Konstante den Zusammenhang zwischen Stoffmenge und Ladung angibt und zur Bestimmung der Ladung eines Elektrons herangezogen werden kann. Der Faraday-Effekt war für ihn damals schon ein entscheidender Beweis für die elektromagnetische Eigenschaft des Lichtes.

Kopiervorlagen

K124 „Induktionsspannung I"
K125 „Induktionsspannung II"
K126 „Wovon hängt die Induktionsspannung ab?"

12.3 Wechselspannung und Wechselstrom

Lehrplanbezug

(8.5.2) Wechselspannung, Wechselstrom; Frequenz

Strukturierungsvorschlag

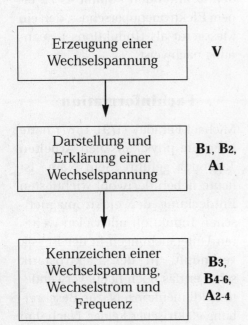

Merksatz

Ein Dynamo liefert eine Wechselspannung. Die Spannung ist nicht immer gleich groß und wechselt laufend die Pole.
Die Frequenz gibt an, wie oft eine Schwingung in einer bestimmten Zeit erfolgt. Eine Schwingung in einer Sekunde ist ein Hertz (1 Hz). Die Wechselspannung im deutschen Stromnetz hat eine Frequenz von 50 Hz.

Phänomene

• E-Werke liefern „Wechselstrom".

Bilder

B1 *(„Ein Oszilloskop als Spannungsmessgerät")* Das Bild zeigt den Spannungsverlauf einer Wechselspannungsquelle auf dem Leuchtschirm eines Oszilloskops. Dargestellt ist genau eine Schwingung. Das Prinzip des Oszilloskops beruht auf der Ablenkung eines Elektronenstrahl, der auf einen fluoroszierenden Leuchtschirm trifft. Die zu untersuchende Spannung wird an den Eingang gelegt und bewirkt, dass der Leuchtpunkt durch die Wechselspannung abwechselnd nach oben und unten abgelenkt wird. Durch eine interne Sägezahnspannung erfolgt zusätzlich eine ständige Ablenkung von links nach rechts. Beide Ablenkungen zusammen bewirken bei richtiger Abstimmung die Sinuskurve.

B2 *(„Spannungsverlauf bei einer Wechselspannungsquelle")* Die Darstellung bezieht sich auf den durchgeführten Versuch V. Man zeichnet die Spannungskurve oberhalb der Winkel-Achse (auch als Zeit-Achse interpretierbar), wenn die Elektronen in die eine Richtung getrieben werden, und unterhalb der Winkel-Achse, wenn sie in die Gegenrichtung getrieben werden. Außerdem werden die Elektronen nicht immer gleich stark angetrieben. Die Höhe der Spannung ändert sich ständig. Den höchsten Wert, den die Spannung erreicht, nennt man auch Scheitelwert oder Amplitude.

B3 *(„Wechselstrom (a) und Gleichstrom (b)")* Dargestellt sind Oszilloskopbilder einer Wechsel- bzw. Gleichspannung, die auch als Darstellung von Wechsel- und Gleichstromverlauf interpretiert werden können. Eine Batterie z.B. treibt die Elektronen stets in gleicher Richtung und immer gleich stark an. Eine solche Spannung heißt Gleichspannung. Ist der Stromkreis geschlossen, fließt ein Gleichstrom. Bei angelegter Wechselspannung wechseln die Elektronen ständig ihre Bewegungsrichtung, der entsprechende Strom heißt Wechselstrom.

B4 *(„Wie oft in einer Sekunde?")* Die dargestellten Oszilloskopbilder zeigen Wechselspannungen mit steigender Frequenz und gleicher Amplitude. Ohne „Maßstabsangabe" (wie Zeit / cm) ließe sich nicht auf die Frequenz schließen.

B5 *(„Frequenz der Wechselspannung")* Auf den Typenschildern elektrischer Geräte findet sich u.a. die Frequenz des anzulegenden Wechselstroms. In Europa ist das 50 Hz, in den USA 60 Hz.

B6 *(„Beispiele für Frequenzen")* Im Prinzip lassen sich alle zeitlich periodischen Bewegungen mit der physikalischen Größe Frequenz beschreiben. Das Sekundenpendel kehrt in genau einer Sekunde zum Ausgangspunkt zurück. Darüber findet sich eine entsprechende Sinuskurve. In der Rundfunktechnik erfolgt die Übertragung „auf bestimmten Frequenzen", den sogenannten Trägerfrequenzen. Der UkW (FM)-Rundfunk liegt in einem Frequenzbereich zwischen 88 - 108 Mhz, der Mittelwellen (MW)-Rundfunk zwischen 530 - 1630 kHz, Langwellen (LW) zwischen 150 - 295 kHz. Bekannter ist der Begriff in der Musik: Jedem Ton kann eine bestimmte Frequenz zugeordnet werden. Schwingen die Enden einer Stimmgabel 440 mal in einer Sekunde, so hören wir den Kammerton a. Eine Wespe brummt mit ca. 300 Hz. Im menschlichen Hörbereich von 20 Hz - 20 kHz ist hier der Tonumfang von Sopran- und Bassstimme und einigen Instrumenten angegeben. Die Musiker „messen" die Frequenzbereiche üblicherweise in Oktaven.

Versuche

V *(„Eine Wechselspannung wird induziert")* Die Abbildung zeigt zwei Rundmagneten, die drehbar über zwei Spulen angeordnet sind. Alternativ könnte man auch einen drehbar gelagerten Stabmagneten zwischen zwei Spulen setzen. Die Spulen sind an ein Spannungsmessgerät für Gleichspannung angeschlossen, das die induzierte Spannung bei Drehung der Magneten anzeigt. Man beobachtet, dass der Zeiger des Messgeräts abwechselnd nach links und rechts ausschlägt. Eine genauere Analyse der Drehbewegung führt dann auf eine Spannungskurve, die der unter B2 dargestellten vergleichbar ist.

Aufgabenlösungen

A1 Als Vorlagen können die Abbildungen unter B3 dienen.

A2 Bei Gleichstrom werden die Elektronen gleich stark und in die gleiche Richtung angetrieben, bei Wechselstrom wechseln die Elektronen ständig die Richtung und werden unterschiedlich stark angetrieben.

A3 Es können neben den Beispielen auf S. 177 weitere genannt werden: Frequenzen bei der Fernsehübertragung (UHF und VHF), Taktfrequenzen bei Computern (MHz, GHz), Drehfrequenz von Schallplatte und CD, Farbfrequenzen.

A4 (b) 2 Hz, (c) 6

Fachinformation

Den zeitlichen Verlauf einer schnell veränderlichen Wechselspannung kann man nicht mit dem Drehspulmessinstrument für Gleichspannung untersuchen, da die Spannungsänderungen so schnell erfolgen, dass der Zeiger des Gerätes nicht folgt und bei 0 V stehen bleibt. Trotzdem kann man diese Geräte zum Messen von Wechselspannungen einsetzen. Dabei zeigen sie gleich bleibende Werte, die sogenannten Effektivwerte der Wechselspannung bzw. des Wechselstroms an. Das liegt an einer intern im Gerät befindlichen Gleichrichterschaltung, die dafür sorgt, dass der Strom durch die Drehspule immer in dieselbe Richtung fließt. Schließt man z.B. zwei gleichartige Glühlämpchen zum einen an eine Batteriespannung von 4,5 V an, zum anderen an die nicht gleichgerichtete Wechselspannung eines Netzgerätes, die man so lange erhöht, bis beide Lämpchen gleich hell leuchten, so zeigt das Messgerät für die Wechselspannung ebenfalls 4,5 V an. Eine Wechselspannung von 4,5 V ist also genauso effektiv wie die Gleichspannung von 4,5 V. Der Höchstwert der Wechselspannung, der Scheitelwert, beträgt aber ca. 6,3 V. Man kann allgemein zeigen, dass die Scheitelwerte einer Wechselspannung wie die eines Wechselstroms stets das ca. 1,4-fache der Effektivwerte betragen. B3 zeigt einen Wechselstrom mit einem Effektivwert, der dem Wert des Gleichstroms entspricht.

Kopiervorlage

K127 „Wechselspannung und Wechselstrom"

12.4 Der Generator

Lehrplanbezug

(8.5.2) *Funktionsweise eines Generators*

Strukturierungsvorschlag

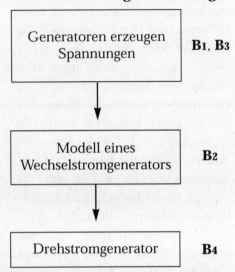

Generatoren erzeugen Spannungen	**B1**, **B3**
Modell eines Wechselstromgenerators	**B2**
Drehstromgenerator	**B4**

Merksatz

Bei einem Generator dreht sich eine Spule in einem Magnetfeld. Dadurch wird eine Spannung erzeugt.

Phänomene

• Mit Generatoren wird „Strom" erzeugt.
• Windgeneratoren

Bilder

B1, **B3** *(„Generator", „Generatoren im Elektrizitätswerk")* Die Bilder vermitteln den Schülerinnen und Schülern einen Eindruck von der Größe der verwendeten Generatoren in Elektrizitätswerken. Unter B1 ist ein sogenannter Synchrongenerator (Innenpolmaschine) abgebildet. Bei den großen Wechselstromgeneratoren handelt es sich meist um Innenpolmaschinen: Im Innern rotieren starke Elektromagnete (Rotor oder Läufer genannt) die man über Schleifringe mit Gleichstrom versorgt. In den feststehenden äußeren Spulen (Stator oder Ständer genannt) wird durch die vorbeibewegten Elektromagnete eine Spannung induziert, die dann ohne Schleifkontakte abgenommen werden kann. Bei Außenpolmaschinen bilden die gleichstromdurchflossenen Spulen oder Permanentmagnete im Ständer die Magnetpole außen. Die elektrische Spannung wird im Läufer erzeugt, die dann über Schleifringe und Kohlebürsten abgenommen werden muss. Bei B3 wird ein Läufer (Vollpol oder Turboläufer) in die Ständerwicklung eingepasst. Über die Kupplung des Läufers (vorn im Bild) werden die Generatoren von Dampf-, Wasser- oder Gasturbinen, sowie Verbrennungsmaschinen oder Propeller angetrieben.

B2 *(„Modell eines Wechselspannungsgenerators")* Das Bild zeigt eine Leiterschleife (Spule), die zwischen einem Hufeisenmagneten gedreht wird. An den Enden der Leiterschleife kann über Schleifkontakte die induzierte Spannung abgegriffen und über ein Voltmeter nachgewiesen werden. Den Schülerinnen und Schülern sollte deutlich gemacht werden, dass in dieser Anordnung gegenüber den bisherigen nicht der Magnet, sondern die Leiterschleife (Spule) bewegt wird. Der Aufbau gleicht dem Modell des Elektromotors (vgl. Kap. 11). Greift man die Spannung an den Enden der Spule über zwei getrennte Schleifringe ab, entsteht eine Wechselspannung (a), verwendet man wie beim Elektromotor Halbringe, so entsteht eine pulsierende Gleichspannung (b):

(a)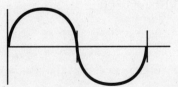

(b)

B4 *(„Drehstromgenerator")* Der Aufbau eines Drehstromgenerators ist hier vereinfacht und schematisch dargestellt. Auf einem Kreis sind in gleichen Abständen (120°) drei gleiche Spulen angeordnet. Im Innern des Kreises führt ein Elektromagnet eine gleichmäßige Kreisbewegung aus. In den Spulen werden durch den vorbei bewegten Magneten Spannungen induziert. Es handelt sich dabei um drei Wechselstromkreise mit den gleichen Frequenzen und den gleichen Spannungen, wobei die Spannungen jedoch jeweils um 120° gegeneinander verschoben sind. Die drei Wechselströme unterscheiden sich zu jedem Zeitpunkt in ihrem Schwingungszustand oder in ihrer Phase, was in nebenstehendem Diagramm deutlich wird. Die Anschlüsse L1, L2, L3 werden auch als Außen- bzw. Phasenleiter bezeichnet, die übrigen drei Anschlüsse werden bei der sogenannten Sternschaltung zu einem Leiter, dem Nullleiter, zusammengeschlossen. Zwischen dem Nullleiter und einem Außenleiter liegt dann eine Spannung von 230 V, zwischen zwei Außenleitern eine Spannung von 400 V.

Aufgabenlösungen

A1 Beides sind Spannungsquellen. Ein Magnet dreht sich in Drahtspulen oder eine Spule dreht sich in einem Magnetfeld.

A2 Die vom Generator erzeugte Spannung steigt bei höherer Drehgeschwindigkeit, stärkerem Magnetfeld (Verwendung stärkerer Elektromagnete), größerer Windungszahl und Querschnittsfläche der Spule (Anordnung mehrerer Induktionsspulen).

Fachinformation

Einen wesentlichen Fortschritt im Bau von Generatoren brachte das im Jahr 1866 von W. von Siemens (1816-1892) erfundene Dynamoprinzip. Ersetzt man die Dauermagnete durch Elektromagnete, so benötigen die Generatoren zur Erregung der Feldmagnete einen von außen zugeführten Gleichstrom. Nach dem Dynamoprinzip kann bei Gleichstromgeneratoren der benötigte Gleichstrom auch von der Maschine selbst geliefert werden. Man nennt solche Maschinen daher auch selbsterregte Generatoren. Diese arbeiten in folgender Weise: In dem Elektromagnet des Generators ist auch ohne Erregung durch einen Strom ein geringer Magnetismus vorhanden. Dieser genügt, um zunächst eine kleine Spannung zu induzieren, die dazu verwendet wird, in der Spule des Elektromagneten einen Strom zu erzeugen, durch den der Magnetismus verstärkt wird, was wiederum eine Zunahme der induzierten Spannung und damit ei-

nen stärkeren Strom in der Spule des Elektromagnets zur Folge hat. Auf diese Weise schaukeln sich die induzierte Spannung und die Stärke des Magnetfeldes gegenseitig hoch, bis der Magnet gesättigt ist. Der beschriebene Generator heißt Dynamomaschine. Der Fahrraddynamo ist in diesem Sinne kein Dynamo, sondern ein Innenpolgenerator. Heute wird das Wort Dynamo im Alltagsgebrauch als synonyme Bezeichnung für den Generator gebraucht.

Wechselstromgeneratoren können den zur Erregung der Elektromagnete erforderlichen Strom nicht selbst liefern, weil dazu Gleichstrom nötig ist. Sie müssen fremderregt werden. Dies geschieht bei den heutigen Wechselstromgeneratoren durch einen kleinen Gleichstromgenerator. Man nennt solche Generatoren dann fremderregte Generatoren.

Die häufigste Bauform der Wechselstromgeneratoren sind die Drehstrom-Synchron-Generatoren, die zur Speisung elektrischer Energieversorgungsnetze verwendet werden. Diese heißen daher auch Drehstromnetze.

Kopiervorlage

K128 „Der Generator"

12.5 Der Transformator

Lehrplanbezug

(8.5.2) Transformator; Funktion und Anwendungen; einfache Berechnungen

Strukturierungsvorschlag

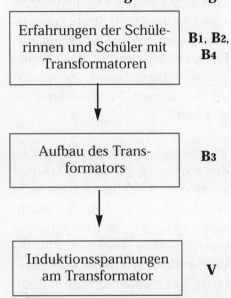

Merksatz

Ein Transformator besteht aus zwei getrennten Spulen und einem Eisenkern. Durch das wechselnde Magnetfeld in der Primärspule wird in der Sekundärspule eine Spannung hervorgerufen.

Phänomene

• Spielzeugtransformatoren: Trafo für die Eisenbahn, Rennbahn
• Traformator für Halogenlampen
• Klingeltransformator

Bilder

B1 *(„Ein Transformator für die Spielzeugeisenbahn")* Dieses Bild zeigt einen „Trafo" in einer Verwendung wie sie den Schülerinnen und Schülern wohl am bekanntesten sein dürfte. Ein Hinterfragen der Bedeutung des Trafos nimmt eine erste Anwendung vorweg, ohne dass die Schülerinnen und Schüler den Aufbau eines Transformators kennen: Ein Spielzeugtransformator setzt die Netzspannung von 230 V auf einen Bereich zwischen 3 - 12 V herab.

B2 *(„Transformatoren")* Hier sind einige Kleintransformatoren (Leistung bis 16kVA) abgebildet. Das Bild gibt einen ersten Einblick in den Aufbau von Transformatoren und ihre technische Ausführungen.

B3 *(„Aufbau eines Transformators")* Das Bild zeigt schematisch den Aufbau eines Transformators und das Schaltzeichen, wie es in Schaltskizzen verwendet wird. Die Spannungsangaben sind Wechselspannungen. Den Schülerinnen und Schülern sollte deutlich werden, dass getrennte Spulen vorliegen. Der Eisenkern dient zur Verstärkung und Ausrichtung des Magnetfelds. Die unterschiedlichen Windungszahlen geben einen Hinweis auf die Spannungswandlung, die im Versuch V1 (S. 182) näher untersucht werden.

B4 *(„Elektrische Zahnbürste mit Ladegerät")* Im Gegensatz zu früheren Ladestationen, bei denen Akkus über Kontaktstifte an einem Netzgerät aufgeladen wurden, erfolgt die Aufladung heutzutage kontaktfrei über Induktion. Dieses Beispiel verdeutlicht besonders die getrennten Spulen beim Transformator und dürfte die Schülerinnen und Schüler erstaunen.

Versuche

V *(„Spannungsübersetzung")* Dieser Versuch kann als Schülerversuch durchgeführt und mithilfe der Abbildung aufgebaut werden. Statt des Anschlusses an das Netzgerät, könnte man eine Spule an den Schülertischen, die mit 6 Volt Wechselspannung versorgt werden, anschließen. Es werden zunächst Spulen mit gleicher Windungszahl (400 Wdg.) verwendet, um den Schwerpunkt auf die Wechselwirkungen zwischen den Spulen zu legen. Führt man die Teilversuche in der angegebenen Reihenfolge durch, wird falschen Vorstellungen, etwa dass eine leitende Verbindung zwischen den Spulen besteht, entgegengewirkt. Je kleiner der Abstand zwischen den Spulen ist, umso größer wird die Induktionsspannung, ist aber merklich kleiner als in den nachfolgenden Versuchen. Wird in die Primärspule ein Eisenkern eingesetzt, so steigt die Spannung in der Sekundärspule. Werden beide Spulen auf den U-Kern mit Joch gesetzt, sind beide Spannungen gleich groß, das Übersetzungsverhältnis ist 1:1. Sitzt das Joch locker oder wird entfernt, ist dieses Verhältnis nur nahezu 1:1. Verwendet man als Sekundärspule z.B. eine Spule mit 200 Windungen, so beträgt die Spannung bei geschlossenem Eisenkern 3 V. Eine nähere Untersuchung erfolgt in V1 (S. 182).

Fachinformation

Alle Lampen, die im Niedervoltbereich betrieben werden, haben einen Transformator, der die Netzspannung von 230 V auf 12 V heruntertransformiert. Dabei beobachtet man beim Einschalten dieser Lampen ein verzögertes Aufleuchten, beim Ausschalten ein Nachleuchten der Glühlampe. Dieser Effekt ist auf die sogenannte Selbstinduktion der Spulen zurückzuführen. Die Änderung des Magnetfelds in einer Spule bewirkt nicht nur in einer davor aufgestellten Spule eine Induktion, sondern wird auch in den eigenen Windungen selbst wirksam. Die Selbstinduktion hindert dann beim Einschalten das Anwachsen der erregenden Stromstärke und beim Ausschalten ihr Zurückgehen auf Null. Die Güte eines Transformators hängt davon ab, wie groß die Energieverluste bei der Übertragung der Energie von der Primärseite auf die Sekundärseite ist. Die Energieverluste werden durch den Widerstand der Spulendrähte und im Wesentlichen durch den Eisenkern bestimmt. Die Eisenkerne sind bei allen Transformatoren geschlossen, um Energieverluste durch magnetische Streufelder zu vermeiden. Betrachtet man den Eisenkern genauer, so stellt man fest, dass dieser aus vielen dünnen Eisenblechen besteht, die durch isolierende Lackschichten voneinander getrennt sind (Lamellierung des Eisenkerns). In einem massiven Eisenkern treten nämlich ebenfalls Induktionsströme (also nicht nur in der Sekundärspule) auf. Weil diese sich kreisförmig ausbilden, nennt man sie auch Wirbelströme, die zu einer Erwärmung des Kerns führen. Durch die Lamellierung versucht man die Wirbelstromverluste zu vermeiden.
In der technischen Ausführung unterscheiden (vgl. B2) sich die Transformatoren von dem im Unterricht verwendeten Demonstrationsmodell, indem man die Primärspule direkt mit der Sekundärspule umwickelt.

Diese sitzen dann auf einem EI-Kern. Damit verbleibt das magnetische Wechselfeld weitgehend im Eisenkern.
Daneben gibt es auch Transformatoren mit nur einer Spule, die sogenannten Spartransformatoren. Hier ist die eine Wicklung durch eine Anzapfung unterteilt, sodass ein Teil der Wicklung die Primärspule, der restliche Teil die Sekundärspule darstellt.

12.6 Anwendungen von Transformatoren

Lehrplanbezug

(8.5.2) Transformator; Funktion und Anwendungen; einfache Berechnungen

Strukturierungsvorschlag

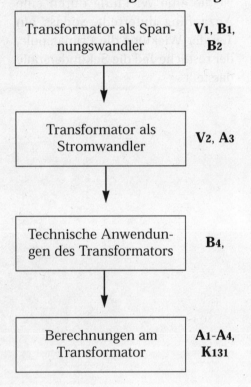

Transformator als Spannungswandler	V1, B1, B2
Transformator als Stromwandler	V2, A3
Technische Anwendungen des Transformators	B4,
Berechnungen am Transformator	A1-A4, K131

Merksatz

Transformatoren wandeln Wechselspannungen um. Je größer die Spannung wird, desto geringer ist die Stromstärke.

Phänomene

• Schweißtransformatoren
• Transformatoren im Elektrizitätswerk

Bilder

B1 (*„Ein mögliches Messergebnis"*) Die Ergebnisse beziehen sich auf den Versuch V1.

B2 (*„Hochspannungstransformator"*) Der Lehrerversuch zeigt in eindrucksvoller Weise, wie durch eine einfache Anordnung, Hochspannung von mehr als 10 kV erzeugt werden kann. Diese bewirkt zunächst eine blitzartige Entladung an der Stelle, an der die Hörnerelektroden nur wenige Millimeter entfernt sind. Durch zunehmende Ionisierung der Luft steigt der Lichtbogen nach oben auf. Der dabei auftretende, kurze Entladungsstrom führt zu einer Erwärmung der Hochspannungsspule. Deshalb sollte man darauf achten, dass die Spule sich nicht zu sehr erwärmt (kurzzeitige Demonstration) und bei mehrmaliger Durchführung entsprechende Pausen einzulegen.

B3 (*„Hochstromtransformator"*) Der Querschnitt der Kupferleitungen auf der Sekundärseite ist dabei etwa 100 mal so groß wie der Drahtquerschnitt der Feldspule. Die Sekundärspule wird durch einen Nagel kurzgeschlossen. Fließt primärseitig ein Strom von 0,8 A, so fließt auf der Sekundärseite der sehr hohe Strom von 96 A, der den Nagel zum Durchschmelzen bringt. Bringt man die beiden Nagelenden anschließend zusammen, lassen sich beide Teile wieder zusammenschweißen. Damit kann das Prinzip des Elektroschweißens demonstriert werden (B4).

B4 (*„Beim Schmelztransformator und beim Punktschweißgerät besteht die Sekundärspule nur aus einer einzigen Windung"*) Das Bild links zeigt einen weiteren Hochstromtransformator, der wegen seiner Verwendung auch Schmelztransformator genannt wird. Die Schmelzrinne stellt eine Sekundärspule mit einer Windung da, deren Enden sozusagen kurzgeschlossen wurden. Wie beim Hochstromtransformator fließt in der einwindigen Schmelzrinne ein sehr hoher Strom. Rechts sieht man eine Person beim Schweißen von Stahlteilen. Dabei wird der eine Pol des Schweißgeräts mit einer Klemmzange an das zu schweißende Stahlteil angeschlossen (das eine Nagelende, vgl. B2), der andere Anschluss stellt die Schweißelektrode, einen dünnen Stahlstab, (das andere Nagelende) dar. Berührt man kurz die Schweißstelle, so ist der Strom so groß, dass die Berührungsstelle sofort aufglüht und zum Teil verdampft. Hebt man die Elektrode etwas an, fließt der Strom anschließend durch das glühend heiße Gas und bildet einen Lichtbogen.

Versuche

V1 *("Spannungen werden transformiert")* Die für Schülerversuche ausgelegten Spulen haben die im B1 angegeben Werte. Werden andere Spulen verwendet, sollte man darauf achten, dass nicht zu hohe Spannungen (für Schülerversuche kleiner als 24 V) auftreten können. Bei einer fest eingestellten Primärspannung von 6 V sollte das Übersetzungsverhältnis dann maximal 4:1 sein. Die unter B1 angegebenen Messwerte für die Sekundärspannung sollten sich nahezu exakt reproduzieren lassen.

V2 *("Stromstärken werden gewandelt")* Der Versuch wird wie abgebildet aufgebaut. Bei offenem Schalter ist die Stromstärke im Primärkreis vernachlässigbar klein. Schließt man den Schalter, so wird der Transformator belastet, es fließt sekundärseitig ein Strom. Gleichzeitig steigt die Stromstärke im Primärkreis. Mithilfe des regelbaren Widerstands kann die Größe der Stromstärke im Sekundärkreis eingestellt werden. In Abhängigkeit der jeweiligen Windungszahlen kann dann die jeweilige Stromstärke im Primärkreis gemessen werden. Die absoluten Messwerte für die Stromstärken hängen von den Widerständen der Spulen und des eingestellten Widerstands ab. Das Verhältnis der Stromstärken I_s / I_p sollte annähernd gleich dem umgekehrten Verhältnis der zugehörigen Windungszahlen n_p / n_s sein. Bei 6 V Primärspannung ergeben sich z.B. folgende Messwerte:

n_p	n_s	I_p in mA	I_s in mA
400	1600	440	100
400	400	130	120
1600	400	25	90

Aufgabenlösungen

A1 Beim Hochspannungstransformator hat die Sekundärspule eine sehr viel größere Windungszahl als die Primärspule (das Übersetzungverhältnis ist sehr viel größer als 1), beim Hochstromtransformator ist es umgekehrt (das Übersetzungsverhältnis ist sehr viel kleiner als 1).

A2 Ein Übersetzungsverhältnis von 20:1 bedeutet das die Primärspannung auf die 20-mal kleinere Sekundärspannung, ein Primärstrom aber auf den 20fachen Sekundärstrom transformiert wird

A3 $N_p : N_s = U_p : U_s = 12\ V : 15\,000\ V = 1 : 1250 = 0{,}0008.$

A4 $U_s = \dfrac{N_S \times U_p}{N_p} = \dfrac{47 \times 230\ V}{1200} = 9\ V$

Fachinformation

Bei den Messungen zur Spannungswandlung spricht man von einem unbelasteten Transformator oder auch von Leerlaufmessungen, da es zu keinem nennenswerten Stromfluss in der Primärspule kommt. Beim belasteten Transformator dagegen erhält das angeschlossene Gerät bzw. der angeschlossene Widerstand von der Sekundärspule elektrische Energie. Diese Energie fließt der Primärspule aus dem Netz zu. Deshalb wird bei Belastung der Primärstrom größer. Die Ursache dafür ist, dass der durch Induktion hervorgerufene Sekundärstrom ein zusätzliches magnetisches Wechselfeld erzeugt, welches dann induktiv auf die Primärspule zurückwirkt und letztlich zu einer Stromerhöhung im Primärkreis führt. Da es bei belasteten Transformatoren durch den Stromfluss zu Wärmeverlusten in den Leitungen kommt, ist die Übereinstimmung des entsprechenden Verhältnisses der Stromstärken zum Verhältnis der Windungszahlen weniger gut. Nach dem Energieerhaltungssatz und dem im nächsten Kapitel entwickelten Begriff der elektrischen Leistung ist sofort verständlich, dass bei einer vorgegebenen Spulenanordnung nicht gleichzeitig Spannung und Stromstärke herauftransformiert werden können.

Kopiervorlagen

K129 „Spannungen werden transformiert"

K130 „Stromstärken werden gewandelt"

K131 „Der Transformator"

12.7 Generator – Transformator – Motor

Lehrplanbezug

(8.5.1) Gleichstrommotor und weitere Anwendungen
(8.5.2) Funktionsweise eines Generators, Transformator; Funktion und Anwendungen; einfache Berechnungen

Strukturierungsvorschlag

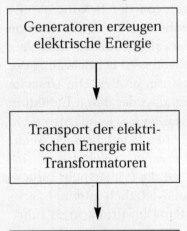

Bilder

B Die obigen Bilder zeigen von links nach rechts ein Speicherkraftwerk, eine Windenergieanlage und ein Wärmekraftwerk. Unten links ist ein Umspannwerk zu sehen, rechts unten elektrische Geräte, die mit einem Elektromotor arbeiten. In der Mitte findet sich ein schematische Darstellung, die die Stationen der elektrischen Energieversorgung vom Kraftwerk zu den Haushalten skizziert. Die Beschreibung der Bilder in Verbindung mit den Aufgabenstellungen bietet hier Gelegenheit für die Schülerinnen und Schüler, ihr Wissen um die einzelnen technischen elektrischen Maschinen in einen Gesamtzusammenhang zu bringen.

Fachinformation

Es bietet sich an, die Energieversorgung mithilfe der Energien und Energieumwandlungen qualitativ zu beschreiben, auch wenn die elektrische Energie erst ausführlich in Kap. 14 besprochen wird.

$$\underset{\text{Mechanische Energie}}{\text{Generator}} \to \underset{\text{Transformator}}{\text{Elektrische Energie}} \to \underset{}{\text{Mechanische Energie.}}$$

Generator und Elektromotor stellen dann Energiewandler dar, ein Transformator einen Spannungswandler (bzw. Stromwandler).
Die Bereitstellung elektrischer Energie erfolgt in Kraftwerken unterschiedlicher Größe (sprachlich besser: Energiewerken). Energieträger für größere Kraftwerke sind
• Braunkohle, Steinkohle, Gas, Uran, die durch Verbrennung bzw. Kernspaltung ihre innere Energie abgeben und Wasserdampf erzeugen,
• Wasserkraft (Laufwasser und Pumpspeicher).
Kleinere Kraftwerke nutzen vor allem regenerative Energiequellen der Natur, z.B.:
• Wasserkraft in mittleren und kleinen Wasserkraftwerken,
• Sonnenenergie genutzt durch Photovoltaik-Anlagen und solarthermische Kraftwerke
• Windenergie mit Windkraftanlagen
• Biomasse mit Biogasanlagen und Verbrennungsanlagen für organische Stoffe
• Umgebungsenergie mit Wärmepumpenanlagen.
Je nach den zur Verfügung stehenden Energien werden Generatoren über Turbinen verschiedener Bauart angetrieben. Diese erzeugen elektrische Energie über Induktionsspannung. Die Spannung von Generatoren liegt in der Regel bei 21 kV.

Mit Transformatoren wird die Spannung auf 110 - 380 kV erhöht und dann an die Hochspannungs-Freileitungen gelegt. Eine obere Grenze wird durch die Durchschlagsfestigkeit der Isolatoren und den damit verbundenen Sprühverlusten gesetzt. Über die 380 kV-Leitungen strömt die Energie über weite Strecken bis zu Umspannstationen in der Nähe der Verbraucher. Die Energieversorgung bis zu den Haushalten erfolgt in Verteilungsnetzen (vgl. Abb.). Dabei werden die Spannungen stufenweise auf niedrigere Spannungen transformiert.

In kleineren Transformatoren vor Ort erfolgt dann die letzte Umspannung auf die für Haushalte bestimmte Niederspannung von 230 V bzw. 400 V. Diese wird entsprechend der Verbraucherdichte über Freileitungen oder Kabel den Verbrauchern zur Verfügung gestellt. Auf diese Weise hält man die Energieverluste in den Leitungen möglichst gering. Die so zur Verfügung gestellte Energie kann anschließend in den Haushalten zum Betrieb von elektrischen Geräten, in denen sich vielfach Elektromotoren befinden, genutzt werden.

Die Hochspannungsleitungen überziehen das gesamte Gebiet der Bundesrepublik und bilden das deutsche Verbundnetz, das von einer Schaltzentrale in Brauweiler bei Köln überwacht wird. Dieses bildet mit den Versorgungsnetzen benachbarter Länder das Westeuropäische Verbundnetz. Dadurch ist die Austauschbarkeit elektrischer Energie über die Grenzen möglich. Der Vorteil des Verbundnetzes besteht vor allem darin, dass die Energieversorgung durch Grund-, Mittel- und Spitzenlastkraftwerke im gesamten Versorgungsgebiet gedeckt wird.

Um deutlich zu machen, dass für den Transport elektrischer Energie Hochspannungen nötig sind, könnte man folgende Lehrerversuche durchführen:
(a) Eine kleine Glühlampe wird an eine Wechselspannung von 4 V angeschlossen. Die Lampe leuchtet.
(b) In den Stromkreis wird bei gleichbleibender Spannung ein hoher Widerstand (z.B. 4 kV), der dem Widerstand einer Freileitung entsprechen soll, eingeschaltet. Die Lampe leuchtet nicht, da der Spannungsabfall am Widerstand zu groß ist.
(c) Vor der Freileitung wird die Spannung mithilfe eines Transformators (Primärspule 300 Wdg., Sekundärspule 12000 Wdg.) auf 160 V herauftransformiert. Am Ende der Überlandleitung durch einen Transformator mit umgekehrter Spulenanordnung wieder auf 4 V heruntertransformiert. Die Lampe im Sekundärkreis des zweiten Transformators leuchtet nahezu mit der gleichen Helligkeit wie unter (a).

Aufgabenlösungen

A1 In der näheren Umgebung von Wohnungen finden sich Umspannwerke des örtlichen Verteilungsnetzes, deren Transformatoren die Spannung auf 230/400 V heruntertransformieren.

A2 Im Elektrizitätswerk wird mithilfe von Generatoren eine Spannung erzeugt. Um die elektrische Energie möglichst verlustfrei über große Entfernungen zu transportieren, wird die Spannung mit Transformatoren herauftransformiert und vor Ort wieder heruntertransformiert. Dies geschieht über mehrere Umspannstationen. Anschließend können dann z.B. elektrische Geräte mit Elektromotoren betrieben werden.

A3 Prinzipiell lassen sich alle Generatoren als Elektromotoren betreiben. Dazu müsste man an die „Induktionsspule" eine Wechselspannung legen. Die Drehzahl ist unabhängig von der Stärke der angelegten Wechselspannung und der Motor bedarf meist einer kleinen Starthilfe.

Kopiervorlagen

K132 „Generator – Transformator – Motor I"

K133 „Generator – Transformator – Motor II"

13.1 Mechanische Leistung

Lehrplanbezug

(8.5.3) Mechanische Leistung

$$P = \frac{W}{t} :$$

Einheit: $1 = \frac{Nm}{s}$ *(1* $\frac{Newtonmeter}{Sekunde}$ *)*

Strukturierungsvorschlag

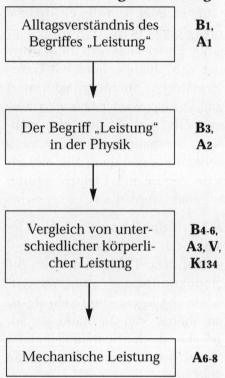

Alltagsverständnis des Begriffes „Leistung"	**B1**, **A1**
Der Begriff „Leistung" in der Physik	**B3**, **A2**
Vergleich von unterschiedlicher körperlicher Leistung	**B4-6**, **A3, V**, **K134**
Mechanische Leistung	**A6-8**

Merksatz

Die mechanische Leistung (P) ist der Quotient aus der Arbeit (W) und der dazu benötigten Zeit (t).

$$mechanische \ Leistung = \frac{Arbeit}{Zeit}$$

$$P = \frac{W}{t}$$

Die Einheit der Leistung ist 1 Nm/s = 1 W.

Phänomene

• Das war eine gute Leistung (Note, Sport).
• Die Glühbirne hat eine Leistung von 60 Watt.
• Der Motor hat mehr Leistung.
• Wer seine Arbeit schneller fertig hat, hat mehr geleistet.

Bilder

B1 *(„Leistung am Lift")* Das Bild zeigt Skifahrer, die darauf warten vom Lift in ein höhergelegenes Skigebiet befördert zu werden. Dazu muss (Hub-) Arbeit verrichtet werden. Um einen Andrang zu vermeiden, müsste der Lift schneller fahren oder eine größere Gondel verwendet werden. In beiden Fällen bedarf es eines leistungsfähigeren Motors.

B2 *(„Zur Erinnerung")* In den verwendeten Berechnungsbeispielen ist es nötig von der Masse auf die Gewichtskraft und die (Hub-) Arbeit zu schließen. Hier finden sich in Kürze die notwendigen Definitionen zur jeweiligen Berechnung aus der Jahrgangsstufe 7 (Kap. 12.4).

B3 *(„Vergleich der Leistungen beim Seilklettern")* Hier wird eine mögliche Situation aus dem Sportunterricht aufgegriffen. Dem Schülerempfinden nach wird derjenige die größere (sportliche) Leistung vollbracht haben, der in kürzerer Zeit das Seil hinaufgeklettert ist. Der physikalische Leistungsbegriff ist hier „gerechter". Er berücksichtigt, dass die zu verrichtende Arbeit aufgrund der Masse bzw. der Gewichtskraft der Schülerinnen unterschiedlich ist. Eine vergleichbare Situation beschreibt der Versuch V1, der von der Klasse im Treppenhaus der Schule durchgeführt werden kann. Links in der Abbildung findet sich eine Übersicht über die zu verwendenden physikalischen Größen, die durch die Einheiten ergänzt werden sollte, um Verwechslungen zwischen Einheit und Zeichen der Größen zu vermeiden.

B4-B6 *(„Höchstleistung", „Leistungsmessung mit dem Ergometer", „Beispiele für Leistungen")* Die ersten beiden Bilder zeigen Situationen, in denen die Leistung eines Menschen relativ einfach abzuschätzen ist. Dabei sollte deutlich werden, dass ein Mensch kurzzeitig gesehen eine hohe Leistung vollbringen kann, die menschliche Dauerleistung aber geringer ausfällt. Die übrigen Zahlenbeispiele sollen ein Gefühl für die Größenordnung erbrachter Leistung geben und können später im Zusammenhang mit Energieberechnungen herangezogen werden.

B7 *(„Leistung im Supermarkt")* Das Bild zeigt Alltagssituationen und kann A6 deutlich machen, welche Größen zur Berechnung der Leistung gegeben sein müssen.

Versuche

V1 („Leistung im Treppensteigen") Der Versuch ist in der Auswertung und Berechnung der Leistung vergleichbar mit dem Seilklettern, aber von den Schülern einfacher durchzuführen. Die Treppenhöhe kann dabei über die regelmäßige Höhe der Stufen ermittelt werden.

Aufgabenlösung

A1 Gemeint ist:- sehr hoch gesprungen; die Anzahl der richtigen Aufgaben wird gemessen; die Bezahlung erfolgt nach abgelieferter Arbeit; im Leistungszentrum wird die sportliche Leistung verbessert; Computer werden schneller und können mehr.

A2 Petras Leistung beträgt $P = \dfrac{480\text{N}\cdot 4\text{m}}{15\text{s}} = 128\,\dfrac{\text{Nm}}{\text{s}}$,

Steffis Leistung ist $P\,\dfrac{360\text{N}\cdot 4\text{m}}{12\text{s}} = 120\,\dfrac{\text{Nm}}{\text{s}}$ und damit geringer.

A3 Die Angaben von Arbeit und Zeit.

A4 Die individuelle Bestimmung erfolgt wie unter A2 (vgl. auch Schülerband). Benötigte Angaben: Gewichtskraft des eigenen Körpers, Seillänge und Zeit.

A5 Je weniger Zeit für eine Arbeit benötigt wird, desto größer ist die Leistung. Je mehr Arbeit in einer bestimmten Zeit verrichtet wird, desto größer ist die Leistung.

A6 Das Mädchen verrichtet eine (Reibungs-) Arbeit von
W = 30 N • 50 m = 1500 Nm in $t = 30$ s. Die Leistung beträgt
also $P = \dfrac{1500\ \text{Nm}}{30\text{s}} = 50\,\dfrac{\text{Nm}}{\text{s}}$. Der Junge verrichtet pro Saftpaket
eine (Hub-) Arbeit von W = 10 N • 2m = 20 Nm. Für das Anheben von 13 Paketen in einer Zeit von $t = 40$ s beträgt die
Leistung $P = \dfrac{13\cdot 20\ \text{N}}{40\text{s}} = 6,5\,\dfrac{\text{Nm}}{\text{s}}$.

A7 Da in beiden Fällen die zu verrichtende Hubarbeit gleich ist, ist die Leistung bei schnellerem Fahren größer.

A8 Die zu verrichtende Arbeit ist in jeder Stufe gleich:

W = 250 N • 2m = 500 Nm . Die Leistung beträgt in

Stufe 1: $P = \dfrac{500\ \text{Nm}}{10\text{s}} = 50\,\dfrac{\text{Nm}}{\text{s}} = 50$ W,

Stufe 2: $P = \dfrac{500\ \text{Nm}}{8\text{s}} = 62,5\,\dfrac{\text{Nm}}{\text{s}} = 62,5$ W,

Stufe 3: $P = \dfrac{500\ \text{Nm}}{5\text{s}} = 100\,\dfrac{\text{Nm}}{\text{s}} = 100$ W.

Fachinformation

Schüler verwechseln - ausgehend von der Umgangssprache - oft die Begriffe Leistung, Arbeit und Energie. Das wird noch begünstigt dadurch, dass die Einheit für die Leistung Watt ähnlich klingt wie die Arbeits- bzw. Energieeinheit Kilowattstunde. Deshalb sollte immer wieder klar herausgestellt werden, dass es beim Verrichten von Arbeit auf die dafür benötigte Zeit ankommt, um die Leistung zu berechnen.
Eine etwas andere Sichtweise liefert eine mathematische Umformung:

$$P = \frac{W}{t} = \frac{F\cdot s}{t} = F\cdot \frac{s}{t} = F \cdot v.$$

Diese Formel zeigt, dass die *Kraft*, mit der Energie übertragen wird, etwas anderes ist als die dabei auftretende Leistung. Diese Betrachtung ist Grundlage für die Bestimmung der Leistung am Ergometer.
Die Leistung von Automotoren wurde früher in PS („Pferdestärke") statt in kW angegeben. 1 PS war an der Leistung eines Pferdes orientiert. Dabei entspricht 1 PS etwa 750 W bzw. 3/4 kW.

Kopiervorlage

K134 „Leistungen im Treppensteigen"

Literatur

DUIT, R.: „Kraft, Arbeit, Leistung, Energie - Wörter der Alltagssprache und der physikalischen Fachsprache"; physica didactica 11, 1984

13.2 Bedeutung der Leistungsangabe bei Elektrogeräten

Lehrplanbezug

(8.5.3) Bedeutung der Leistungsangabe bei Elektrogeräten

Strukturierungsvorschlag

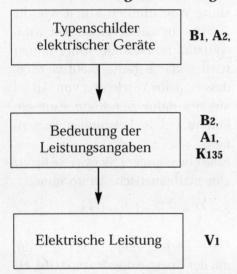

Typenschilder elektrischer Geräte — **B1**, **A2**,

Bedeutung der Leistungsangaben — **B2**, **A1**, **K135**

Elektrische Leistung — **V1**

Merksatz

Die Leistung eines elektrischen Gerätes ist umso größer, je höher die angegebene Wattzahl ist: Bei höherer Leistung des Gerätes ist es heller, lauter, wärmer, geht es schneller.

Phänomene

• Typenschilder auf elektrischen Geräten
• unterschiedliche Wattzahlen auf Glühbirnen
• Leistungsangaben bei Lautsprechern

Bilder

B1 *(„Leistungsangaben auf Typenschildern elektrischer Geräte")* Die Bilder zeigen Beispiele für Leistungsangaben. Am bekanntesten für Schüler sind wohl die Wattzahlen auf den Glühlampen. Leistungsangaben auf elektrischen Geräten bieten hier einen neuen Aspekt, der von den Schülerinnen und Schülern nicht unmittelbar mit der mechanischen Leistungsdefinition in Einklang gebracht wird. Im Vordergrund stehen zunächst ihre phänomenologischen Bedeutungen. Um dennoch an die mechanische Leistungsdefinition anzuknüpfen, könnte der Begriff elektrische Energie frühzeitig qualitativ verwendet werden (vgl. Fachinformation).

B2 *(„Beispiele für elektrische Leistungen")* Die angegebenen Beispiele verdeutlichen, in welchen Größenordnungen die Leistungen elektrischer Geräte liegen. Es bietet sich an, dass die Schülerinnen und Schüler diese anhand von Typenschildern überprüfen.

Versuche

V1 („Tauchsieder im Leistungsvergleich") Dieser Versuch lässt sich als Schülerversuch durchführen. Dabei sollte man darauf achten den Tauchsieder erst unter Wasser in Betrieb zu nehmen. Die Zeit zur Erwärmung des Wassers bis zum Sieden hängt auch von der Anfangstemperatur des Wassers ab. Hier könnte man ein geeignetes Thermometer verwenden, um gleiche Bedingungen zu schaffen (vgl. auch Fachinformation). Bei einer Anfangstemperatur von 20 °C werden näherungsweise folgende Zeiten zu erwarten sein:

Leistung des Tauchsieders in W	300	600	1000
Benötigte Zeit in min	20	10	6

Bei höherer Leistung des Tauchsieders benötigt man zur Erwärmung eines Liter Wassers weniger Zeit. Über den qualitativen Zusammenhang hinaus, sollte sich feststellen lassen, die Leistung P ist umgekehrt proportional zur Zeit t.

Aufgabenlösung

A1 Je größer die Wattzahl einer Lampe, desto heller leuchtet sie. Je größer die Wattzahl eines Motors, desto schneller verrichtet er seine Arbeit.

A2 Auf den Typenschildern finden sich neben verschiedenen Prüfzeichen meist eine Angabe zur elektrischen Spannung (z.B. 230 V) und zur Leistung des Geräts (z.B. 1200 W).

Fachinformation

Im Unterschied zur mechanischen Leistung als Quotient aus verrichteter Arbeit W und benötigter Zeit t wird der Begriff Leistung bei elektrischen Geräten eher im Sinne des Quotienten aus der von einem Gerät umgewandelten, abgegebenen Energie W und der Betriebszeit t verwendet. Elektrische Energie wird den Geräten zugeführt und umgewandelt in andere Energieformen (Licht; Wärme, mechanische Energie) für die Dauer ihres Betriebs. Um die Leistung des Geräts aufrecht zu erhalten, ist also ein ständiger Energiestrom (z.B. 1000 Watt pro Sekunde) nötig. In diesem Sinne bezeichnet man die elektrische Leistung auch als Energiestrom.

Bei der Erwärmung von Wasser durch einen Tauchsieder ist die dem Wasser zugeführte Energie $W = P \cdot t$ gleich der vom Wasser aufgenommenen Wärmemenge $W = c \cdot m \cdot \Delta\Theta$. c bezeichnet die spezifische Wärmekapazität des Wassers ($4{,}2 \, \frac{kJ}{kg \cdot K}$), m die Masse des Wassers und $\Delta\Theta$ die Temperaturänderung von einem Anfangs- auf einen Endwert.

Für den Versuch V1 gilt dann: $t = \frac{c \cdot m \cdot \Delta\Theta}{P}$.

Geht man z.B. von einer Temperaturänderung von 80 °C (von 20 °C auf 100 °C) aus und berücksichtigt, dass ein Teil der zugeführten Energie zur Erwärmung des Becherglases und der Umgebung dient, so erhält man obige Näherungswerte.

Kopiervorlage

K135 „Tauchsieder im Leistungsvergleich"

13.3 Wovon hängt die elektrische Leistung ab?

Lehrplanbezug

(8.5.3) Zusammenhang von elektrischer Leistung, Spannung und Stromstärke; Berechnen der elektrischen Leistung P = U • I; Einheit: 1VA (Voltampere) = 1 W (Watt) = 1 J (Joule); Maßeinheiten: 1 mW, 1 W, 1 kW, 1 MW

Strukturierungsvorschlag

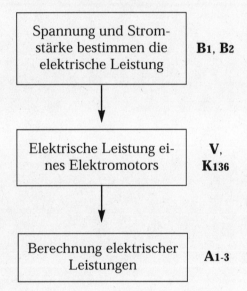

Spannung und Stromstärke bestimmen die elektrische Leistung	**B1**, **B2**
Elektrische Leistung eines Elektromotors	**V**, **K136**
Berechnung elektrischer Leistungen	**A1-3**

Merksatz

Die elektrische Leistung ist das Produkt aus Spannung und Stromstärke. Die Einheit ist 1 W (Watt).

Phänomene

• Leistungsstärkere Geräte im Haushalt benötigen eine größere Stromstärke.
• Elektrische Geräte funktionieren nicht ohne ausreichende Spannung (Betrieb mit 110 V bzw. 230 V).

Bilder

B1 *(„Leistung und Stromstärke")* Um den Zusammenhang zwischen elektrischer Leistung und der Stromstärke zu untersuchen, ist es notwendig die elektrische Spannung konstant zu halten. Dies wird im dargestellten Versuchsaufbau durch den Netzanschluss (230 V) über einen Mehrfachstecker gewährleistet (Man sollte darauf achten, erst nach vollständigem Versuchsaufbau den Mehrfachstecker anzuschließen). Am Amperemeter können dann für die verschiedenen Glühlampen die entsprechenden Stromstärken abgelesen werden. Um die Stromstärke für den Fön zu messen, müsste man die Sockelfassung für die Glühlampe durch einen Anschluss für den Fön ersetzen. Die angegebenen Messwerte zeigen, dass Leistung und Stromstärke bei gleicher Spannung proportional zueinander sind.

B2 *(„Leistung und Spannung")* Eine Fahrradlampe (6 V/0,1 A) ist in Reihe mit einem Amperemeter an ein Netzgerät angeschlossen. Parallel wird über der Lampe die Spannung abgegriffen. Nachdem der Zusammenhang zwischen Leistung und Stromstärke (vgl. B1) hergestellt wurde, sollte dieser Versuch neben dem Betrieb der 25-W-Lampe aus B1 gezeigt werden. Annähernd gleiche Stromstärken bedeuten nicht gleiche Leistungen, da die 25-Watt-Lampe deutlich mehr Licht abgibt. Die Leistung ist bei gleicher Stromstärke umso größer, je größer die angelegte Spannung ist.

Beide Ergebnisse lassen sich zusammenfassen: Die elektrische Leistung ist das Produkt aus Spannung und Stromstärke. Für die gefundenen Messergebnisse sollten die Schüler und Schülerinnen diesen Zusammenhang rechnerisch bestätigen. Dass es nicht zu exakten Übereinstimmungen kommt, könnte mehrere Gründe haben: die Netzspannung beträgt nicht genau 230 V (eher weniger), die Stromstärke verändert sich mit zunehmender Erwärmung der Glühlampe, die Messwerte lassen sich nicht exakt genug ablesen. Obige Versuche können nach Herleitung der Formel methodisch variiert werden, indem man für weitere Glühlampen (z.B. 40 Watt) zunächst die Stromstärke berechnen lässt und diese anschließend experimentell überprüft.

Versuche

Ein Spielzeugelektromotor ist in Reihe mit einem Amperemeter an eine Stromquelle angeschlossen. Parallel dazu wird die Spannung über ein Voltmeter abgegriffen. Über eine Rolle wird durch den Elektromotor ein Wägestück nach oben befördert. Liest man die benötigte Stromstärke I und Spannung U ab, so lässt sich mit P = U • I die elektrische Leistung des Motors berechnen. Misst man zudem die Transporthöhe und die dafür benötigte Zeit, so lässt sich die am Wägestück verrichtete Hubarbeit pro Zeit ermitteln ( ). Ein Vergleich zwischen elektrischer und mechanischer Leistung zeigt, dass die mechanische weit geringer ist als die elektrische Leistung. Ein großer Teil der elektrischen Leistung wird benötigt, um gegen die Reibung in den Lagern des Motors Arbeit zu verrichten. Ein anderer Teil führt zu Erwärmung in den Leitungen. Der Einfachheit halber sollte der Versuch so durchgeführt werden, dass dasselbe Wägestück in kürzerer Zeit hochgezogen wird, d.h. eine größere Leistung des Motors nötig ist. Dazu misst man dann jeweils Spannung und Stromstärke.

Aufgabenlösung

A1 Die Leistung des Tauchsieders beträgt:
P = U • I = 230 V • 5 A = 1150 VA = 1150 W.

A2 Für die Leistung der Fahrradlampe gilt:
P = U • I = 6 V • 0,2 A = 1,2 VA = 1,2 W.

A3 Die Stromstärke I, die bei Anschluss des elektrischen Heizkörpers, fließt, berechnet sich aus

$$I = \frac{P}{U} = \frac{2000\ W}{230\ V} = \frac{2000\ VA}{230 V} = 8,7\ A.$$

Fachinformation

Die grundlegende Formel P = U • I lässt sich auf einer Modellebene mithilfe des Energiebegriffs wie folgt qualitativ deuten:
(1) P proportional I (für U = konst.): „Gleiche Spannung" bedeutet, dass jedes Elektron gleich stark angetrieben wird. Für jedes Elektron wird gleich viel Energie von der Quelle aufgewendet und in den angeschlossenen Geräten umgesetzt. Kurz: Mit jedem Elektron wird gleich viel Energie übertragen. Je mehr Elektronen aber pro Sekunde durch Quelle und Gerät fließen, desto mehr Energie strömt insgesamt von der Quelle zum Gerät.
(2) P proportional U (für I = konst.): Je höher die Spannung ist, desto stärker wird jedes einzelne Elektron angetrieben. Bei höherer Spannung wird also mehr Energie pro Elektron von der Quelle aufgewendet. Bei gleicher Stromstärke wird daher unterschiedlich viel Energie übertragen, obwohl pro Sekunde gleich viele Elektronen durch Quelle und Gerät fließen.

Der gesamte Energiestrom ist dabei in der Regel etwas größer als die Leistung der Verbraucher, weil ein Teil der Energie auf dem Übertragungsweg als unerwünschte Wärme abgegeben wird. Diese bietet die Gelegenheit, bei quantitativer Messung den Begriff Wirkungsgrad einzuführen. Bei jedem Gerät, in dem Energie umgesetzt wird, lassen sich die aufgewendete und die genutzte Energie bzw. Leistung miteinander vergleichen. Der Quotient aus beiden Energien (Leistungen) wird als Wirkungsgrad η bezeichnet:

$$\eta = \frac{\text{genutzte Energie}}{\text{aufgewendete Energie}}$$

Der Wirkungsgrad ist eine dimensionslose Zahl und in der Regel kleiner als 1, da die aufgewendete Energie größer ist als die genutzte Energie.

Kopiervorlage

K136 „Die elektrische Leistung eines Motors"

14.1 Elektrische Leistung zu Hause und in der Schule
14.2 Leistung und Energie

Lehrplanbezug

(8.5.4) Bedeutung elektrischer Energie in der Schule, zu Hause; Zusammenhang zwischen Energiebedarf, Leistung und Einschaltdauer elektrischer Geräte; Einheit:1 VAs (Voltamperesekunde) = 1 Ws (Wattsekunde); Maßeinheiten: 1 Ws, 1 kWh

Strukturierungsvorschlag

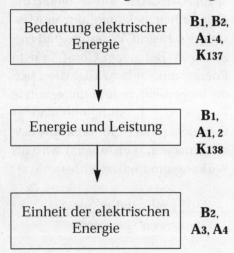

Bedeutung elektrischer Energie	**B**1, **B**2, **A**1-4, **K**137
Energie und Leistung	**B**1, **A**1, 2 **K**138
Einheit der elektrischen Energie	**B**2, **A**3, **A**4

Merksatz (Seite 196)

Elektrische Energie wird über das Leitungsnetz vom Elektrizitätswerk zu den Elektrogeräten transportiert.

Merksatz (Seite 198)

Die Energie W ist gleich dem Produkt aus der elektrischen Leistung P und der Zeit t.

Phänomene

- Bei Stromausfall läuft nichts mehr.
- Energie kommt bei uns aus der Steckdose.
- Elektrische Geräte vereinfachen Arbeiten.
- Je länger ein Gerät läuft, umso mehr Energie verbraucht es.

Bilder

B1 (Seite 196) (*„Elektrogeräte benötigen elektrische Energie"*) Die Betrachtung des Bildes im Zusammenhang mit der Bearbeitung der Schulbuchaufgaben soll den Schülerinnen und Schülern verdeutlichen, welche Vielzahl an elektrischen Geräten in ihrem Lebensalltag vorkommen. Zum Betrieb der elektrischen Geräte ist elektrische Energie nötig.

B2 (Seite 197) (*„Verwendung der elektrischen Energie im privaten Haushalt"*) Die Tabelle gibt einen systematischen Überblick über den Energiegebrauch in privaten Haushalten. Die prozentualen Angaben vermitteln ein Gefühl für die Größenordnung und können Hinweise geben, an welcher Stelle ein Energiesparen besonders effektiv sein kann.

B1 (Seite 198) (*„Rasen mähen mit elektrischer Energie"*) Am Beispiel des elektrischen Rasenmähers soll verdeutlicht werden: Um Arbeit zu verrichten, bedient man sich elektrischer Geräte, die dazu elektrische Energie benötigen. Dabei sollte den Schülerinnen und Schülern unmittelbar klar sein, dass diese elektrische Energie um so größer ist, je größer die Leistung des Elektrogeräts ist und je länger das Gerät eingeschaltet ist.

B2 (Seite 199) (*„Was man mit einer Kilowattstunde machen kann"*) Diese Beispiele dienen zur Veranschaulichung der elektrischen Energie von einer Kilowattstunde. Exakt nachzurechnen ist nur das erste Beispiel (vgl. A3), für die übrigen Beispiele fehlen Leistungs- bzw. Zeitangaben. Wesentlich ist aber, den Schülerinnen und Schülern ein Gefühl für die Größe zu vermitteln. Mithilfe des Elektrizitätszähler lassen sich prinzipiell alle Angaben ermitteln.

Aufgabenlösungen (Seite 197)

A1, **A2** Neben den auf dem Bild sichtbaren Elektrogeräten sind hier einige weitere angegeben.
Arbeitszimmer: Computer (Bildschirm, Drucker, Festplatte mit Laufwerken, ggf. Scanner, Lautsprecher), Deckenlampe.
Wohnzimmer: Stereoanlage (Verstärker mit Radio, Cassettendeck, CD-Spieler, Plattenspieler), Fernsehgerät, Videorecorder.

Bad: Spiegelbeleuchtung, Warmwasserbereitung, evtl. Fön, elektrische Zahnbürste, Lockenstab, Elektrorasierer usw.

Küche: Elektroherd (Herdplatten und Backofen) mit Dunstabzugshaube, Spülmaschine, Warmwasserboiler, Kühl- und Gefrierschrank, evtl. elektrische Küchenmaschine, Mixer, Mikrowelle, Toaster, Eierkocher, Kaffeemaschine, Kaffeemühle, Tiefkühltruhe, Brotschneidemaschine, Staubsauger usw.

Waschküche: Waschmaschine, Wäschetrockner.

Werkzeugkeller: Bohrmaschine und evt. andere elektrisch betriebene Werkhilfen.

In der Schule: Netzgeräte und einige Messinstrumente, Computer, Lichtmikroskop, Kühlschrank, Overheadprojektor, Fernseh- und Videogerät, Beleuchtung, im Werkraum Geräte zum Bohren, Schrauben und Schneiden.

A3 Die Schüler können nach der Bildbetrachtung weitere Beispiele anführen, wie z.B. Warmwasseraufbereitung, Steuerung der Heizungsanlage, Schulgong usw.

A4 Aus der Reflexion eines Schultags heraus könnten die Schülerinnen und Schüler ihre benutzten elektrischen Geräte nennen und sich bewusst machen, welche Konsequenzen ein Ausfall dieser Geräte hätte: Sie müssten im Dunkeln aufstehen, könnten nicht warm duschen und sich die Haare trocknen, bekämen keine heißen Getränke und Mahlzeiten usw. In der Schule gäbe es kein Pausenklingeln, Versuche könnten evt. nicht durchgeführt werden, der Einsatz von Medien wäre nicht möglich.

Aufgabenlösungen (Seite 199)

A1 Die elektrische Energie hängt ab von der Leistung P und der Zeit t bzw. von der elektrischen Spannung U, der elektrischen Stromstärke I und der Zeit t.

A2 $W = P \cdot t = 800 \text{ W} \cdot 15 \text{ min} = 800 \text{ W} \cdot 900 \text{ s}$
$= 720\,000 \text{ Ws} = 0,2 \text{ kWh}.$

A3 $t = \dfrac{W}{P} = \dfrac{1 \text{ kWh}}{100 \text{ W}} = 10 \text{ h}$ (t $= \dfrac{W}{P} = \dfrac{1 \text{ kWh}}{40 \text{ W}} = 25 \text{ h}$)

A4 Ein Fernsehgerät mit der Leistung 80 W benötigt für eine Stunde eine Energie von 288 000 Ws = 0,08 kWh, ein Wasserkocher mit der Leistung 1 kW benötigt für eine Stunde 1 kWh, ein Heizlüfter mit einer Leistung von 2200 W benötigt für eine Stunde eine Energie von 7 920 000 Ws = 2,2 kWh.

Fachinformation

Der elektrischen Energie kommt nicht nur wegen der Annehmlichkeiten, die die Verfügbarkeit elektrischer Energie mit sich führt, große Bedeutung zu. Setzt man ein intuitives Vorverständnis des Energieerhaltungssatz bei Schülerinnen und Schülern aufgrund der alltäglichen Diskussion um Energie und Energieformen voraus, können sie nachvollziehen, dass den Energieformen ein unterschiedlicher Wert zugeschrieben wird. Die mechanische und elektrische Energie haben von allen Energieformen den höchsten Wert, da sich diese Energieformen wechselseitig sehr gut ineinander umwandeln lassen. Bei der Umwandlung von elektrischer Energie oder mechanischer Energie in Wärme tritt eine Energieentwertung auf, da diese nur zu einem Teil wieder in mechanische oder elektrische Energie umgewandelt werden kann. Der große Bedarf an elektrischer Energie bedeutet dann, dass natürliche Energieformen (chemische Energie in Kohle, Öl und Atomen) umgewandelt werden müssen, diese dabei knapper werden und zu einer Umweltbelastung (Abwärme, Schadstoffemissionen, Radioaktivität) führen. Diese Umwandlung ist auch stets mit einer Energieentwertung verbunden.

Kopiervorlagen

K137 „Elektrische Energie im Hause"

K138 „Elektrische Energie in der Schule"

Literatur

Arbeitskreis Schulinformation Energie; Unterrichtsmaterialien zum Thema Energie Sekundarstufe I, IZE 60329 Frankfurt/Main, 1995.

14.3 Was misst der Elektrizitätszähler?
14.4 Elektrische Energie sparsam nutzen

Lehrplanbezug

(8.5.4) Elektrische Energie: Zähler, Kosten (Stromrechnung); verant-wortlicher Umgang, Einsparungs-möglichkeiten

Strukturierungsvorschlag

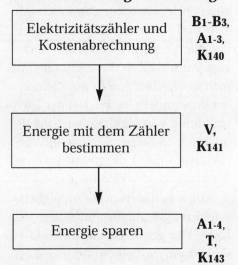

Elektrizitätszähler und Kostenabrechnung	**B**1-**B**3, **A**1-3, **K**140
Energie mit dem Zähler bestimmen	**V**, **K**141
Energie sparen	**A**1-4, **T**, **K**143

Merksatz (Seite 201)

Der Elektrizitätszähler misst die gelieferte Energie in Kilowattstun-den (kWh).

Merksatz (Seite 202)

Durch verantwortlichen Umgang mit elektrischen Geräten kann der Energiebedarf verringert werden.

Phänomene

• „Stromrechnung"
• „Energie ist kostbar."

Bilder (Seite 200 - 201)

B1, **B2** *(„Der Elektrizitätszähler", „Ablesebeispiel")* Die Abbil-dung zeigt einen Elektrizitätszähler mit den wesentlichen An-gaben, die für die Schülerinnen und Schüler von Bedeutung sind. Die Geschwindigkeit, mit der sich die Zählerscheibe bei gleicher Belastung dreht, hängt dabei im Wesentlichen von der Anzahl der Umdrehungen pro Kilowattstunde ab. Der abgebil-dete Zähler benötigt 3000 U/kWh. Andere Zähler haben Werte von 600 U/kWh, 300 U/kWh, 150 U/kWh oder auch 75 U/kWh. In Verbindung mit dem Versuch kann die Bedeutung und die Wirkungsweise näher erläutert bzw. demonstriert wer-den. Den Energieverbrauch stellt man wie im Ablesebeispiel als Differenz der Zählerstände fest.

B3 *(„Beispiel für eine Kostenabrechnung")* Hier ist eine Ko-stenabrechnung für den Energieverbrauch eines Haushalts dar-gestellt. Zu einer Grundgebühr (festes Leistungsentgelt) wird der Preis der verbrauchten Kilowattstunden addiert. Auf diese Summe wird eine Umsatzsteuer (z.Z. 16 %) erhoben. Der durch-schnittliche Bruttopreis für eine Kilowattstunde beträgt in die-sem Fall 0,31 DM.

Versuche

V *(„Elektrische Energie mit dem Zähler bestimmen")* 1. Beim Anschluss eines Tageslichtprojektors dreht sich die Zählerschei-be des Elektrizitätszählers langsam, wenn nur der Ventilator läuft. Schaltet man die Lampe zusätzlich ein, so dreht sich die Zählerscheibe merklich schneller. Anhand der roten Markie-rung an der Zählerscheibe lässt sich die Anzahl der Umdrehun-gen und die dafür benötigte Zeit leicht bestimmen. Die Zeit t für eine Umdrehung der Scheibe lässt sich in Abhängigkeit der Lei-stung P des angeschlossenen Geräts und der Anzahl der Um-drehungen n pro Kilowattstunde wie folgt berechnen:

$$t = \frac{1000 \text{ W}}{P} \cdot 1 \cdot \frac{60 \text{ min}}{n}.$$

Für z.B. n = 150 und P = 50 W (Leistung des Ventilators) bzw. P = 300 W (Leistung von Ventilator und Lampe) ergibt sich: t = 8 min = 480 s bzw. t = 1,33 min = 80 s. Multipliziert man die Zeit für eine Umdrehung mit der Anzahl n der Umdrehungen pro Ki-lowattstunde, so erhält man die Zeit, bis 1kWh erreicht ist.

Für obiges Beispiel ergibt sich eine Zeit von 80 s • 150 = 12 000 s = 200 min = 3,3 h. Das erhält man auch aus

$$t = \frac{1\ kWh}{300\ W} = 3{,}3\ h.$$

2. Die Energie lässt sich zum einen über W = P • t berechnen, falls die Leistung des Geräts bekannt ist, zum anderen über die Anzahl der Umdrehungen N bei vorgegebener Betriebszeit (hier: 5min). Gibt n die Anzahl der Umdrehungen pro Kilowattstunde an, so erhält man die Energie in kWh nach W =

Gerät	P in kW	W in kWh	n in U/kWh	N (für 5 min)
Fernsehgerät	0,15	0,0125	150	1,875
Staubsauger	1,5	0,1250	150	18,75
Bügeleisen	1	0,0833	150	12,5
Elektroherd	2,5	0,2083	150	31,25
Waschmaschine	3,5	0,2917	150	43,75

Bilder (Seite 202 - 203)

B1 (*„Geräte im Stand-by-Betrieb"*) Das Bild zeigt einen CD-Spieler, der im Stand-by-Betrieb arbeitet, um ihn bequemer mit einer Fernbedienung einschalten zu können. Obwohl dadurch unnötig Energie vergeudet wird, finden sich heutzutage bereits CD-Spieler, die sich nicht ganz ausschalten lassen.

B2 (*„Vergleichsangaben für Kühlgefriergeräte"*) Das Bild zeigt das sogenannte Eurolabel, das künftig nach einer gesetzlichen Energieverbrauchskennzeichnungspflicht für alle Haushaltsgeräte vorgeschrieben ist. Das Eurolabel besteht aus zwei Teilen: einem Grundlabel, das die verschiedenen Energieeffizienzklassen verdeutlicht, und einem gerätebezogenen Datenstreifen, der über die jeweilige Klassenzuordnung Aufschluß gibt sowie den konkreten Energieverbrauch.

T (*„Energiespartipps"*) Hier sind Energiespartipps aufgeführt, die von jedem Schüler berücksichtigt werden sollten.

Aufgabenlösungen (Seite 201)

A1 Je größer die Leistung der angeschlossenen Geräte, desto schneller dreht sich die Zählerscheibe des Elektrizitätszählers.

A2 Es wird die Differenz der Zählerstände gebildet, um den Energiebedarf zu berechnen. Alternativ könnten die Schülerinnen und Schüler bei den örtlichen Elektrizitätswerken den Energiebedarf eines durchschnittlichen Familienhaushalts nachfragen.

A3 Die Schülerinnen und Schüler können die schulspezifischen Daten bei der Schulverwaltung erhalten.

Aufgabenlösungen (Seite 203)

A1 Mögliche Beispiele sind Fernsehgeräte, Videorekorder, Satellitenanlage, Stereoanlagen, Radios.

A2 Die Schüler könnten darauf achten, ob Licht in den Klassenräumen und in den Fluren unnötig eingeschaltet ist. Weiter könnten sie überprüfen, ob Geräte im Stand-by-Betrieb sind.

A3 Hier können alle Aspekte, die unter den Energiespartipps aufgeführt sind, genannt werden. Weiter könnte man beim Kauf von Elektrogeräten die Leistungangabe vergleichbarer Typen beachten.

A4 Für einen Kühlschrank mit 90 W Leistung und 6 h Betriebsdauer pro Tag ergibt das einen jährlichen Energiebedarf von ca. 200 kWh. Berechnet man die Kilowattstunde (plus Grundgebühr und Mehrwertsteuer) mit 0,30 DM, so betragen die Stromkosten 60 DM pro Jahr.

Kopiervorlagen

K139 „Leistung und Energie I"

K140 „Leistung und Energie II"

K141 „Elektrische Energie mit dem Zähler bestimmen I"

K142 „Elektrische Energie mit dem Zähler bestimmen II"

K143 „Elektrische Energie sparsam nutzen"

Inhaltsverzeichnis

Inhaltsverzeichnis

Wozu nutzt der Mensch den Boden?

© Westermann, Kopiervorlagen, Bestell-Nr. 3-14-**159878**-9

1. Beschreibe anhand der Abbildung, wie der Mensch den Boden nutzt.

Name   Klasse   Datum

Ein Projekt zum Thema Boden

1. Abschnitt: Die Projektarbeit vorbereiten
- Wir sammeln Fragen und Probleme zum Thema Boden.
- Welche Ziele wollen wir erreichen?
- Aus welchen Unterthemen setzt sich das Thema „Boden" zusammen?
- Wir bilden Arbeitsgruppen. Welche Arbeitsgruppe übernimmt welches Unterthema?
- In welcher Form sollen die Ergebnisse des Projekts am Ende dargestellt werden (z. B. Wandzeitung, Ausstellung in der Schule, ...)?

2. Abschnitt: Die weiteren Arbeiten am Projekt „Boden" werden geplant
- Die Mitglieder jeder Gruppe besprechen den Umfang und die Reihenfolge ihrer Arbeiten.
- Ein Zeitplan wird festgelegt, Termine eingetragen.
- Die Mitglieder der Gruppe kümmern sich um Informationsquellen (z. B. Schulbücher, Zeitungen, Zeitschriften, Broschüren, Bücher aus der Bibliothek ...),
  Material (z. B. Gefäße, Werkzeug für die Entnahme von Bodenproben, Experimentiergerät),
  Medien (z. B. Folien, Fotokamera, Videokamera ...).

3. Abschnitt: Durchführung der Arbeit
- In jeder Gruppe wird das gewählte (Unter-)Thema bearbeitet.
- In der Gruppe werden Informationen ausgetauscht. Vorschläge zur Verbesserung oder Veränderung werden mit den Gruppenmitgliedern diskutiert.
- Bei Problemen, die nicht von der Gruppe allein gelöst werden können, wird die Lehrerin oder der Lehrer um Hilfe gebeten.

4. Abschnitt: Die Arbeitsergebnisse werden vorgestellt
- Die Arbeitsergebnisse werden in übersichtlicher Form dargestellt (z. B. Protokollmappen, Bodenproben in Gläsern, Wandzeitung, Folien, Fotos, Videofilm).
- Jede Gruppe stellt ihre Arbeitsergebnisse den übrigen Schülerinnen und Schülern vor.
- Die Ergebnisse jeder Gruppe werden miteinander verknüpft und im Zusammenhang erörtert.
- Die Ergebnisse werden einer breiteren Öffentlichkeit vorgestellt (z. B. Ausstellungen in der Schule, örtliche Presse, ...).

5. Abschnitt: Rückbesinnung zum Projekt „Boden"
Was hat dir besonderen Spaß gemacht, was hat dir nicht gefallen? Wurde der Zeitplan eingehalten? Habt ihr in eurer Gruppe die gesteckten Ziele erreicht? Wie war die Zusammenarbeit und die Verständigung in der Gruppe? Was würdet ihr anders machen, wenn ihr das Projekt Boden noch einmal durchführen würdet?

Name   Klasse   Datum

westermann ®

Daten und Fakten zum Regenwurm I

Länge:

12 bis 30 cm, zwischen 110 und 180 Segmenten

Alter:

In der Gefangenschaft 10 Jahre und älter.
Durchschnittsalter etwa 2 Jahre.

Ernährung:

Tote pflanzliche Substanz. Das Material muss aber mit Bakterien versetzt und wasserreich sein.

Humusproduktion:

Bis zu 100 t Kot pro ha und Jahr.

Entwicklung und Vermehrung:

Der Regenwurm ist ein Zwitter.
Paarungsbereite Tiere kommen besonders nachts aus den Röhren und suchen Partner. Die Tiere betasten sich. Die Tiere legen sich in entgegengesetzter Richtung aneinander und bilden klebrige Sekrete. Zwischen Segment 30 bis 35 (dem Gürtel oder Clitellum) werden die Samenflüssigkeiten ausgetauscht. Später wird in der Gürtelregion erneut Schleim gebildet, der sich erhärtet. Es entsteht ein Kokon von etwa 6 mm, in dem die kleinen Wurmeier geschützt sind. Meist schlüpft nur ein Jungtier aus dem Kokon.
Es entstehen 20 bis 90 Kokons pro Tier und Jahr. Brutzeit 7 bis 12 Wochen. Jugendzeit bis zur Geschlechtsreife 30 bis 50 Wochen.

Haut:

Oberfläche dient der Hautatmung. Möglicherweise kriechen die Tiere deshalb bei starkem Regen an die Bodenoberfläche. UV-Licht schadet. Durch Einschleimen wird in solchen Situationen ein zusätzlicher, jedoch wenig wirksamer Lichtschutz hergestellt.

Fortbewegung:

Kriechend, wobei all 3 bis 12 sec. (pro Minute 5 bis 20) eine Kontraktionswelle den Körper durchzieht. Hauptaktivität zwischen 18 und 24 Uhr.

Siedlungsdichte:

Unter günstigen Bedingungen bis 400 Tiere / qm.
Innerhalb von 12 bis 15 Jahren wenden die Tiere die obersten 10 cm Boden vollständig um.

Sinnesleistungen:

Ca. 700 Lichtsinneszellen/m^2 am Vorderende.
Ebenfalls besonders am Vorderende befinden sich Sinneszellen zur Wahrnehmung von Druck und Schall. Sinnesknospen in Mundnähe nehmen chemische Reize auf.

Lebensraum:

Je nach Art bis in 3 Meter Tiefe.

Temperaturoptimum:

10 - 15° C. Temperaturen über 30° C sind tödlich.

Schädliche Faktoren:

Umgraben, verdichten, Pestizide, Schwermetalle.

Regenwürmer sorgen für Humus

Wenig bekannt ist, dass die Qualität und Fruchtbarkeit eines jeden Bodens von einer Vielzahl von Kleinorganismen, Bakterien und Pilzen abhängt, die allerdings in der Mehrzahl mit bloßem Auge kaum zu sehen sind. Eine fast nicht vorstellbare Anzahl von Millionen von Bodenorganismen bevölkert dabei jeden Kubikzentimeter Erde.

Am bekanntesten ist sicherlich der Regewurm, der bei uns mit über 20 Arten vorkommt. In Gartenböden häufig anzutreffen ist der große Tauwurm, Lumbricus, mit einer Länge von bis zu 20 cm. Er durchpflügt unterirdisch die Bodenschichten und legt Wohnröhren von bis zu sieben Meter Tiefe an. Nachts und bei trübem, nebligem Wetter kommt der Tauwurm an die Bodenoberfläche, grast Pilzrasen ab oder zieht sich harte Halme und Blätter in seine Röhren, um sie später besser verdauen zu können. Tagsüber hält sich der Wurm in seinem mit Ausscheidungen ummantelten Gangsystem auf und verschließt die Öffnungen mit dem typischen Regewurmhaufen. Dieser Regenwurmkot und die Wände der Regenwurmgänge enthalten drei- bis viermal so viel pflanzenverfügbare Nährstoffe wie der umliegende Boden. Pflanzen wurzeln deshalb gerne in verlassenen Gängen. Das Geheimnis dieser Nährstoffanreicherung liegt in den Darmbakterien der Regenwürmer, die die organischen Substanzen zersetzen. Die humusfördernde Tätigkeit im Regenwurmdarm besteht aber auch darin, dass die Bakterien wasserbesetzte Bodenteilchen mit Schleimstoffen umgeben, sodass durch den Regenwurmkot ein wertvoller lockerer, humoser Boden entsteht. Diese Krümelgare gibt dem Boden ein hohes Wasser- und Luftaufnahmevermögen.

Beim Umsetzen eines Komposthaufens bemerkt man, dass hier andere Regenwürmer leben, die Mistwürmer, Eisenia. Die kleineren, rötlichen Würmer kommen dort in Massen vor und zersetzen den halb verrotteten Kompost zu ähnlicher Qualität wie der Tauwurm die Substanzen im Garten. Regenwürmer sind aus zahlreichen hintereinander liegenden Ringeln (Segmenten) zusammengesetzt. Ihre Geschlechtsreife kann man gut daran erkennen, dass sich einige Segmente hinter dem Kopfende ein Gürtel bildet, der, später ausgereift, Regenwurm-Kokons enthält. Von der Ablage des Kokons bis zur Geschlechtsreife des nach zwei Wochen ausgeschlüpften Jungtieres vergehen gut drei Monate. Nach volkstümlicher Meinung kann man Regenwürmer auch gut vermehren, indem man sie durchschneidet; Vorder- und Hinterteil leben angeblich weiter. Dies ist aber eine falsche Beobachtung; denn bei einem Durchtrennen des Regenwurmes, im optimalen Falle gut ein Dutzend Segmente hinter dem Gürtel, lebt das Vorderteil weiter; das Hinterteil aber stirbt nach einiger Zeit ab, da es keine Nahrung mehr aufnehmen kann.

Um Regenwürmer und andere Bodenorganismen als hilfreiche Heinzelmännchen im Gartenboden zu fördern, lohnt es sich, den Boden möglichst ständig bedeckt und feucht zu halten, nicht wendend zu bearbeiten und natürlich auch keine Insektizide anzuwenden, die auch Milliarden von Bodenorganismen treffen. Im Herbst werden abgeerntete Beete, auf denen keine Gründüngung wächst, mit Laub, altem Mist oder Pflanzenresten gemulcht.

Dies hält die Wärme, liefert Nahrung und das Bodenleben ist bis in den Winter hinein aktiv.

© Westermann, Kopiervorlagen, Bestell-Nr. 3-14-**159878**-9

Daten und Fakten zum Regenwurm II

Regenwürmer sind nicht das ganze Jahr aktiv, wie folgende Abbildung zeigt:

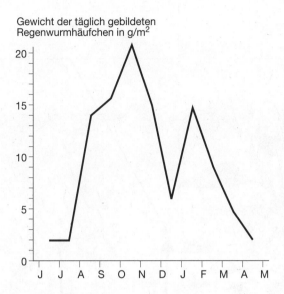

Gewicht der täglich gebildeten
Regenwurmhäufchen in g/m²

Verbreitung des Regenwurms in Abhängigkeit von der Bodenbearbeitung

Bodenbearbeitung	Regenwurmkanäle / m²
Bodenruhe, mineralische Düngung	64
Bodenruhe, organische Düngung	91
Bodenbewegung, mineralische Düngung	39
Bodenbewegung organische Düngung	64

1. Werte die Materialien 2 bis 4 aus. Fasse die wesentlichen Aussagen des jeweiligen Materials in einer übersichtlichen Tabelle zusammen.

Name   Klasse   Datum

© Westermann, Kopiervorlagen, Bestell-Nr. 3-14-159878-9

westermann®

Der Regenwurm

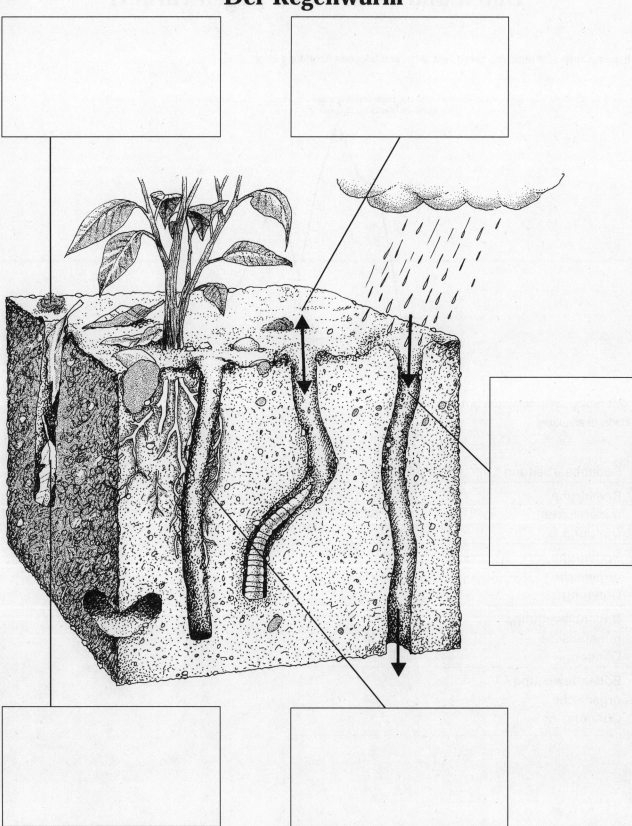

1. Das Diagramm zeigt einen Anschnitt durch einen Boden.

Welche Funktionen hat der Regenwurm?

Beantworte es in knapper Form, indem du den Text stichwortartig in den jeweiligen Kästchen notierst.

Name   Klasse   Datum

© Westermann, Kopiervorlagen, Bestell-Nr. 3-14-**159878**-9

Zersetzung im Komposthaufen I

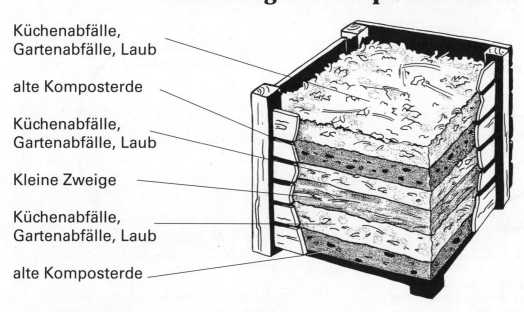

Küchenabfälle, Gartenabfälle, Laub

alte Komposterde

Küchenabfälle, Gartenabfälle, Laub

Kleine Zweige

Küchenabfälle, Gartenabfälle, Laub

alte Komposterde

Komposthaufen

Humus entsteht durch Zersetzung pflanzlicher Reste. Er enthält viele Mineralsalze. Man kann ihn z. B. im Garten auf Beete bringen oder als Pflanzenerde für Topfblumen benutzen. Humus kann man selbst herstellen. Dazu legt man an einer schattigen Stelle im Garten einen Komposthaufen an. Auf einen Komposthaufen kommen z. B. viele Küchenabfälle, Pflanzenreste, Laub, Rasenschnitt und dazwischen immer wieder eine Schicht mit kleingeschnittenen Zweigen. Je nach Temperatur und Jahreszeit dauert die Zersetzung des Materials sechs bis neun Monate. In einem Komposthaufen leben viele Bodeninsekten, Bakterien und Würmer. Durch das Kompostmaterial erhalten sie immer wieder neue Nahrung. Würmer, Springschwänze und manche Mückenlarven ernähren sich von den verwesenden Pflanzenteilchen. Insekten, wie z. B. Käferlarven, suchen im Komposthaufen nach kleinen Wirbellosen und fressen sie. Bakterien und Pilze zersetzen Holzteile oder Blätter. Die ausgeschiedenen Stoffe der Organismen sind sehr nährstoffreich und können gut von Pflanzen aufgenommen werden. Wer Kompost herstellt, trägt dazu bei, dass organische Stoffe im Garten bleiben. Der durch Kompost entstehende Humus macht Dünger oder Torf entbehrlich.

Messungen in einem Komposthaufen

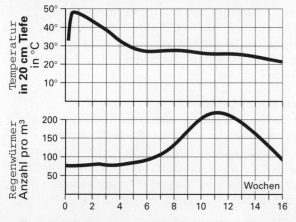

1. Beschreibe den Verlauf der Kurven in dem unteren Bild. Gib an, welche Zusammenhänge zwischen ihnen bestehen.

Name   Klasse   Datum

westermann®

Zersetzung im Komposthaufen II

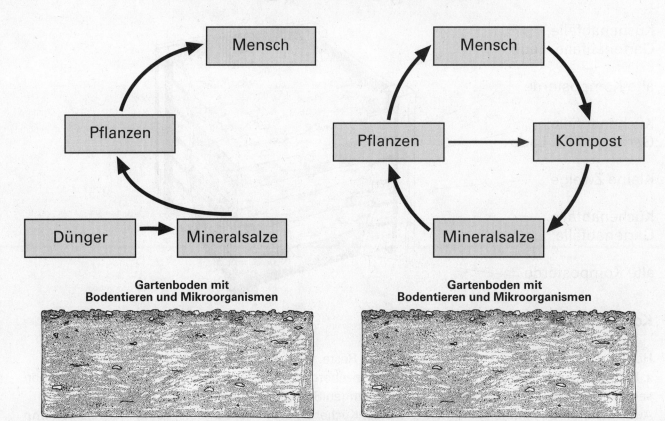

**Gartenboden mit
Bodentieren und Mikroorganismen**

**Gartenboden mit
Bodentieren und Mikroorganismen**

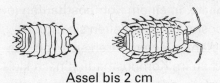

Assel bis 2 cm

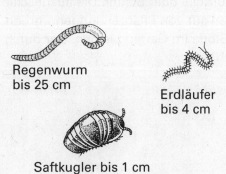

Regenwurm
bis 25 cm

Erdläufer
bis 4 cm

Saftkugler bis 1 cm

Springschwanz bis 0,2 cm

Tiere, die in den Kompost
einwandern

Versuche „Komposthaufen"

1. Bodenlebewesen in einem Komposthaufen
Gib mit einem Spaten oder einer Grabeforke etwas Komposterde auf einen Bogen Zeitungspapier. Durchsuche mit einer Gabel oder einem Löffel die Komposterde. Wenn du ein Tier entdeckst, dann entnimm es schnell und vorsichtig mit der Federstahlpinzette, ohne es zu zerdrücken. Gib das Tier in eine Petrischale. Bestimme die Tiere mithilfe der Abbildungen in der Randspalte.

2. Temperatur im Komposthaufen
Du benötigst ein Thermometer oder einen Thermofühler mit Anzeige. Stecke Thermofühler oder Thermometer etwa 20 cm tief in den Komposthaufen. Wiederhole die Messung an einem Komposthaufen jede Woche oder miss an verschieden alten Komposthaufen. Deute die Werte, indem du die Abb. 2 zu Hilfe nimmst.

3. Tätigkeit von Bodenbakterien
Bringe in eine Petrischale eine Schicht feuchter Komposterde. Lege ein Stück Filterpapier darauf. Schließe die Petrischale, indem du den Deckel wieder darauflegst. Führe in gleicher Weise den Versuch mit Gartenboden und Sandboden durch. Betrachte alle zwei Tage die Veränderungen des Papiers und notiere die Ergebnisse. Versuche die Unterschiede zu erklären.

2. Im oberen Bild sind Stoffkreisläufe in einem Garten dargestellt. Erkläre diese Kreisläufe. Wodurch unterscheiden sie sich?

Bedeutung der Bakterien für die Umwelt und den Menschen

KLÄRWERK

Bakterien und ihre Bedeutung

1. Gib an, welche Bedeutung Bakterien für die Umwelt und den Menschen haben.

Name   Klasse   Datum

westermann®

Biotechnik – eine moderne Wissenschaft mit langer Tradition

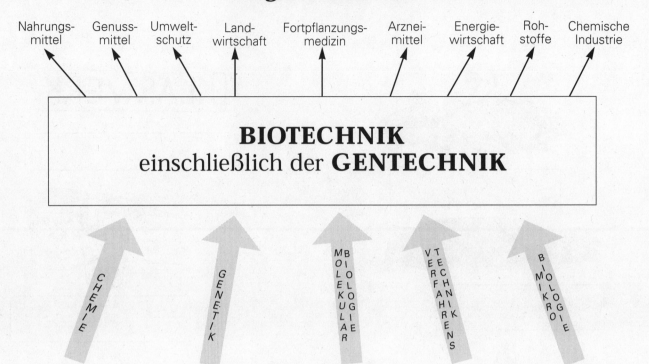

Nahrungs-mittel Genuss-mittel Umwelt-schutz Land-wirtschaft Fortpflanzungs-medizin Arznei-mittel Energie-wirtschaft Roh-stoffe Chemische Industrie

BIOTECHNIK
einschließlich der **GENTECHNIK**

CHEMIE GENETIK MOLEKULARBIOLOGIE VERFAHRENSTECHNIK MIKROBIOLOGIE

Milch enthält von Natur aus Bakterien, die beim Melken vom Euter der Kuh in die Milch gelangen. Beim Melken mit der Hand sind es vor allem Milchsäurebakterien, die in die Milch gelangen. Diese Bakterien verändern die Frischmilch nach kurzer Zeit zu Dickmilch. Beim maschinellen Melken kommen noch die Fäulnisbakterien, die in der Melkanlage leben, hinzu. Diese Fäulnisbakterien sorgen dafür, dass Milch, die bei Zimmertemperatur steht, heute nicht mehr zu Dickmilch wird, sondern verdirbt. Bei der Joghurtherstellung setzt man deshalb Milchsäurebakterien, die wärmeliebend sind, als Starterkultur hinzu. Bei höheren Temperaturen können die Fäulnisbakterien keinen Stoffwechsel mehr ausüben. Die Milchsäurebakterien bauen Milchzucker (Lactose) zu Milchsäure ab. Dieser Vorgang geschieht, ohne dass daran Sauserstoff beteiligt ist. Er wird Milchsäuregärung genannt. Durch die Milchsäuregärung gewinnen die Bakterien Energie. Die entstandene Milchsäure lässt Milcheiweiß gerinnen. Die Milch dickt ein und wird zu Joghurt. Die Säuerung der Milch verhindert außerdem, dass Fäulnisbakterien wachsen können. Auch bei der Herstellung von anderen Milchprodukten, wie Butter und Käse, sind Milchsäurebakterien von Bedeutung. Außer zur Milchverarbeitung werden Mikroorganismen schon seit alters her für die Herstellung vieler anderer Speisen und Getränke verwendet. So ist die Herstellung von Wein und Bier ein sehr altes Verfahren, bei dem Hefen eingesetzt werden. Hefen sind einzellige Pilze, die sich in einem Temperaturbereich zwischen 35 - 38° C optimal vermehren. Sie sind in der Lage, Traubenzucker (Glukose) zu Alkohol und Kohlenstoffdioxid abzubauen und dabei für sich Energie zu gewinnen. Diesen Vorgang nennt man alkoholische Gärung. Es gibt viele verschiedene Hefen, die speziell für ihren Einsatz gezüchtet werden, z. B. die Backhefen, Weinhefen oder Bierhefen. Hefepilze sind aber auch in der Natur auf verschiedenen Früchten verbreitet. Bei der Saftherstellung gelangen Hefen in den Fruchtsaft und setzen eine alkoholische Gärung in Gang. Unsere Vorfahren konnten deshalb schon in vorgeschichtlicher Zeit alkoholische Getränke herstellen, ohne genaues Wissen über die Vorgänge zu besitzen. In der Biotechnik werden Mikroorganismen zur Herstellung und Verarbeitung verschiedenen Stoffe sowie zur direkten Beeinflussung von Lebewesen genutzt. Dabei arbeiten Biologen, Chemiker und Verfahrenstechniker zusammen, die sich vor allem mit der industriellen Nutzung biotechnischer Kenntnisse beschäftigen (Bild 1).

1. Lies den Text und ordne die darin genannten Beispielen den Begriffen: Nahrungsmittel-Herstellung, Arzneimittel-Herstellung oder Umweltschutz an.

Biotechnik – eine moderne Wissenschaft mit langer Tradition

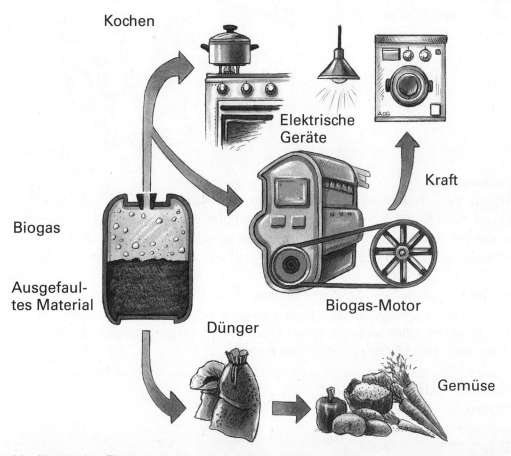

Kochen

Elektrische Geräte

Kraft

Biogas

Ausgefaultes Material

Biogas-Motor

Dünger

Gemüse

Als Alexander Flemming im Jahre 1928 zufällig die wachstumshemmende Wirkung des Schimmelpilzes Penicillium auf Bakterien entdeckte, wusste er noch nicht, welche industriellen Produktionsmöglichkeiten für Antibiotika sich daraus entwickeln würden. Unter Antibiotika versteht man Stoffe, die bereits in geringen Konzentrationen das Wachstum anderer Mikroorganismen hemmen oder sie abtöten.

Die heutige industrielle Herstellung von Penicillin setzt sich aus biologischen und chemischen Verfahrensschritten zusammen. Der ursprünglich eingesetzte Pilz Penicillium chrysogenum wurde durch Züchtung so verändert, dass er heute die zehntausendfache Menge Penicillin im Vergleich zu 1928 erzeugen kann. In großen Tanks, den Fermentern, wachsen und vermehren sich die Schimmelpilze unter für sie günstigen Nahrungs- und Umweltbedingungen. Sie stellen Penicillin als Stoffwechselprodukt her. Durch eine chemische Umwandlung wird aus diesem natürlichen Penicillin das Medikament gewonnen. Penicillin bewirkt eine Veränderung der Bakterienwand, so dass die Bakterien sich beim Wachstum auf-

blähen und schließlich platzen. Da die Membran einer menschlichen Zelle und die Wand eines Bakteriums unterschiedlich aufgebaut sind, wirkt Penicillin nicht auf menschliche Zellen. Heute kennt man neben Penicillin noch andere Antibiotika.

Die Biotechnik hat auch im Umweltschutz eine große Bedeutung. So werden Mikroorganismen in Kläranlagen zur Wasserreinigung eingesetzt. Dabei wird der Prozess der biologischen Selbstreinigung eines Gewässers zum Vorbild genommen: Bakterien und Pilze bauen die organischen Verschmutzungen ab. Es entsteht Schlamm, der sich absetzt. Für den Abbau wird viel Sauerstoff benötigt. Durch eine künstliche Belüftung wird erreicht, dass stets genügend Sauerstoff im Wasser vorhanden ist. Ohne diese künstliche Belüftung wäre der Sauerstoffgehalt im Wasser sehr rasch zu niedrig für die Arbeit der Mikroorganismen. Der Schlamm wird aus dem Klärbecken entfernt und beginnt unter Luftabschluss in großen Faulbehältern zu gären. Dabei entstehen Biogas und Klärschlamm. Das Gas kann vielfältig verwendet werden.

Die Fingerprobe zur Schätzung von Bodenarten

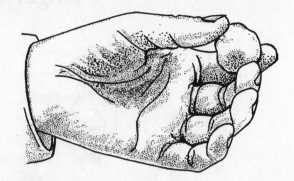

Kies, Steine:	größer als 2 mm
Sand:	2 bis 0,06 mm
Schluff:	0,06 - 0,002 mm
Ton:	kleiner als 0,002 mm

Größenbereiche der Bodenteilchen

Der Anteil von Sand, Schluff und Ton in einem Boden kann sehr unterschiedlich sein. Viele Böden sind ein Gemenge von Sand, Schluff und Ton. Solche Böden nennt man auch Lehm. Bei einem größeren Anteil Sand spricht man von einem sandigen Lehm, bei einem größeren Anteil Ton von einem tonigen Lehm. Zwischen reinem Sandboden und reinem Tonboden gibt es also alle Übergänge.

Die sogenannte **Fingerprobe** ist eine einfache Methode, um eine grobe Bestimmung der Bodenarten durchzuführen. Bei der Fingerprobe werden drei Eigenschaften einer Bodenprobe untersucht. Die erste Eigenschaft ist die Körnigkeit. Mit Körnigkeit meint man, wie körnig und rau sich eine Bodenprobe anfühlt. Reiner Sand fühlt sich körnig an, reiner Ton nicht.

Rau und körnig, Einzelkörner sicht- und fühlbar:	Sand
Mehlig, samtartig, Einzelkörner kaum fühlbar:	Schluff
Etwas körnig, aber auch mehlig und / oder glatt:	Lehm
Nicht körnig, Gleitfläche glatt und glänzend:	Ton

Bindigkeit. Die Bindigkeit einer Bodenprobe gibt Auskunft darüber, ob die Bodenteilchen aneinander und an Gegenständen haften. Böden mit viel Ton sind bindig. Sie haften zum Beispiel an Geräten und an den Händen und sind schmierig.

Haftet nicht, schmiert nicht, löst sich leicht ab:	Sand
Haftet kaum am Finger, jedoch in den Fingerrillen:	Schluff
Haftet zum Teil an den Fingern, klebrig, etwas zäh:	Lehm
Stark haftend, sehr zäh und klebrig:	Ton

Formbarkeit. Ob eine Bodenprobe formbar ist, bekommt man heraus, wenn man versucht, sie mit den Händen zu einer Kugel oder einer Wurst zu rollen. Das Formen von Ton hast du sicher schon im Werkunterricht geübt.

Nicht formbar, nicht ausrollbar, zerrieselnd:	Sand
Nicht oder schlecht formbar:	Schluff
Formbar, etwa bleistiftdick ausrollbar, dann rissig:	Lehm
Sehr gut form- und ausrollbar, nicht rissig:	Ton

Ein Blick unter die Bodenoberfläche

Der Boden besteht aus verschiedenen Lagen, den sogenannten Bodenhorizonten, die sich in ihrer Farbe und Struktur zum Teil recht deutlich unterscheiden. Das Profil eines Bodens von oben nach unten könnte folgendermaßen aussehen:

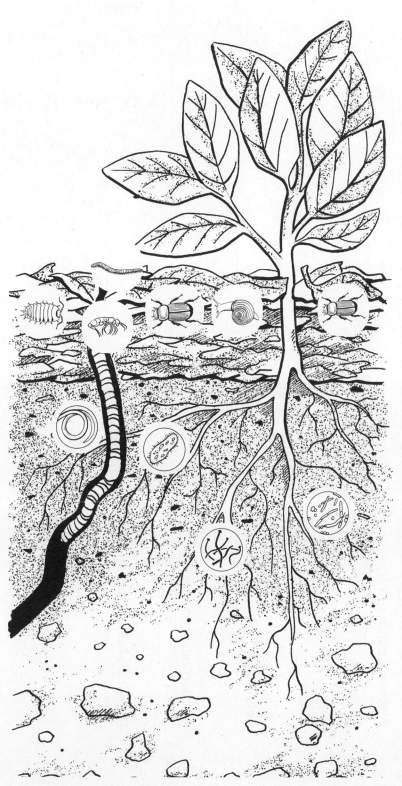

Streuschicht: Die Streuschicht bildet eine Decke aus abgestorbenen pflanzlichen Überresten, von Blättern über Rindenstückchen bis zu Käferleichen. Sie sind erst wenig zersetzt und noch recht gut zu erkennen.

Humusschicht: Mit zunehmender Tiefe verlieren die Überreste ihre ursprüngliche Form. Blätter sind zu Blattgerippen vermodert, Holzstückchen zu lockeren Fasern zerfallen und vom toten Käfer ist nur noch der harte Chitinpanzer übrig. Je tiefer man blickt, umso feiner sind die organischen Überreste zerkleinert und vermischt. Nun ist nur noch eine strukturlose, tiefbraun bis schwarz gefärbte Masse zu sehen: der Humus. Eine Vielzahl von Tieren, Pilzen und Bakterien im Boden haben die organischen Überreste zersetzt und in neue Verbindungen umgewandelt. Doch damit ist er Abbauprozess noch nicht zu Ende.

Mineralschicht: Letztlich enden Laubblatt und Käfer im Boden als die chemischen Einzelteile, u.a. Mineralsalze. Die mischen sich unterhalb der Humusschicht mit fein zerteilten Körnchen aus verwittertem Gestein zur Mineralschicht des Bodens. Besonders durch die Verwitterung und Oxidation von Mangan und Eisen und die aus dem Oberboden eingelagerten, dunklen Stoffe erhält der Mineralboden eine andere Farbe als das darunter liegende Muttergestein.

Muttergestein: dieses Gestein, aus dem ja der Boden letztlich entstanden ist, bildet nach unten hin den Abschluss jedes Bodens.

1. Beschreibe Eigenschaften von Streuschicht, Humusschicht, Mineralschicht und Muttergestein.

Name   Klasse   Datum

Eigenschaften von Sand-, Lehm- und Tonböden

	Wasserdurchlässigkeit	Luft im Boden	Bearbeitbarkeit	Wasserhaltevermögen	Gehalt an Mineralsalzen

1. Ergänze die Tabelle.

2. Welche Auswirkungen haben die Eigenschaften von Sand, Lehm und Ton auf das Wachstum von Nutzpflanzen?

Name   Klasse   Datum

© Westermann, Kopiervorlagen, Bestell-Nr. 3-14-**159878**-9

Bewertung der Ertragsfähigkeit unterschiedlicher Böden

Böden	5 = sehr günstig für die Pflanzen 0 = sehr ungünstig für die Pflanzen		Einfluss auf den Pflanzenertrag auf Ackerland, Grünland und Forsten		
Relief	Hangneigung (Grad)	< 2	5	5	5
		> 2 bis 7	4	5	5
		> 7 bis 15	2	4	4
		> 15 bis 35	0	2	4
		> 35	0	1	2
Boden	Bodenart	lehmiger Sand	5	5	5
		sandiger Lehm	4	4	4
		Ton	3	3	3
		Kies	0	1	2
	Anteil an Steinen und Blöcken des Bodens (Vol %)	< 1	5	5	5
		1 bis 10	4	5	5
		11 bis 30	3	4	4
		31 bis 75	1	3	4
	Dicke des durchwurzelbaren Bodens (in m)	> 7,5	0	1	2
		> 1,0	5	5	5
		0,6 bis 1,0	4	5	4
		0,8 bis 0,6	3	4	3
		0,14 bis 0,3	1	3	2
		< 1,5	0	1	1
	Mineralsalzgehalt	sehr hoch	5	5	5
		hoch	4	5	5
		mittel	3	4	4
		gering	2	3	3
		sehr gering	1	2	2
Bodenwasser	Grundwasserabstand (m unter der Oberfläche)	> 1,3	5	5	5
		0,8 bis 1,3	4	5	4
		0,4 bis 0,8	3	4	3
		2 bis 0,4	1	3	2
		< 0,2	0	1	1
	Staunässe (m unter der Oberfläche)	> 1,0	5	5	5
		0,6 bis 1,0	4	5	4
		0,3 bis 0,6	3	4	3
		bis 0,3	1	2	2
	Überschwemmung	nie	5	5	5
		selten	3	4	3
		regelmäßig	1	3	3
		mehrmals (im Jahr)	0	2	2
Klima	mittlere Jahrestemperatur (°C)	über 8,5	5	5	5
		8,0 bis 8,5	4	5	5
		7,5 bis 7,9	3	5	5
		6,5 bis 7,4	2	4	4
		6,0 bis 6,4	1	3	2
		unter 6,0	0	2	2
	mittlerer Jahresniederschlag (mm)	unter 700	5	5	5
		700 bis 1000	4	5	5
		über 1000	3	4	4

1. Welche Bodeneigenschaften sind besonders günstig für den Ertrag an Nutzpflanzen?

Name   Klasse   Datum

westermann®

Boden als Filter

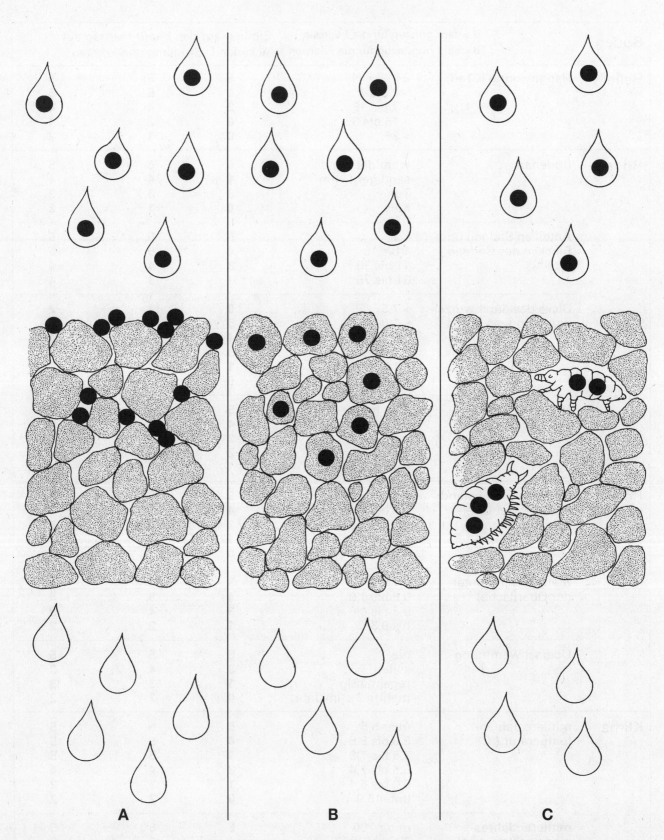

A   B   C

1. Beschreibe die drei Filtervorgänge in einem Boden (Teilabbildungen A, B, C) für schadstoffhaltiges Niederschlagswasser.

2. Nenne Bedingungen, unter denen ein Boden seiner Filterfunktion nicht mehr nachkommen kann.

Gärtnern ohne Insektizide und Herbizide

Viele Gärten werden mithilfe von Herbiziden von Wildkräutern freigehalten.Herbizide sind Chemikalien, die Pflanzen abtöten. Die meisten Herbizide werden als wässrige Lösung auf den Boden gebracht. Die Pflanzen nehmen sie durch die Wurzel auf. Zunächst kommt es zu schnellem Wachstum der Pflanzen. Sie bilden neue Blätter ohne Blattgrün und wachsen üppig. Alle Stoffe, die zum Wachstum der Pflanzen nötig sind, werden schnell verbraucht, dann stirb die Planze ab. Es gibt Herbizide, die fast jede Pflanze zum Absterben bringen. Andere Herbizide töten nur bestimmte Pflanzen ab. So ist es zu erklären, dass manche Herbizide Kräuter im Rasen vernichten, das Wachstum des Rasens aber nicht hemmen.

Dere Einsatz von Herbiziden ist sehr bequem, er hat aber viele Nachteile: Herbizide wirken manchmal sehr lange und lassen jahrelang keine Kräuter mehr wachsen. Manche Mittel schädigen auch Bodeninsekten. Wenn man in einem Garten immer wieder alle Wildkräuter entfernt, dann können viele Insekten, Vögel und Wirbeltiere keine Nahrung mehr finden. Solch ein Garten sieht zwar gepflegt aus, bietet aber Tieren keinen Lebensraum.

Zur Bekämpfung von Insekten werden manchmal Chemikalien eingesetzt. Man nennt diese Chemikalien Insektizide. Doch der Einsatz von Insektiziden hat auch viele Nachteile. Meistens werden nicht nur die Insekten, sondern auch ihre Fressfeinde vernichtet. Wenn diese Fressfeinde aber fehlen, können sich bald nach dem Verspritzen der Insektizide die unerwünschten Insekten wieder stark vermehren. Man muss so in immer kürzeren Abständen immer wieder versprühen. Es ist also besser, auf Insektizide zu verzichten und statt dessen den Bestand der Tiere im Garten zu fördern. Viele Kulturpflanzen können von Insekten befallen und angefressen werden. Man kann manche Pflanzenschäden verhindern, indem man bestimmte Pflanzen nebeneinander pflanzt oder aussät. Diese Wirkung von Pflanzen beruht darauf, dass sie Duftstoffe abgeben, die Insekten fern halten. Die Tabelle zeigt einige Möglichkeiten, durch die gute Erfolge im Garten zu verzeichnen sind (✱ = gute Erfolge).

	Zwiebeln	Radieschen	Pflücksalat	Kopfsalat	Kohlrabi	Karotten	Gurken	Erdbeeren	Erbsen	Buschbohnen	
		✱	✱	✱	✱		✱				Buschbohnen
		✱		✱	✱	✱					Erbsen
	✱	✱		✱							Erdbeeren
	✱			✱						✱	Gurken
	✱	✱							✱		Karotten
		✱		✱					✱		Kohlrabi
	✱	✱	✱			✱		✱	✱	✱	Kopfsalat
		✱							✱		Pflücksalat
			✱	✱	✱	✱		✱	✱	✱	Radieschen
		✱			✱	✱	✱				Zwiebeln

Schädlich auftretender Organismus	**Maßnahmen zur Abhilfe**
Raupen, Larven der Wiesenschnake	Nisthilfen für Stare und Meisen, Förderung von Spitzmaus und Igel, weil sie Fressfeinde der Raupen sind
Schnecken	Förderung von Amseln und Laufkäfern. Mulch und Häcksel oder Rasenmahd gibt Laufkäfern Unterschlupf
Wühlmäuse	Stark riechende Jauche aus Holunder, Knoblauch oder Fisch in die Gänge gießen. Mäuse abweisende Pflanzen wie Kaiserkrone, Knoblauch oder Steinklee
Mehltau-Pilz	Nicht so eng pflanzen, Kultur in windigeren Lagen anlegen
Apfelwickler-Raupen	Auflesen und Beseitigen des Fallobstes, in dem die Raupen leben. Im Frühjahr Leimringe am Baumstamm anbringen; die dort hineingekrochenen Raupen vernichten.

Tiere und Pflanzen im Mischwald

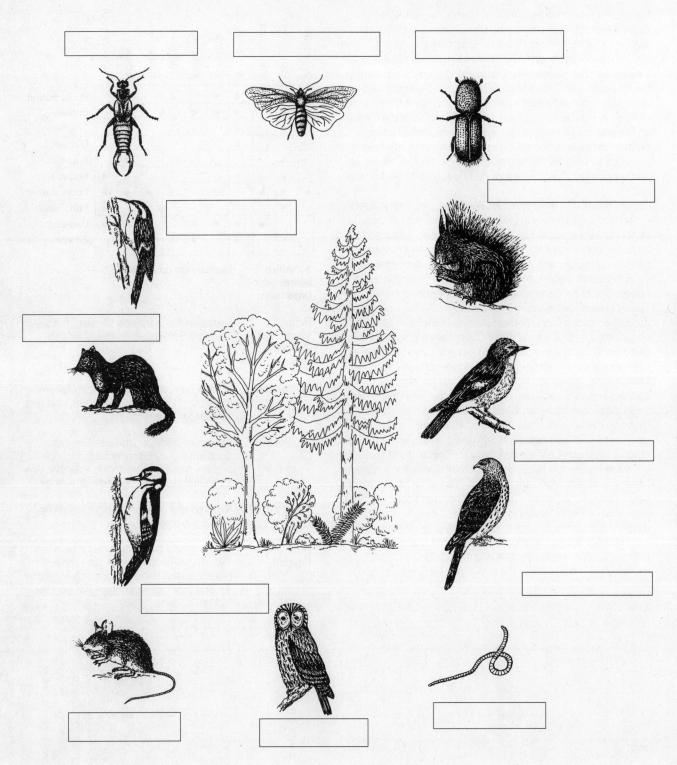

Beispiele:

Eichenwickler, Waldmaus, Borkenkäfer, Waldkauz, Regenwurm, Eichelhäher, Buntspecht, Habicht, Baumläufer, Baummarder, Eichhörnchen, Ohrenkneifer

1. Schreibe die Namen der Tiere an die Abbildungen.

2. In welchem Bereich des Waldes leben die Tiere? Zeichne Pfeile in die Bereiche.

westermann®   Name   Klasse   Datum

Bestimmungsschlüssel für Laubbäume

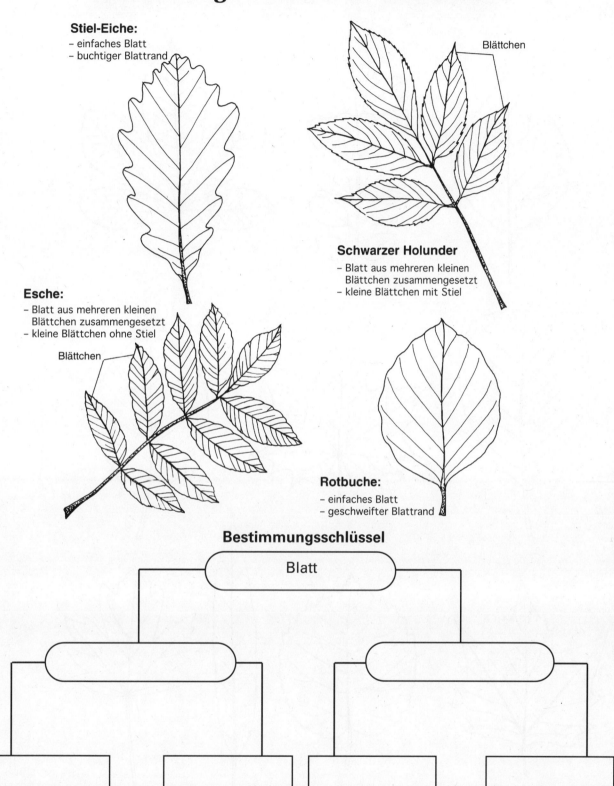

Stiel-Eiche:
– einfaches Blatt
– buchtiger Blattrand

Blättchen

Schwarzer Holunder
– Blatt aus mehreren kleinen
  Blättchen zusammengesetzt
– kleine Blättchen mit Stiel

Esche:
– Blatt aus mehreren kleinen
  Blättchen zusammengesetzt
– kleine Blättchen ohne Stiel

Blättchen

Rotbuche:
– einfaches Blatt
– geschweifter Blattrand

Bestimmungsschlüssel

Blatt

1. Die dargestellten Blätter kannst du anhand ihrer Merkmale in zwei Gruppen einteilen. Welche Blätter gehören zur einen Gruppe, welche zur anderen Gruppe?

2. Worin unterscheiden sich die jeweils zu einer Gruppe gehörenden Blätter?

3. Ergänze den Bestimmungsschlüssel so, dass du ihn für die Bestimmung der abgebildeten Pflanzenarten verwenden kannst.

Name   Klasse   Datum

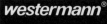

Blätter häufiger Laubbäume

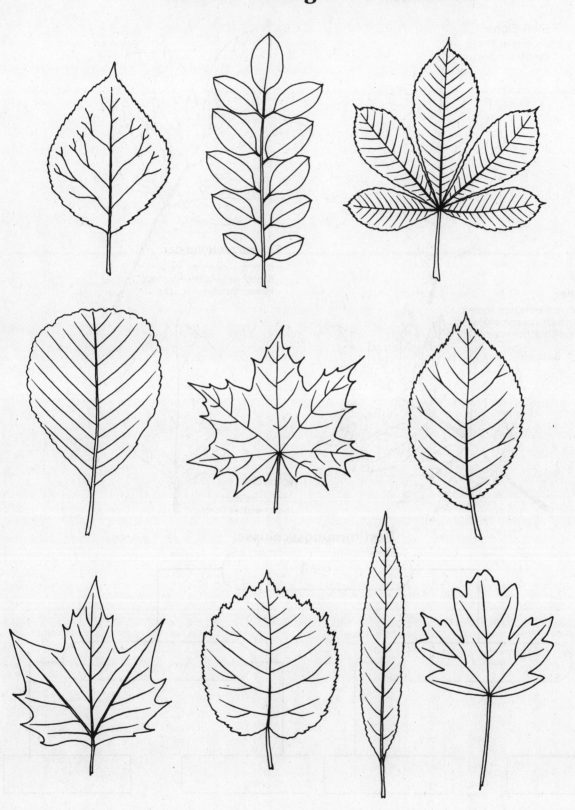

© Westermann, Kopiervorlagen, Bestell-Nr. 3-14-**159878**-9

1. Die dargestellten Blätter kannst du anhand ihrer Merkmale in zwei Gruppen einteilen. Welche Blätter gehören zur einen Gruppe, welche zur anderen Gruppe?

2. Worin unterscheiden sich die jeweils zu einer Gruppe gehörenden Blätter?

westermann®   Name   Klasse   Datum

Bestimmungshilfe für Nadelbäume

Fichte

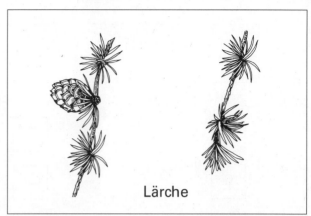

Lärche

Tanne

Kiefer

© Westermann, Kopiervorlagen, Bestell-Nr. 3-14-**159878**-9

Bestimmungsschlüssel für Nadelhölzer

1a	Nadel einzeln oder zu 2 bis 5	2
1b	Nadeln in Büscheln	
2a	Nadeln zu 2 bis 5 in kurzer Scheide, Zapfen hängend	
2b	Nadeln einzeln	3
3a	Nadeln am Grund mit einem „Knöpfchen" aufsitzend, Zapfen aufrecht stehend..	
3b	Nadeln vierkantig, spitz, nicht mit einem „Knöpfchen" aufsitzend, Zapfen groß und hängend	

1. Sieh dir die Abbildungen auf der Kopie genau an und arbeite die Bestimmungstabelle genau durch. Überlege, welche der in der Zeichnung abgebildeten Pflanzennamen in die Kästchen einge-tragen werden müssen.
Trage die Pflanzennamen dann in die Kästchen mit Bleistift ein.

2. Du kannst das Arbeitsblatt zur Bestimmung von Nadelbäumen benutzen. Bestimme mithilfe des Bestimmungsschlüssels und der Abbildungen Nadelbäume in deiner Nähe.

Name   Klasse   Datum

westermann®

Bestandsaufnahme eines Waldstücks

Name: .... Datum: ....

Ort: .... Uhrzeit: ....

Symbole:

□ .... □ .... □ ....

□ .... □ .... □ ....

□ .... □ .... □ ....

□ .... □ .... □ ....

10 m

8 m

6 m

4 m

2 m

0 m   2 m   4 m   6 m   8 m   10 m

Rekordhöhen einheimischer Bäume

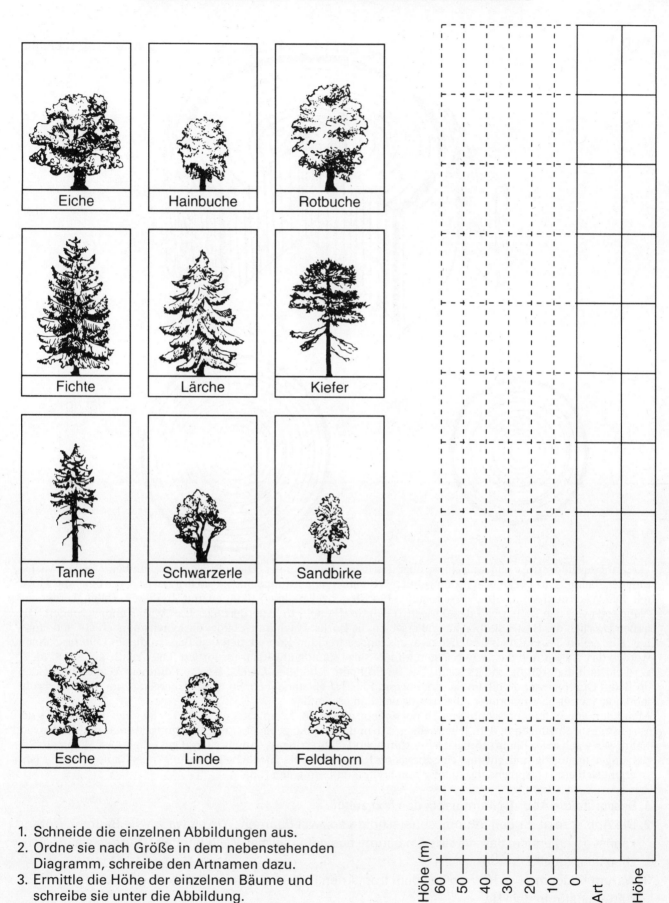

Eiche · Hainbuche · Rotbuche · Fichte · Lärche · Kiefer · Tanne · Schwarzerle · Sandbirke · Esche · Linde · Feldahorn

Höhe (m) 60 50 40 30 20 10 0 · Art · Höhe

1. Schneide die einzelnen Abbildungen aus.
2. Ordne sie nach Größe in dem nebenstehenden Diagramm, schreibe den Artnamen dazu.
3. Ermittle die Höhe der einzelnen Bäume und schreibe sie unter die Abbildung.

Name   Klasse   Datum

westermann®

Jahresringe von Bäumen

Abb. 1

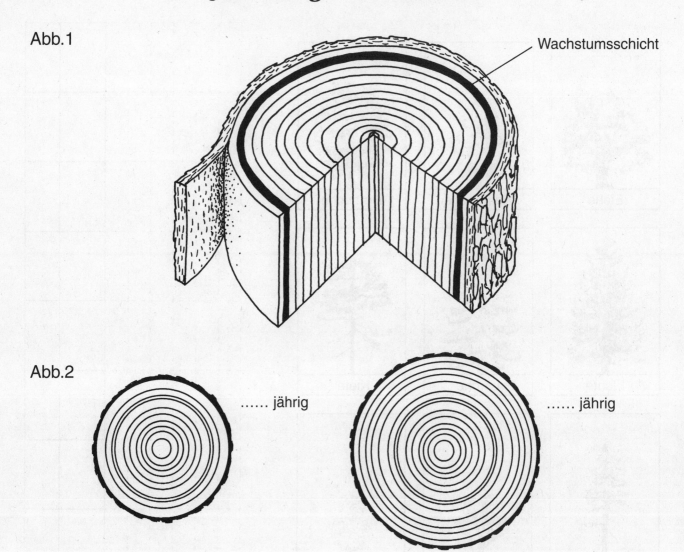

Wachstumsschicht

Abb. 2

...... jährig

...... jährig

Die Zahl der Jahresringe gibt Aufschluss über das Alter eines Baumes. Diese Ringe entstehen beim Dickenwachstum der Bäume. Das Dickenwachstum geht aus von einer Wachstumsschicht. Sie liegt zwischen Rinde und Holzteil. Die Wachstumsschicht bildet nach außen hin Rindenzellen, auch Bast genannt. In diesen Zellen werden die Nährstoffe von den Blättern zu den übrigen Teilen des Baumes transportiert. Der Bast wird ständig erneuert. Die äußeren Zellen des Bastes sterben ab und ersetzen die Borke. Nach innen bildet die Wachstumsschicht den Holzteil. Die Zellen des Holzteils bestehen u. a. aus langgestreckten Röhren, den Gefäßen. In diesen Leitungsbahnen werden das Wasser und die darin gelösten Mineralsalze stammaufwärts transportiert. Die Gefäßwände sind meist verdickt und dadurch besonders stabil. Die im Frühjahr gebildeten Gefäße besitzen dünnere Wände und einen größeren Durchmesser als die im Spätsommer und Herbst entstandenen. So ist der Übergang zum nächsten Frühjahrsholz jeweils als ringförmige Abgrenzung deutlich erkennbar.

Man kann am Stammquerschnitt jedoch noch mehr erkennen. So spiegelt etwa die Dicke eines Jahresringes die Wachstumsbedingungen in dem Jahr wieder, in dem dieser Ring gebildet wurde. Bei guten Klima- und Bodenverhältnissen wächst der Baum schnell. Der entsprechende Jahresring ist dann breit und gut erkennbar. Wenn die Bedingungen ungünstig sind, entsteht ein schmalerer Ring. Für unterschiedliche Bedingungen im Laufe mehrerer Jahre ergibt sich eine entsprechende Abfolge von breiten und schmalen Ringen.

1. Beschrifte die Abb. 1. Nimm dabei den Text zuhilfe.

2. Die Abb. 2 zeigt dir den Stammesquerschnitt von zwei Bäumen. Wie alt waren die Bäume? Woran kannst du erkennen, dass es sich um Bäume aus dem gleichen Wald handelt? Wurden sie im gleichen Jahr gefällt?

3. Warum findet man an Hölzern aus dem tropischen Regenwald keine Jahresringe? Schreibe die Erklärung dafür in dein Heft.

Wie viel Wind in den Wald gelangt

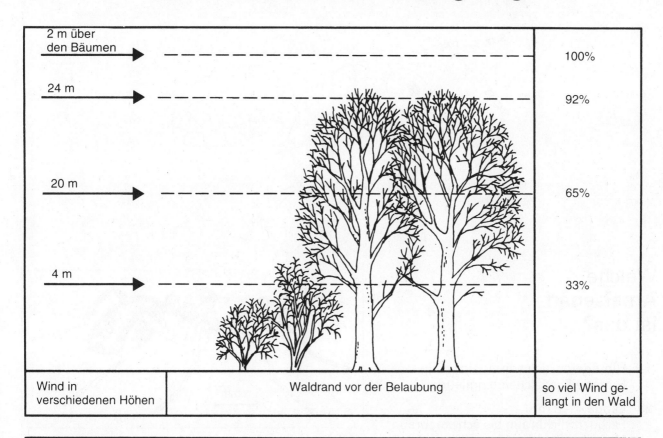

2 m über den Bäumen		100%
24 m		92%
20 m		65%
4 m		33%
Wind in verschiedenen Höhen	Waldrand vor der Belaubung	so viel Wind gelangt in den Wald

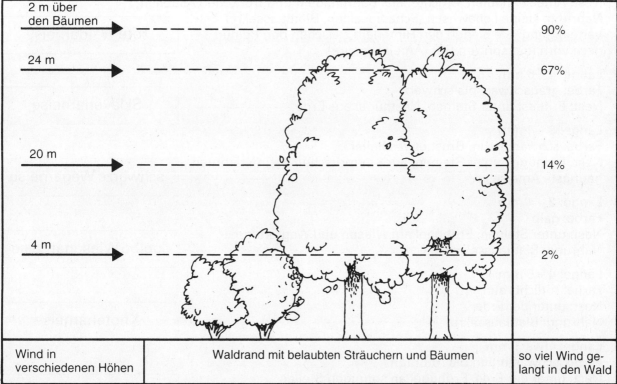

2 m über den Bäumen		90%
24 m		67%
20 m		14%
4 m		2%
Wind in verschiedenen Höhen	Waldrand mit belaubten Sträuchern und Bäumen	so viel Wind gelangt in den Wald

1. Stelle die Ergebnisse der Windmessungen in den verschiedenen Höhen jeweils in Form von Säulen in einem Diagramm zusammen.
2. Formuliere das Ergebnis.

Name   Klasse   Datum

westermann®

Körperbau der Ameise

© Westermann, Kopiervorlagen, Bestell-Nr. 3-14-**159878**-9

Welche Ameisenart ist das?

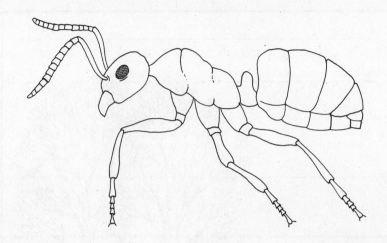

1 mm

1a Hinterleibsstielchen zweigliedrig -----3
    Hinterleibsstielchen eingliedrig ------2

2a Länge 4 – 8 mm
    Farbe: rötlichbraun bis schwarzbraun
    Nest: Ameisenhaufen, errichtet aus Baumnadeln und trockenen Astteilen
    Nahrung: kleine Lebewesen, Schadinsekten, Blattlaussekret
    Verteidigung: Sie biegen den Hinterleib zwischen den Beinen ----
    nach vorn und spritzen Gift (Ameisensäure)

                 | rote Waldameise |

2b Länge: 4 – 6 mm
    Farbe: grauschwarz bis schwarz
    Nest: Erdnest unter Steinen, Nesthügel aus Erde ------------------

                 | Sklavenameise |

2c Länge: 3 – 4 mm
    Farbe: schwarzbraun, Brust etwas heller
    Nest: Erdhügel, unter Steinen, auch in morschen Baumstämmen,
    häufigste Ameise -------------------------------------

                 | schwarze Wegameise |

2d Länge: 2 – 4 mm
    Farbe: gelb
    Nest: unter Steinen, Erdhügel auf Wiesen und Wegrändern
    Nahrung: Blattlaussekret ------------------------------

                 | gelbe Wiesenameise |

3a Länge: 4 – 5 mm
    Farbe: rötlichbraun
    Nest: unter der Erde
    Nahrung: Blattlaussekret -----------------------------

                 | Knotenameise |

3b Länge: etwa 3 mm
    Farbe: schwarzbraun bis rotbraun
    Nest: unter der Erde, Erdhügel an sonnigen Stellen
    Nahrung: Blattlaussekret -----------------------------

                 | Rasenameise |

1. Beschrifte die Zeichnung.

2. Bestimme die abgebildete Ameisenart.

3. Ameisen gehören zu den Insekten. Nenne typische Insektenmerkmale.

Name   Klasse   Datum

Ameisen haben wichtige Aufgaben im Wald

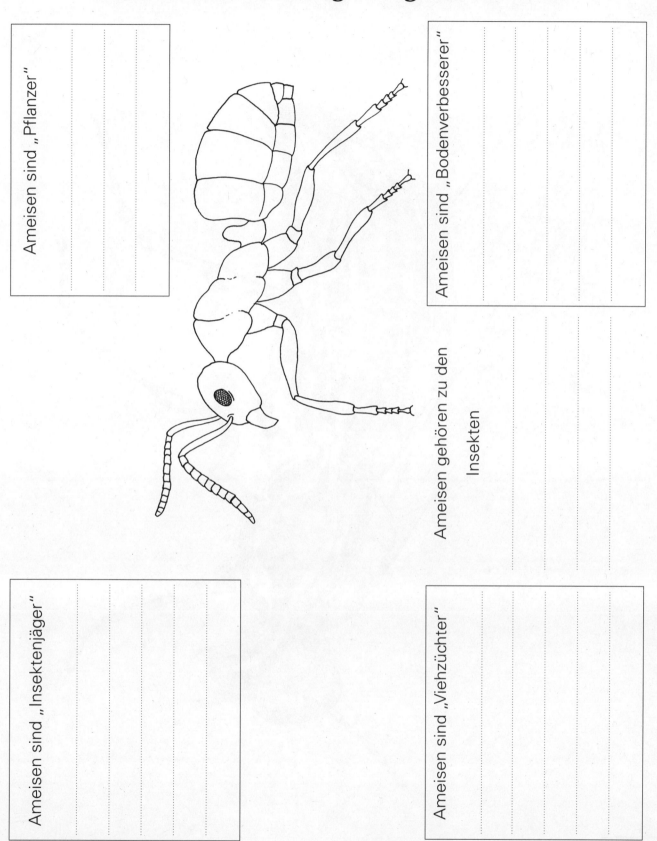

Ameisen sind „Pflanzer"

Ameisen sind „Bodenverbesserer"

Ameisen gehören zu den Insekten

Ameisen sind „Insektenjäger"

Ameisen sind „Viehzüchter"

1. Beschrifte die Zeichnung.

2. Ameisen gehören zu den Insekten. Nenne typische Insektenmerkmale.

3. Erläutere die Aufgaben der Roten Waldameise.

Name   Klasse   Datum

westermann®

K25

Bau eines Insekts am Beispiel der Wespe

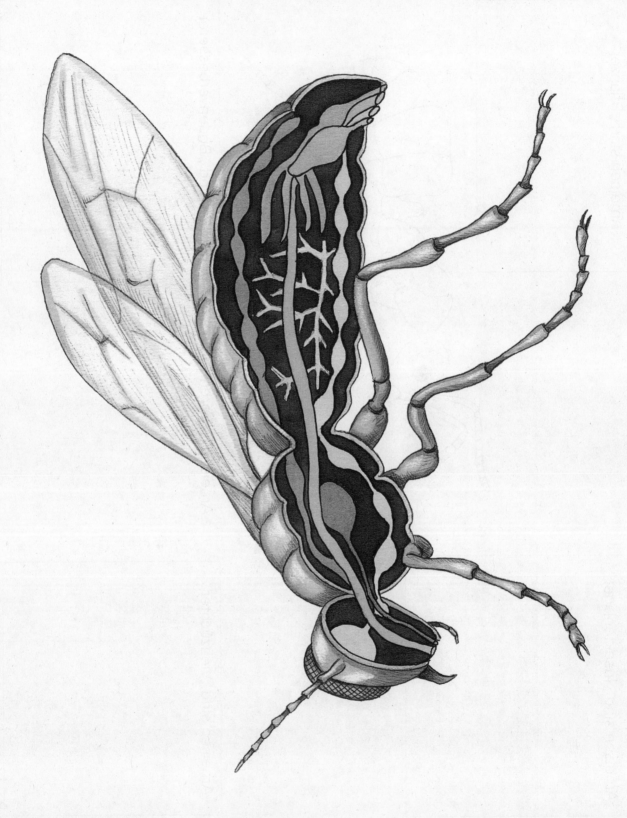

© Westermann, Kopiervorlagen, Bestell-Nr. 3-14-**159878**-9

1. Beschrifte die Zeichnung. Nimm dein Buch, S. 46, zu Hilfe.

2. Schreibe die Merkmale auf, die jedes Insekt besitzt.

westermann®   Name   Klasse   Datum

Bedeutung der Insekten für die Umwelt

Die meisten Blumen könnten sich ohne die Insekten nicht fortpflanzen.

Lebende Juwelen

zu Unrecht verfolgt und von der Ausrottung bedroht

Man trägt wieder Kopflaus

Verwandlung der Gestalt

Die große Rolle der Bienen in Natur und Garten

VON BIENEN GETÖTET

KÄFIGE FÜR DIE ROTE WALDAMEISE

Deutsche sind die größten Honigverbraucher der Welt

unverzichtbar für den Naturhaushalt

Es gibt wieder Maikäfer

Die Biene liefert nicht nur Honig

1. Lies die die Schlagzeilen auf dem Arbeitsblatt durch. Finde mithilfe dieser Texte heraus, welche Bedeutung Insekten für die Umwelt haben. Notiere.
2. Sammle über einen längeren Zeitraum Zeitungsausschnitte und Schlagzeilen über Insekten. Stelle eine ähnliche Collage her.

IMKER IM DIENSTE DER UMWELT

Name   Klasse   Datum

westermann®

Insektengruppen

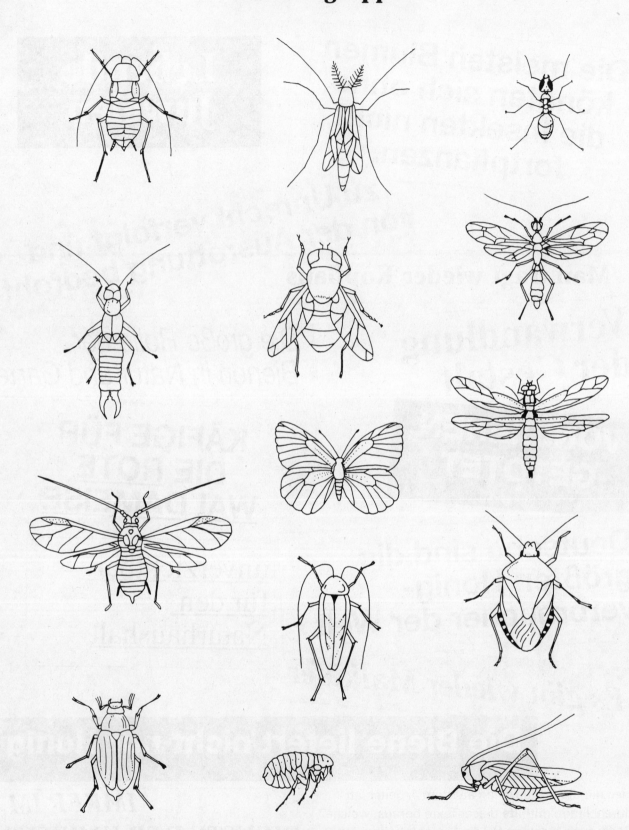

1. Schreibe unter das abgebildete Insekt den richtigen Namen. Folgende Namen musst du dabei verwenden: Libelle, Ohrwurm, Käfer, Schmetterling, Ameise, Wespe, Blattlaus, Fliege, Heuschrecke, Floh, Schabe, Mücke, Wanze.

2. Schreibe auf, in welchen Merkmalen sich die Flügel der jeweiligen Insekten unterscheiden.

3. Welche Gemeinsamkeiten im äußeren Bau haben alle abgebildeten Insekten?

Borkenkäfer und ihre Fraßbilder

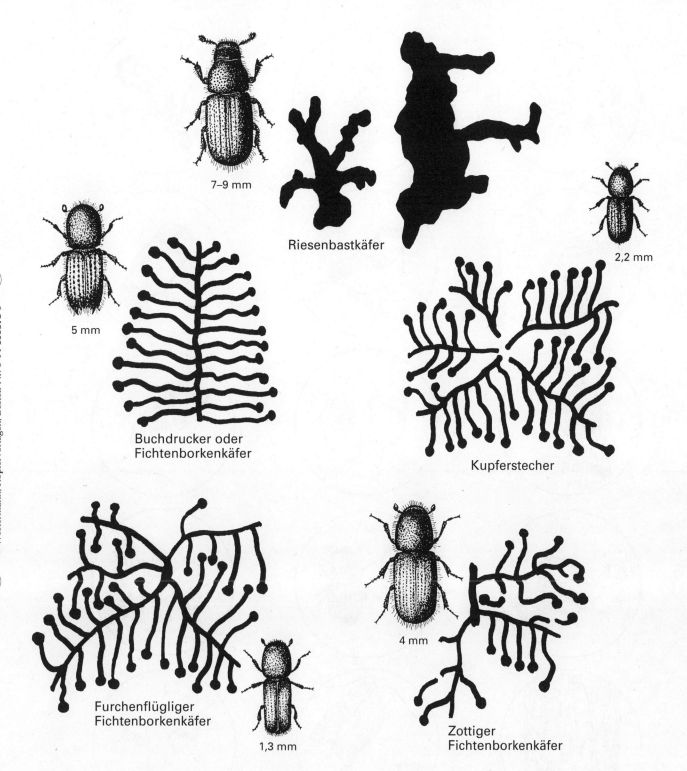

7–9 mm

Riesenbastkäfer

2,2 mm

5 mm

Buchdrucker oder
Fichtenborkenkäfer

Kupferstecher

Furchenflügliger
Fichtenborkenkäfer

1,3 mm

4 mm

Zottiger
Fichtenborkenkäfer

1. Brich von einer toten oder gefällten Fichte ein Stück Rinde und suche nach Fraßbildern
der Borkenkäfer. Bestimme mithilfe der Fraßbild-Abbildungen, um welches Fraßbild es sich handelt.
Gelegentlich kann man in den Fraßgängen auch entwickelte Käfer finden.

2. Kannst du an dem Rindenstück das Einbohrloch des Borkenkäfer-Pärchens und
die Ausbohrlöcher der aus den Puppen geschlüpften Käfer finden?

3. Beschrifte eine der Fraßbild-Abbildungen mit den Begriffen „Hauptgang", Larvengang"
und „Puppenwiege".

Name   Klasse   Datum

Nahrungsbeziehungen im Wald

1. Schneide die abgebildeten Tiere und Pflanzenteile aus. Welche Arten sind dargestellt?
2. Ordne die Tiere und Pflanzenteile in einem Nahrungsnetz an. Beschrifte. Mache die Nahrungsbeziehungen durch Pfeile deutlich.

© Westermann, Kopiervorlagen, Bestell-Nr. 3-14-**159878**-9

Name   Klasse   Datum

Kreislauf der Stoffe in einem Wald

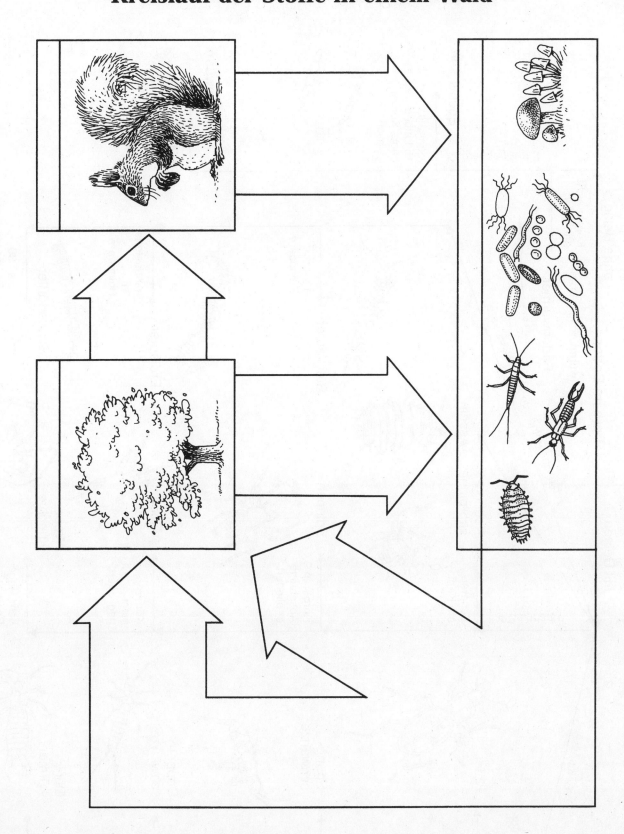

1. Beschreibe den Kreislauf der Stoffe am Beispiel des Kohlenstoffdioxid und der Mineralsalze. Schreibe jeweils passende Sätze auf die Pfeile.
2. Beschrifte die Abbildung mit den Begriffen: Produzenten, Konsumenten, Destruenten (= Zersetzer).

Name   Klasse   Datum

Bestimmungshilfe für Bodenlebewesen

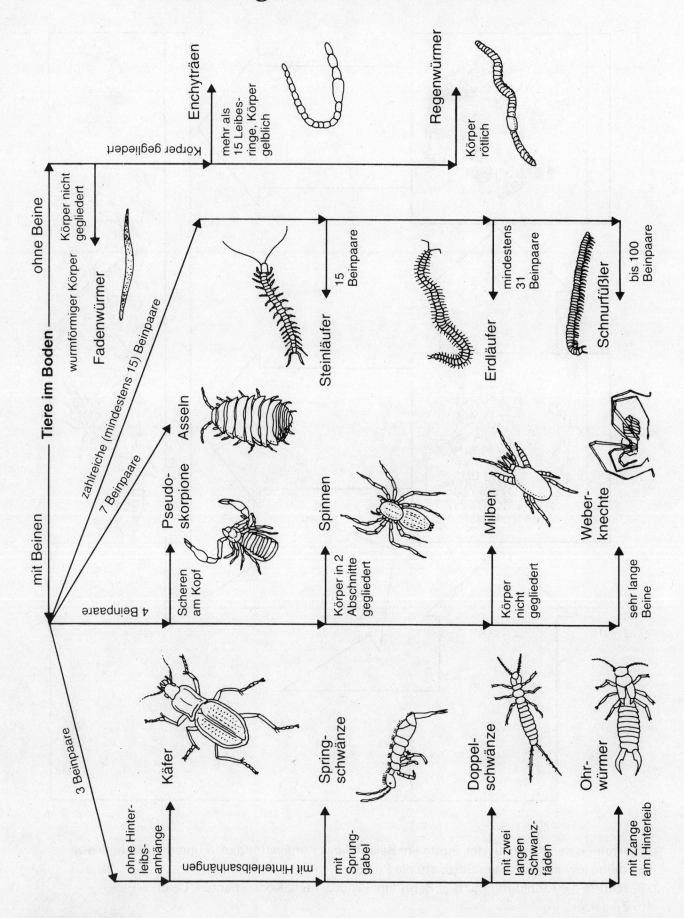

Tiere im Boden

ohne Beine

Körper gegliedert

Enchyträen — mehr als 15 Leibesringe, Körper gelblich

Regenwürmer — Körper rötlich

Körper nicht gegliedert — wurmförmiger Körper — Fadenwürmer

mit Beinen

zahlreiche (mindestens 15) Beinpaare

Steinläufer — 15 Beinpaare

Erdläufer — mindestens 31 Beinpaare

Schnurfüßler — bis 100 Beinpaare

7 Beinpaare — Asseln

4 Beinpaare

Pseudoskorpione — Scheren am Kopf

Spinnen — Körper in 2 Abschnitte gegliedert

Milben — Körper nicht gegliedert

Weberknechte — sehr lange Beine

3 Beinpaare

ohne Hinterleibsanhänge — Käfer

mit Hinterleibsanhängen

Springschwänze — mit Sprunggabel

Doppelschwänze — mit zwei langen Schwanzfäden

Ohrwürmer — mit Zange am Hinterleib

Name   Klasse   Datum

Wie soll der Wald aussehen?

gleichaltriger Reinbestand:
ermöglicht wirtschaftlichen Waldbau

ungleichaltriger Mischbestand:
ermöglicht naturnahen Waldbau

Argumente für einen wirtschaftlichen Waldbau	Argumente für einen naturnahen Waldbau
Durch regelmäßigen Kahlschlag ergibt sich eine höhere Baumernte und somit bessere Nutzung.	
Reinbestände sind ertragreicher.	
Ein Wald, in dem die einzelnen Altersklassen getrennt stehen, lässt sich besser bewirtschaften. Es sieht zudem ordentlicher aus.	
Auf den nicht heimischen Bäumen lebt weniger Ungeziefer.	
Durch den Einsatz großer Maschinen wird die Bewirtschaftung rentabel.	
Dichte Waldränder verhindern eine gute Durchlüftung des Waldes.	
Jeder Waldbesucher erfreut sich am Anblick von Rehen und Hirschen.	
Zahlreiche befestigte Wege ermöglichen dem Wanderer und Radfahrer gute Erholungsmöglichkeiten im Wald.	

1. Die Abbildungen zeigen einen Reinbestand, der einen wirtschaftlichen Waldbau ermöglicht und einen Mischbestand, der einen naturnahen Waldbau ermöglicht. Die Tabelle enthält links Argumente für einen wirtschaftlichen Waldbau. Stelle in der rechten Spalte Argumente für einen naturnahen

Name   Klasse   Datum

Auswirkungen der Luftverschmutzung auf Bäume

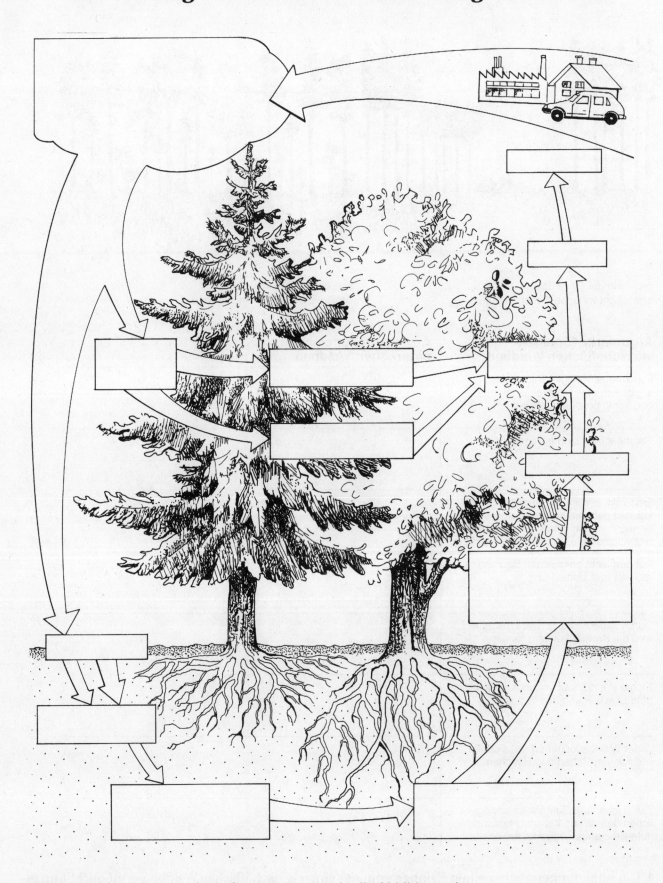

1. Trage die Auswirkungen der Luftverschmutzung in die Abbildung ein.

Name   Klasse   Datum

Krankheitssymptome an Bäumen

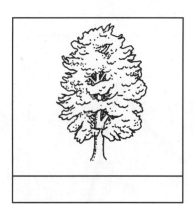

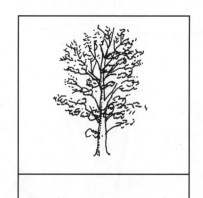

_____

_____

_____

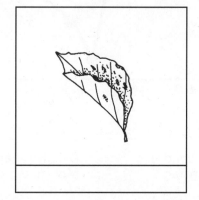

_____

_____

_____

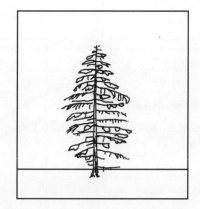

_____

_____

_____

_____

_____

_____

1. Beschrifte die einzelnen Abbildungen.

2. Schreibe die wichtigsten Krankheitssymptome auf.

3. Wo gibt es in deiner Umgebung geschädigte Bäume?

Name   Klasse   Datum

westermann®

Hunger – Nahrungsaufnahme – Leistung

„Hungerkurven"

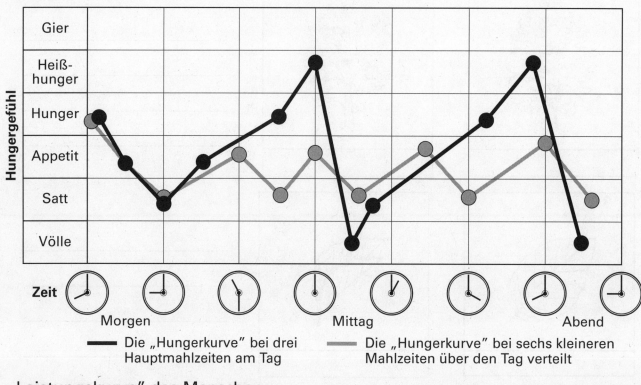

— Die „Hungerkurve" bei drei Hauptmahlzeiten am Tag
— Die „Hungerkurve" bei sechs kleineren Mahlzeiten über den Tag verteilt

„Leistungskurve" des Menschen

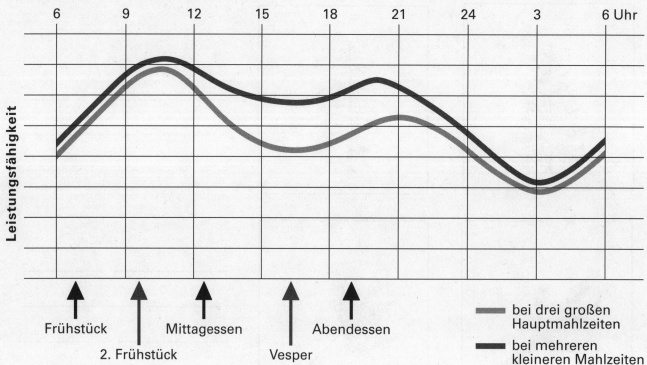

Frühstück 2. Frühstück Mittagessen Vesper Abendessen

— bei drei großen Hauptmahlzeiten
— bei mehreren kleineren Mahlzeiten

1. Beschreibe die beiden Hungerkuven in Bild 1. Ist es sinnvoll, drei große oder mehrere kleine Mahlzeiten am Tag zu sich zu nehmen? Begründe deine Annahmen.

2. Welche Auswirkungen auf die Leistungsfähigkeit hat es, ob man drei große oder mehrere kleine Mahlzeiten zu sich nimmt?

© Westermann, Kopiervorlagen, Bestell-Nr. 3-14-**159878**-9

Name   Klasse   Datum

Der Ernährungskreis

1. Schneide die einzelnen Segmente aus und ordne sie zu einem Ernährungskreis.

2. Erkläre, was der Ernährungskreis bedeutet.

3. Ergänze zu jedem Segment die hauptsächlich vorkommenden Inhaltsstoffe der Nahrungsmittel.

Name   Klasse   Datum

Fett in der Nahrung

1. Tagesbedarf an Fett
Als Richtwert für den täglichen Bedarf an Fett gelten 0,8 g Fett pro kg Körpergewicht. Berechne, wie viel Fett du täglich zu dir nehmen solltest:

Mein Gewicht beträgt ....kg. Demnach beträgt die Menge an Fett, die ich täglich aufnehmen darf, ...kg x 0,8g = ...g Fett.

2. Tatsächlich aufgenommene Fettmenge
Schreibe einen Tag lang auf, was du zu dir genommen hast. Ermittle anhand dieses Ernährungsprotokolls, wie viel Fett du aufgenommen hast und vergleiche diese Menge mit der empfohlenen Menge.

Ich habe ungefähr ....g Fett am Tag aufgenommen.

3. Fett im Körper
Beschreibe, was mit Fett im Körper geschieht. Beachte dabei Muskeltätigkeit und Fettgewebe.

4. Mögliche Folgen fettreicher Ernährung
Das Bild zeigt, welche Auswirkungen mittel- und langfristig zu fettreiche Nahrung haben kann. Beschreibe das Bild und informiere dich im (Medizin-) Lexikon über die dargestellten Erkrankungen.

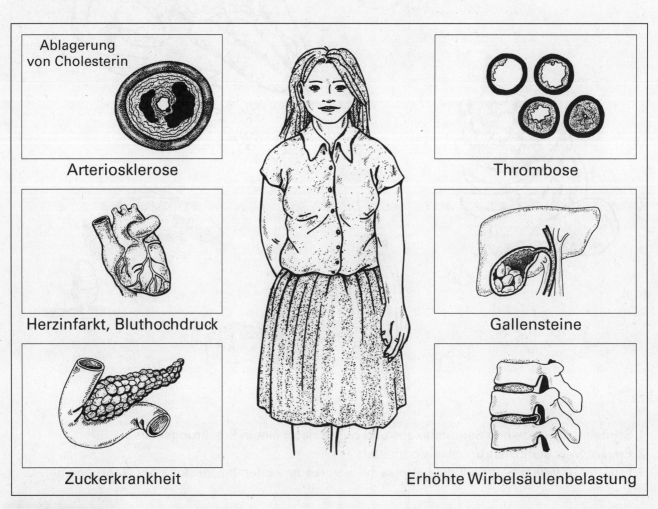

Ablagerung von Cholesterin — Arteriosklerose	Thrombose
Herzinfarkt, Bluthochdruck	Gallensteine
Zuckerkrankheit	Erhöhte Wirbelsäulenbelastung

© Westermann, Kopiervorlagen, Bestell-Nr. 3-14-**159878**-9

Name   Klasse   Datum

Zucker in Lebensmitteln

1. Wählt acht verschiedene Nahrungsmittel aus, die ihr häufig esst. Hiervon sollten vier „Süßigkeiten" sein. Kauft eine Packung Würfelzucker.
2. Berechnet anhand der Packungsangaben, wie viel Stück Würfelzucker in den Lebensmitteln enthalten ist. Ein Stück Würfelzucker wiegt ungefähr 3 g.
3. Stellt die Würfelzucker-Stücke als Säule neben das Lebensmittel und macht so eine Ausstellung (wie in der oberen Abbildung angedeutet). Ladet die Schüler der Nachbarklassen ein und informiert sie über eure Zucker-Berechnungen.

Name   Klasse   Datum

Ballaststoffe

V1 Zwei Versuche zur Bindefähigkeit von Ballaststoffen

Ballaststoffe binden Wasser

Material
5 g Weizenmehl (Typ 405)
5 g Vollkornmehl
5 g Weizenkleie
3 Reagenzgläser

Durchführung
Gib 5 g Weizenmehl (Typ 405), 5 g Vollkornmehl und 5 g Weizenkleie in je ein Reagenzglas. Füge dann jeweils 5 ml Wasser hinzu und verrühre die Gemische.
Vergleiche die Inhalte der Reagenzgläser nach 5, 30 und 120 Minuten. Zeichne, was du jeweils beobachtet hast.

Ballaststoffe binden Stoffe

Material
50 g Weizenmehl (Typ 405)
50 g Vollkornmehl
50 g Weizenkleie
3 Bechergläser (500 ml)
3 Tintenpatronen

Durchführung
Gib die Tinte der drei Patronen in je ein Becherglas und füge 500 ml Wasser hinzu. Verrühre darin 50 g Weizenmehl, 50 g Weizenkleie oder 50 g Vollkornmehl. Lass die Gemische 20 Minuten stehen und gieße dann die Flüssigkeit durch einen Kaffeefilter.
Schreibe deine Versuchsergebnisse auf.

V2 Sättigungskurve nach Ernährung mit Ballaststoffen

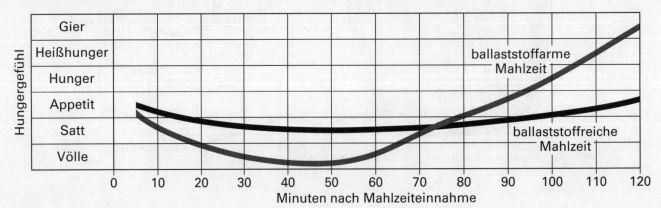

Eigenschaften von Ballaststoffen

Ballaststoffe, die vorwiegend in pflanzlicher Nahrung vorkommen, sind unverdaulich und besitzen daher nicht verwertbare Energie. Nahrung mit Ballaststoffen wird länger gekaut, bleibt länger im Magen und macht somit länger satt. Im Dickdarm fördern Ballaststoffe einen reibungslose Transport. Der Tagesbedarf liegt bei 30 - 40 g (z. B. in acht Scheiben Vollkornbrot enthalten).

1. Beschreibe und erkläre die Ergebnisse von Versuch 1.

2. Beschreibe die Sättigungskurve (V2). Welchen Einfluss haben Ballaststoffe auf das Sättigungsgefühl? Benutze auch die Informationen aus dem Text.

Vitamin C-Gehalt und Vitamin C-Verluste durch Lagerung und Zubereitung

	wasserlöslich Vitamin B1 (mg)	wasserlöslich Vitamin C (mg)	fettlöslich Vitamin A (µg)
Apfel	0,03	4	/
Apfelsine	0,09	50	15
Banane	0,05	11	38
Bohnen	0,08	19	60
Erbsen	0,35	27	63
Kartoffel	0,08	20	2
Möhren	0,06	8	1100
Paprika	0,07	140	100
Spinat	0,10	51	816
Tomaten	0,06	24	133
Tagesbedarf (Erwachsener)	1,0-1,6 mg	40-75 mg	800-1100 µg

Vitamin-Gehalt von Obst und Gemüsen (Auswahl)

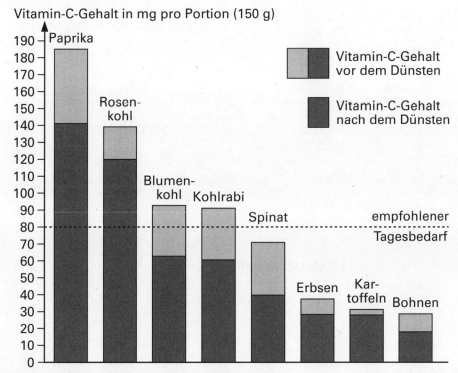

Vitamin-C-Gehalt in mg pro Portion (150 g)

Vitamin-C-Gehalt vor dem Dünsten

Vitamin-C-Gehalt nach dem Dünsten

empfohlener Tagesbedarf

Vitamin C-Verluste durch Zubereitung

1. Welches Gemüse bzw. Obst enthält die höchste Menge des jeweiligen Vitamins?
2. Wie viel von diesen Lebensmitteln müsste ein Erwachsener essen, um seinen Tagesbedarf damit zu decken?
3. Beschreibe die beiden Abbildungen: Was bedeuten die Werte für die Aufnahme und Zubereitung von vitaminreichen Lebensmitteln?
4. Warum sollte man Möhren stets mit etwas Fett angerichtet essen?

Name   Klasse   Datum

westermann®

Konservierungsmethoden

Absenken des pH-Wertes

Temperaturerniedrigung (Kälte)

Sauerstoffabschluss

Temperaturerhöhung (Hitze)

Konservierungsstoffe

Wasserentzug

Trocknen

Sterilisation

Salzen

Pasteurisieren

Zuckern

© Westermann, Kopiervorlagen, Bestell-Nr. 3-14-**159878**-9

1. Ordne die Begriffe. Trenne hierbei zwischen Konservierungsverfahren, die Mikroorganismen direkt abtöten sollen, und Verfahren, durch die die Lebensbedingungen für die Mikroorganismen ungünstig werden.
2. Nenne Beispiele für die verschiedenen Konservierungsmethoden. Wie werden Kaffeepulver, Schinken, Milch, Marmelade und Bratwurst konserviert?

westermann®

Name   Klasse   Datum

CO$_2$-Bindung auf einem Kartoffelacker

| 16 Stunden | 8 Stunden |

1. Ein Kartoffelacker hat eine Fläche von 1 ha (100 m x 100 m). Jede der 25.000 Kartoffelpflanzen hat eine Blattoberfläche von 1 m^2. Jede Pflanze kann pro Stunde 1,3 g Traubenzucker (Glucose) bilden. Dabei bindet sie 1,914 g Kohlenstoffdioxid.
Berechne, wie viel Traubenzucker von dem Kartoffelacker an einem Tag durch Fotosynthese gebildet wird und wie viel CO$_2$ dabei eingebunden wird.

2. Pflanzen atmen und verbrauchen dabei Traubenzucker und es wird wieder CO$_2$ frei gesetzt. Die Menge an Traubenzucker, der bei der Atmung abgebaut wird, beträgt bei Nachttemperaturen von 15° C ca. 0,08 g Traubenzucker pro m^2 Blattfläche; bei Tagestemperaturen von 20° C erhöht sich der Wert auf 0,12 g Traubenzucker pro m^2.
Berechne die Menge an Traubenzucker, die über die Atmung in 24 Stunden wieder verbraucht wird; welche Traubenzuckermenge wird somit am Tag „netto" gebildet (d. h. Bildung von Traubenzucker durch Fotosynthese abzüglich des Traubenzuckers, der bei der Atmung verbraucht wird)?

Name   Klasse   Datum

Fotosynthese von Kartoffelpflanzen

1. Bei einer Kartoffelpflanze wurde an verschiedenen Stellen geprüft, ob Stärke oder Traubenzucker nachweisbar sind. Erkläre die Ergebnisse.

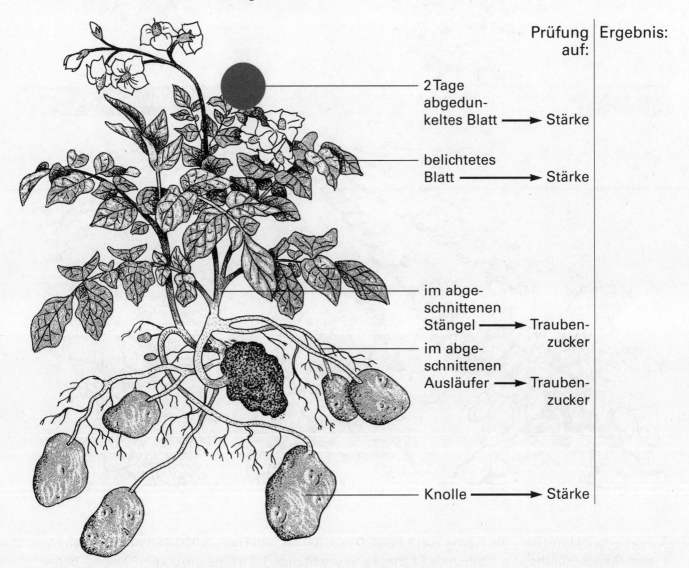

Prüfung auf:	Ergebnis:
2 Tage abgedunkeltes Blatt	→ Stärke
belichtetes Blatt	→ Stärke
im abgeschnittenen Stängel	→ Traubenzucker
im abgeschnittenen Ausläufer	→ Traubenzucker
Knolle	→ Stärke

2. Eine Kartoffelknolle wurde in frischem Zustand sowie nach Trocknung und Ausglühen gewogen.

frisch	getrocknet	geglüht
50 g	11 g	0,5 g

Differenz: ....

100 % ⇨ [   ]

Trage in das Kästchen von Abb.2 den prozentualen Anteil der beteiligten Stoffe ein.
Wie sind die Gewichtsunterschiede zu erklären. Benenne dabei die beteiligten Stoffe.

Stoffkreisläufe – Lebensraum Acker

1 Geschlossener Kreislauf

2 Lebensraum Acker

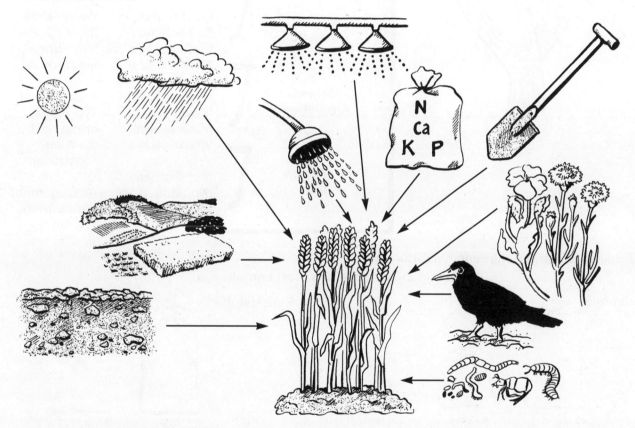

1. Trage in Bild 1 die fehlenden Begriffe ein und ergänze sinnvoll Pfeile, sodass aus den Einzelelementen ein Kreislauf wird.

2. Erkläre die Begriffe „geschlossener und offener Kreislauf".

3. Vergleiche den Stoffkreislauf in einem Laubwald und in einem Kartoffelacker.

4. Beschreibe die Lebensbedingungen der Nutzpflanzen im Lebensraum Acker (Bild 2).
Auf welche Weise greift der Mensch ein?

Name   Klasse   Datum

Vom Weizen zum Mehl

1 Schematischer Längsschnitt durch ein Weizenkorn (links) und Verarbeitung von Weizenkörnern zu Weizenprodukten (rechts)

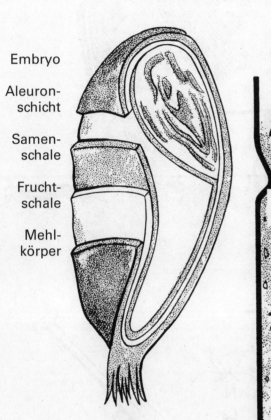

Embryo

Aleuron-schicht

Samen-schale

Frucht-schale

Mehl-körper

Verarbeitung des Korns	enthält vorwiegend	Produkt
Mahlen	Weizenkorn (Kohlenhydrate, Eiweiß, hochwertige Fette, Vitamine, Mineralsalze, Ballaststoffe)	Weizenvoll-kornmehl
Mahlen Aussieben	Embryo (hochwertige Fette, Eiweiß, Mineralsalze, Vitamine)	Weizenkeime werden zu wertvollem Öl verarbeitet.
Mahlen Aussieben	Frucht- und Samenschalen (Ballaststoffe, Mineralsalze)	Weizenkleie dient zur Be-handlung von Verstopfung.
Mahlen Aussieben	Aleuronschicht (Eiweiß, Mineralsalze, Vitamine)	Auszugsmehl Typ 1050* erhält noch die Aleu-ronschicht.
Mahlen Aussieben	Mehlkörper (Kohlenhydrate, Eiweiß)	Auszugsmehl Weizenmehl Typ 405*

2 Inhaltsstoffe in verschiedenen Mehlsorten

100 g Mehl (=2 Scheiben Brot) enthalten an:

Vitamin B_1 Ballaststoffen

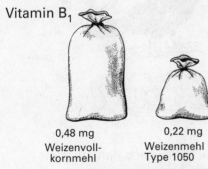

0,48 mg
Weizenvoll-kornmehl

0,22 mg
Weizenmehl Type 1050

0,05 mg
Weizenmehl Type 405

Ein(e) 14jährige(r) benötigt etwa 1,4 mg Vitamin B_1 pro Tag.

10,6 g
Weizenvoll-kornmehl

3,8 mg
Weizenmehl Type 405

Ein(e) 14jährige(r) benötigt etwa 30 g Ballaststoffe pro Tag.

1. Beschreibe Bild 1. Worin unterscheiden sich die verschiedenen Weizenprodukte?

2. Erkläre - mit Blick auf die Verarbeitung der Weizenkörner (Bild 1)- die unterschiedlichen Mengen an Vitamin B1 und Ballaststoffen in den verschiedenen Mehlsorten (Bild 2).

westermann®   Name   Klasse   Datum

Wasserhaushalt des menschlichen Körpers

Wasser

Zufuhr
(ca. 2,5 l/Tag

- -

Abgabe
(ca. 2,5 l/Tag

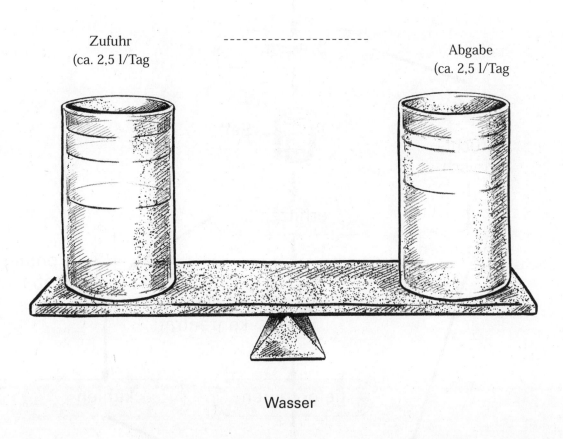

Wasser

- -

1. Welche Auswirkungen hat die Zufuhr bzw. die Abgabe von Flüssigkeit auf den Wasserhaushalt des menschlichen Körpers? Trage dazu in die Leerfelder die passenden Begriffe ein.

2. Auf welche Weise wird dem Körper Flüssigkeit zugeführt bzw. wie gibt der Körper Flüssigkeit ab?

Name   Klasse   Datum

Herstellung von Orangensaft

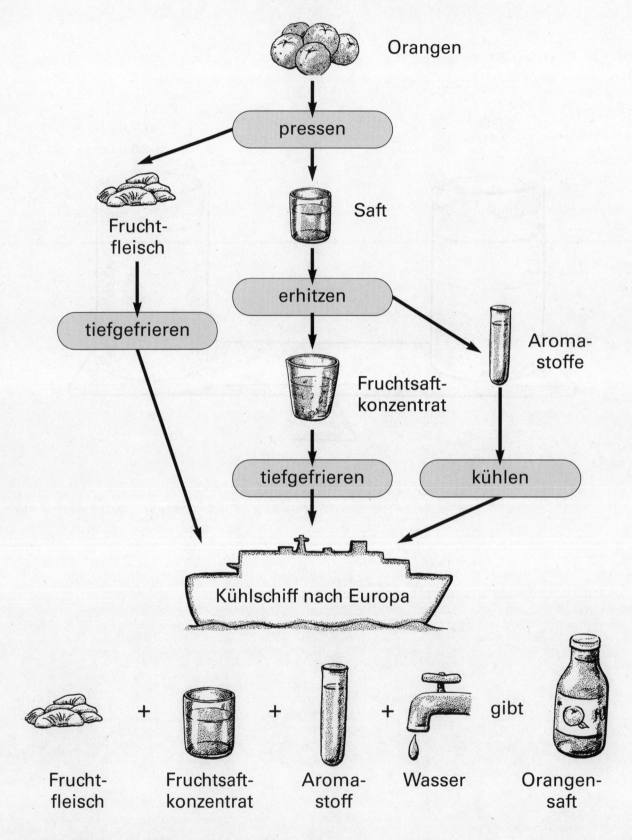

Orangen

pressen

Frucht-
fleisch

Saft

tiefgefrieren

erhitzen

Aroma-
stoffe

Fruchtsaft-
konzentrat

tiefgefrieren

kühlen

Kühlschiff nach Europa

Frucht-
fleisch
+
Fruchtsaft-
konzentrat
+
Aroma-
stoff
+
Wasser
gibt
Orangen-
saft

1. Beschreibe, wie Orangensaft hergestellt wird.

2. In der Werbung hört man oft den Vergleich „...schmeckt wie frisch gepresst". Worin liegen die Vorteile von frisch gepresstem Orangensaft im Vergleich zu dem aus Konzentrat hergestelltem?

westermann®

Name   Klasse   Datum

Herstellung von Milch und Milchprodukten

1 Verarbeitung von Milch

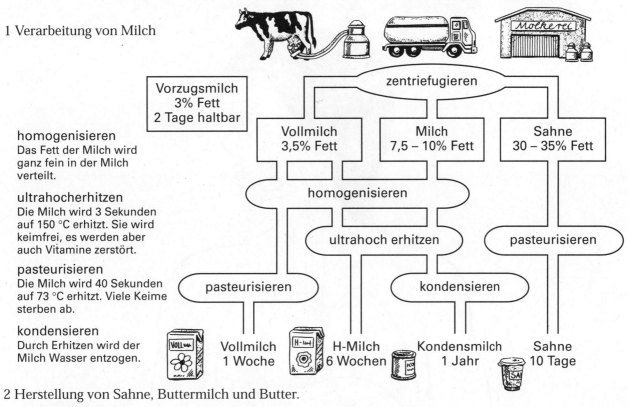

homogenisieren
Das Fett der Milch wird
ganz fein in der Milch
verteilt.

ultrahocherhitzen
Die Milch wird 3 Sekunden
auf 150 °C erhitzt. Sie wird
keimfrei, es werden aber
auch Vitamine zerstört.

pasteurisieren
Die Milch wird 40 Sekunden
auf 73 °C erhitzt. Viele Keime
sterben ab.

kondensieren
Durch Erhitzen wird der
Milch Wasser entzogen.

2 Herstellung von Sahne, Buttermilch und Butter.

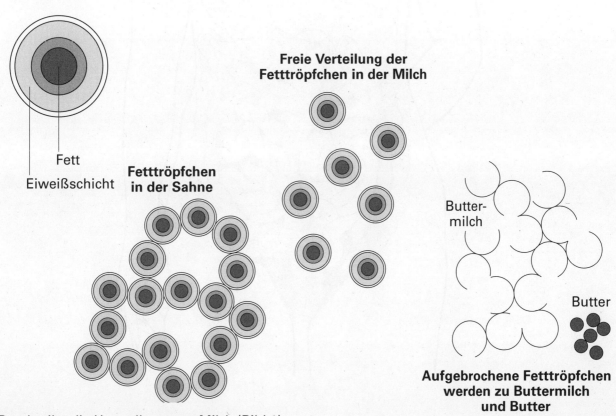

1. Beschreibe die Herstellung von Milch (Bild 1).

2. Erkläre die Unterschiede zwischen den drei Milchprodukten Sahne, Buttermilch und Butter; berücksichtige hierbei den Aufbau eines Fetttröpfchens (Bild 2).

Name   Klasse   Datum

westermann®

Unsere Verdauungsorgane

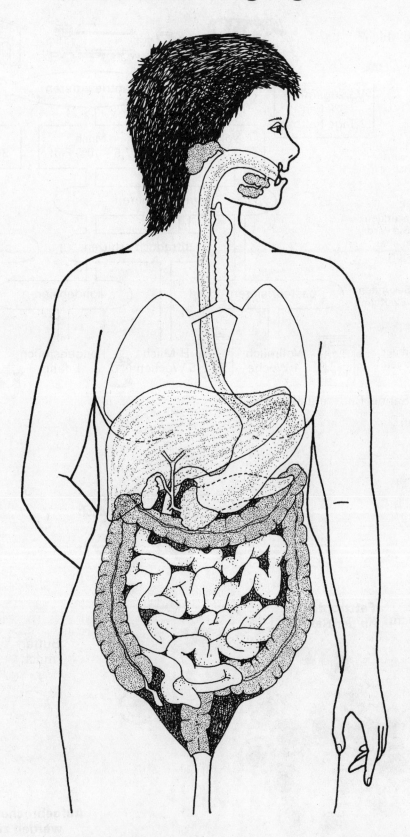

© Westermann, Kopiervorlagen, Bestell-Nr. 3-14-**159878**-9

1. Beschrifte die Abbildung, indem du die einzelnen Verdauungsorgane benennst.

2. Beschreibe den Weg der Nahrung.

westermann®

Name   Klasse   Datum

Vier Faktoren wirken bei der Kariesentstehung zusammen

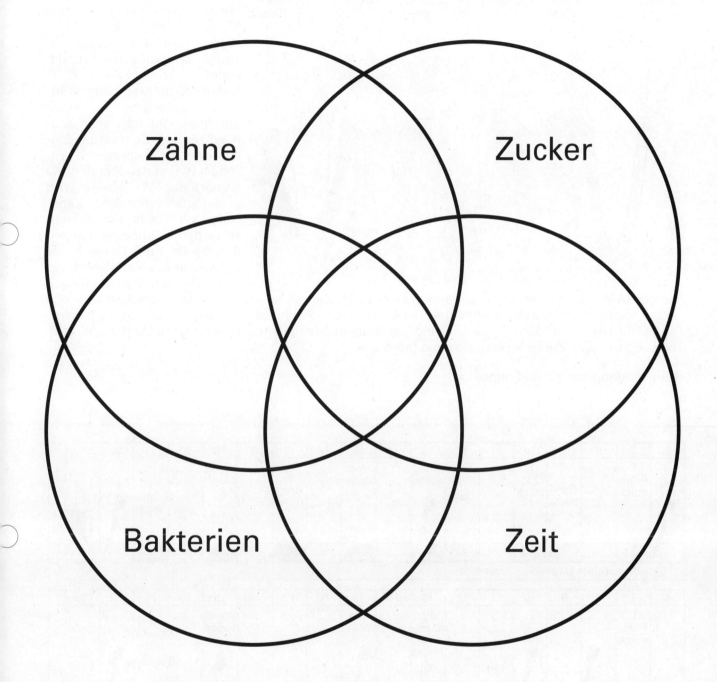

1. Erläutere, wie es zur Entstehung von Karies kommen kann.

Karies, Parodontose und Zähneputzen

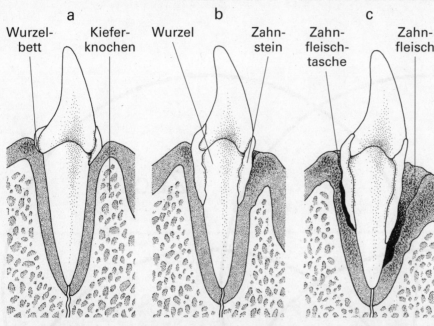

Heutzutage verlieren viele Menschen ihre Zähne durch Parodontose. Parodontose ist eine Erkrankung des Wurzelbettes.

Zahnfleischbluten beim kraftvollen Zubeißen in einen knackigen Apfel der beim Zähneputzen kann darauf hindeuten, dass das Zahnfleisch entzündet ist und sich Parodontose entwickelt. Wie Karies wird auch Parodontose durch Zahnbeläge verursacht. Die Bakterien in den Zahnbelägen scheiden Stoffe aus. Diese Stoffe dringen in das Zahnfleisch ein und rufen dort Entzündungen hervor (Abb. a). Aus den Zahnbelägen entwickelt sich Zahnstein. Zwischen der Zahnoberfläche und dem Zahnfleisch bilden sich Hohlräume. Diese nennt man Zahnfleischtaschen. Sie sind ideale Lebensräume für Bakterien (Abb. b). Die Entzündung dringt immer tiefer und zerstört schließlich das Wurzelbett (Abb. c). Die Zähne lockern sich und fallen aus.

1 Entwicklung einer Parodontose

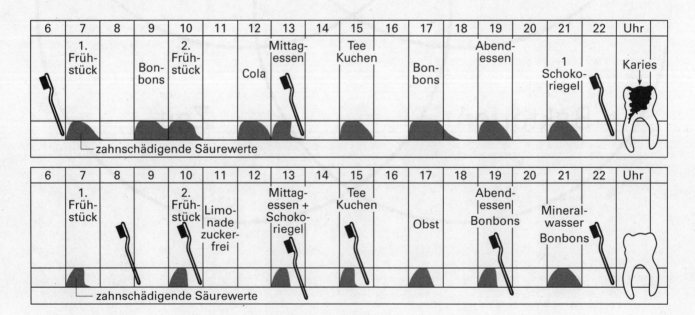

2 Eintragungen von zwei Schülern, zu welchen Zeiten sie etwas aßen und wann sie ihre Zähne putzten.

1. Beschreibe die Abbildungen 1 und 2 und erkläre, was Karies und Parodontose sind.

2. Erkläre, welche Bedeutung das Zähneputzen für die Entstehung von Karies hat.

Die Versuche von Spallanzani (1783)

Im Jahre 1783 legte der italienische Priester und Naturwissenschaftler Lazzaro Spallanzani kleine Fleischstückchen in den Magensaft von Raubvögeln. Die Gläser, mit Magensaft und Fleischstückchen darin, hielt er in einer Achselhöhle.

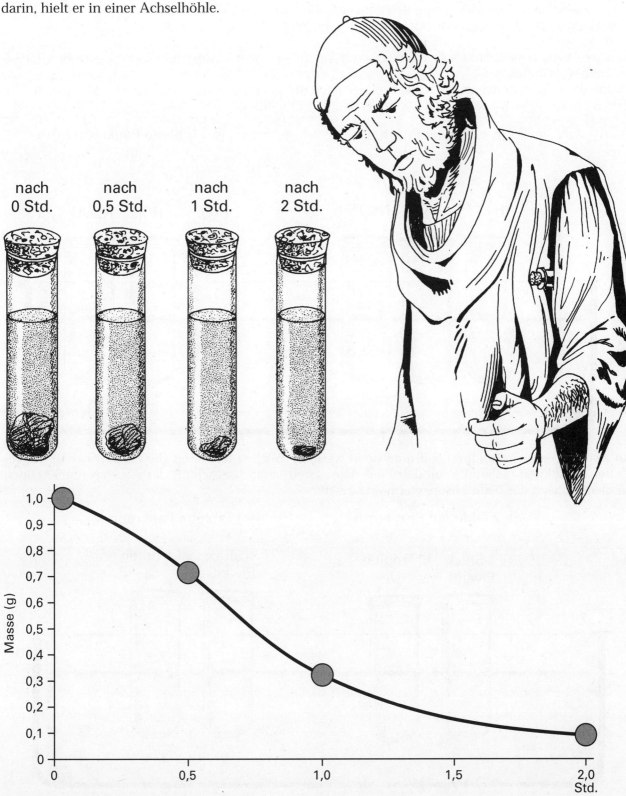

1. Beschreibe die Ergebnisse (das Aussehen sowie die Masse der Fleischstücke).
2. Erkläre das Versuchsergebnis und berücksichtige dabei, was du über Enzyme weißt.

Name   Klasse   Datum

westermann®

Wie funktionieren Verdauungstabletten?

Du benötigst: 7 Tabletten „Enzynorm" 5 Tabletten „Pankreon forte", 10 Reagenzgläser, Wasser, 1%ige Salzsäure, 1%ige Natronlauge, Mörser, Wasserbad.

Kratze zuerst mit einem Messer von den Tabletten die farbige Zuckerschicht ab.
Zerkleinere dann (in einem Mörser) - getrennt! - die Tabletten.

Im ersten Versuchsabschnitt soll untersucht werden, in welchem Lösungsmittel sich die beiden Tabletten am besten auflösen.
Befülle dazu sechs nummerierte Reagenzgläser nach unterem Schema und gib gleiche Mengen der Tabletten hinzu. Stelle die Reagenzgläser ins Wasserbad (35 - 40° C).

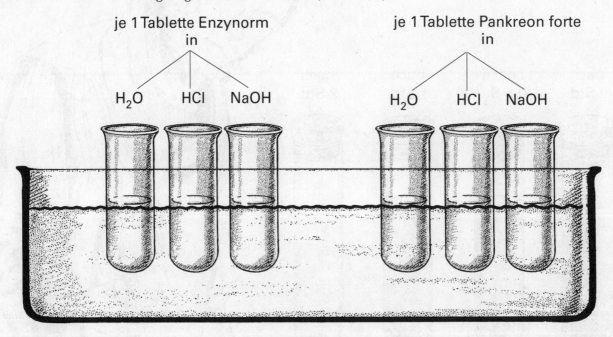

je 1 Tablette Enzynorm in H₂O, HCl, NaOH — je 1 Tablette Pankreon forte in H₂O, HCl, NaOH

Im zweiten Versuchsabschnitt soll untersucht werden, welchen Nährstoff (Fett oder Eiweiß) die Tabletten aufzulösen helfen. Es soll dabei aus dem ersten Versuchsabschnitt das Lösungsmittel benutzt werden, welches das beste Lösungsvermögen zeigte.

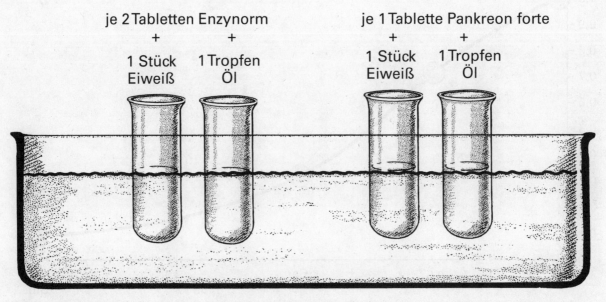

je 2 Tabletten Enzynorm + 1 Stück Eiweiß / + 1 Tropfen Öl — je 1 Tablette Pankreon forte + 1 Stück Eiweiß / + 1 Tropfen Öl

1. Nenne die Ergebnisse aus den beiden Versuchsabschnitten.
2. Erkläre die Versuche. Wo im Verdauungssystem wirken demnach die Tabletten?

Verdauungssäfte und ihre Wirkung

© Westermann, Kopiervorlagen, Bestell-Nr. 3-14-**159878**-9

Verdauungssekret	Kohlenhydrate (Beispiel: Stärke)	Eiweiße	Fette
Mund:			
Magen:			
Dünndarm:			

1. Ergänze in der Abbildung (teils durch Beschriftung, teils durch Zeichnung), welche Verdauungssäfte vorliegen und welche Wirkung sie auf die einzelnen Nährstoffe haben.

Name   Klasse   Datum

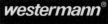

K55

Aufgaben der Verdauungsorgane

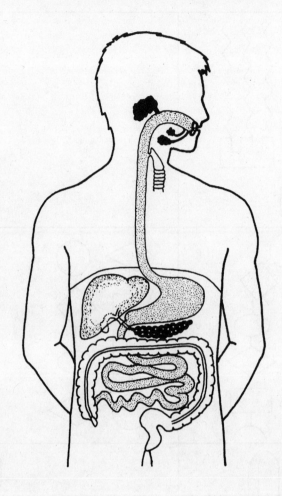

Organ	Verdauungssaft, Enzym und Wirkung
Speicheldrüsen	
Magen	
Leber/Gallenblase	
Bauchspeicheldrüse	
Dünndarm	
Dickdarm	

1. Beschrifte in der oberen Abbildung die Verdauungsorgane.

2. Ergänze in der rechten Spalte der Tabelle die Verdauungssäfte, die Enzyme und deren jeweilige Wirkung.

Name   Klasse   Datum

© Westermann, Kopiervorlagen, Bestell-Nr. 3-14-**159878**-9

Kann weniger mehr sein?

Ziel des Versuches ist es herauszubekommen, wie sich die Oberfläche eines Körpers (hier die eines ausgebreiteten DIN-A4-Blattes) verändert, wenn der Körper Ausstülpungen erhält (hier in Form von aufgesetzten Zylindern).

Du benötigst fünf DIN-A4-Blätter, Schere, Klebeband und einen Taschenrechner.

Ein DIN-A4-Blatt ist 21 x 29,7 cm groß. Seine Oberfläche beträgt demnach............cm².

Rolle ein DIN-A4-Blatt mit seiner Längsseite zu einem Zylinder zusammen; klebe den Zylinder stabil zusammen und stelle ihn auf das Blatt. Berechne, wie viele Zylinder du auf ein DIN-A4-Blatt stellen könntest.
Ein Zylinder hat einen Kreis als Grundfläche; der Umfang eines Kreises beträgt:
$U = 2\,r\,\pi$; bzw. $U = d\,\pi$ (r = Radius, d = Durchmesser, π = 3,1415).
Die Oberfläche eines Zylinders beträgt $O = U\,h$ (h = Höhe).

Halbiere nun den Durchmesser des Zylinders. Welchen Umfang besitzt der Zylinder dann? Schneide einen passenden Zylinders aus und klebe ihn zusammen. Wie viel Zylinder passen jetzt auf das DIN-A4-Blatt?
Wiederhole den Vorgang des Halbierens noch zweimal.

Trage deine Ergebnisse jeweils in die untere Skizze sowie in die Tabelle ein.

DIN-A4-Blatt   Zylinder (in Aufsicht)

Grundfläche (in cm²)	Ø des Zylinders (in cm)	Oberfläche des Zylinders (in cm²)	Anzahl der Zylinder	Gesamtoberfläche aller Zylinder (in cm²)	Vergrößerungswert

1. Fasse die Ergebnisse mit eigenen Worten zusammen.
2. Vergleiche den Versuch mit den Verhältnissen im Darm.

Name   Klasse   Datum

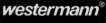

© Westermann, Kopiervorlagen, Bestell-Nr. 3-14-159878-9

Möglichkeiten der Vorbeugung gegen Krankheiten

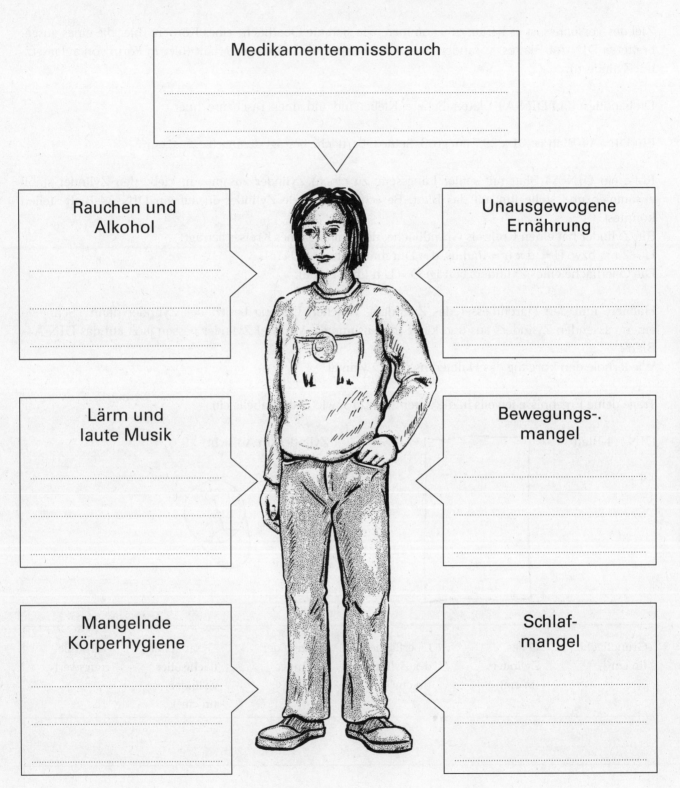

Medikamentenmissbrauch

....

....

Rauchen und Alkohol

....

....

Unausgewogene Ernährung

....

....

Lärm und laute Musik

....

....

Bewegungs-. mangel

....

....

Mangelnde Körperhygiene

....

....

Schlaf- mangel

....

....

© Westermann, Kopiervorlagen, Bestell-Nr. 3-14-**159878**-9

1. Trage in die rechte Spalte ein, was du tun kannst, um Belastungen möglichst gering zu halten.

westermann®

Name   Klasse   Datum

Vermehrung von Salmonellen in Nahrungsmitteln

Ein mit Salmonellen verseuchtes Hähnchen wird mit einem Messer zerlegt.
Das Messer wird nur abgewischt und zum Zerschneiden einer Pizza weiter benutzt.
Um 13.00 Uhr beträgt die Zahl an Salmonellen 100. Alle 20 Minuten verdoppelt sich die Zahl an Bakterien.

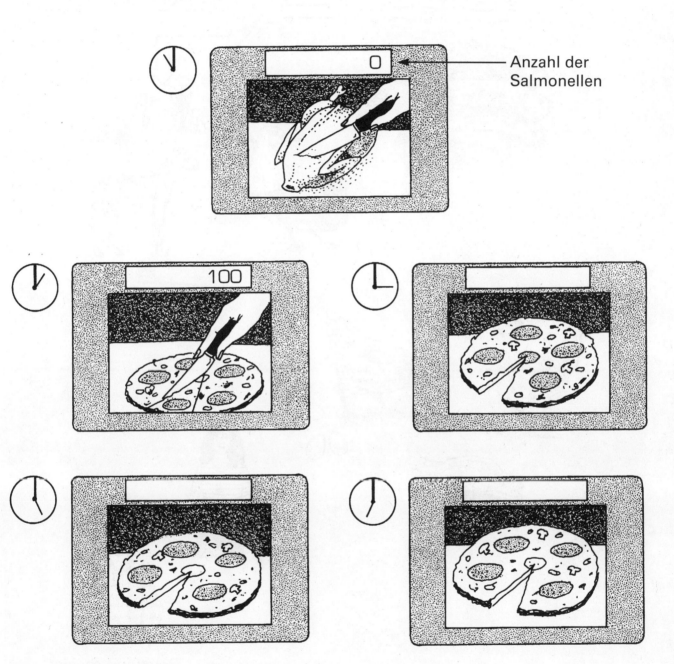

1. Berechne, wie viele Bakterien um 15.00, 17.00 und 19.00 Uhr auf der Pizza sind.
2. Erläutere, wie man eine Infektion mit Salmonellen vermeiden könnte.

Name   Klasse   Datum

© Westermann, Kopiervorlagen, Bestell-Nr. 3-14-**159878**-9

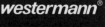

Verbreitungswege von Salmonellen

Seen / Flüsse / Meere

Abwasser

Dauerausscheider

1. Verdeutliche durch Pfeile mögliche Infektionswege einer Salmonelleninfektion.
2. Erläutere dann deine Zeichnung.

Übersicht häufiger Infektionswege von Krankheitserregern

Schneide die Kästchen und den Körperumriss aus. Ordne sie so an, dass deutlich wird, an welchen Stellen die Erreger in den Körper gelangen. Klebe dann die Teile auf.

© Westermann, Kopiervorlagen, Bestell-Nr. 3-14-**159878**-9

Grippe
durch Tröpfchen und Staub

Lungenentzündung
durch Tröpfchen bei verminderter Widerstandskraft gegen die Erreger

Masern
Tröpfchen (in der Luft / auf Nahrungsmitteln)

Wundstarrkrampf
durch erdverschmutzte Wunden

Röteln
(in der Luft / auf Nahrungsmitteln)

Diphterie
durch Tröpfchen (in der Luft / auf Nahrungsmitteln und Gegenständen)

Scharlach
durch Tröpfchen (in der Luft / auf Nahrungsmitteln)

Tuberkulose
über Haut- und Schleimhautverletzungen

Typhus Paratyphus
durch Trinkwasser, Nahrungsmittel, beschmutzte Hände, Gegenstände

Kinderlähmung
durch Tröpfchen (in der Luft / auf Nahrungsmitteln); Fliegen übertragen Viren auf Nahrungsmittel

Mumps
durch Anniesen und Anhusten

Pilzerkrankungen der Haut
durch infizierte Hände, Füße und Gegenstände

Tuberkulose
durch Tröpfchen und Staub; Nahrungsmittel

Keuchhusten
durch Anhusten

Pocken
durch Anniesen und Schmierinfektion (After - Hand - Mund)

Pest
Biss des Rattenflohs, Kontakt mit Kranken

Tollwut
durch Biss und Lecken tollwutkranker Tiere

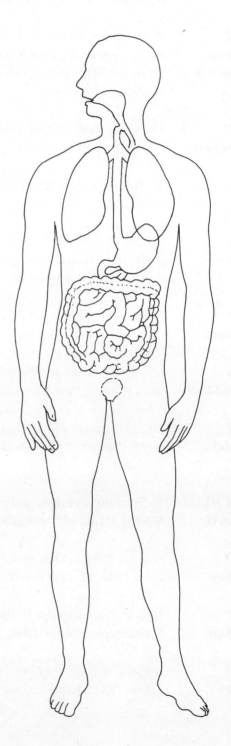

1. Erläutere die Abbildung.

2. Wie kann man sich vor den verschiedenen Infektionswegen schützen?

Name   Klasse   Datum

Informationen zur Geschichte der großen Seuchen und ihrer Bekämpfung

Epidemien

1348 - 1352 **Pest**	In Europa sterben etwa 25 Millionen Menschen an der Pest.
1492 **Pocken,** **Masern u. a.**	Kolumbus schleppte bei der Landung in Amerika Seuchen ein, an denen Millionen von Indianern sterben.
1617 **Diphtherie**	Im Königreich Neapel sterben 60.000 Kinder an Diphtherie.
1721 **Pest**	In Südfrankreich wütet die letzte Pestepidemie in Europa.
1788 **Pocken**	Englische Soldaten schleppen die Pocken in Australien ein. Ein Drittel der Urbevölkerung stirbt.
1817 **Cholera**	Ausgehend von Indien breitet sich die Cholera weltweit aus.
1876 **Tuberkulose**	Die Tuberkulose in Deutschland tötet jeden achten Einwohner.
1892 **Cholera**	Die Hafenstadt Hamburg hat in sechs Wochen 8.000 Choleratote zu beklagen.
1934 - 1935 **Malaria**	In Sri Lanka sterben mehr als etwa 80.000 Menschen an Malaria.
1967 **Pocken**	Auf der ganzen Welt gibt es etwa zehn Millionen Pockenkranke.
1977 **Pocken**	In Somalia leidet der letzte Pockenkranke unter der Seuche.
1988 **AIDS**	Im Januar 1988 sind bei der WHO 77.000 AIDS-Kranke gemeldet.

Menschen, die erfolgreich gegen die Seuchen kämpften:

Edward Jenner entdeckt die erste ungefährliche Pockenschutzimpfung (1796).

Louis Pasteur erkennt, dass alte, abgeschwächte Bakterien gegen Krankheiten immun machen können (1878).

Emil von Behring stellt fest, dass das Blutserum Antikörper enthält. Er beschreibt die Wirkung von Antikörpern auf Krankheitserreger und erhält dafür den Nobelpreis (1908).

Der Engländer **Alexander Fleming** entdeckt durch Zufall, dass Schimmelpilze Stoffe abgeben können, die Bakterien abtöten. Er erhält für die Entdeckung des Penicillins den Nobelpreis (1945).

In Amerika werden von **Jonas Salk** (1954) und von **Albert Sabin** (1957) Impfstoffe gegen die Kinderlähmung entwickelt.

Der australische Wissenschaftler **Frank M. Burnet** beschreibt detailliert den Ablauf einer Immunantwort. Er bekommt für seine Arbeit 1960 den Nobelpreis.

Der Deutsche **Georges Köhler** und der Argentinier **Cesar Milstein** ermöglichen die Herstellung reiner Antikörper durch Züchtung veränderter B-Zellen (Nobelpreis 1984).

© Westermann, Kopiervorlagen, Bestell-Nr. 3-14-**159878**-9

Vermehrung des Masern-Virus

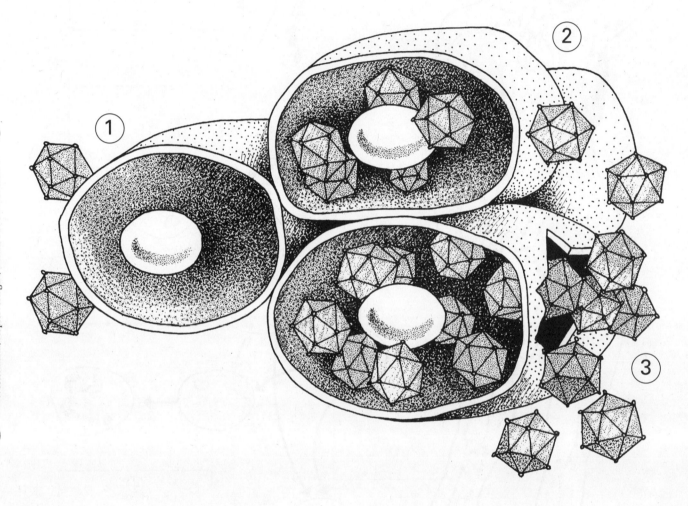

1. Beschreibe anhand der Abbildung die Vermehrung von Masern-Viren.

Name   Klasse   Datum

Die körpereigene Abwehr von Erregern

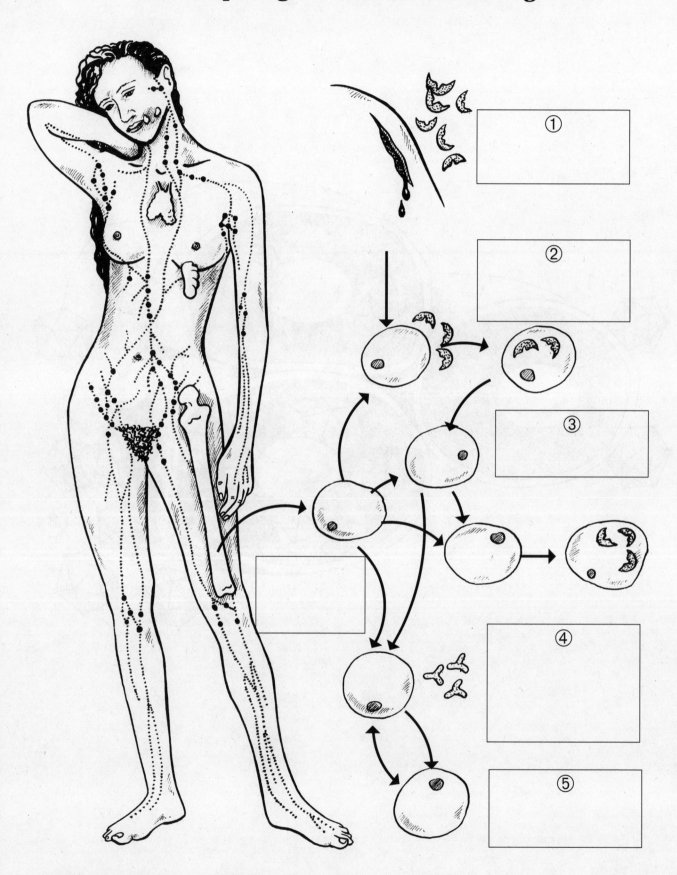

①

②

③

④

⑤

1. Beschreibe die körpereigene Abwehr von Erregern. Gehe dabei besonders auf die mit Ziffern ver-
sehenen Vorgänge ein.

Passive und aktive Schutzimpfung

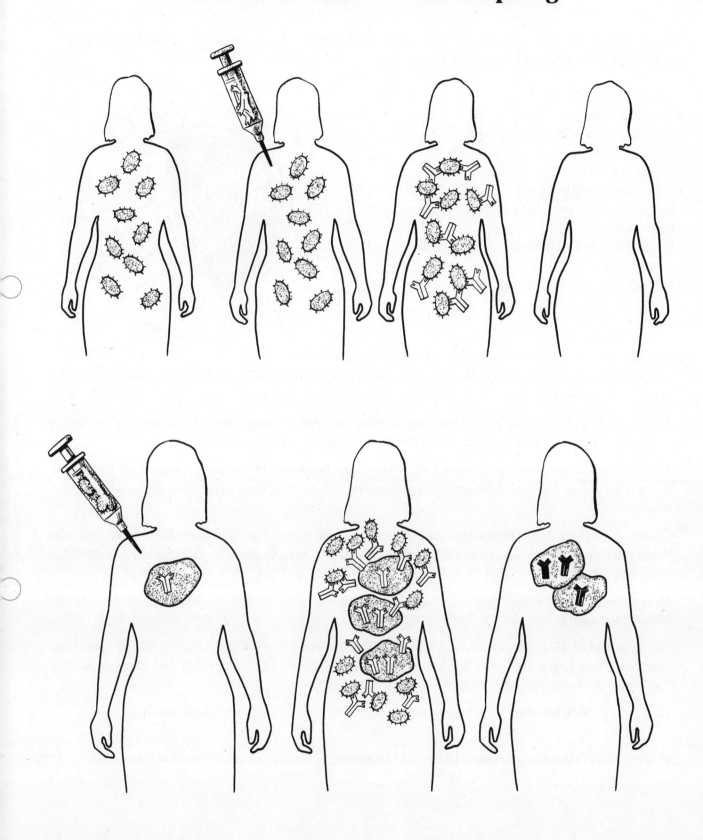

1. Erkläre, wie man den Körper passiv und aktiv gegen Krankheitserreger impfen kann.

Name   Klasse   Datum

Bauanleitung für ein HI-Virus-Modell

Bau dir gemeinsam mit deinen Klassenkameraden ein Modell des Krankheitserregers von AIDS. Zum Bau des Modells werden folgende Materialien benötigt:

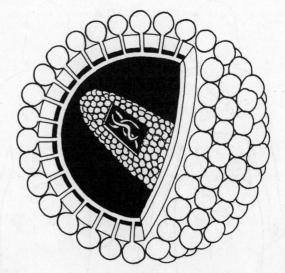

- 2 Styroporhalbkugeln 15 cm
- 35 - 40 Wattekugeln 17 mm
- etwa 20 gleichfarbige Pfeifenputzer
- styroportauglicher Kleber
- styroportaugliche Farbe (rot und schwarz)
- schwarzes Textilklebeband
- kleine Papprolle (evtl. mit farbiger Folie überzogen)
- Perlenschnur
- Schaschlikstäbchen oder dünne Stricknadeln
- spitze Schere
- alte Zeitungen zum Abdecken

Beim Bau des Modells hat sich folgendes Vorgehen bewährt:

– Zunächst werden die Styroporhalbkugeln von innen (schwarz) und anschließend von außen (rot) angemalt.

– In die abgetrockneten Kugeloberflächen sticht man, vom Pol aus beginnend, möglichst regelmäßig mit dem Schaschlikstäbchen (der Stricknadel) 35 (bis 40) Löcher von außen nach innen.

– Durch diese Löcher steckt man die auf ca. 5 cm zugeschnittenen Pfeifenputzer, sodass sie etwa einen Zentimeter in die Styroporhalbkugel hineinragen und auf der Kugelinnenseite festgeklebt werden können.

– Um die Festigkeit der Pfeifenputzer zu erhöhen und die Klebestellen zu verdecken, klebt man nun Abschnitte des Textilbandes über die Klebestellen auf der Kugelinnenseite. Dabei das Klebeband gut festdrücken.

– Nun müssen noch die Wattekugeln auf die nach außen ragenden Pfeifenputzer geklebt werden und die Virushülle ist fertig.

– Der zylindrische Innenkörper (in Wirklichkeit hat er die Form eines Kegelstumpfes) ist aus einem entsprechend lang zugeschnittenen Stück Papprolle hergestellt, das mit Pappresten verschlossen und mit Farbe oder Klebefolie von den übrigen Virusteilen abgesetzt wird.

– In die Papprolle wird eine kleine Perlenkette gesteckt, die eine etwas dickere Perle beinhalten sollte.

Das fertige HIV-Modell ist jetzt etwa 10.000.000 Millionen mal größer als das Virus in der Realität.

© Westermann, Kopiervorlagen, Bestell-Nr. 3-14-**159878**-9

Rauschgifttote in Deutschland

Rauschgifttote - Zeitreihe 1991 bis 1996

Jahr	1991	1992	1993	1994	1995	1996
gesamt	**2099**	**2082**	**1717**	**1610**	**1547**	**1685**
männlich	1770	1750	1419	1346	1293	1447
weiblich	329	332	298	264	254	238

1. Zeichne ein Säulendiagramm, das die Anzahl (Gesamtzahl) der Drogentoten von 1991 bis heute verdeutlicht.

2. Finde heraus, wie viel Prozent der Drogentoten in den Jahren 1991 bis 1996 Frauen bzw. Männer waren. Du kannst es folgendermaßen ausrechnen:

$$\text{Prozentzahl} = \frac{\text{Zahl der Männer (bzw. Frauen) x 100}}{\text{Gesamtzahl der Toten}}$$

Runde auf die Einerstelle auf.

3. Stelle als Säulendiagramm dar, wie viel Prozent der Drogentoten männlich und wie viel weiblich sind. Suche nach möglichen Ursachen für die verschiedene Anzahl.

4. Stelle eine Liste möglicher Todesursachen bei Drogenkonsumenten zusammen.

Name   Klasse   Datum

Designer-Drogen – Rausch mit großem Risiko

Information: Als Designer-Droge bezeichnet man chemische Stoffe, die nicht aus natürlichen Grundstoffen hergestellt werden. Designer-Drogen werden gezielt aus chemischen Stoffen hergestellt, deren Wirkung bekannt ist oder sie zumindest vermutet. Die Kombination dieser Stoffe wird nach den beabsichtigten Wirkungen entworfen (engl. to design - entwerfen). Bekannte Designer Drogen sind LSD, „Crack" (aus Kokain), „Ecstasy" und andere „Disko-Drogen", die aus Aufputschmitteln (Amphetamine), Ecstasy, Koffein und vielen anderen Bestandteilen zusammengemixt werden.

1. Lies den Informationstext und beantworte folgende Fragen:
   Warum nennt man die Drogen Designer-Drogen?

....

   Welches sind die bekanntesten Designer-Drogen?

....

2. Lies die folgende Liste der Namen von Disko-Drogen durch. Welche Erwartungen erwecken die Bezeichnungen der Drogen?
   Astro, Auge, Bird, Blitz, Delphin, Diamonds, Dynomites, Fliegende Taube, Geistchen, Phantom, Grüner Drache, Humeln, Killer, Löwe, Olympics, Pferde, Playboy, Popeyes, Smilies, Superman, Türmchen, Yellow sunshine

....

....

....

3. Lies die Beschreibung der Wirkung von Disko-Drogen durch. Beschreibe die Drogenwirkungen. Versuche zu erklären, warum gerade in Diskos Drogen eingenommen werden. Welche Risiken werden in den Beschreibungen deutlich?

Also wir haben die „Drogenname" in München auf der Rave City gehabt. Wir waren zu dritt, und jeder hatte dieselben Feelings: Man merkte nicht, wie sie hochkamen, war aber urplötzlich mega-fit, musste permanent etwas trinken und konnte sich (also zumindest ich) hammerschnell bewegen. Die Trockenheit im Mund war pervers, und am nächsten Tag ging es uns allen nicht so toll (fette depris, aber wir haben auch jeder 2,5 - 3,0 geschluckt). Ich hatte echt Probleme, etwas zu finden, das ich essen konnte: Bei den meisten Sachen (Wurstbrot, Bonbons, Steaks, Gemüse etc.) hätte ich definitiv kotzen müssen, also hab ich Pfirsichsaft getrunken und einen Apfel gegessen.
Die Wirkung tritt schon nach wenigen Minuten ein; recht heftiges Zähneklappern, Highs and Downs, großer Bewegungsdrang; Angst, sich nicht unter Kontrolle zu haben!
Ich war in guter Stimmung und meine Freundin war nur breit ... die Pille war für mich o. k. aber meine Freunding unterlag ständig Stimmungsschwankungen ... runterkommen war horror ... wir (3 Freunde) hatte alle Alpträume, starke Depressionen und bei jedem zuckt jetzt irgendwo was (ist kein Witz!!!) der Mittelfinger der linken Hand hat bei mir seitdem oft mal einen kleinen Ausraster ... bei der Freundin ist es der kleine Zeh am linken Fuß und bei einer anderen Bekannten das Augenlid.

© Westermann, Kopiervorlagen, Bestell-Nr. 3-14-**159878**-9

Das 4-M-Modell

1. Ergänze die Ursachen und Bedingungen, die zu einer Sucht führen können.

Name   Klasse   Datum

Hauptsache ich krieg 'nen Schnaps.

Ja-Sagen war meine große Stärke. Das Wörtchen „Nein" bekam ich nur selten über meine Lippen. Mein Leben lang hatte ich versucht, es allen recht zu machen. Ich bemerkte nicht, dass ich damit meinen Schwierigkeiten immer nur aus dem Wege ging. Statt daran zu arbeiten, spülte ich meinen Ärger mit Bier hinunter.

„Nur nicht persönlich werden, - keine Gefühlsduselei". So hatte ich es gelernt. Weil ich so einsam war, begann ich damit mich immer mehr mit Alkohol zu trösten. An guten Vorsätzen und Willensanstrengungen, mein Trinken aufzugeben, hat es nie gefehlt. Manchmal trank ich über 3 Monate nicht. Aber dann war ich überall Spielverderber, langweilig, oft unsicher und mürrisch; für die anderen ein Störenfried. Und alle pflegten wieder aufzuatmen, wenn ich wieder normal wurde und trank, mittrank.

In der Öffentlichkeit trank ich immer nur sehr wenig und sehr maßvoll. Auch meine Frau und die Kinder merkten davon nichts, wiel ich erst mit dem Trinken anfing, wenn sie schon schliefen.

Im Büro täuschte ich vor, Wasser zu trinken, dabei war im Glas Wodka. Angeblich hat das nie jemand bemerkt. Meine Kollegen behaupten immer noch, so schlimm sei es mit mir gar nicht gewesen. Als mir der Führerschein abgenommen wurde, trösteten wir uns im Büro mit einem Schnäpschen. Meine Frau entdeckte, dass ich frühmorgens eine Flasche Schnaps brauchte, um mein Händezittern zu verbergen, damit es auf der Arbeit nicht auffiel. Sie deckte meine Alkoholabhängigkeit so lange, bis sie selbst mit den Nerven am Ende war.

Viel zu spät habe ich mir die Frage gestellt, ob ich Alkoholiker sein könnte. Eingestanden habe ich mir das nie. Ich wusste zwar, dass ich zu viel trank, aber ich schob es auf meine schwierige Situation zu Hause und den Stress im Büro. Und für meine Übelkeit, Durchfälle und Herzbeschwerden besorgte ich einleuchtende ärztliche Erklärungen.

Ich konnte mit meinen Kindern nichts mehr anfangen. Sie wurden mir immer fremder. Sie hatten nur noch Angst vor mir, weil ich unberechenbar wurde und oft grundlos herumschrie.

Viel zu oft vergaß ich Verabredungen mit meinen Freunden und versetzte sie. So wollte bald niemand mehr etwas mit mir zu tun haben. Als ich arbeitslos wurde, mussten wir unser Haus verkaufen. Meine Frau zog mit den Kindern zu ihren Eltern. Ich fühlte mich so schuldig und machte mir nur noch Vorwürfe. Doch was soll's: Hauptsache, ich krieg 'nen Schnaps.

1. Lies den Text sorgfältig durch. Versuche den Weg des Menschen in die Alkoholabhängigkeit in vier Abschnitte zu gliedern. Schreibe sie hier auf.

....

....

....

2. Wende das 4-M-Modell auf den obigen Bericht an. Schreibe auf, wie die vier Bedingungen (Mensch, Milieu, Markt, Mittel) am Zustandekommen der Alkoholkrankheit beteiligt sind.

....

....

....

© Westermann, Kopiervorlagen, Bestell-Nr. 3-14-**159878**-9

Langfristige körperliche Schäden durch Alkohol

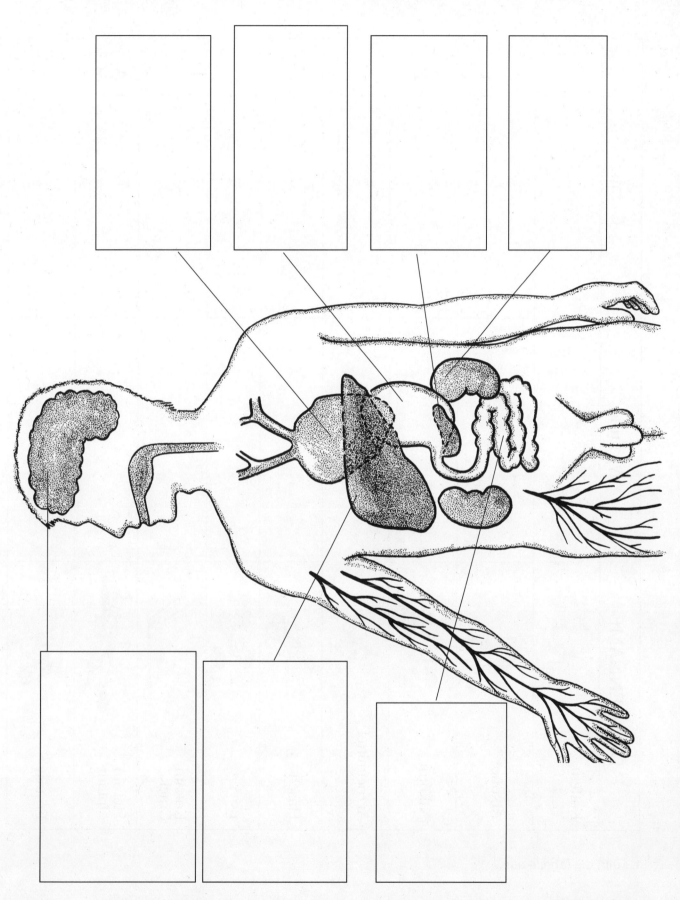

1. Ergänze die Schadenswirkung, die der hohe Alkoholkonsum auf die jeweiligen Organe hat.

Name   Klasse   Datum

westermann®

K71

Übersicht: Drogen und ihre Wirkungen

	LEGAL			ILLEGAL			
Gefahr							
Wirkung							
DROGENNAME	Koffein	Alkohol	Nikotin	Arzneimittel	Hasch	LSD	Kokain Crack	Heroin Opium	Ecstasy

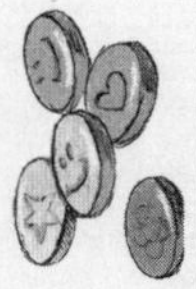

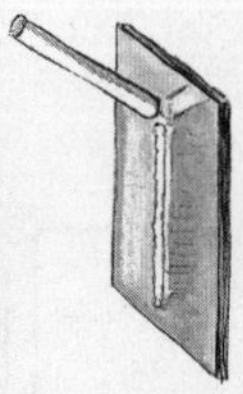

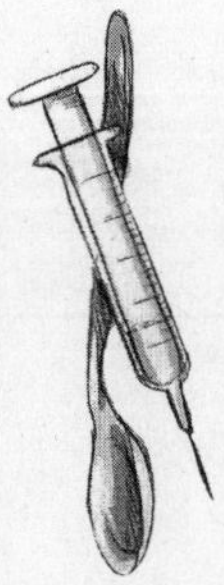

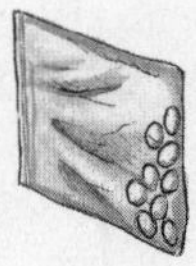

1. Fülle die Tabelle aus.

westermann®

Name   Klasse   Datum

Drogensteckbrief: Aufputschmittel

Herkunft	Medikamente, die eingesetzt wurden, um Müdigkeit, Unlustge- fühle und Niedergeschlagenheit medizinisch zu bekämpfen. Sie wurden auch als Appetitzügler verwendet.
Formen	Tabletten, Pulver, Saft
Wirkungen	Aufputschmittel wirken leistungssteigernd. Die Denktätigkeit wird beschleunigt und das Schlafbedürfnis fällt fort. Die Rede- lust wird zusammen mit dem Selbstbewusstsein gesteigert. Man fühlt sich, „als könne man Bäume ausreißen" (euphorisch).
Gefahren	Aufputschmittel wirken bereits in geringsten Mengen (wenige Tausendstel Gramm). Deshalb sind Überdosierungen leicht mög- lich (Herz- und Kreislaufversagen!!). Wird eine zu große Menge Aufputschmittel eingenommen, kann es zu Herzklopfen, Mundtrockenheit, Kopfschmerzen, Übelkeit, Erbrechen, Unruhe und anhaltender Schlaflosigkeit kommen. Wenn Bewusstlosigkeit eintritt, kann es durch Verschlucken von Erbrochenem zum Erstickungstod kommen. Gemeinsam mit Alkohol oder anderen Drogen eingenommen, kann die Wirkung erheblich und gefährlich verstärkt werden. Die Fähigkeit am Straßenverkehr teilzunehmen wird völlig falsch eingeschätzt. Menschen unter dem Einfluss von Aufput- schmitteln können hochgradig verkehrsuntüchtig sein. Es be- steht ein großes Unfallrisiko. Wenn Aufputschmittel über längere Zeit eingenommen werden, kann es zu Leber-, Herz- und Kreislaufschäden sowie Störungen im Magen und Darm kommen. Aufputschmittel machen nicht unmittelbar süchtig. Unsichere und haltlose Menschen unterliegen besonders der Gefahr, süch- tig zu werden.
Gesetzliche Einordnung	Meist rezeptpflichtige Medikamente, die dem Betäubungsmittel- gesetz unterliegen.

© Westermann, Kopiervorlagen, Bestell-Nr. 3-14-**159878**-9

Name   Klasse   Datum

Drogensteckbrief: Coffein

Herkunft	Kaffee:	Die Pflanze stammt aus Äthopien. Zwischen dem 11. und 14. Jahrhundert wurde Kaffee in Arabien angebaut und aus den gerösteten Kaffeebohnen (Pflanzensamen) ein Getränk hergestellt. Erst seit dem 16. Jahrhundert ist Kaffee in Europa bekannt. Heute wird Kaffee in Afrika und Süd- sowie Mittelamerika angebaut.
	Tee:	Die Teepflanze wuchs seit jeher im Grenzgebiet zwischen Indien und China. Zuerst wurde sie als Medizinpflanze genutzt. Seit etwa 3000 Jahren verwendet man die Blätter des Tees als Getränk. Im Jahre 1610 gelangte der erste chinesische Tee nach Europa. Seit etwa 300 Jahren trinken Europäer Tee als alltägliches Getränk.
	Limonaden:	Auch verschiedene Limonaden („Colas") enthalten Coffein, das künstlich hinzugefügt wird.
Formen	Heißgetränk:	1 Tasse Kaffee = 80 - 120 mg Coffein 1 Tasse Tee = 30 - 60 mg Coffein
	Limonade: Pulver	1 Glas Cola = 30 - 70 mg Coffein
Wirkungen		Coffein fördert die Durchblutung von Gehirn, Nieren, Lunge und Herz. Der Blutdruck wird erhöht. Mehr als ein Gramm Coffein wirkt giftig (tödliche Menge: zehn Gramm!!). Das Coffein im Tee wirkt milder, weil die Gerbstoffe des Tees die Aufnahme der Droge im Magen verzögern. Coffein wirkt leistungssteigernd auf die Aufmerksamkeit und Denkarbeit.
Gefahren		Coffein kann in sehr hoher Dosierung zu Schlaflosigkeit, Herzrasen und Nervosität führen. Viele Menschen vertragen recht hohe Mengen Coffein, weil sie sich daran gewöhnt haben. Bei hohen Mengen Coffein kann das Gehirn Informationen nicht mehr erfolgreich verarbeiten. Da Coffein im Körper abgebaut wird, tritt eine Müdigkeit, die mit Coffein bekämpft werden sollte, dann schneller und verstärkt ein. Daraus ergeben sich Gefahren im Straßenverkehr.
Gesetzliche Einordnung:		Legale Droge

Drogensteckbrief: Haschisch und Marihuana (Cannabis)

Herkunft	Der Hanf (Cannabis) wurde bereits vor etwa 5000 Jahren in China als Heilpflanze verwendet. Seit 1500 Jahren ist Hanf in Europa verbreitet.
Formen	Haschisch und Marihuana sind zwei Formen der Droge aus der indischen Hanfpflanze. Marihuana besteht aus den Blüten und Blättern des Hanfes, die wie Tabak geraucht werden können. Haschisch ist das Harz der oberen Blätter der Hanfpflanze. Es wird in kleinen Stückchen mit Tabak gemischt und in einer Zigarette (joint) geraucht. Es kann auch als Harzkrümel pur in besonderen Pfeifen geraucht werden. Harzkrümel können auch mit verschiedenen Getränken vermischt werden oder dem Essen beigemischt werden (Haschplätzchen).
Wirkungen	Der Hauptwirkstoff von Cannabis ist ein chemischer Stoff, der abgekürzt THC genannt wird. Dieser Wirkstoff regt die Gefühle derart an, dass Farben leuchtender, Töne klarer und schöner, Gerüche und der Geschmack überwältigend werden können. Der Mund trocknet schnell aus. Der Herzschlag wird deutlich erhöht und die allgemeine Muskelkraft leicht herabgesetzt.
Gefahren	Man weiß noch nicht genau, ob Cannabis körperlich abhängig macht. Die Gefahr durch Haschisch oder Marihuana psychisch abhängig zu werden ist vorhanden. Veränderungen im Wesen eines Menschen durch Rückzug auf sich selbst, Willensschwäche und fehlender Anstrengungsbereitschaft werden bei häufigem Missbrauch beobachtet. Besonders junge Menschen sind dabei gefährdet. Cannabisgenuss kann dazu beitragen, auch andere Drogen ausprobieren zu wollen. Marihuana hat einen sehr hohen Teergehalt und vergrößert das Krebsrisiko. Durch Wahrnehmungsveränderungen ergeben sich Gefahren im Straßenverkehr. Man wird verkehrsuntüchtig.
Gesetzliche Einordnung	Illegale Droge

© Westermann, Kopiervorlagen, Bestell-Nr. 3-14-159878-9

Name   Klasse   Datum

westermann®

Drogensteckbrief: Heroin

Herkunft	Heroin wird aus dem Milchsaft der Früchte des Schlafmohns gewonnen (= Opium). In Arabien kannte man die Wirkung des Schlafmohns bereits seit 6000 Jahren. In Europa kennt man Mohn seit etwa 4000 Jahren. Der rote Klatschmohn ist eine Pflanze, die mit dem Schlafmohn verwandt ist, aber keine Stoffe enthält, aus denen man Heroin herstellen kann.
Formen	Heroin (Name sollte „heroische" Wirkung verdeutlichen) wird aus Opium hergestellt. Mit Opium bezeichnet man den Milchsaft der Mohnkapseln. Dieser Saft wird zu Morphium verarbeitet, das dann durch chemische Umwandlungen zu Heroin wird. Es ist ein weißes bis beige-braunes Pulver, das manchmal auch körnig sein kann. Es kann inhaliert, geschnupft oder aufgelöst in Wasser in das Blut gespritzt werden.
Wirkungen	Heroin wirkt beruhigend und einschläfernd. Der Mensch erlebt heftige Glücksgefühle mit gesteigertem Selbstbewusstsein. Bald setzen jedoch Entzugserscheinungen ein. Dazu gehören quälende Unruhe, Nervosität, Schlaflosigkeit, Schüttelfrost, Schweißausbrüche, Erbrechen, Krämpfe und starke Schmerzen.
Gefahren	Heroin macht bereits nach wenigen Malen süchtig. Der Heroinsüchtige ist auf der ständigen Flucht vor den fürchterlichen Entzugserscheinungen. Der ständige Heroingebrauch zerstört Geist und Körper des Süchtigen mehr und mehr. Für den ständigen Heroinverbrauch muss ein hoher Preis bezahlt werden. Nicht selten ist ein Abgleiten in die Kriminalität und Prostitution der Fall, um das benötigte Heroin bezahlen zu können. Die Gefahr einer Überdosierung ist hoch. 60 % der Drogentoten sterben an einer Überdosis von Heroin. Die Verbreitung von AIDS ist unter Heroinabhängigen groß, weil verunreinigte Spritzen das Virus verbreiten. Auch ungeschützter Geschlechtsverkehr zur Geldbeschaffung birgt ein hohes Ansteckungsrisiko.
Gesetzliche Einordnung	Illegale Droge

Drogensteckbrief: Kokain (Crack)

© Westermann, Kopiervorlagen, Bestell-Nr. 3-14-159878-9

Herkunft	Kokain stellt man aus den Blättern des Coca-Strauches her. Dieser Strauch wächst in Südamerika und Indonesien. Seine Wirkungen sind Menschen seit 5000 Jahren bekannt. Das Kauen von Coca-Blättern war bereits bei religiösen Veranstaltungen der Inkas üblich. In Europa wurde Kokain am Ende des 19. und zu Beginn des 20. Jahrhunderts zu einer Modedroge. Auch heute ist Kokain eine zunehmende Gefahr. Seit 1983 kennt man in den USA Kokain als „Crack". Es wird aus Kokain unter Zusatz von anderen Stoffen (z.B. Backpulver) hergestellt.
Formen	Kokain wird als Pulver oder als eine wässrige Lösung verkauft. Es kann daher geschnupft („koksen") oder gespritzt werden. Crack sind kleine beigefarbene Körner, die geraucht oder gegessen werden können.
Wirkungen	Kokain und Crack wirken beglückend und enthemmend. Die Sinneswahrnehmungen werden verstärkt und Trugbilder (Halluzinationen) oder alptraumhafte Wahnbilder können auftreten. Der Herzschlag und der Blutdruck steigen, Hunger-, Durst-, Kälte- oder Müdigkeitsgefühle werden betäubt. Die Pupillen weiten sich. Es kann zu Krämpfen, Erregungszuständen und Lähmungen kommen. Bei Crack setzt der Rausch schlagartig ein. Etwa eine Stunde nach dem Rausch setzten Entzugserscheinungen ein. Man fühlt sich niedergeschlagen, missmutig und schläfrig.
Gefahren	Kokain macht bereits nach wenigen Malen psychisch abhängig. Crack kann bereits nach einmaliger Einnahme abhängig machen. Es entsteht schnell das Bedürfnis, die Menge der Droge zu steigern, um einen stärkeren Rausch zu erhalten. Der ständige Kokain- und Crackgebrauch zerstört Geist und Körper des Süchtigen mehr und mehr. Es kommt zu einem körperlichen Zerfall, der tödlich enden kann.
	Besonders Crack kann zu Herzattacken, Gehirnblutungen und Schlaganfällen führen. Für den ständigen Drogenverbrauch muss ein hoher Preis bezahlt werden. Nicht selten ist deshalb ein Abgleiten in die Kriminalität und Prostitution der Fall, um die Drogen bezahlen zu können.
Gesetzliche Einordnung	Illegale Droge

westermann®

Drogensteckbrief: LSD

Herkunft	LSD wurde im Jahr 1943 in der pharmazeutischen Fabrik Sandoz zufällig entdeckt. Es ist eine chemisch veränderte Form des Wirkstoffs eines Getreidepilzes. Dieser Pilz wird „Mutterkorn" genannt und befällt die Getreidekörner der Ähren.
Formen	LSD wird als Pulver, in Tabletten oder Kapseln sowie als Lösung auf Papier (Comics, Löschpapier), Filzstückchen oder Zucker angeboten. Es kann auch als Lösung gespritzt werden. Manchmal wird behauptet, dass LSD auch in Aufklebern an Kinder weitergegeben würde. Dabei handelt es sich jedoch um eine Falschmeldung, da LSD nicht über die Haut aufgenommen wird.
Wirkungen	LSD wirkt bereits in winzigen Mengen. Für einen „trip" von acht bis 12 Stunden werden nur etwa 0,0001 g LSD benötigt. LSD verstärkt die Gefühle unabhängig davon, ob es gute oder schlechte Gefühle sind. Deshalb können sowohl übermächtige Glücksgefühle als auch abgrundtiefe Angstanfälle auftreten. Es kann zu völlig wirren Trugbildern (Halluzinationen) mit verstärkten und verfremdeten Sinneswahrnehmungen kommen (Farben schmecken, Töne fühlen usw.). Das gesamte Bewusstsein verändert sich. LSD beeinflusst merklich die Atmung, Kreislauf und Herzschlag. Die Pupillen weiten sich so stark, dass helles Licht unterträglich wird.
Gefahren	Häufige LSD-Einnahme kann zu Erbschäden führen. Gefürchtet ist der „Horrortrip", ein Angstanfall, der in Panik bis zum Selbstmord gehen kann. Unverhofft können auch noch Wochen oder Monate nach der LSD-Einnahme plötzlich Rauschzustände eintreten. Meist sind diese mit Angstzuständen und einige Zeit anhaltenden psychischen Veränderungen verbunden. Auch können dadurch psychische Erkrankungen, die in einer Nervenklinik behandelt werden müssen, eintreten.
Gesetzliche Einordnung	Illegale Droge

© Westermann, Kopiervorlagen, Bestell-Nr. 3-14-159878-9

Auswirkungen von Alkoholgenuss auf das Sehvermögen

Schneide die langen Rechtecke aus, rolle sie zu zwei Röhren und klebe sie zusammen. Schneide das kürzere Rechteck aus und ebenso die eingezeichneten Kreise darin. Stecke die beiden Röhren durch die Löcher. Halte dir die Pappprollen vor die Augen und bewege dich **vorsichtig** durch den Raum. Welche Beobachtungen kannst du machen?

Name   Klasse   Datum

westermann®

Auswirkungen von Alkoholgenuss auf das Sehvermögen

Schneide die langen Rechtecke aus, rolle sie zu zwei Röhren und klebe sie zusammen. Schneide das kürzere Rechteck aus und ebenso die eingezeichneten Kreise darin. Stecke die beiden Röhren durch die Löcher. Halte dir die Pappprollen vor die Augen und bewege dich **vorsichtig** durch den Raum. Welche Beobachtungen kannst du machen?

© Westermann, Kopiervorlagen, Bestell-Nr. 3-14-**159878**-9

Name　　　　　Klasse　　　　　Datum

Disko-Unfälle

Zahl der Disko-Unfälle steigt erschreckend an

München (dpa). Die Zahl der sogenannten Disco-Unfälle auf Bayerns Straßen ist im vergangenen Jahr um 30 Prozent auf 5192 angestiegen. 172 Menschen wurden dabei getötet und 4127 weitere verletzt, teilte der Innenminister mit. Die Polizei habe bereits mit verschärften Kontrollen und verstärkter Aufklärung auf die „erschreckende Zunahme" dieser Unfälle reagiert. Bei rund 25 000 nächtlichen Kontrollen auf den bekannten Dico-Routen wurden 1996 über 88 000 Autofahrer beanstandet. Knapp ein Drittel war zu schnell unterwegs. Über 6000 Fahrzeuglenker hatten zuviel getrunken, bei 176 bestand nach Angaben der Polizei der Verdacht auf den Konsum anderer Drogen.

Verletzungsschwere der Insassen der Unfallfahrzeuge nach der Sitzposition

Fahrer		vorn Mitte		vorn rechts	
Get.	25	Get.	1	Get.	16
Sv	122	Sv	6	Sv	76
Lv	32	Lv	3	Lv	12
Uv	12	Uv	–	Uv	8
Gesamt*	191	Gesamt	10	Gesamt	122

hinten links		hinten Mitte		hinten rechts	
Get.	6	Get.	2	Get.	9
Sv	93	Sv	26	Sv	112
Lv	12	Lv	2	Lv	16
Uv	8	Uv	4	Uv	12
Gesamt	119	Gesamt	34	Gesamt	151

Get. = Getötete
Sv = Schwerverletzte
Lv = Leichtverletzte
Uv = Unverletzte

*hinzu kommen 17 Fahrer aus gegnerischen Fahrzeugen, die hier nicht aufgeführt wurden.

Anteil der Altersgruppen an Unfallursachen bei Unfällen mit Personenschaden von 1996

Fehlverhalten	Alter			
	15-18 J.	18-21 J.	21-25 J.	über 25 J.
nicht angepasste Geschwindigkeit	2,6 %	18,4 %	16,1 %	60,6 %
Vorfahrt- bzw. Vorrang-Fehler	2,7 %	10,3 %	9,8 %	70,8 %
Abstands-Fehler	1,7 %	11,3 %	12,8 %	71,3 %
Alkoholeinfluss	2,2 %	11,2 %	13,6 %	72,6 %

1. Lies den Zeitungsartikel und erkläre, was man unter Disko-Unfällen versteht.
2. Betrachte die Tabelle. Nenne für jedes Alter die Hauptunfallursache. Vergleiche die Altersspalten miteinander. Welche Unterschiede stellst du fest?
3. Betrachte die Abbildung „Verletzungsschwere der Insassen der Unfallfahrzeuge nach der Sitzposition". Markiere die beiden gefährlichsten Sitzpositionen rot.

Name   Klasse   Datum

Ablauf der Alkoholkrankheit

MARKT

MENSCH

1. Keine Abhängigkeit

....

....

2. Leichte Abhängigkeit

....

....

3. Mittlere Abhängigkeit

MILIEU

MITTEL

_____

_____

4. Schwere Abhängigkeit

....

....

1. Eine Alkoholkrankheit kann sich in vier Abschnitten entwickeln. Ergänze zu jedem Abschnitt das Verhalten des Menschen.

Name   Klasse   Datum

Der Alkohol verändert Mirjams Familienleben

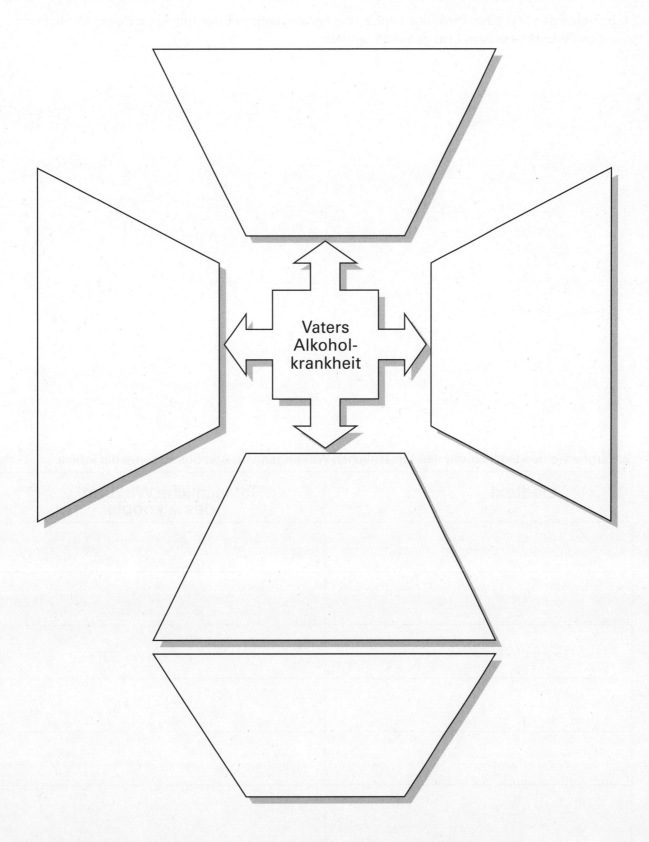

Vaters
Alkohol-
krankheit

1. Nenne die Faktoren, die die Alkoholabhängigkeit von Mirjams Vater beeinflussen.

Name   Klasse   Datum

westermann®

Trink, trink Brüderlein trink

1. Schreibe den Text eines Trinkliedes auf. Finde heraus, welche Erfahrungen mit dem Alkohol und welche Wünsche in dem Lied geäußert werden.

....

....

....

....

....

....

....

....

....

....

2. Vergleiche den Liedtext mit den tatsächlichen Wirkungen von Alkohol. Ergänze die Tabelle:

Liedtext	Tatsächliche Wirkung des Alkohols

Säuren um uns herum

1. Woher stammt der Name „Säuren"?

2. Hier wurden einige Stoffe so angeordnet, dass alle Stoffarten einer Spalte dieselbe Säure enthalten:

Erdbeeren	Joghurt	Gift der Ameisen	Traubensaft
Zitronen	Saure Gurken	Brennnesseln	Löwenzahn
Ananas	Grünfutter beim Gärtner	Gift der Bienen	Vogelbeeren

Ordne jeder Spalte eine der folgenden Säuren zu: Ameisensäure, Milchsäure, Weinsäure, Zitronensäure

3. Warum werden Lebensmitteln Säuren zugefügt?

....

....

....

....

....

4. Erkläre wie Säuren als Entkalkungsmittel wirken!

....

....

....

....

....

....

....

Name   Klasse   Datum

Säuren können gefährlich sein

1. Warum sind Säuren gefährlich und welche Sicherheitsvorkehrungen sind beim Umgang mit ihnen zu treffen?

....

....

....

....

2. Schau dir die beiden unten abgebildeten schematischen Zeichnungen an und kennzeichne in einem der beiden Kästchen die richtige Vorgehensweise zur Verdünnung von Säuren.

Säure

Wasser

Wasser

Säure

3. Nenne drei Säuren, die als gefährlich gelten!

....

....

....

....

westermann ®

Name   Klasse   Datum

Nachweis von Säuren

Wie erkennt man Säuren?

Dazu gibt es zwei Möglichkeiten:

A)   Die .... von verschiedenen Stoffen. Nur nach ausdrücklicher Aufforderung

des Lehrers könnt ihr folgende verschiedene Stoffe probieren:

Zitronensaft

Essig

Mineralwasser

Vitamin C-Lösung

Die Stoffe haben alle eine Gemeinsamkeit, den .... Geschmack. In den Stoffen sind

.... enthalten wie Zitronensäure, Essigsäure, Kohlensäure,

Vitamin C = Ascorbinsäure.

B)   Die .... ist zum Nachweis von unbekannten Stoffen nicht geeignet! Man verwendet

sogenannte ...., wobei es sich bei ihnen um Verbindungen handelt, welche durch

Veränderung ihrer Farbe eine Reaktion anzeigen.

Ein Beispiel für einen .... ist ....

Taucht man ....papier in eine wässrige Lösung, die eine Säure enthält, so färbt sich

das ....papier .... und zeigt somit die Anwesenheit einer Säure an.

1. Ergänze die Texte mit den folgenden Wörtern:
Indikator (2x), sauren, Geschmacksprobe (2x), Säuren, Lackmus (3x), rot

Name   Klasse   Datum

westermann®

K87

Eigenschaften von Säuren

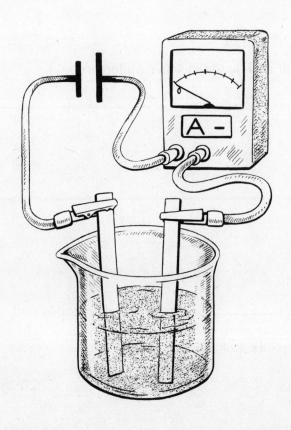 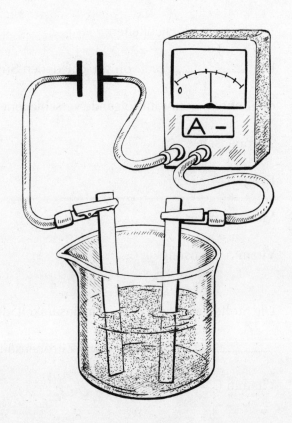

Säurelösungen leiten im Gegensatz zu Wasser den elektrischen Strom. Dies muss bedeuten, dass die Säure gelöst in Wasser aus elektrisch geladenen Teilchen (sogenannten Ionen) besteht.

Säurebehandlung von ...	Wirkung
Kalk	
Gold	
Platin	
Magnesium	
Zink	
Blei	
Eisen	

1. Vervollständige die Tabelle mithilfe der folgenden Begriffe:
nicht angegriffen (2x), werden zersetzt (4x), wird aufgelöst (1x)

Name   Klasse   Datum

Wirkung von Säuren

1. In der nachfolgenden Tabelle sind alle bisher im Unterricht genannten Säuren aufgeführt. Ordne sie in eine der drei folgenden Kategorien ein:

A   Ätzend/Giftig
B   Ätzend aber in Verdünnung ungefährlich
C   Für den Menschen harmlos

Säure	Kategorie
Weinsäure	
Salpetersäure	
Salzsäure	
Ascorbinsäure (Vitamin C)	
Schwefelsäure	
Essigsäure	
Äpfelsäure	
Zitronensäure	
Schweflige Säure	
Kohlensäure	
Milchsäure	
Blausäure	

2. Woran liegt es, dass verdünnte Säure zum Würzen von Speisen verwendet wird, die konzentrierte Essigsäure aber stark ätzend ist und Blasen auf der Haut verursacht?

Tipp: Die Frage könnte auch folgendermaßen lauten: Was sind konzentrierte Säuren, und was sind verdünnte Säuren?

....

....

....

Nutzung von verschiedenen Säuren

Säuren	Verwendung
Schwefelsäure	• Trocknungsmittel für Gase
	• Herstellung von Gelatine
	• Farben und Lacke
	• Verchromen
	• Erdölverarbeitung
	• Herstellung von Kunstdünger
	und viel mehr
Salpetersäure	• Herstellung von Düngemitteln
Salzsäure	• Herstellung von Salzen
	• Ätzen von Metallen
	• Herstellung des Kunststoffes PVC
	• Reinigen oxidierter Stoffe
	• Haushaltsreiniger
Essigsäure	• Entkalkungsmittel
	• Mittel zum Würzen von Speisen

Schwefelsäure (Weltjahresproduktion 1990: $159 \cdot 10^6$ Tonnen) ist eines der wichtigsten großtechnischen

Produkte.

Salpetersäure (Weltproduktion $30 \cdot 10^6$ Tonnen)

Salzsäure (Weltproduktion $9 \cdot 10^6$ Tonnen)

Essigsäure (keine genauen Angaben)

....

....

....

1. Warum wird Essigsäure hauptsächlich im Haushalt verwendet und nicht Schwefelsäure, Salzsäure
   und Salpetersäure?

Name   Klasse   Datum

Schweflige Säure

Versuch zur Darstellung schwefliger Säure

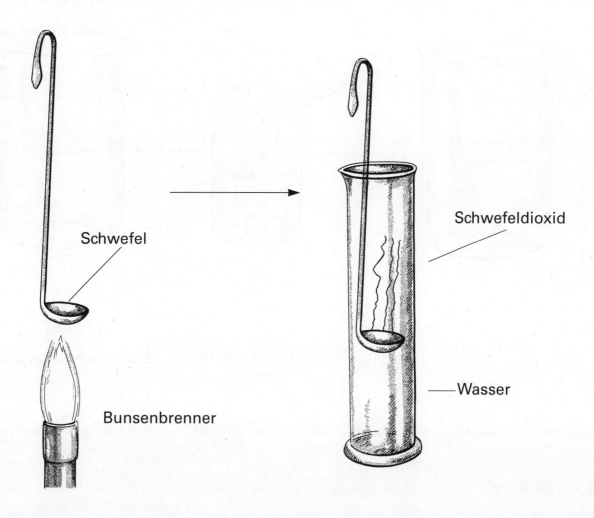

Schwefel

Bunsenbrenner

Schwefeldioxid

Wasser

I. Wortgleichung: .... + ... → ....

chem. Zeichensprache: .... + ... → ....

II. Wortgleichung: .... + ... → ....

chem. Zeichensprache: .... + ... → ....

1. Beschreibe die Vorgänge in Abbildung I. Und II. durch Wortgleichung und chemische Zeichensprache!

Name   Klasse   Datum

Herstellung von Kohlensäure

1. Wasser mit Lackmus   2. Kohlenstoffdioxid   3. Erwärmen

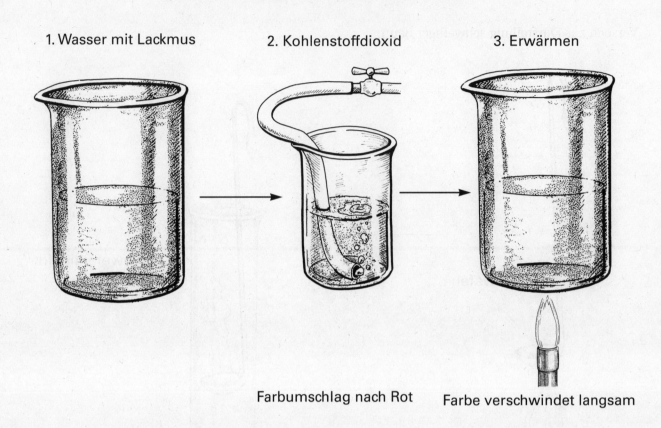

Farbumschlag nach Rot   Farbe verschwindet langsam

II. Wortgleichung: .... + ... → ....

chem. Zeichensprache: .... + ... → ....

III. Wortgleichung: .... + ... → ....

chem. Zeichensprache: .... + ... → ....

1. Beschreibe die Vorgänge in Abbildung II. und III. durch Wortgleichung und chemische Zeichensprache!

westermann®

Name   Klasse   Datum

Salzsäure

Herstellung von Salzsäure

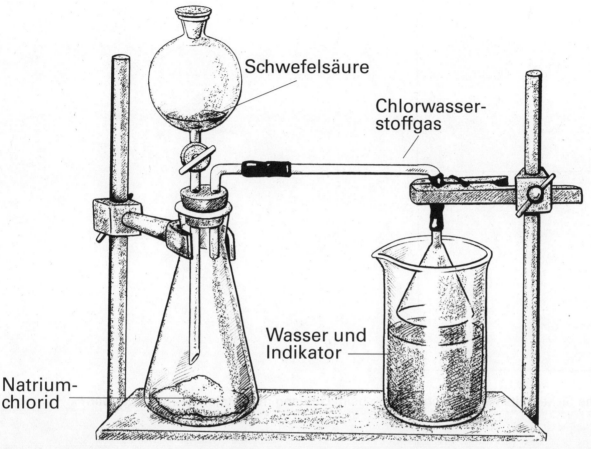

Schwefelsäure

Chlorwasser-
stoffgas

Wasser und
Indikator

Natrium-
chlorid

Bei der Reaktion von Natriumchlorid mit Schwefelsäure entsteht ein stechend riechendes
Gas: Chlorwasserstoff

Chemische Zeichensprache: $H_2SO_4 + 2\ NaCl$
$Na_2SO_4 + 2\ HCl$

1. Formuliere die entsprechende Wortgleichung mithilfe der Begriffe: Natriumsulfat, Schwefelsäure,
Chlorwasserstoffgas, Natriumchlorid:

.... + ... → ....

Chlorwasserstoff (HCl) löst sich in Wasser. Die resultierende Lösung wird Salzsäure genannt. Der Farbumschlag des Indikators zeigt die Bildung einer sauren Lösung an.

Wortgleichung: Chorwasserstoffgas $\xrightarrow{\text{in Wasser}}$ Salzsäure

Name   Klasse   Datum

Gefährlichkeit von Laugen

1. Zeichne die für Laugen üblichen Gefahrensymbole und erkläre wofür sie stehen.

....

....

....

....

....

....

....

2. Welche Sicherheitsmaßnahmen müssen beim Umgang mit Laugen getroffen werden?

....

....

....

....

3. Warum kann man Laugen nicht in Metallbehältern aufbewahren?

....

....

....

....

Nachweis von Laugen und Säuren

1. Wie verfärbt sich Lackmuspapier beim Eintauchen in Säure, in Wasser und in Lauge?

Lackmuspapier

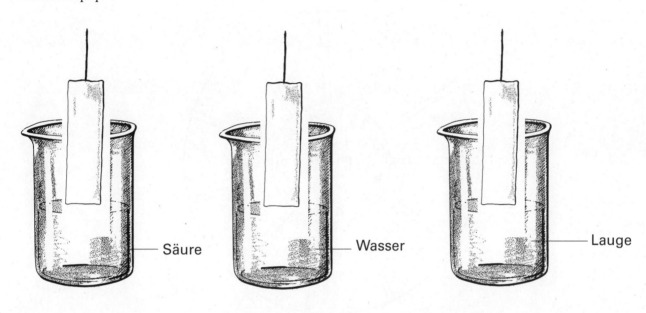

— Säure   — Wasser   — Lauge

_____   _____   _____

2. Was bedeutet der folgende Versuchsablauf? Ergänze den Lückentext.

a)   Lackmuspapier   b)   Lackmuspapier

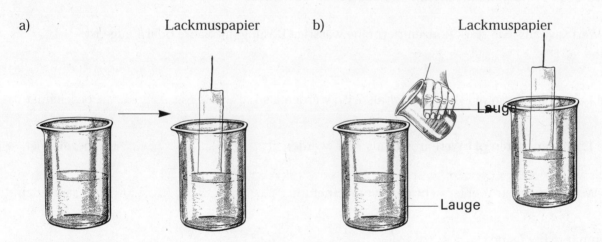

— Lauge

— Lauge

Beobachtung für a): Lackmuspapier verfärbt sich blau.
Beobachtung für b): Lackmuspapier ist immer noch genauso blau.

Ergebnis: Der einfache Indikator kann zwar identifizieren, ob es sich beim Stoff um eine Lauge oder

Säure handelt, er kann jedoch keine Angaben über die .... machen.

Name   Klasse   Datum

westermann®

Der Universalindikator und der pH-Wert

Der Universalindikator besteht aus einer geeigneten Mischung aus mehreren Indikatoren (wie z.B. Rotkohlsaft oder Lackmus). Universalindikatoren erlauben im Vergleich zu Einzelindikatoren eine Abschätzung wie stark eine Säure oder Lauge ist.

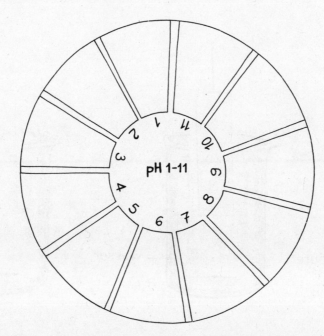

1. Male die Flächen entsprechend mit den Farben aus, wie sie im Schulbuch „Natur bewusst 8" dargestellt sind!

2. Ergänze den nachfolgenden Text mithilfe des Schulbuchtextes:

Der pH-Wert sagt aus, wie stark konzentriert eine wässrige Lösung mit Säure oder Lauge ist.

Wässrige Lösungen, deren pH-Wert kleiner als 7 ist, werden als .... bezeichnet.

Wässrige Lösungen, deren pH-Wert grösser als 7 ist, werden als .... bezeichnet.

Der pH-Wert von genau 7 entspricht dem von reinem .... Man sagt auch

Lösungen mit pH = 7 sind... .

Je niedriger der pH-Wert, desto stärker ist die ....

Je höher der pH-Wert, desto stärker ist die ....

© Westermann, Kopiervorlagen, Bestell-Nr. 3-14-**159878**-9

Bedeutung des pH-Wertes

Der pH-Wert hat auch im Alltag eine besondere Bedeutung.

pH-Wert des Bodens:
- Wachstum von Pflanzen
- Farbe von Blüten

pH-Wert im Körper:
- Magensaft
- Haut
- Stoffwechselvorgänge

Sauer wirkende Stoffe	pH-Wert
Neutral wirkende Stoffe	pH-Wert
Basisch wirkende Stoffe	pH-Wert

1. Ordne die folgenden Stoffe in die entsprechenden Spalten und gebe ebenfalls den pH-Wert an (kann dem Schulbuchtext entommen werden):
   Wasser, Zitronensäure, Blut, Meerwasser, Magensäure, Natronlauge, Speiseessig, Cola, Mineral-wasser, verdünnte Salzsäure, Batteriesäure, Seife

Name   Klasse   Datum

westermann®

Eigenschaften von Laugen

Drei charakteristische Eigenschaften von Laugen werden in den drei nachfolgend skizzierten Versuchen deutlich gemacht:

V1

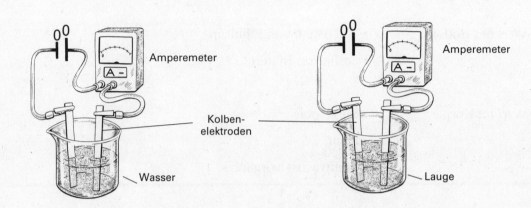

Beobach-
tung: ....

V2

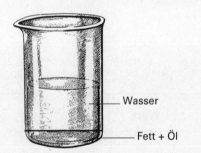
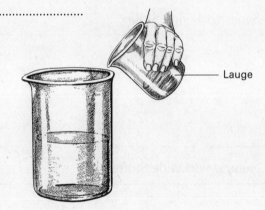

Beobachtung: ....

V3

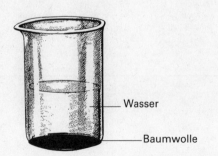
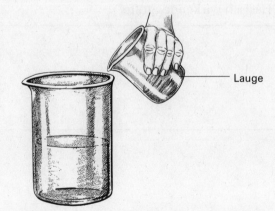

Beobachtung: ....

1. Fasse die drei in den Versuchen deutlich gemachten Eigenschaften von Laugen zusammen!

Name   Klasse   Datum

Seifen

Seifen lassen sich, wie bereits in V4 durchgeführt, aus Laugen herstellen. Die Seifen bestehen aus einem wasserlöslichen und einem wasserunlöslichen Teil.

Aufbau eines Seifenteilchen

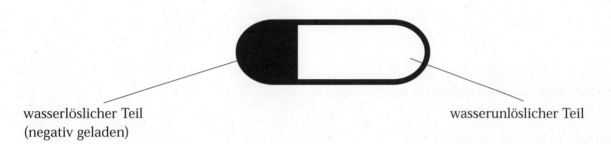

wasserlöslicher Teil
(negativ geladen)

wasserunlöslicher Teil

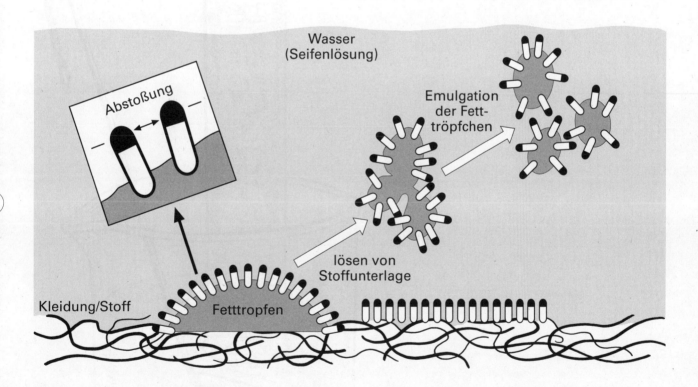

1. Wo liegt der pH-Wert von einer Seifenlösung? pH < 7 oder pH > 7?

Name   Klasse   Datum

Die Alkalimetalle

1. Welche 4 Metalle aus der nachfolgenden Reihe von Metallen gehören zur Gruppe der Alkalimetalle?

Kalium, Zink, Aluminium, Natrium, Eisen, Cäsium, Lithium, Calcium, Magnesium, Barium, Nickel, Zinn, Blei

.........................., ..., ..., ...

2. Welche drei Eigenschaften treffen für Alkalimetalle zu? Kreuze an.

☐ sind sehr reaktionsträge an der Luft

☐ weiche Metalle, man kann sie mit dem Messer durchschneiden

☐ reagiert überhaupt nicht mit Wasser

☐ reagiert sehr heftig mit Wasser

☐ überzieht sich an der Luft mit einer Oxidschicht

3. Versuch: Natrium in Wasser. Ergänze die leerstehenden Zeilen.

© Westermann, Kopiervorlagen, Bestell-Nr. 3-14-**159878**-9

Name   Klasse   Datum

Herstellung von Laugen

1. Wie werden Laugen hergestellt? Gib die Antwort mithilfe einer Wortgleichung!

....

....

....

....

2. Gib zwei Beispiele (Wortgleichung und Gleichung mit chemischen Zeichensymbolen) zur Darstellung von Laugen an!

....

....

....

....

3. Stelle die Kennkarte von NaOH her!

V3 Gewinnung von festem Natriumhydroxid aus Natronlauge

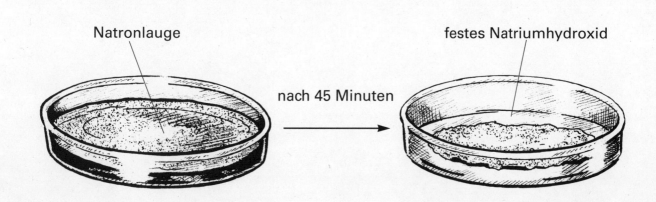

Natronlauge — nach 45 Minuten → festes Natriumhydroxid

Umweltproblem Schwefeldioxid

Schwefeldioxid-Ausstoß (Emission) in % in Deutschland (ohne ehemalige DDR)

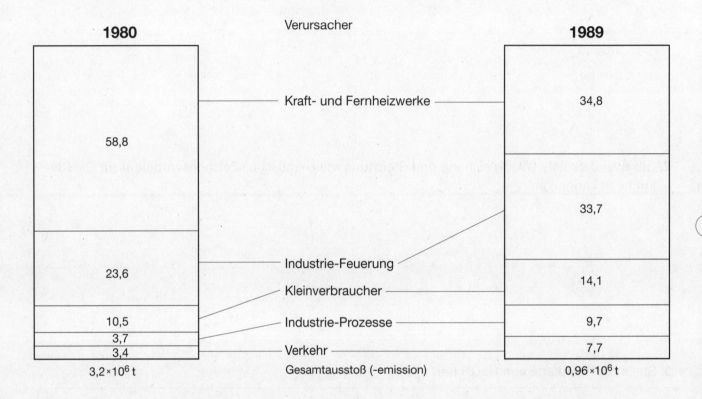

1980   Verursacher   **1989**

58,8	Kraft- und Fernheizwerke	34,8
		33,7
23,6	Industrie-Feuerung	
	Kleinverbraucher	14,1
10,5	Industrie-Prozesse	9,7
3,7		
3,4	Verkehr	7,7

3,2×10⁶ t   Gesamtausstoß (-emission)   0,96×10⁶ t

In der Zeit von 1980 - 1989 nahm die Gesamtemission um 70 %, die durch Kraft- und Fernheizwerke verursachten Emissionen um 83 %, die energiebedingten Emissionen der Industrie um 57 % ab.

Die Pro-Kopf Emission in der DDR war mit 320 - 330 kg/Jahr weltweit die höchste. 1988 war diese in der alten Bundesrepublik Deutschland 20 kg/Jahr.

Umweltproblem Stickoxide

Entstehung von Stickoxiden: Sie entstehen als Nebenprodukt bei Verbrennungs-Prozessen z.B. in Kfz-Motoren. Der Luftstickstoff reagiert mit Luftsauerstoff bei hohen Temperaturen zu Stickstoffmonoxid (NO).

Verursacher der NO-Emissionen in Deutschland in %

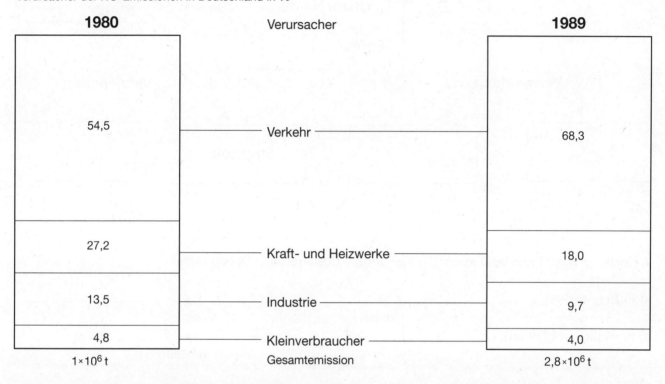

1980	Verursacher	1989
54,5	Verkehr	68,3
27,2	Kraft- und Heizwerke	18,0
13,5	Industrie	9,7
4,8	Kleinverbraucher	4,0
1×10^6 t	Gesamtemission	$2,8 \times 10^6$ t

Die Stickoxide reagieren mit Wasser zur Salpetersäure und tragen damit ihren Anteil zum sauren Regen bei.

Kochsalz ist ein wichtiger Rohstoff

1. Kochsalz findet vielfältige Verwendung. Ergänze die Darstellung mithilfe von Begriffen aus deinem Buch „Natur bewusst 8" S.134–136.

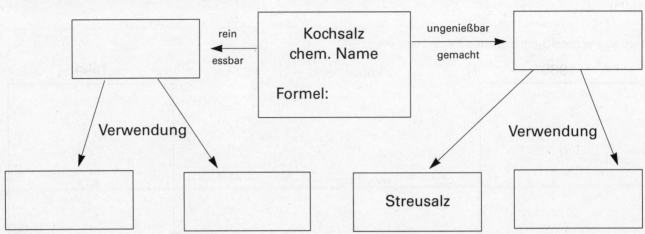

2. Kochsalz wird heute auf zwei Arten gewonnen. Beschreibe in Stichpunkten.

a) in Bergwerken: .... → .... → ....
                                           lösen   sieden

b) in südlichen Ländern: .... → .... → ....
                                                                                          verdunsten

3. Rätsel zum Thema Salz. Die gesuchten Begriffe findest du im Buchtext. Die zehn gekennzeichneten Buchstaben ergeben ein Lösungswort.

frühere Bezeichnung für Salz:

Name für die Transportstrecken:

So nennt es der Chemiker:

Blutersatzstoff in Notfällen:

zu viel Salz schädigt es:

Auf drei Arten scheidet der
Mensch Salz aus:

Lösungswort:

Eigenschaften von Salzen

1. Fülle nach den Ergebnissen von Versuch 5 oder nach dem Text aus deinem Buch „Natur bewusst 8"
S.140 folgende Tabelle aus. Welche der im Buch genannten Salze können mittels Flammenfärbung
nachgewiesen werden?

Metall	Flammenfärbung	nachweisbare Salze
Natrium		
Calcium		
Kupfer		

2. Finde Gemeinsamkeiten für die Stoffgruppe der Salze.

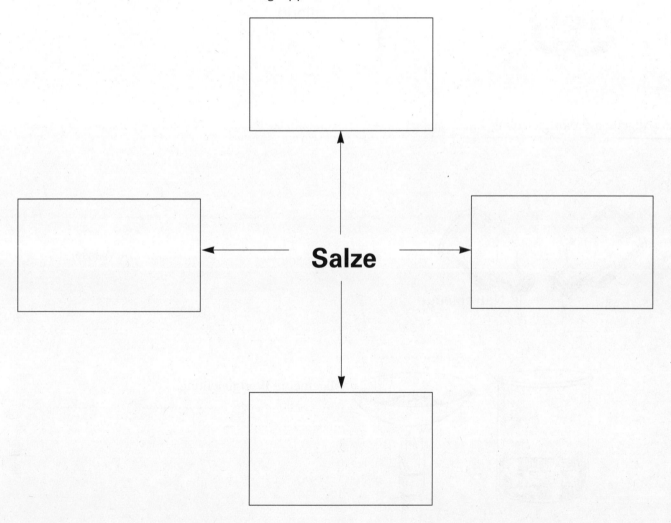

Salze

Wie Salze hergestellt werden können I

1. Salze können auf verschiedene Arten gebildet werden. Beschrifte die Skizzen. Ergänze die Wortgleichungen und formuliere die allgemeine Wortgleichung dazu.

Allgemeine Wortgleichung

a) .... + Salzsäure → .... + ...
Wasserstoff

b) weiteres Beispiel

Zink   + ... → .... + ...
Wasserstoff

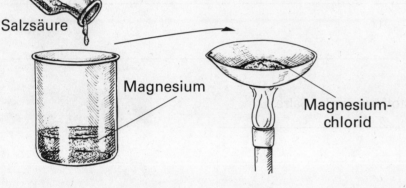

Salzsäure

Magnesium

Magnesium-chlorid

Allgemeine Wortgleichung: .... + ... → .... + ...

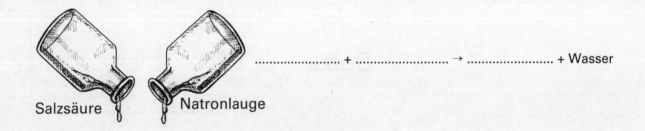

Salzsäure   Natronlauge

.... + ... → .... + Wasser

Allgemeine Wortgleichung:
.... + ... → .... +
....

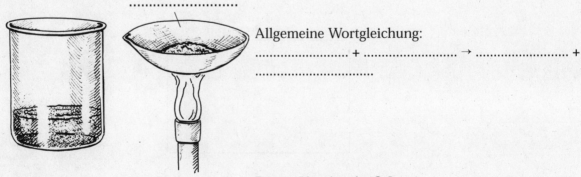

Dieser Vorgang heißt? ....

© Westermann, Kopiervorlagen, Bestell-Nr. 3-14-**159878**-9

westermann ®   Name   Klasse   Datum

Wie Salze hergestellt werden können II

1. Salze könne auf verschiedene Arten gebildet werden. Beschrifte die Skizzen. Ergänze die Wortglei-chungen und formuliere die allgemeine Wortgleichung dazu. Ergänze den Lückentext.

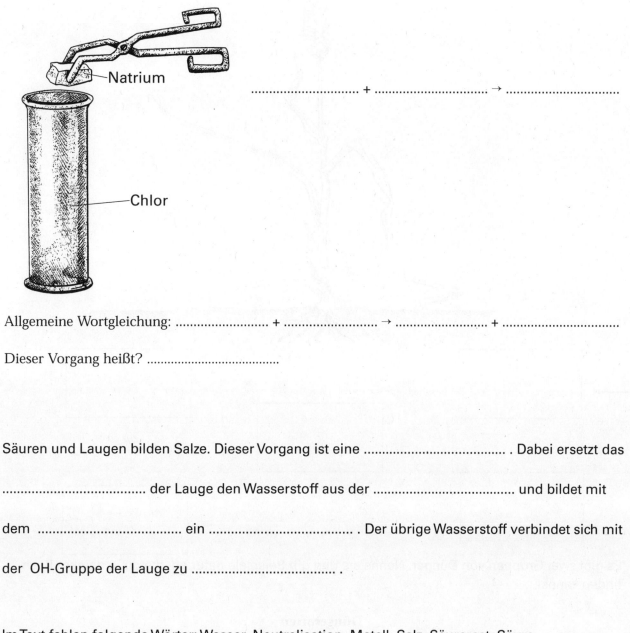

.... + ... → ....

Allgemeine Wortgleichung: .... + ... → .... + ...

Dieser Vorgang heißt? ....

Säuren und Laugen bilden Salze. Dieser Vorgang ist eine .... Dabei ersetzt das

.... der Lauge den Wasserstoff aus der .... und bildet mit

dem .... ein .... Der übrige Wasserstoff verbindet sich mit

der OH-Gruppe der Lauge zu ....

Im Text fehlen folgende Wörter: Wasser, Neutralisation, Metall, Salz, Säurerest, Säure.

Name   Klasse   Datum

westermann®

Verwendung von Salzen I

1. Trage in die Kästchen die Stoffe ein, die Pflanzen zum Wachstum brauchen.

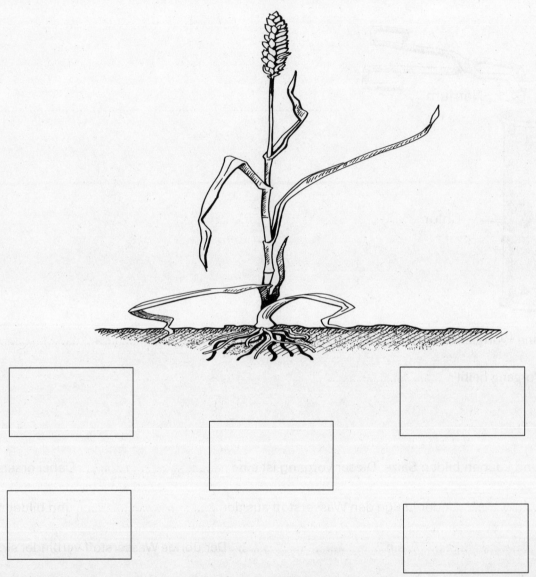

2. Es gibt zwei Gruppen von Dünger. Nenne sie und gib Beispiele dafür an, die du in deinem Buch finden kannst.

Düngerarten

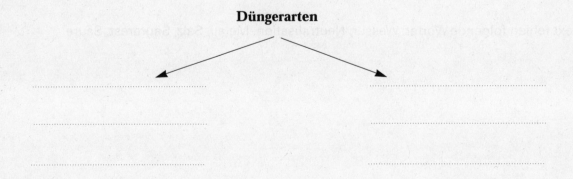

Verwendung von Salzen II

3. Neben der unbestrittenen Notwendigkeit einer Düngung mit Salzen besteht die Gefahr der Überdüngung. Erkläre den Begriff und gib mögliche Folgen an.

Überdüngung ....

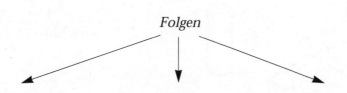

Folgen

4. Streusalze haben erwünschte und unerwünschte Auswirkungen. Gib diese jeweils an.

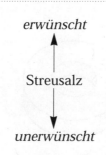

erwünscht

Streusalz

unerwünscht

....

....

....

....

5. Zähle einige im Buch genannte Stoffe auf, die man anstatt Streusalz einsetzen kann.

....

a) ....   b) ....

c) ....   d) ....

Name   Klasse   Datum

westermann®

Wirkungen von Magneten

1. Nenne die Magnetformen

2. Kennzeichne jeweils die Stellen mit der größten Kraftwirkung.

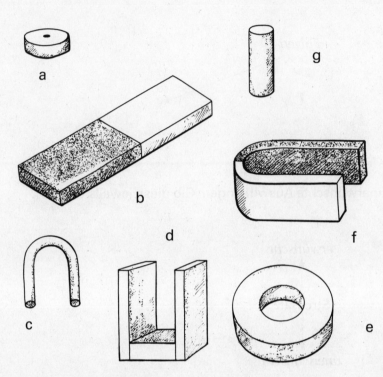
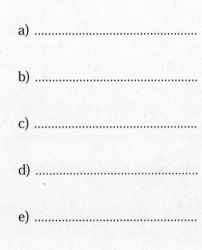

a) ....

b) ....

c) ....

d) ....

e) ....

f) ....

g) ....

3. Gib Beispiele für die Verwendung von Magneten an.

....

....

....

....

4. Was sind magnetische Stoffe?

....

....

....

....

© Westermann, Kopiervorlagen, Bestell-Nr. 3-14-**159878**-9

Wechselwirkungen von Magneten

1. Prüfe mit einem Magneten, welche Gegenstände angezogen werden. Notiere in der Tabelle auch, aus welchem Material der Gegenstand hergestellt ist.

Gegenstand	Material	Wird angezogen (+) Wird nicht angezogen (-)

2. Formuliere das Ergebnis in einem Merksatz.

....

....

3. Ergänze, wie sich zwei Magnete verhalten, die zueinander gehalten werden. Zeichne Pfeile ein.

Gleichnamige Pole ....

Ungleichnamige Pole ....

4. Liegt ein Magnet oder ein Stück Eisen auf den Rollen? Wie kannst du das herausfinden?

....

....

....

....

Name   Klasse   Datum

Magnet Erde

1. Ein Stabmagnet ist frei beweglich aufgehängt. In welche Himmelsrichtungen richtet er sich aus?

2. Das grüne Ende zeigt nach links. Ergänze die Himmelsrichtungen in der Zeichnung.

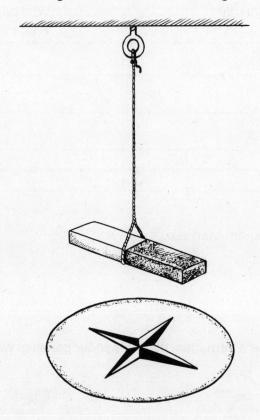

3. Beschrifte die Zeichnung der Erde. Benutze folgende Begriffe:

Südpol, Nordpol, Äquator, Erdachse, magnetischer Nordpol, magnetischer Südpol

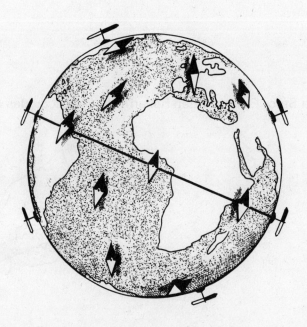

Elementarmagnete

1. Ein magnetischer Draht wird mehrfach geteilt. Kennzeichne die Pole mit den Farben rot und grün.

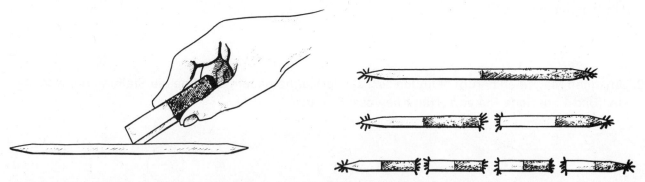

2. Das Bild zeigt ein Modell der Elementarmagnete. Ergänze die Zeichnungen. Verwende folgende Begriffe: magnetisch, unmagnetisch, ungeordnet, geordnet, Elementarmagnet, Nordpol, Südpol.

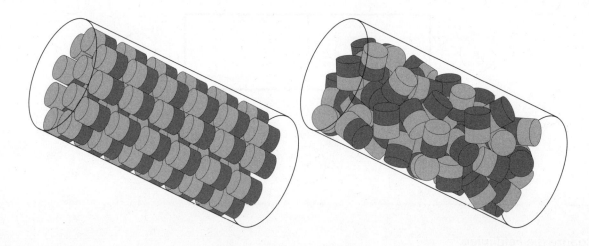

3. Wie kannst du einen Draht magnetisch machen?

....

....

....

....

4. Wie wird der Draht wieder unmagnetisch?

....

....

....

....

....

Name   Klasse   Datum

westermann®

Feldlinienbilder

1. Ein Magnet wirkt schon von einem bestimmten Abstand an. Wie nennt man diesen Bereich um den Magneten herum?

....

2. Um einen Magneten herum befinden sich kleine Magnetnadeln. Zeichne die Stellung der Nadeln ein. (Bild 1 auf Seite 154 von „Natur bewusst 8" hilft)

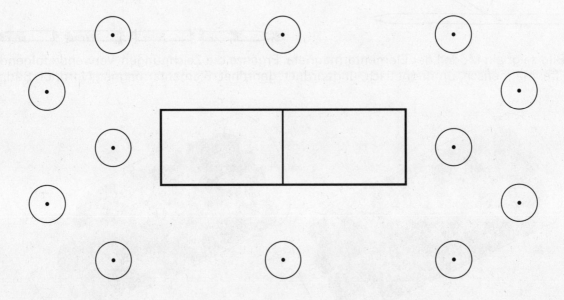

3. Ergänze die Feldlinien.

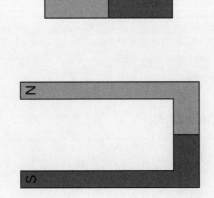

OERSTEDTs Versuch

1. Baue den Versuch nach der Zeichnung auf.

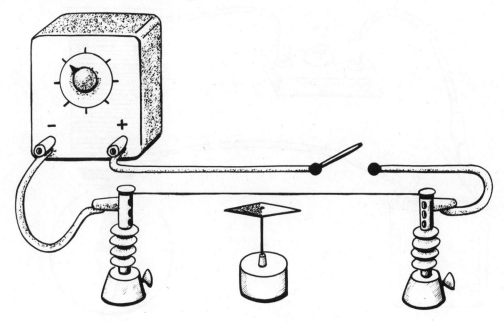

2. Führe die Aufgaben durch und trage in die Tabelle deine Beobachtungen ein.

Aufgabe	Beobachtung
Stelle eine Spannung von 10 V ein. Schließe für einige Sekunden den Schalter.	
Öffne den Schalter.	
Vertausche die Anschlüsse am Netzgerät und schalte den Strom wieder ein.	
Verringere die Stromstärke mit dem Drehkopf des Netzgerätes. Schalte das Netzgerät aus.	

3. Formuliere das Ergebnis.

....

....

Name   Klasse   Datum

westermann®

Der Elektromagnet

1. Baue den Versuch mithilfe der Zeichnung auf.

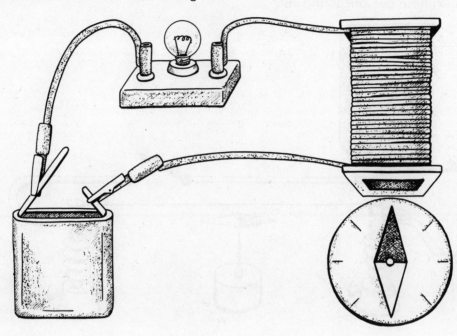

2. Führe die Aufgaben aus und trage in die Tabelle deine Beobachtungen ein.

Aufgabe	Beobachtung
Stelle die Kompassnadel vor die vordere Spulenöffnung.	
Stelle die Kompassnadel an die hintere Spulenöffnung.	
Pole die Stromrichtung um, indem du die Anschlüsse an der Batterie vertauscht. Die Kompassnadel bleibt an der hinteren Spulenöffnung.	
Stelle die Kompassnadel vor die vordere Spulenöffnung.	
Lege einen Eisenkern in die Spule und beobachte die Magnetnadel.	

Spulen als Elektromagnet

1. Ergänze die Zeichnung zu einem Elektromagneten.

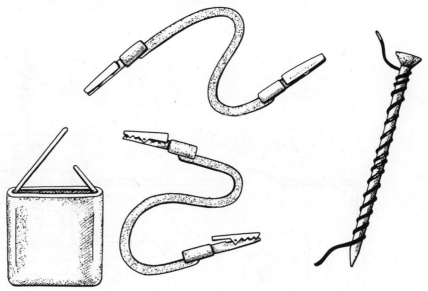

2. Vergleiche einen Dauermagneten mit einem Elektromagneten. Trage die Gemeinsamkeiten und die Unterschiede in die Tabelle ein.

Gemeinsamkeiten	Unterschiede

Der elektrische Gong

1. Ordne die Zahlen an der Zeichnung den unten stehenden Begriffen zu.

○ Klingelknopf

○ Spannungsquelle

○ Spule

○ Elektromagnet

○ Eisenkern

○ Feder

○ Metallplatte

○ Metallplatte

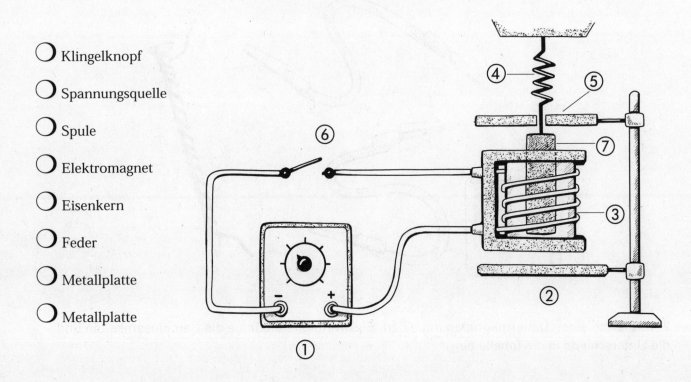

2. Zeichne den Stromkreis in der Zeichnung farbig ein.

3. Ergänze den Lückentext.

Wenn der .... gedrückt wird, ist der Stromkreis geschlossen. Die .... wird

zu einem .... Dadurch wird ein Eisenkern in die .... hineingezogen und

trifft mit seinem Ende gegen eine .... Es ertönt ein „Ding". Nach dem Loslassen des

.... ist der Stromkreis .... Es fließt kein Strom. Die Spule verliert ihre

.... Der Eisenkern wird durch eine .... zurückgezogen und trifft mit sei-

nem anderen Ende gegen eine zweite .... Es ertönt ein „Dong".

Name   Klasse   Datum

Die elektrische Klingel

1. Ordne die Zahlen an der Zeichnung
den unten stehenden Begriffen zu.

○ Klingelknopf

○ Klingelschale

○ Klöppel

○ Kontaktstift

○ Blattfeder

○ Spule

○ Spannungswelle

○ Elektromagnet

○ Anschlussschrauben

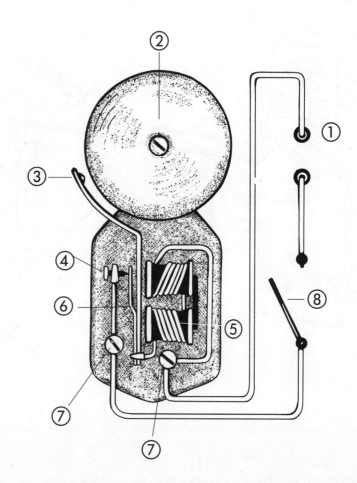

2. Zeichne den Stromkreis farbig ein,
wenn der Klingelknopf gedrückt ist.

3. Ergänze den Lückentext.

Wird mit dem .... der Stromkreis geschlossen, fließt der Strom durch die

.... Die Spule wird zu einem .... Sie zieht die .... mit

dem Klöppel an, der dann gegen die .... schlägt. Dabei wird der Stromkreis am

.... unterbrochen. Die Spule verliert ihre .... und die Blattfeder mit dem

Klöppel kehrt in die Ausgangsstellung zurück. Dadurch schließt sich der Stromkreis automatisch. Der

Strom fließt wieder durch die Spule. Solange der .... gedrückt ist, wiederholt sich der

Vorgang selbsttätig.

© Westermann, Kopiervorlagen, Bestell-Nr. 3-14-159878-9

Name   Klasse   Datum

westermann®

K119

Das Relais I

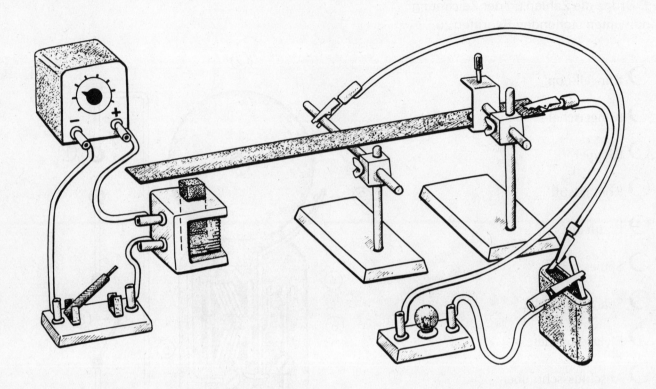

1. Zeichne in der Zeichnung den Steuerstromkreis mit „rot" ein.

2. Zeichne den Arbeitsstromkreis mit „blau" ein.

3. Ergänze den Lückentext.

Wird der Schalter im .... geschlossen, fließt ein elektrischer Strom durch die Spule. Sie

wird zu einem .... Der Elektromagnet zieht eine Blattfeder an, die den

.... schließt. Die Lampe leuchtet. Wird der Schalter im Steuerstromkreis

.... , kehrt die Feder in die Ausgangsstellung zurück. Der Stromkreis mit der Lampe ist

.... Die Lampe ....

© Westermann, Kopiervorlagen, Bestell-Nr. 3-14-**159878**-9

Name   Klasse   Datum

Das Relais II

Schaltzeichnung	Arbeitsweise des Relais
a) Das Relais schaltet ein.	Der Schalter im Steuerstromkreis wird geschlossen.

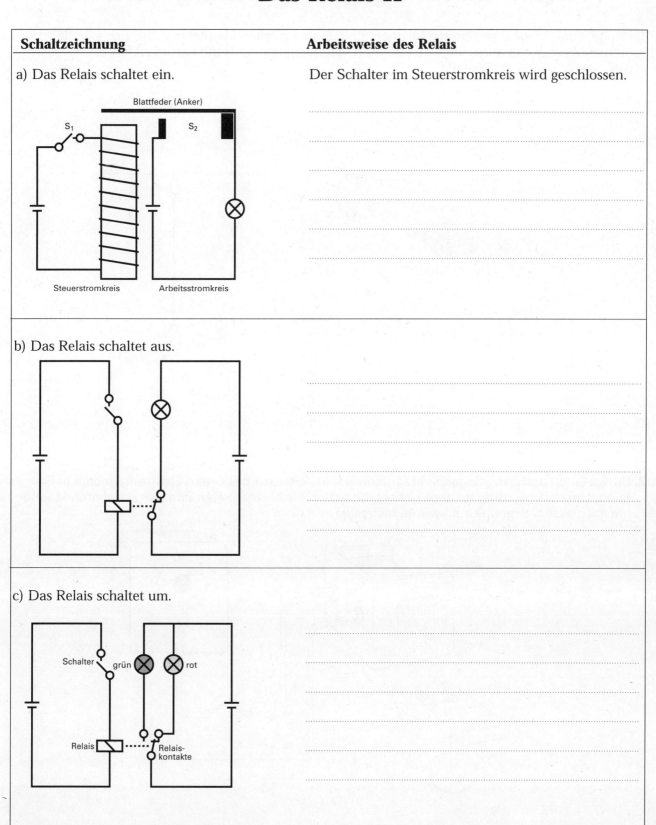

1. Zeichne in den drei Zeichnungen jeweils den Steuerstromkreis mit „rot", den Arbeitsstromkreis mit „blau" ein.
2. Schreibe in die rechte Spalte der Tabelle die Arbeitsweise des Relais.

Name   Klasse   Datum

westermann®

Versuch: Einen Magneten in Drehung versetzen

1. Bringe einen drehbar gelagerten Magneten mit einem zweiten Magneten dazu, sich ständig zu drehen. Versuche es auch, ohne den zweiten Magneten mit der Hand herum zu führen. Beschreibe, wie dir das gelingt.

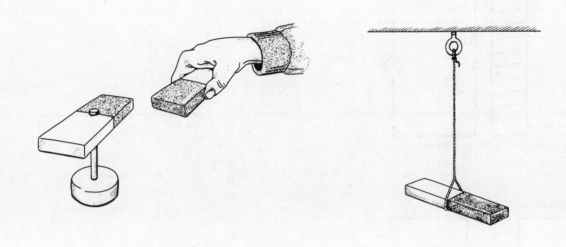

....

....

....

2. Bringe einen drehbar gelagerten Magneten wie in Versuch 1 mit einem Elektromagneten in Drehung. Untersuche, ob es dir auch gelingt, ohne den Elektromagneten und den drehbaren Magneten anzufassen. Schreibe auf, was du feststellst.

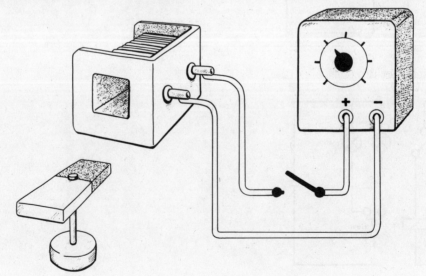

....

....

....

© Westermann, Kopiervorlagen, Bestell-Nr. 3-14-**159878**-9

westermann®   Name   Klasse   Datum

Gleichstrommotor I

1. Beschrifte die Zeichnung. Benutze die folgenden Begriffe:
Spule, Hufeisenmagnet, Pluspol der Spannungsquelle, Minuspol der Spannungsquelle,
Polwender, Nordpol des Magneten, Südpol des Magneten, Schleifkontakt.

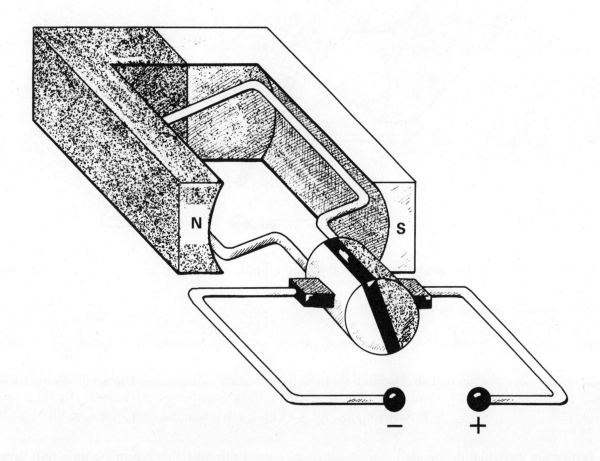

2. Welche Aufgabe hat der Polwender? Schreibe auf.

....

....

....

....

Gleichstrommotor II

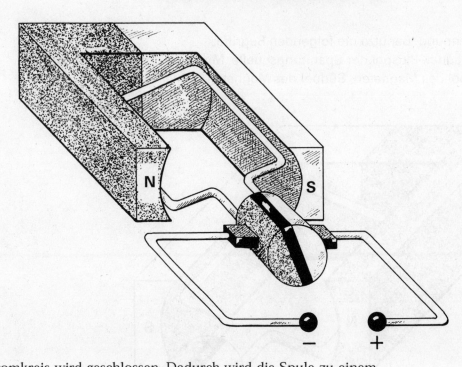

Der Stromkreis wird geschlossen. Dadurch wird die Spule zu einem .... Sie hat dann

einen .... und einen ....

Wenn sich der Nordpol des Hufeisenmagneten und der Nordpol der Spule gegenüberstehen,

.... sie sich ab. Dadurch dreht sich die .... Die Spule dreht sich so weit,

bis sich .... Pole der Spule und des Magneten gegenüber stehen. Die Schleifkontakte lie-

gen genau zwischen den beiden .... des Polwenders. Die Spule würde nun stehenblei-

ben.

Wenn sich die Spule weiter drehen soll, muss sie ein wenig Schwung haben. Gleichzeitig wird die Strom-

richtung durch den .... umgetauscht. Dadurch wird aus dem Nordpol der Spule ein

.................................., und aus dem .... der Spule ein Nordpol. Es stehen dann wieder

.... Pole gegenüber, die sich abstoßen. Die Drehung geht weiter. Nach jeder

.... Drehung wird umgepolt.

1. Ergänze den Lückentext. Nutze dabei die folgenden Begriffe:
   Elektromagnet, gleichnamige, halben, Halbringen, Nordpol, Polwender, stoßen, Spule, Südpol,
   Südpol, Südpol, ungleichnamige.

© Westermann, Kopiervorlagen, Bestell-Nr. 3-14-**159878**-9

Induktionsspannung I

1. Beschreibe den Aufbau eines Fahrraddynamos und benenne die einzelnen Bestandteile.

2. Welche Bedeutung hat der Fahrraddynamo im Fahrradstromkreis?

Induktionsspannung II

1. Mit einer Spule und einem Magneten eine Spannung erzeugen:

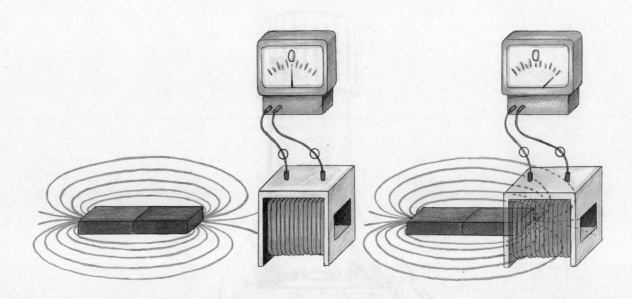

2. Ergänze die Beobachtungen:

Bewegt man den Stabmagneten in die Spule hinein, so schlägt der Zeiger des Spannungsmessers

nach .... aus, zieht man den Stabmagneten wieder heraus, so schlägt

der Zeiger nach... aus.

Bleibt der Magnet in der Spule liegen, so zeigt der Zeiger .... Spannung

an.

Bewegt man die Spule auf den Magneten zu, so schlägt der Zeiger nach

.... aus, bewegt man die Spule vom Magneten wieder weg, so schlägt

der Zeiger nach .... aus.

3. Formuliere einen Ergebnissatz

....

....

© Westermann, Kopiervorlagen, Bestell-Nr. 3-14-**159878**-9

Name   Klasse   Datum

Wovon hängt die Induktionsspannung ab?

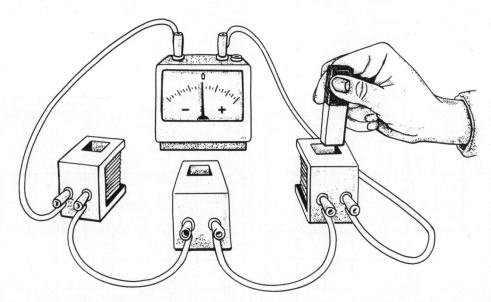

1. Schalte drei Spulen mit unterschiedlichen Windungszahlen wie in der Zeichnung als Reihenschaltung an ein Spannungsmessgerät.

Erprobe mehrere Möglichkeiten, eine hohe Spannung zu erreichen.

• Wähle eine Spule aus und bewege einen Magneten unterschiedlich schnell in die Spule.

• Nimm unterschiedlich starke Magnete.

• Bewege einen Magneten mit gleicher Geschwindigkeit nacheinander jeweils in die einzelnen Spulen.

• Trage deine Messergebnisse in die Tabelle ein.

	Spule mit _____ Windungen	Spule mit _____ Windungen	Spule mit _____ Windungen
Bewegung des Magneten	Zeigerausschlag in Skalenteilen	Zeigerausschlag in Skalenteilen	Zeigerausschlag in Skalenteilen
schwacher Magnet langsam hinein			
schwacher Magnet schnell hinein			
starker Magnet langsam hinein			
starker Magnet schnell hinein			

Vergleiche die Messergebnisse und formuliere das Egebnis.

....

....

....

Name   Klasse   Datum

K127

Wechselspannung und Wechselstrom

1. Zeichne den Spannungsverlauf ein
a) Wechselstrom   b) Geichstrom

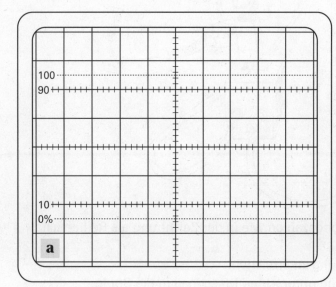
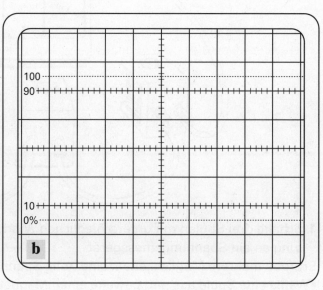

2. Markiere mit einem farbigen Stift eine Schwingung.

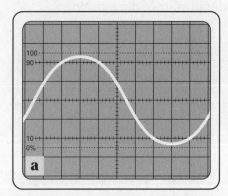
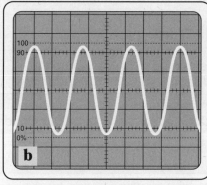
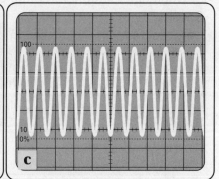

3. Markiere die Anzahl der Schwingungen in einer Sekunde. Gib die Frequenz an.

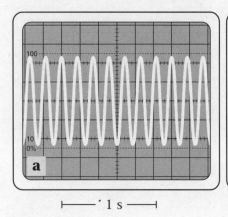
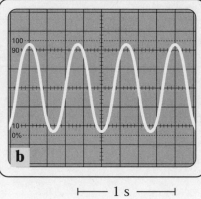
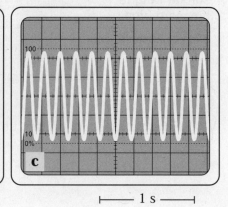

├─── 1 s ───┤   ├─── 1 s ───┤   ├─── 1 s ───┤

© Westermann, Kopiervorlagen, Bestell-Nr. 3-14-**159878**-9

westermann®

Name   Klasse   Datum

Der Generator

1. Beschrifte die Zeichnung. Benutze folgende Begriffe:
   Nordpol der Spule, Südpol der Spule, Schleifkontakt, Spule, Spannungsmessgerät, Kurbel, Minuspol des Messgerätes, Pluspol des Messgerätes.

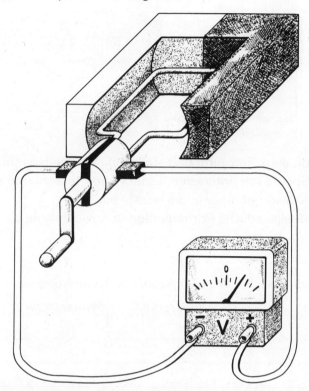

2. Welche Aufgabe haben die beiden Schleifkontakte?

....

....

....

3. Wie kann die Spule in einem Generator in Bewegung gesetzt werden?

....

....

....

Name   Klasse   Datum

westermann®

Spannungen werden transformiert

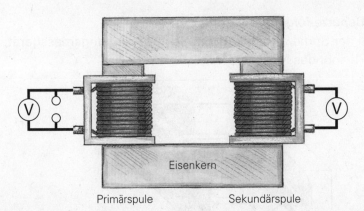

Eisenkern

Primärspule   Sekundärspule

1. Verbinde die Primärspule mit dem Netzgerät und stelle eine Wechselspannung von 6 V ein. Verwende als Sekundärspule Spulen mit unterschiedlicher Windungszahl und miss jeweils die Sekundärspannung. Trage deine Messergebnisse in die Tabelle ein.
Verwende anschließend unterschiedliche Primärspulen und wiederhole die Messungen bei gleicher Sekundärspule.

	Windungszahl der Primärspule	Windungszahl der Sekundärspule	Spannung der Primärspule	Spannung der Sekundärspule
1				
2				
3				
4				
5				
6				

2. Bilde für jedes Messergebnis den Quotienten aus den Windungszahlen und den entsprechenden Spannungen.

	$\dfrac{\text{Windungszahl der Primärspule}}{\text{Windungszahl der Sekundärspule}}$	$\dfrac{\text{Spannung der Primärspule}}{\text{Spannung der Sekundärspule}}$
1		
2		
3		
4		
5		
6		

3. Formuliere zwei Merksätze.

....

....

Stromstärken werden gewandelt

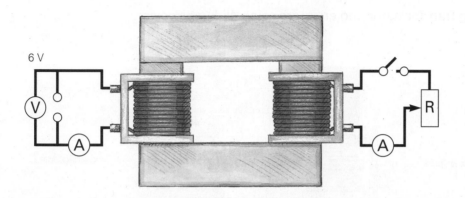

1. Baue einen Transformator mit unterschiedlichen Spulen auf. Schließe jeweis an die Sekundärspule einen einstellbaren Widerstand an (z.B. 100 Ω). Miss bei gleicher Spannung (z.B. 6 V) die Stromstärken in beiden Stromkreisen. Trage deine Messergebnisse in die Tabelle ein.

	Windungszahl der Primärspule	Windungszahl der Sekundärspule	Spannung der Primärspule	Spannung der Sekundärspule
1				
2				
3				
4				
5				
6				

2. Bilde für jedes Messergebnis den Quotienten aus den Windungszahlen und den entsprechenden Spannungen.

	$\dfrac{\text{Windungszahl der Primärspule}}{\text{Windungszahl der Sekundärspule}}$	$\dfrac{\text{Spannung der Primärspule}}{\text{Spannung der Sekundärspule}}$
1		
2		
3		
4		
5		
6		

3. Formuliere zwei Merksätze.

....

....

....

Name   Klasse   Datum

westermann®

Der Transformator

1. Beschrifte den Transformator und erläutere seine Wirkungsweise:

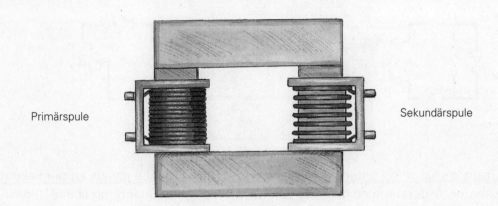

Primärspule   Sekundärspule

....

....

....

2. a) Formuliere die Gesetze für die Spannungen und Stromstärken beim Transformator:

....

....

....

b) Berechne die fehlenden Größen, wenn der Transformator bei den Spannungsangaben
unbelastet, bei den Stromstärkeangaben belastet sein soll:

N_p	N_s	U_p in V	U_s in V	Ip in A	I_s in A
2000	50	100	....	0,2	....
500	....	100	5	....	5
200	....	40	2000	2	....
....	250	400	100	....	0,5

© Westermann, Kopiervorlagen, Bestell-Nr. 3-14-**159878**-9

Generator – Transformator – Motor I

1. Schneide die Bildkarten von Kopiervorlage 133 und die Textkarten auf dieser Seite aus.
2. Beschrifte je eine DIN A 4 Seite mit den Überschriften Generator - Transformator - Motor.
3. Ordne die einzelnen Bilder und Texte den jeweiligen Überschriften zu.
4. Ergänze sie durch weitere Beispiele.

Strömendes Wassser setzt Turbinen in eine Drehbewegung.	Wassserdampf setzt Turbinen in eine Drehbewegung.	Wind setzt Windräder in eine Drehbewe-gung.

In der näheren Umgebung der Wohnungen werden die Hochspannungen auf 400 V oder 230 V herabtransformiert.

Umspannwerke transformieren die Spannung auf 20 000 V (20 kV) herab.

Für die Übertragung der elektrischen Energie über größere Entfernungen muss die Stromstärke mög-lichst klein sein, damit sich die Leitungen nicht zu sehr erwärmen. Deshalb werden die Stromstärken herab-transformiert und gleichzeitig die Spannungen auf 110 000 V (110 kV) oder 380 000 V (380 kV) herauf-transformiert.

Die angeschlossenen Generatoren erzeugen Spannungen von einigen tausend Volt.

Elektromotoren kön-nen durch den elek-trischen Strom in Bewegung gesetzt werden.

Generator – Transformator – Motor II

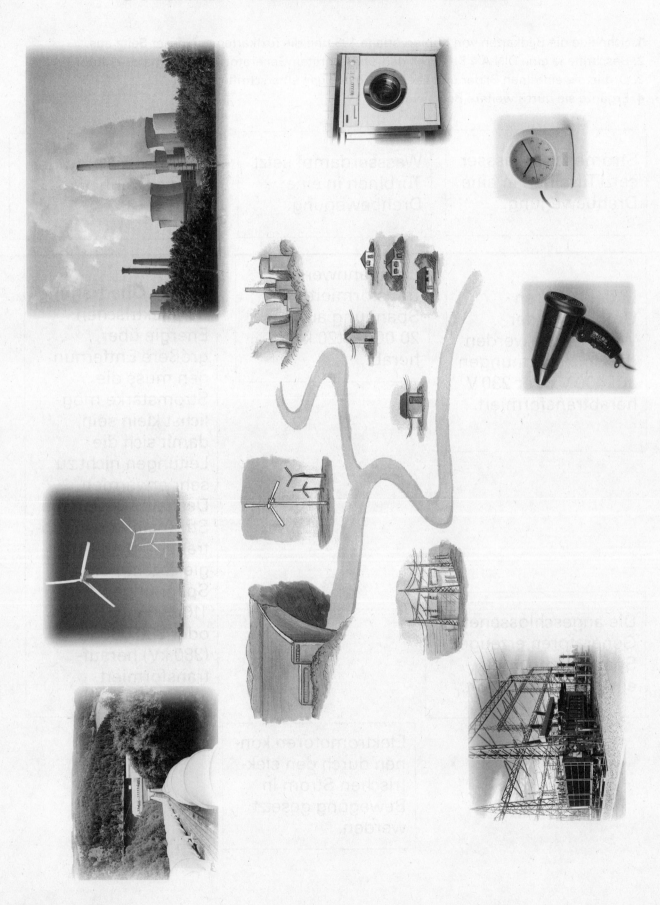

Leistung im Treppensteigen

1. Bestimmt mit einem Partner eure Leistungen im Treppensteigen, indem ihr die fehlenden Größen-
angaben ermittelt.

Name	Sandra	
Körpergewicht	42 kg	
Gewichtskraft	420 N	
Treppenhöhe	6 m	
Hubarbeit	420 N • 6 m = 2520 Nm	
Zeit zum Laufen	9 s	
Leistung	2520 Nm : 9 s m = 280W	

2. Ergänze folgende Sätze:

Auf einen Körper der Masse 1 kg wirkt die Gewichtskraft von ca. .... Ein Körper

mit der Masse .... erfährt dann die Gewichtskraft von ca. 450 N. Um die Arbeit W

zu berechnen, muss man die .... in Wegrichtung mit dem ....

multiplizieren. Für die Hubarbeit rechnet man ....

Bei der Berechnung der mechanischen Leistung P muss man sowohl die .... als

auch die .... beachten: Beim Treppensteigen hat derjenige die größere Leistung

vollbracht, der bei gleicher Hubarbeit die Treppe in .... Zeit aufsteigt oder für eine

größere Hubarbeit die ....Zeit für den Aufstieg benötigt. Man kann aber auch ein-

fach den Quotienten bilden: P = ... Die mechanische Leistung hat die Einhei-

ten: ....

Name   Klasse   Datum

K135

Tauchsieder im Leistungsvergleich

1. Für den Versuch benötigst du ein Becherglas mit einem Liter Wasser, eine Stoppuhr und verschiedene Tauchsieder. Erwärme dann mit einem Tauchsieder jeweils einen Liter Wasser. Lies dazu die Leistung P des benutzten Tauchsieders ab und miss die Zeit, bis das Wasser siedet.

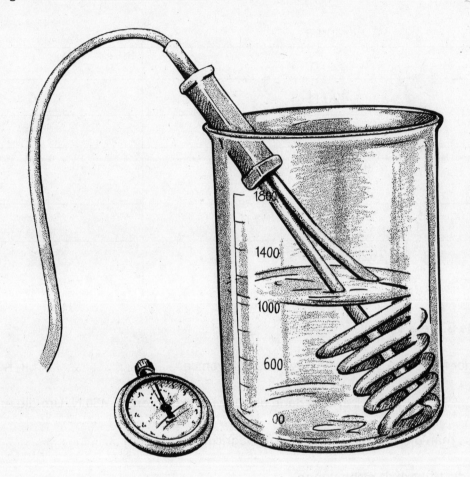

2. Trage Deine Messwerte in die Tabelle ein.

Leistung P der Tauchsieder			
Zeit t, bis das Wasser siedet			

3. Formuliere ein Ergebnis.

Ergebnis: ....

....

....

Name   Klasse   Datum

Die elektrische Leistung eines Motors

1. Baue den Versuch wie in der Abbildung auf:

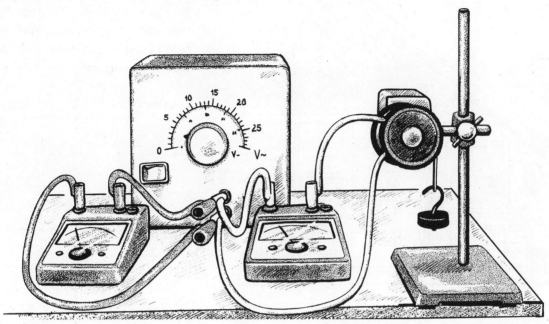

Achte darauf, dass du die Messbereiche am Amperemeter bzw. Voltmeter geeignet wählst. Lies die Messwerte ab, wenn der Motor das Gewichtsstück nach oben transportiert. Berechne die elektrische Leistung des Motors. Berechne die mechanische Leistung, indem du die Hubarbeit, die am Wäge-stück verrichtet wird, durch die benötigte Zeit teilst.

Trage die Messwerte in die Tabelle ein:

Spannung U (in V)	Stromstärke I (in A)	Elektrische Leistung P (in W)	Hubarbeit W (in Nm)	Zeit (in s)	mechanische Leistung P (in W)
1.					
2.					
3.					
4.					

Ergebnisse:

....

....

....

Name   Klasse   Datum

westermann®

Elektrische Energie zu Hause

1. Notiere alle Geräte, die elektrische Energie benötigen. Ergänze die Elektrogeräte, die sich zusätzlich in eurem Haushalt befinden. Ergänze die Leistungsangabe.

Gerät	Leistung

© Westermann, Kopiervorlagen, Bestell-Nr. 3-14-**159878**-9

Elektrische Energie in der Schule

1. Notiere alle Geräte, die elektrische Energie benötigen. Ergänze die Elektrogeräte, die sich zusätzlich in eurer Schule befinden. Ergänze soweit möglich, die Leistungsangabe.

Gerät	Leistung

Name   Klasse   Datum

westermann®

Leistung und Energie I

1. Fertige eine Aufstellung an, wie lange du an einem Tage jeweils Elektrogeräte nutzt.

2. Gib auch die Leistung der Geräte an.

3. Berechne, wie viel Energie die Geräte jeweils benötigen.

Datum:

Eletrogerät	Leistung in W	Betriebszeit in h	Energie = Leistung Zeit in Wh

4. Wie hoch ist die gesamte elektrische Energie, die du an diesem Tag benötigst?

....

westermann®   Name   Klasse   Datum

Leistung und Energie II

1. Ergänze:

Die elektrische Energie W lässt sich aus der elektrischen Leistung P und der Zeit t berechnen. Es gilt:

Elektrische Energie = ...

Mit den Formelzeichen: ....= .... Die Einheit der elektri-

schen Energie lautet: ....

Da für die elektrische Leistung gilt: P = ... , kann man die elektrische Energie

auch berechnen als das Produkt aus der .... , der ....

und der .... : .... = ... Als Einheit

ergibt sich dann auch: .... = ...

Da die Einheit .... sehr klein ist, gibt man die elektrische Energie auch in der

Einheit   an.

1 kWh = ... = ...

2. Berechne die elektrische Energie. Gib das Ergebnis in Ws und kWh an. Berechne auch die Kosten für den Betrieb, falls eine Kilowattstunde ungefähr 0,30 DM kostet.

Gerät	Leistung P	Betriebszeit t	Energie W in Ws	Energie W in kWh	Kosten in DM
Fernsehgerät	60 W	4 h			
Radio	30 W	12 h			
Heizlüfter	2200 W	8 h			

Name   Klasse   Datum

Elektrische Energie mit dem Zähler bestimmen

1. In jedem Haus befindet sich ein elektrischer Zähler. Er ist an die Hauptleitung, die vom Elektrizitätswerk kommt, angeschlossen. Benenne die einzelnen Bestandteile und erläutere, was sie angeben:

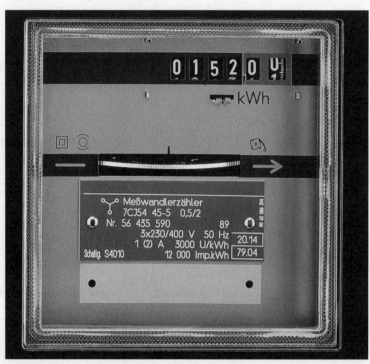

2. Ein Elektrizitätszähler hat den Wert 3000 U/kWh. Du schließt eine 100 Watt Glühlampe für 5 Minuten an den Zähler an.

a) Welche Energie wird benötigt?

Die Glühlampe benötigt für 5 min eine Energie von ....

b) Wie viele Umdrehungen macht die Zählerscheibe?

x U entsprechen 0,0083 kWh

3000 U entsprechen 1 kWh

....

....

Die Zählerscheibe dreht sich ....

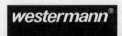

Elektrische Energie mit dem Zähler bestimmen

c) Wie lange dauert eine Umdrehung?

x min entsprechen 1 U

5 min entsprechen 25 U

....

....

Eine Umdrehung der Zählerscheibe dauert ....

3. So kann man z.B. mithilfe eines Elektrizitätszählers (300U/kWh) die Leistung eines Gerätes bestimmen: Du zählst die Umdrehungen der Zählerscheibe in einer bestimmten Zeit, z.B. 30 Umdrehungen in 5 Minuten.

Dann bestimmst du zunächst die Energie:

30 U entsprechen x kWh

300 U entsprechen 1 kWh

....

....

Das Gerät benötigte eine Energie von W = ...

Für die Leistung P gilt dann: P = ...

Das Gerät hat eine Leistung von ....

© Westermann, Kopiervorlagen, Bestell-Nr. 3-14-159878-9

Name   Klasse   Datum

westermann®

Elektrische Energie sparsam nutzen

1. Geräte im Stand-by-Betrieb: In der nachfolgenden Tabelle sind die Leistungen und die tägliche Betriebszeit einiger elektrischer Geräte aufgeführt, während Sie im Stand-by-Betrieb stehen. Berechne die Energie, die diese Geräte im Jahr benötigen, und die Kosten, falls eine Kilowattstunde 0,30 DM beträgt. Bei welchen Geräten könnte deiner Ansicht nach auf den Dauerbetrieb verzichtet werden?

Gerät	Leistung P im Standby-Betrieb in W	tägliche Betriebszeit in h	Energie W pro Tag in kWh	Energie W pro Jahr in kWh	Jahreskosten in DM
Fernsehgerät	6	20			
Videorecorder	12	23			
Aquarium	115	24			
Receiver der Satellitenschüssel	35	24			
Stereoanlage	10	20			
Radiowecker	2	23			
Anrufbeantworter	3	24			

2. In einem Klassenraum befinden sich 10 Leuchtstoffröhren mit je 80 W Leistung. Die Lampen sind an 200 Schultagen durchschnittlich 6 Stunden in Betrieb.
(a) Berechne den Energiebedarf und die Kosten (0,30 DM/kWh) für dieses Klassenzimmer.

(a) ....

....

....

(b) Die durchschnittliche Brenndauer wird auf 5 Stunden gesenkt. Berechne, wie groß die Einsparungen an Energie und Kosten sind? Wieviel Prozent sind das?

(b) ....

....

....

© Westermann, Kopiervorlagen, Bestell-Nr. 3-14-159878-9

Lösungsteil

1 Lebewesen im Boden

Wozu nutzt der Mensch den Boden?

K1

Waldfläche, Landwirtschaft, Fläche für Gebäude (Städte, Siedlungen); Fläche für Verkehrswege; Wasserwege; Rohstoffquelle ...

Daten und Fakten zum Regenwurm (I und II)

K3

(Regenwürmer sorgen für Humus)
* *Verschiedene Arten von Regenwürmern. Im Gartenboden ist der große Tauwurm häufig.*
* *Wohnröhren bis zu sieben Meter Tiefe.*
* *Kommt besonders nachts und bei feuchtem Wetter an die Oberfläche.*
* *Kot und Gänge enthalten viele Nährsalze. Der Boden wird mit Nährsalzen angereichert.*
* *Wertvoller, lockerer Humusboden entsteht.*
* *Es ist falsch, dass bei zerteilten Regenwürmern jede Hälfte für sich weiterleben kann; das Hinterteil stirbt ab, da es keine Nahrung aufnehmen kann.*
* *Wenn man den Boden bedeckt (mulcht), feucht hält, nicht umgräbt und keine Insektizide verwendet, werden Regenwürmer und andere Bodenorganismen gefördert.*
(Aktivität von Regenwürmern und Jahreszeit):
* *Regenwürmer sind besonders im Spätsommer und Herbst und im Frühjahr aktiv. Im Winter und im Sommer ist ihre Aktivität geringer. Kälte und Trockenheit spielen für die Aktivität eine Rolle. Auch das Angebot an abgestorbenen Pflanzenresten (Herbst) beeinflusst die Aktivität der Regenwürmer.*
(Bodenbearbeitung und Verbreitung des Regenwurms):
* *Besonders viele Regenwurmkanäle finden sich im Boden, der in Ruhe gelassen wird und der mit abgestorbenem Pflanzenmaterial (organisches Material) gedüngt wird.*
* *Wenn der Boden bewegt wird (z. B. durch Pflügen und Umgraben) und wenn Kunstdünger benutzt wird, finden sich viel weniger Regenwurmkanäle im Boden.*

K4

Der Regenwurm

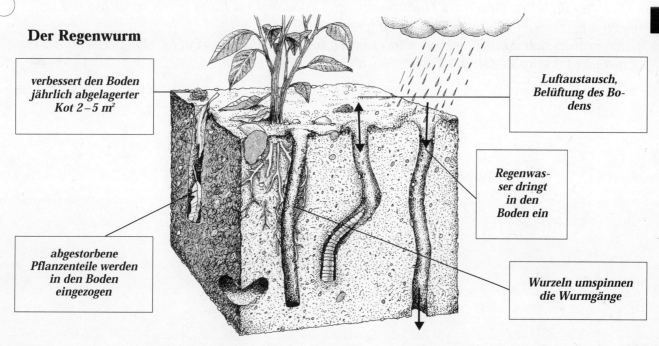

verbessert den Boden jährlich abgelagerter Kot 2 – 5 m²

abgestorbene Pflanzenteile werden in den Boden eingezogen

Luftaustausch, Belüftung des Bodens

Regenwasser dringt in den Boden ein

Wurzeln umspinnen die Wurmgänge

Zersetzung im Komposthaufen I

Zunächst wird das Kompostmaterial durch Bakterien zersetzt.

Dadurch entstehen hohe Temperaturen, die von den Regenwürmern gemieden werden. Danach sind die Pflanzenteile teilweise zersetzt, die Temperaturen sinken. Diese günstigen Bedingungen ermöglichen eine Besiedlung des Komposthaufens durch Regenwürmer.

Zersetzung im Komposthaufen II

Der linke Kreislauf stellt dar, wie Stoffe aus dem Garten (z. B. Gemüse und Obst) entnommen werden. Die Zuführung von Mineralstoffen erfolgt durch Düngemittel. Dadurch müssen dem Gartenboden immer wieder Biomasse, Nährstoffe und Mineralsalze zugeführt werden. Man nennt dies einen „offenen Kreislauf".

Der rechte Kreislauf zeigt, dass mithilfe von Kompost Nährstoffe und Mineralsalze in den Gartenboden eingebracht werden. Düngemittel sind nicht nötig. Man spricht hier von einem „geschlossenen Kreislauf".

Lösung zu den Versuchen:
Materialien: Spaten, Grabeforke, Gabel, Löffel, Petrischalen, Federstahlpinzetten, Thermometer, Zeitungspapier, Filterpapier.
Versuch 1:
Der Versuch ist immer lohnend, weil sehr unterschiedliche Lebensformtypen auf engstem Raum gefunden werden. Man kann die Silhouetten der gefundenen Tiere für einen kurzen Moment mithilfe des Tageslichtprojektors zeigen. Durch zusätzliches Auflegen von Millimeter-Folien können auch Größenverhältnisse deutlich gemacht werden.
Versuch 2:
Junge Komposthaufen haben hohe Temperaturen. Älterer Kompost hat weniger bakterielle Tätigkeiten aufzuweisen, die Temperaturen sinken. Variante: Man kann die Temperaturen in unterschiedlichen Tiefen messen lassen. Bei jüngerem Kompost wird deutlich, dass im Inneren stets ein heißer Kern gegeben ist.
Kerntemperaturen können vorübergehend mehr als 50° C betragen.
Versuch 3:
Bodenbakterien zersetzen auch Zellulose. Deshalb wird Filterpapier dann zersetzt, wenn man es in einer feuchten Petrischale auf Humuserde legt. Besonders am Rand treten zunächst Verfransungen auf, die auf bakterielle Zersetzung hinweisen.
Später ergeben sich dunkle Flecken, dann Löcher, bis schließlich das Papier völlig zersetzt ist. Versuchsdauer bis zum Zerfall des Papiers: etwa eine Woche.

Bedeutung der Bakterien für die Umwelt und den Menschen 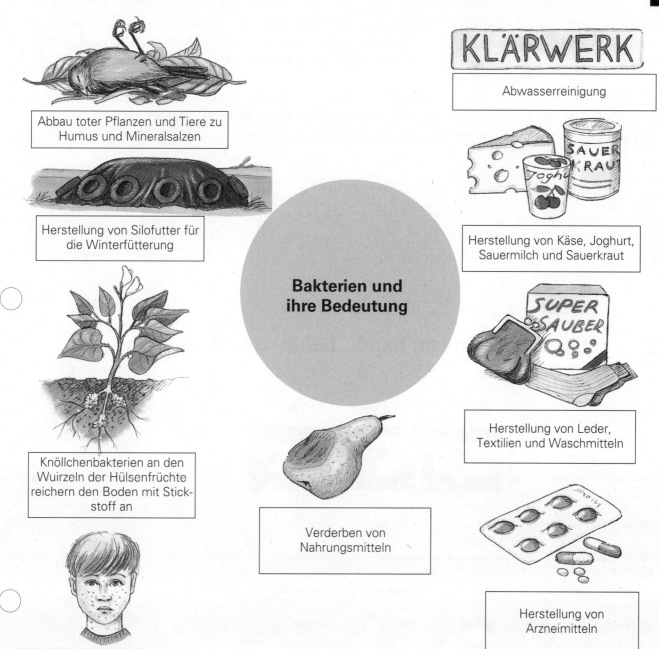 K7

KLÄRWERK

Abwasserreinigung

Abbau toter Pflanzen und Tiere zu Humus und Mineralsalzen

Herstellung von Silofutter für die Winterfütterung

Herstellung von Käse, Joghurt, Sauermilch und Sauerkraut

Bakterien und ihre Bedeutung

Herstellung von Leder, Textilien und Waschmitteln

Knöllchenbakterien an den Wuirzeln der Hülsenfrüchte reichern den Boden mit Stickstoff an

Verderben von Nahrungsmitteln

Herstellung von Arzneimitteln

Erreger von Krankheiten

Biotechnik – eine moderne Wissenschaft mit langer Tradition K8

Nahrungsmittel-Herstellung - z. B. Joghurt, Wein, Bier (alkoholische Gärung)
Arzneimittel-Herstellung - Antibiotika, z. B. Penizillin
Umweltschutz - Abwasser-Reinigung, Biogas

Ein Blick unter die Boden-Oberfläche

Streuschicht: *Abgestorbene Pflanzenreste und Tierleichen, zunächst noch wenig zersetzt.*
Humusschicht: *Vermoderung und Zersetzung des toten organischen Materials zu organischen*
                    Substanzen und Mineralsalzen. Es entsteht eine tiefbraun bis schwarz gefärbte
                    Masse, der Humus.
Mineralschicht: *Durch Regenwasser aus den oberen Bodenschichten eingeschwämmte Mineral-*
                    salze mischen mit den fein zerteilten Körnchen das Gestein.
Muttergestein: *Gestein, aus dem der Boden hervorgegangen ist.*

K11

Eigenschaften von Sand-, Lehm- und Tonböden

	Sand	*Lehm*	*Ton*
Wasserdurchlässigkeit	+ hoch	• mittel	– gering
Luft im Boden	+ viel	• mittel	– wenig
Bearbeitbarkeit	+ gut	• mittel	– schlecht
Wasserhaltevermögen	– gering	• mittel	+ hoch
Gehalt an Mineralsalzen	– gering	• mittel	+ hoch

2.   *Sandboden ist ziemlich trocken und arm an Mineralsalzen. Daher ist er für den Anbau von*
     manchen Nutzpflanzen nicht sehr gut geeignet.
     Tonboden staut das Wasser. Es ist dann zu wenig Luft im Boden für die Atmung der Pflan-
     zenwurzeln. Außerdem ist Tonboden oft schwer zu bearbeiten. Am besten sind Lehmböden
     für den Pflanzenanbau geeignet; ihre Eigenschaften liegen zwischen Sand- und Tonböden.

Bewertung der Ertragsfähigkeit unterschiedlicher Böden

1. *Eine Hangneigung von weniger als 2 °, lehmiger Sand mit geringem Anteil an Steinen und Blöcken und sehr dichter Wurzelschicht, mit hohem Mineralsalzgehalt, einem Grundwasserstand > 1,3 m, geringe Staunässe und seltenen Überschwemmungen bei einer mittleren Jahrestemperatur von über 8,5° C und einem Jahresniederschlag von unter 700 mm ist besonders günstig für den Ertrag.*

Boden als Filter

1. *Als Filtervorgang bezeichnet man den Umstand, dass bestimmte Stoffe im Boden festgehalten oder abgebaut und auf diese Weise der Umwelt entzogen werden bzw. „aus der Umwelt herausgefiltert" werden.*

   a) *Der Boden wirkt wie ein Sieb. Durch die kleinen Bodenporen kann das Niederschlagswasser gelangen, nicht jedoch die mitgeführten Schadstoffe. Sie werden in den feinen Bodenporen wie in einem Sieb festgehalten.*

   b) *Absorption des Schadstoffes an Ton- und Humuspartikeln. Der Schadstoff wird ohne chemische Änderung gebunden und zumindest für eine bestimmte Zeit von den Ton- und Humuspartikeln festgehalten.*

   c) *Mikroorganismen und Kleinlebewesen im Boden nehmen den Schadstoff auf und bauen ihn ab (das gilt besonders für eine Reihe organischer Verbindungen).*

2. • *Wenn die Konzentration des Schadstoffes sehr hoch ist, reichen unter Umständen die Filtervorgänge bei b) und c) nicht aus. Teile der Schadstoffe können in das Grundwasser gelangen.*

   • *Wenn ein Boden grobkörnig ist und zudem wenig Ton und Humus sowie nur wenige Mikroorganismen enthält, können die drei Filtervorgänge versagen (z. B. sind viele Sandböden grobkörnig und arm an Ton, Humus und Mikroorganismen).*

   • *Wenn die Mikroorganismen im Fall c) durch den Schadstoff (oder durch andere Schadstoffe) selbst getötet werden, fällt dieser Filtervorgang aus.*

   • *Chemische Veränderungen (zum Beispiel durch sauren Regen) können die Fähigkeit der Ton- und Humuspartikel zur Absorption von Schadstoffen herabsetzen und Bodenlebewesen beeinträchtigen.*

3 Lebensgemeinschaft Wald

K15

Tiere und Pflanzen im Mischwald

Eichenwickler

Ohrenkneifer

Borkenkäfer

Baumläufer

Eichhörnchen

Baummarder

Eichelhäher

Buntspecht

Habicht

Waldmaus

Regenwurm

Waldkauz

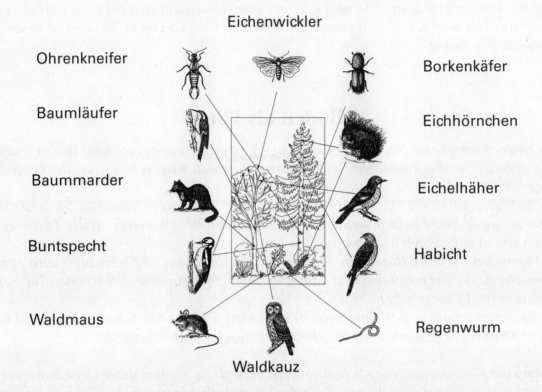

K16

Bestimmungsschlüssel für Laubbäume

1. Es gibt zwei Gruppen: *a) Pflanzenarten mit einem einfachen Blatt,*
   b) Pflanzenarten, deren Blatt aus mehreren kleinen Blättchen besteht.
   Zur Gruppe a) gehören: Rotbuche und Stieleiche.

Zur Gruppe b) gehören: Esche und Schwarzer Holunder.

2. *Die Rotbuche hat einen geschweiften Blattrand und die Stieleiche einen gebuchteten Blattrand. Die kleinen Blättchen der Esche haben keinen Stiel, die kleinen Blättchen des Schwarzen Holunders hingegen schon.*

3. **Bestimmungsschlüssel**

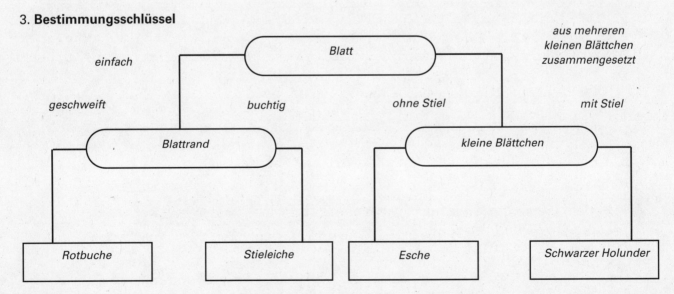

Blätter häufiger Laubbäume

1 Pappel
2 Robinie
3 Rosskastanie
4 Schwarzerle
5 Spitzahorn

6. Ulme
7 Platane
8 Hasel
9 Weide
10 Feldahorn

Bestimmungshilfe für Nadelbäume

Fichte

Lärche

Tanne

Kiefer

Bestimmungsschlüssel für Nadelhölzer

1a	Nadel einzeln oder zu 2 bis 5	2
1b	Nadeln in Büscheln	Lärche
2a	Nadeln zu 2 bis 5 in kurzer Scheide, Zapfen hängend	Kiefer
2b	Nadeln einzeln	3
3a	Nadeln am Grund mit einem „Knöpfchen" aufsitzend, Zapfen aufrecht stehend...	Tanne
3b	Nadeln vierkantig, spitz, nicht mit einem „Knöpfchen" aufsitzend, Zapfen groß und hängend	Fichte

Rekordhöhen einheimischer Bäume

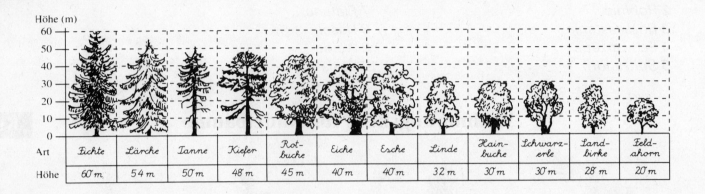

Art	Höhe (m)										
	Fichte	Lärche	Tanne	Kiefer	Rot-buche	Eiche	Esche	Linde	Hain-buche	Schwarz-erle	Land-birke	Feld-ahorn
Höhe	60 m	54 m	50 m	48 m	45 m	40 m	40 m	32 m	30 m	30 m	28 m	20 m

Jahresringe von Bäumen

1.

Abb.1

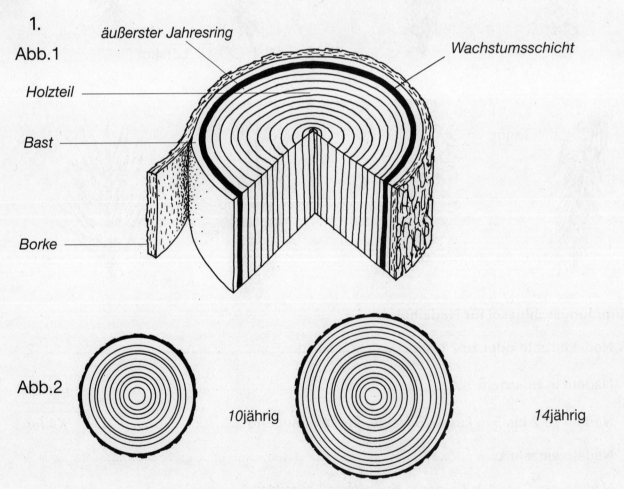

Abb.2   10jährig   14jährig

2. *Man erkennt dies an der gleichen Dicke der Jahresringe in den ersten zehn Jahren. Der rechte Baum wurde vier Jahre später gefällt.*
3. *Weil dort die klimatischen Verhältnisse nicht jahreszeitlich schwanken wie bei uns.*

Wie viel Wind in den Wald gelangt

1.

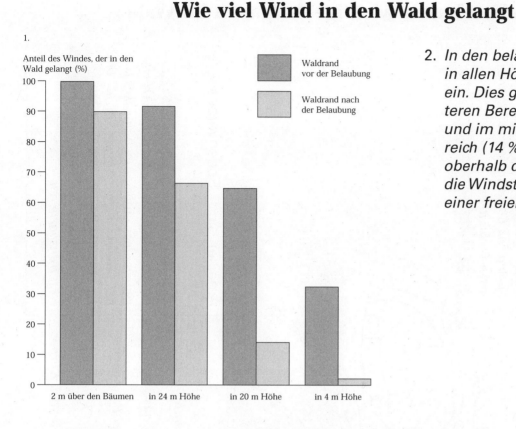

Anteil des Windes, der in den Wald gelangt (%)

Legende:
- Waldrand vor der Belaubung
- Waldrand nach der Belaubung

Achse: 2 m über den Bäumen, in 24 m Höhe, in 20 m Höhe, in 4 m Höhe

2. *In den belaubten Wald dringt in allen Höhen weniger Wind ein. Dies gilt vor allem im unteren Bereich (2 % zu 33 %) und im mittleren Kronenbereich (14 % zu 65%). Selbst oberhalb der Baumwipfel ist die Windstärke geringer als auf einer freien Fläche.*

Körperbau der Ameise

1.

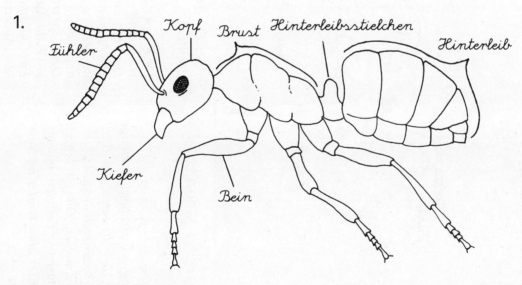

Fühler, Kopf, Brust, Hinterleibsstielchen, Hinterleib, Kiefer, Bein

2. Es handelt sich um eine *Knotenameise*.

3. Insektenmerkmale:
- *Körper gegliedert in Kopf, Brust, Hinterleib*
- *Hinterleib besteht aus beweglichen Ringen*
- *An der Brust sitzen 3 Paar gegliederte Beine*
- *Der Kopf trägt 1 Paar Fühler und 1 Paar Augen*
- *Ein Chitinpanzer umgibt den Körper als „Außenskelett"*

Ameisen haben wichtige Aufgaben im Wald

Ameisen sind „Pflanzer"

Ameisen tragen Samen in ihren Bau und nagen dort die Anhängsel ab. Die für sie nicht nutzbaren Samen sind immer noch keimfähig. Ein Ameisenvolk kann in einem Sommer rund 80.000 Samen von 80 verschiedenen Pflanzenarten verbreiten.

Ameisen sind „Bodenverbesserer"

Rote Waldameisen ernähren sich von lebenden und toten Insekten. Die Arbeiterrinnen eines großen Ameisenvolkes können innerhalb einer Stunde bis zu 7.000 Larven, 300 Puppen und rund 340 Schmetterlinge des Eichenwicklers in ihr Nest transportieren.

Ameisen sind „Insektenjäger"

Sie wirken mit bei der Laubzersetzung und Humusbildung.
1.

Ameisen gehören zu den Insekten

- Ihr Körper gegliedert in Kopf, Brust, Hinterleib.
- Der Hinterleib besteht aus beweglichen Ringen.
- An der Brust sitzen drei Paar gegliederte Beine.
- Der Kopf trägt ein Paar Fühler und ein Paar Augen.
- Ein Chitinpanzer umgibt den Körper als „Außenskelett".

Ameisen sind „Viehzüchter"

Ameisen fressen bevorzugt die zuckerhaltigen Ausscheidungen der Blattläuse, den Honigtau. Die Blattläuse sind sozusagen die „Melkkühe" der Ameisen. Diese schützen die Blattläuse vor Feinden, indem sie deren Eier über Winter im Nest aufnehmen.

Labels: Hinterleib, Hinterleibsstielchen, Brust, Kopf, Fühler, Kiefer, Bein

Bau eines Insekts am Beispiel der Wespe

2. - Insekten bestäuben Pflanzen.
   - Insekten können stechen und sind lästig.
   - Insekten sind schön.
   - Insekten vernichten Schädlinge.
   - Insekten liefern Honig.
   - Insekten richten Schäden an.
   - Insekten dienen Tieren als Nahrung.
   - Insekten sind für den Naturhaushalt wichtig.

Insektengruppen

1.

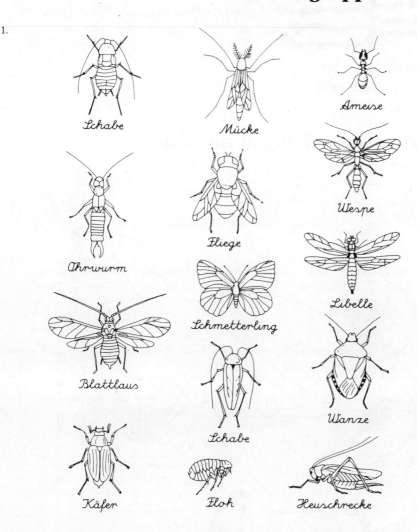

Schabe   Mücke   Ameise

Ohrwurm   Fliege   Wespe

Blattlaus   Schmetterling   Libelle

Schabe   Wanze

Käfer   Floh   Heuschrecke

2. Flügellosigkeit bei Ameise und Floh. Dagegen 4 kräftige Flügel bei Schmetterling, Libelle, Hautflügler, Heuschrecke und Blattlaus. Nur zwei Flügel bei Fliege und Mücke. Kräftige Deckflügel bei Schabe, Käfer und Wanze. Zurückgebildete Flügel haben Ohrwurm und Schabenlarve.

3. Gemeinsamkeiten sind: 3 Beinpaare, Fühler, Kopf, Brust und Hinterleib. Die Dreigliedrigkeit des Körpers ist bei Käfer, Schabe und Wanze schwer zu erkennen.

307

Borkenkäfer und ihre Fraßbilder

4.

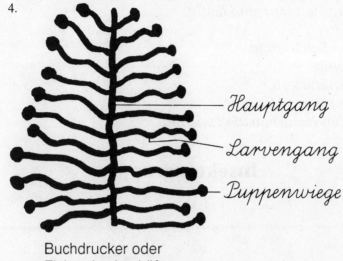

— Hauptgang

— Larvengang

— Puppenwiege

Buchdrucker oder
Fichtenborkenkäfer

Nahrungsbeziehungen im Wald

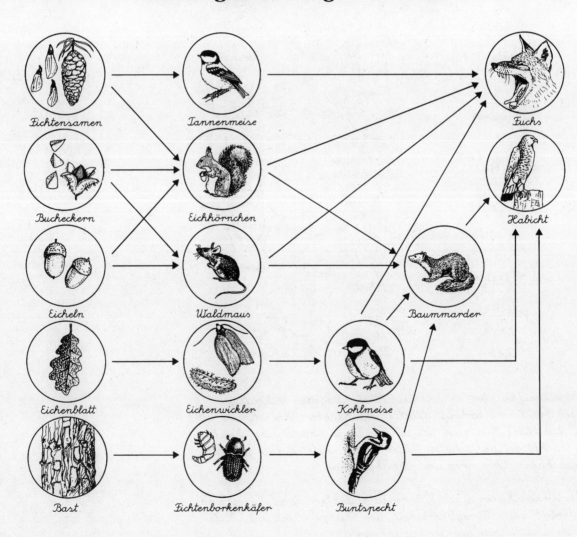

Fichtensamen · Tannenmeise · Fuchs

Bucheckern · Eichhörnchen · Habicht

Eicheln · Waldmaus · Baummarder

Eichenblatt · Eichenwickler · Kohlmeise

Bast · Fichtenborkenkäfer · Buntspecht

Kreislauf der Stoffe in einem Wald

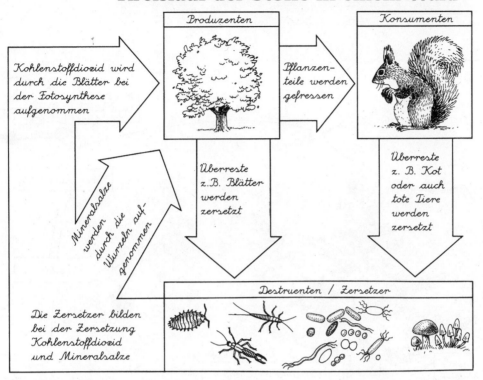

Wie soll der Wald aussehen?

Argumente für einen wirtschaftlichen Waldbau	Argumente für einen naturnahen Waldbau
Durch regelmäßigen Kahlschlag ergibt sich eine höhere Baumernte und somit eine bessere Nutzung.	*Keine großen Flächen kahlschlagen, stattdessen nur hieb-reife Einzelstämme oder Gruppen schlagen. Hier wachsen junge Bäume nach, die sich in der Regel natürlich „ansa-men".*
Reinbestände sind ertragreicher.	*Mehr Mischbestände schaffen, vor allem Fichten- und Kie-fernbestände sollten in laubholzreiche Mischwälder umge-wandelt werden. Mischbestände sind weniger anfällig für Insekten- und Pilzbefall, außerdem brennen sie nicht so leicht.*
Ein Wald, in dem die einzelnen Alterklassen getrennt stehen, lässt sich besser bewirtschaften. Es sieht zudem ordentlicher aus.	*Ungleichaltrige Bestände aufbauen, sie ergeben einen ge-stuften und strukturreichen Wald. Je älter die geernteten Bäume sind, desto geringer ist der mit der Ernte verbunde-ne Entzug von Pflanzennährstoffen.*
Auf den nicht heimischen Bäumen lebt weniger Unge-ziefer.	*Baumarten der natürlichen Vegetation anbauen und auf Pe-stizide verzichten. Auf lokal angepassten, standortgemäßen Bäumen leben viele verschiedene Insekten- und Vogelarten, die eine große ökologische Vielfalt sicherstellen.*
Durch den Einsatz großer Maschinen wird die Bewirt-schaftung rentabel.	*Bodenpflege sollte auch bei der Holzernte betrieben werden durch Verzicht auf Großmaschinen, stattdessen verstärkter Einsatz von Pferden.*
Dichte Waldränder verhindern eine gute Durchlüftung des Waldes.	*Sicherung des Waldklimas durch entsprechende Gestaltung der Waldränder (Feuchtigkeit, Temperatur).*
Jeder Waldbesucher erfreut sich am Anblick von Rehen und Hirschen.	*Verringerung der Wildbestände so lange bis die Verjün-gung der Waldbaumarten ohne Zaun möglich ist.*
Zahlreiche befestigte Wege ermöglichen dem Wanderer und Radfahrer gute Erholungsmöglichkeiten im Wald.	*Die Wegeerschließung sollte möglichst schonend erfolgen.*

Auswirkungen der Luftverschmutzung auf Bäume

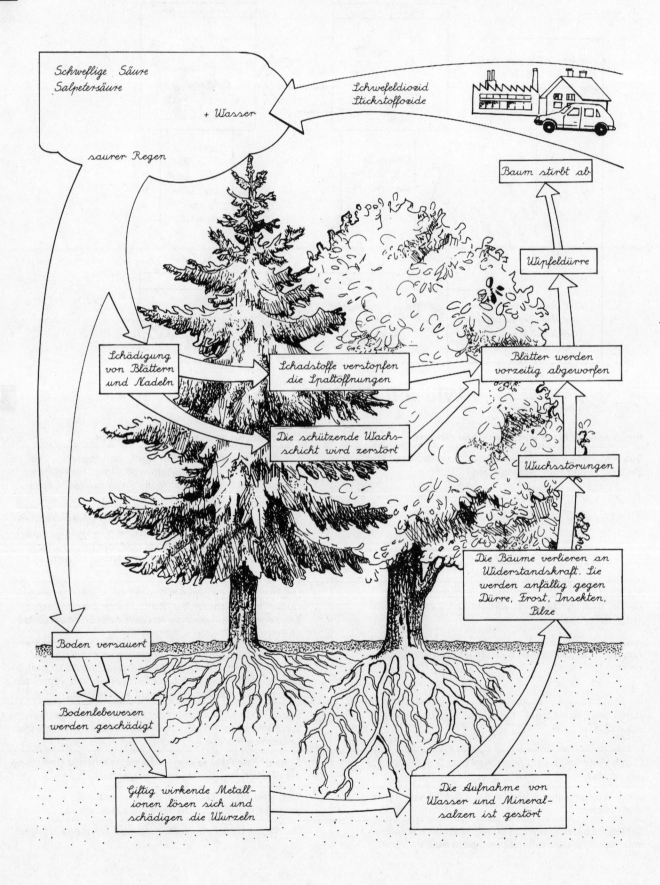

Schweflige Säure
Salpetersäure

+ Wasser

saurer Regen

Schwefeldioxid
Stickstoffoxide

Baum stirbt ab

Wipfeldürre

Schädigung von Blättern und Nadeln

Schadstoffe verstopfen die Spaltöffnungen

Die schützende Wachsschicht wird zerstört

Blätter werden vorzeitig abgeworfen

Wuchsstörungen

Die Bäume verlieren an Widerstandskraft. Sie werden anfällig gegen Dürre, Frost, Insekten, Pilze

Boden versauert

Bodenlebewesen werden geschädigt

Giftig wirkende Metallionen lösen sich und schädigen die Wurzeln

Die Aufnahme von Wasser und Mineralsalzen ist gestört

Krankheitssymptome an Bäumen

Krankeitssymptome

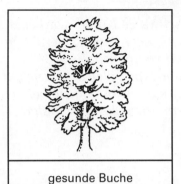

gesunde Buche

kranke Buche

Geringe Beblätterung der Baumkrone

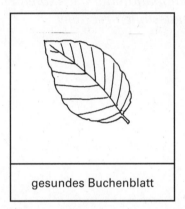

gesundes Buchenblatt

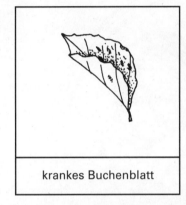

krankes Buchenblatt

Blätter eingerollt mit (gelb-braunen) Flecken

gesunde Fichte

kranke Fichte

ausgedünnte Baumkrone; struppiges Aussehen

gesunde Nadeln

kranke Nadeln

Nadeln teilweise abgefallen; ältere Nadeln fehlen

5 Ernährung des Menschen

Hunger – Nahrungsaufnahme – Leistung

1. *Bei drei Hauptmahlzeiten am Tag (morgens, mittags, abends; schwarze Kurve) wird eher ein Heißhunger erreicht (dem dann Völlegefühle folgen) als bei sechs, über den Tag verteilten kleineren Mahlzeiten; ein unangenehmes Völlegefühlt wird dadurch vermieden.*
2. *Die Leistungsfähigkeit ist bis zum 2. Frühstück bei den Mahlzeit-Typen gleich ansteigend; nach einem großen Mittagessen sackt die Leistungsfähigkeit aber stark ab, während sie bei den kleineren Mahlzeiten deutlich höher bleibt. Ab ca. 22.00 Uhr – wenn die meisten schlafen – sind die Kurven wieder gleich verlaufend.*

Der Ernährungskreis

1. und 3.

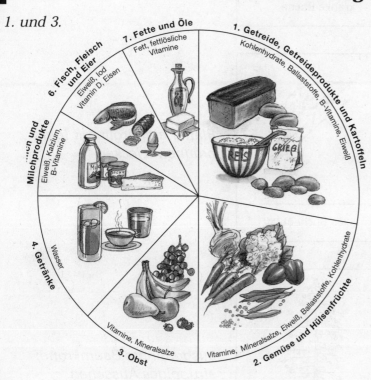

2. Im Ernährungskreis werden die Grundnährmittel nach ihren Haupt-Inhaltsstoffen geordnet.

Fett in der Nahrung

1. *+ 2. individuell verschieden*
3. *Aufgenommene Fette werden im Darm in ihre Bausteine (Fettsäuren und Glycerin) zerlegt. In den Muskeln wird die im Fett gespeicherte Energie für Bewegungen benötigt. Im Fettgewebe kann überschüssiges Fett gespeichert werden. In der Leber erfolgt die Neubildung von Fetten.*
4. *Arteriosklerose ist die Verstopfung von Blutgefäßen (z.B. im Gehirn) durch Ablagerung von Cholesterin (dies zählt als Steroid zu den Fetten = Lipiden; es ist Ausgangspunkt für die Synthese vieler anderer Steroide wie z.B. der Sexual- und Nebennierenhormone sowie des Vitamin D.) an den Gefäßwänden. Dies führt im Herzen zu verstärkter Pumpleistung und Bluthochdruck; ebenso kann das Herz selber von der Blutversorgung abgeschnitten werden, sodass ein Herzinfarkt droht. Bei der sog. „Zuckerkrankheit" (Diabetes mellitus) ist die Bildung von Insulin in den Langerhanschen Inselzellen gestört, sodass überschüssiger Blutzucker nicht mehr von den Zellen aufgenommen werden kann.*
Thrombosen (Blutpfropfe) entstehen durch Verklumpungen von Blutplättchen und Erythrozyten in den Blutgefäßen; die Blutklumpen (Thromben) können sich lösen und wandern im Blutstrom weiter. In den sich verdünnenden Arterien können sie stecken bleiben und blockieren dort den Blutstrom; das Gewebe ist unterversorgt. In der Galle können sich aus Cholesterin oder aus Kalzium Steine bilden, die den Ausführgang der Gallenblase blockieren können, sodass die Galle nicht mehr abgelassen werden kann.
Aufgrund von Übergewicht kann es zu einer erhöhten Belastung der Wirbelsäule kommen.

Zucker in Lebensmitteln

Je nach gewählten Nahrungsmitteln sind die Säulen mehr oder weniger beeindruckend.

Ballaststoffe

1. Weizenmehl Typ 405 (Rg1) enthält nur noch den gemahlenen Mehlkörper (aus Kohlenhydraten und Eiweiß), Weizenkleie (Rg2) überwiegend die Frucht- und Samenschale (aus Ballaststoffen und Mineralsalzen), Vollkornmehl (Rg3) das ganze gemahlene Weizenkorn (vgl. auch Kopiervorlage „Vom Weizen zum Mehl").

Im Vergleich zur reinen Wassersäule in Rg 1 (Mehl 405) wird die Säule in Rg2 viel kürzer sein; in Rg3 wird sie etwas höher sein als in Rg2. Grund ist das Speichervermögen der Ballaststoffe, die aus pflanzlichen Zellwänden bestehen. Entsprechend fallen auch die Farbtöne in Versuch 2 aus: dunkelblau bei Mehl, mittelblau bei Vollkornmehl und hellblau bei Weizenkleie.

2. Die Sättigungskurve nach einer ballaststoffarmen Mahlzeit (graue Kurve) zeigt nach 45 min einen Tiefpunkt (Völlegefühl) und steigt nach 120 min stark an (Heißhunger bis Gier); hingegen ist die gesamte Kurve nach einer ballaststoffreichen Mahlzeit wesentlich abgeflachter, d. h. es treten keine extremen Hunger- oder Völlegefühle auf, sodass konstant ein ausgewogenes Appetit-/Sättigungsgefühl empfunden wird.

Vitamin C-Gehalt und Vitamin C-Verluste durch Lagerung und Zubereitung

1. Vitamin C: Paprika (140 mg), Vitamin B1: Erbsen (0,35 mg), Vitamin A: Möhren (1100 µg).

2. Paprika (Vitamin C): ca. 50 g; Erbsen (Vitamin B1): 300-1300g (!); Möhren (Vitamin A): 100g

3. Der Vitamin C-Gehalt ist bei allen Gemüsen vor dem Dünsten höher als nach dem Dünsten; d. h. es tritt stets ein Vitamin C-Verlust ein. Dieser fällt allerdings bei den einzelnen Gemüsen sehr unterschiedlich aus. So ist er bei Paprika, Kohlrabi und Spinat verhältnismäßig höher als bei Erbsen und Kartoffeln. Einige Gemüse eignen sich somit eher für diese schonende Art der Zubereitung als andere.

Wird frischer Kopfsalat stark gewaschen, so treten Vitamine und Mineralstoffe aus, da sie wasserlöslich sind.

4. Möhren enthalten viel Vitamin A. Da dies fettlöslich ist, sollten Möhren in Fett zubereitet werden, da so das Vitamin im Fett gelöst gut vom Körper aufgenommen werden kann.

Konservierungsmethoden

1. + 2.

direktes Abtöten:	*Temperaturerhöhung*	
	(Hitze)	*(Kaffeepulver)*
	Sterilisation	*Milch*
	Pasteurisieren	*Milch*
	Konservierungsstoffe	*Bratwurst*

Verschlechterung der	*Temperaturerniedrigung*	*Milch*
Lebensbedingungen:	*(Kälte)*	
	Absenken des pH-Wertes	
	Wasserentzug	
	Zuckern	*Marmelade*
	Salzen	*Schinken*
	Trocknen	*Kaffeebohnen*

CO_2-Bindung auf einem Kartoffelacker

1. *1 ha Kartoffelacker = 25.000 m^2 Blattfläche; die Bildung von Glucose beträgt:*
   25.000 m^2 x 16 Std. x 1,3 g Glucose = 520.000 g Glucose = 520 kg Glucose; dabei werden an CO_2 eingebunden:
   25.000 m^2 x 16 Std. x 1,914 g Kohlendioxid = 765.600 g = 765,6 kg Kohlendioxid.

2. *Pro Tag (24 Stunden!) werden an Traubenzucker veratmet:*
   tags 25.000 m^2 x 16 Std. x 0,12g Glucose +
   nachts 25.000 m^2 x 8 Std. x 0,08g Glucose = 48.000+16.000 = 64.000g = 64 kg; „netto" werden daher 520 kg minus 64 kg = 456 kg Glucose gebildet.

3. *Da 64 kg Glucose veratmet werden, entstehen dabei 93,44 kg Kohlendioxid.*
   „Netto" werden daher während 24 Stunden 765,6 kg minus 93,44 kg = 672,16 kg Kohlendioxid gebunden.

Fotosynthese von Kartoffelpflanzen

1.	*Prüfung auf:*	*Ergebnis:*	2.
2 Tage abgedunkeltes Blatt	⟶ *Stärke*	*negativ*	*Wassergehalt 39 g = 78%;*
belichtetes Blatt	⟶ *Stärke*	*positiv*	*organische Stoffe 10,5 g = 21%;*
im abgeschnittenen Stängel	⟶ *Traubenzucker*	*wenig*	*Mineralstoffe 0,5 g = 2%*
im abgeschnittenen Ausläufer	⟶ *Traubenzucker*	*viel*	
Knolle	⟶ *Stärke*	*viel*	

Stoffkreisläufe - Lebensraum Acker

1.

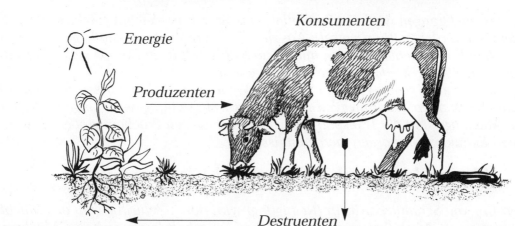

Energie — *Konsumenten* — *Produzenten* — *Destruenten*

2. In einem geschlossenen Kreislauf kursieren die beteiligten Stoffe zwischen den Erzeugern, Konsumenten und Destruenten. Werden an einer Stelle dem System Stoffe entzogen (z. B. durch Ernte), so wird der Kreislauf geöffnet, quasi „angezapft". Der Kreislauf bleibt weiter bestehen, nur die Menge an kursierenden Stoffen hat sich verringert (und muss z. B. durch Düngung aufgefüllt werden).

3. Im Laubwald wird das Laub der Bäume nach dem Abfallen über einen bestimmten Zeitraum komplett abgebaut und aus der Humusschicht den Bäumen als Mineralsalze wieder zur Verfügung gestellt. Es ist ein geschlossener Kreislauf.
Auf dem Kartoffelacker wird von Menschen die Saatkartoffel in den Boden eingebracht. Die wachsenden Pflanzen entziehen dem Boden Mineralsalze, welche vom Menschen ergänzt werden als Düngung. Bei der Ernte werden die Knollen wieder aus dem System Kartoffelacker entfernt. Es ist ein offener Kreislauf.

4. Lebensbedingungen sind die Einflüsse durch: Bodenwasser, Mineralsalze im Boden, Lage im Gelände, Regen, Licht, Temperatur, Bodenlebewesen, Tiere, Pflanzen. Der Mensch wirkt durch Bewässerung, Düngung, Bodenbearbeitung, Pestizide.

Vom Weizen zum Mehl

1. Der Längsschnitt durch ein Weizenkorn zeigt verschiedene Schichten (von außen nach innen): Frucht- und Samenschale, Aleuronschicht, Mehlkörper und Embryo.
Beim Mahlen werden immer mehr Bestandteile des Korns entfernt, sodass die einzelnen Produkte qualitativ verschieden sind.

2. Da Weizenvollkornmehl das gesamte Korn enthält, ist der Anteil an Ballaststoffen und Vitamin B1 maximal. Weizenmehl Typ 1050 enthält nach dem Mahlen noch die Aleuronschicht (mit Eiweißen, Mineralsalzen und Vitaminen), so dass der Gehalt an Vitamin B1 relativ hoch ist. Weizenmehl vom Typ 405 ist stark ausgemahlen und enthält nur noch den Mehlkörper mit Kohlenhydraten und Eiweiß; Ballaststoffe und Vitamin B1 sind entfernt worden.

Wasserhaushalt des menschlichen Körpers

1. Bei Zufuhr von Wasser (linkes Fass wird schwerer und sinkt nach unten) tritt ein Wasserüberschuss ein, der zu einer erhöhten Urinabgabe führt. Bei Abgabe von Wasser (rechtes Fass wird schwerer und steigt nach oben) ergibt sich ein Wassermangel, der zu einem erhöhten Durstgefühl führt.

2. In Flüssigkeiten, aber auch in fester Nahrung ist Wasser enthalten. Pro Tag werden ca. 1,3 l Wasser über Getränke und 0,9 l mit der Nahrung aufgenommen. (Über Oxidationsvorgänge in den Zellen werden 0,3 l gebildet.) Die Abgabe von Wasser erfolgt über Urin (1,5 l), mit dem Stuhl (0,1l) und über Atmung sowie die Haut (0,9l).

Herstellung von Orangensaft

1. *Von den gepressten Orangen wird das Fruchtfleisch tiefgefroren; gleiches geschieht nach Erhitzung mit dem Saft (Fruchtsaftkonzentrat). Aus dem Saft werden Aromastoffe gewonnen und gekühlt. Alle drei Komponenten werden mit einem Kühlschiff nach Europa gebracht und dort unter Zugabe von Wasser wieder zu Orangensaft vereint.*
2. *Beim Erhitzen des Saftes gehen Vitamine verloren. Wenn man Orangen frisch zubereitet, bleiben die Vitamine erhalten. Der Energieaufwand bei der Herstellung des Orangensaftes entfällt dann auch. Allerdings sind die Transportkapazitäten bei ganzen Früchten größer als wenn nur die gekühlten Extrakte transportiert werden müssen.*

K48

Herstellung von Milch und Milchprodukten

1. *Nach Entfernung von Schmutzpartikeln (Reinigung) wird durch Zentrifugieren das Milchfett (als Rahm) abgetrennt. Nach ihrem unterschiedlichen Fettgehalt lassen sich drei Milchsorten trennen: Vollmilch (3,5 %), Fettarme Milch (1,5 %) und Magermilch (0,3 %). Wenn die Milch mit hohem Druck durch feine Düsen gepresst wird, werden die Fetttröpfchen zerkleinert und gleichmäßig verteilt (Vorgang des Homogenisierens). Durch verschiedene Wärmebehandlungen lassen sich pasteurisierte Frischmilch (Erhitzen auf 72 -75° C für 15 - 30 sec; mehrere Tage haltbar), ultrahocherhitzte H-Milch (135 - 150° C für mindestens 1 sec; mehrere Wochen haltbar) oder Sterilmilch (110 - 120° C für 10-30 min; mehrere Monate haltbar) herstellen.*
2. *In der Milch sind die Fetttröpfchen normalerweise intakt erhalten, d. h. sie bestehen aus einer Eiweiß-(= Protein-)schicht und dem „Fettkern", d. h. den eigentlichen Fettmolekülen innen. Durch Schlagen (mit einem Mixer) werden die Fetttröpfchen miteinander verbunden, wobei sich zwischen ihnen Luft einlagert. Wird diese Sahne weiter geschlagen, so brechen die Fetttröpfchen auf und es entsteht als reine Fett-Phase (durch Zusammenfließen der Fettkerne) die Butter und als flüssige Phase aus der Proteinschicht die Buttermilch.*

6 Verdauung beim Menschen

Unsere Verdauungsorgane

K49

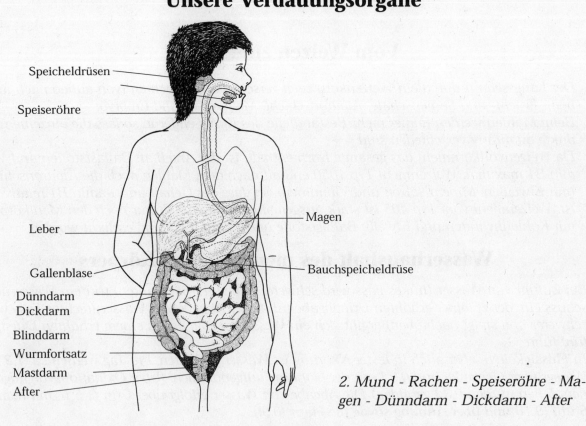

Speicheldrüsen

Speiseröhre

Leber

Gallenblase

Dünndarm
Dickdarm

Blinddarm

Wurmfortsatz

Mastdarm

After

Magen

Bauchspeicheldrüse

2. *Mund - Rachen - Speiseröhre - Magen - Dünndarm - Dickdarm - After*

Vier Faktoren wirken bei der Kariesentstehung zusammen

K50

Die Faktoren sind: Zähne - Nahrung / Zucker - Bakterien - Zeit.
Über die Nahrung wird dem Mund regelmäßig Zucker zugeführt. Auf den Zähnen befinden sich
stets viele Bakterien (sog. Mundflora). Bei übermäßiger Zuckerzufuhr können sie sich stark ver-
mehren und scheiden Säuren aus. Werden die Zähne nicht regelmäßig geputzt (Faktor „Zeit"),
kann die Säure den Zahn schädigen und so zu Karies führen.

Karies, Parodontose und Zähneputzen

K51

1. Bakterien im Mund, d. h. auf den Zähnen, scheiden Säuren aus. Die Säure kann entweder den
   Zahnschmelz auflösen (Karies) oder in das Zahnfleisch eindringen und dort Entzündungen
   hervorrufen; die Zahnbeläge bilden sich zu Zahnstein um und zwischen ihnen und der Zahn-
   oberfläche bilden sich Hohlräume (Zahnfleischtaschen) aus, in denen Bakterien siedeln. Sie ru-
   fen Entzündungen hervor, was letztlich zum Ausfall von Zähnen führen kann.
2. Durch Zähneputzen werden die zahnschädigenden Säurewerte wesentlich schneller beseitigt als
   ohne Putzen. Die Süßigkeiten werden vor allem nach den Hauptmahlzeiten eingenommen,
   nach denen das Zähneputzen regelmäßiger erfolgt als wenn man zwischendurch nascht.

Die Versuche von Spallanzani

K52

1. Über die gesamte Versuchsdauer wird das Fleischstückchen deutlich kleiner.
2. Der Magensaft zersetzt das Fleischstückchen. Im Magensaft befindet sich das Enzym Pepsin,
   welches Eiweiß, den Hauptbestandteil von Fleisch, abbauen kann.

Wie funktionieren Verdauungstabletten?

K53

1. Die Enzynorm-Tabletten lösen sich am besten (nach 15 - 20 Minuten) in der 1%igen Salzsäure-
   Lösung. Pankreon forte hingegen hat sich nach ca. 15 Minuten in der 1%igen Natronlauge
   gelöst. Im zweiten Versuchsabschnitt werden diese Lösungen benutzt. Enzynorm bewirkt bei
   den Eiweißstückchen ein Aufquellen (nach 30 min), ein Auseinanderfallen (nach 1 Std.) und
   zuletzt eine Auflösung (nach 2 Std.). Auf Öl hat es keine Wirkung. Pankreon forte bewirkt
   (nach ca. 45 Minuten) eine beginnende Auflösung der Fetttröpfchen; nach mehr als einer Stun-
   de sind keine Tropfen mehr zu sehen, v.a. wegen der starken Trübung. Auf Eiweiß zeigt es keine
   Wirkung.
2. Enzynorm bewirkt in saurem Milieu eine Auflösung von Eiweißen; es entfaltet daher seine
   Wirkung im Magen. Pankreon forte hingegen zerlegt Fette in basischem Milieu, wirkt also im
   Darm.

Verdauungssäfte und ihre Wirkung

Verdauungssekret	Kohlenhydrate (Beispiel: Stärke)	Eiweiße	Fette
Mund: *Speichel aus den Speicheldrüsen*	*Stärke wird zum Teil zu Maltose abgebaut*		
Magen: *Magensaft der Magenschleimhaut*		*– Abbau zu kürzeren Ketten aus Aminosäurenm (Peptide)*	
Dünndarm: *– Bauchspeichel aus der Bauchspeicheldrüse* *– Gallenflüssigkeit von der Leber gebildet* *– Enzyme der Dünndarmschleimhautzellen*	*– Weiterer Abbau von Stärke zu Maltose* *– Spalten von Maltose in Glucose (Traubenzucker)*	*Spaltung in einzelne Aminosäuren*	*Spaltung in Glycerin und Fettsäuren*

Aufgaben der Verdauungsorgane

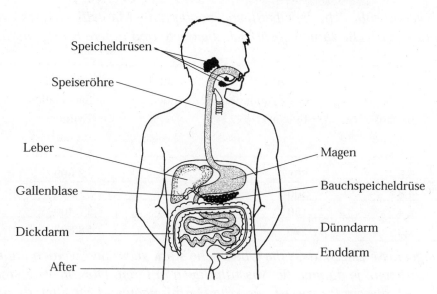

Speicheldrüsen

Speiseröhre

Leber

Gallenblase

Dickdarm

After

Magen

Bauchspeicheldrüse

Dünndarm

Enddarm

Organ	Verdauungssaft, Enzym und Wirkung
Speicheldrüsen	*Speichel zerlegt Stärke in Zucker.*
Magen	*Magensaft aus Salzsäure und Wirkstoffen tötet Krankheitserreger, lässt das Eiweiß aufquellen, baut Eiweißstoffe ab.*
Leber/Gallenblase	*Gallensaft spaltet Fett in feinste Tröpfchen.*
Bauchspeicheldrüse	*Verdauungssaft verdaut Fett.*
Dünndarm	*Endgültige Verdauung aller Kohlenhydrate und Eiweiße, Aufnahme der Bausteine.*
Dickdarm	*Restliche Nährstoff-Bausteine werden aufgenommen, Flüssigkeit wird entzogen*

Kann weniger mehr sein?

1. *Mathematisch genau soll nicht die Oberfläche, sondern die Mantelfläche des Zylinders berechnet werden (Zur Oberfläche zählen zusätzlich die obere und untere Kreisgrundfläche).*

Grundfläche (in cm^2)	Ø des Zylinders (in cm)	Oberfläche des Zylinders (in cm^2)	Anzahl der Zylinder	Gesamtober-fläche aller Zylinder (in cm^2)	Vergröße-rungswert
600	9,6	600	6	3 600	6
600	4,8	300	24	7 200	12
600	2,4	150	96	14 400	24
600	1,2	75	384	28 800	48

2. *Die Versuchsergebnisse zeigen, dass die Oberfläche stark vergrößert werden kann, indem Ausstülpungen hinzutreten; je dünner die Ausstülpungen in ihrem Durchmesser sind, desto größer ist der Effekt. Nach diesem Prinzip ist auch die Darminnenwand gestaltet, da dort durch Falten (3 x), Zotten (10 x) und Bürstensaum (20 x) die Oberfläche vergrößert wird.*

Möglichkeiten der Vorbeugung gegen Krankheiten

Medikamentenmissbrauch
Medikamente nur nutzen, wenn ernsthafte Krankheiten vorliegen, nicht bei jeder Kleinigkeit schon daran gewöhnen.

Rauchen und Alkohol
Rauchen aufhören; Räume meiden, die stark verqualmt sind; Alkohol in Maßen als Genussmittel, nicht aus Gewohnheit trinken.

Unausgewogene Ernährung
Regelmäßige Mahlzeiten in Ruhe einnehmen; auf abwechslungsreiche Ernährung achten.

Lärm und laute Musik
Laute Musik nur kurze Zeit beim Lieblingsstück hören, sonst leise stellen; beim Konzert nicht in die Nähe der Boxen stellen.

Bewegungsmangel
2x wöchentlich sportlich betätigen; Treppen benutzen; kurze Wege zu Fuß machen.

Mangelnde Körperhygiene
Regelmäßig waschen; Leibwäsche täglich wechseln; Schuhe wechseln

Schlafmangel
Das persönliche Schlafbedürfnis herausfinden und einhalten

7 Infektionskrankheiten

Vermehrung von Salmonellen in Nahrungsmitteln

1. Die Zahl an Salmonellen beträgt um 15.00 Uhr 6.400, um 17.00 Uhr 409.600 und um 19.00 Uhr 26.214.400.
2. Salmonellen-Infektionen kann man vermeiden, indem verunreinigte Lebensmittel weggeworfen werden, größtmögliche Sauberkeit (Hygiene) im Umgang mit Lebensmitteln eingehalten wird (in diesem Fall die Benutzung eines sauberen Messers) und Lebensmittel so gelagert und zubereitet werden, dass sich Krankheitserreger nur schlecht vermehren können (vgl. auch Kapitel 5.3 „Aufbewahren, Zubereiten und Haltbarmachen von Lebensmitteln").

Verbreitungswege von Salmonellen

1.

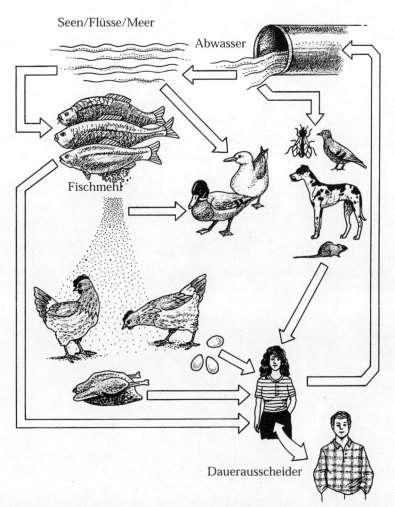

Seen/Flüsse/Meer
Abwasser
Fischmehl
Dauerausscheider

2. Über das Abwasser (Kanalisation) gelangen Salmonellen in Flüsse / Seen / Meere, wo sie von Fischen und Wasservögeln aufgenommen werden können. Gefangene Fische können als Fischmehl die Erreger an Hühner weitergeben, deren Eier und Fleisch zum Menschen gelangen. Die Ausscheidungen infizierter Personen gelangen wieder in die Kanalisation. Insekten, Vögel und Haustiere können ebenfalls über Abwässer Erreger aufnehmen und an den Menschen weitergeben.

Übersicht häufiger Infektionswege von Krankheitserregern

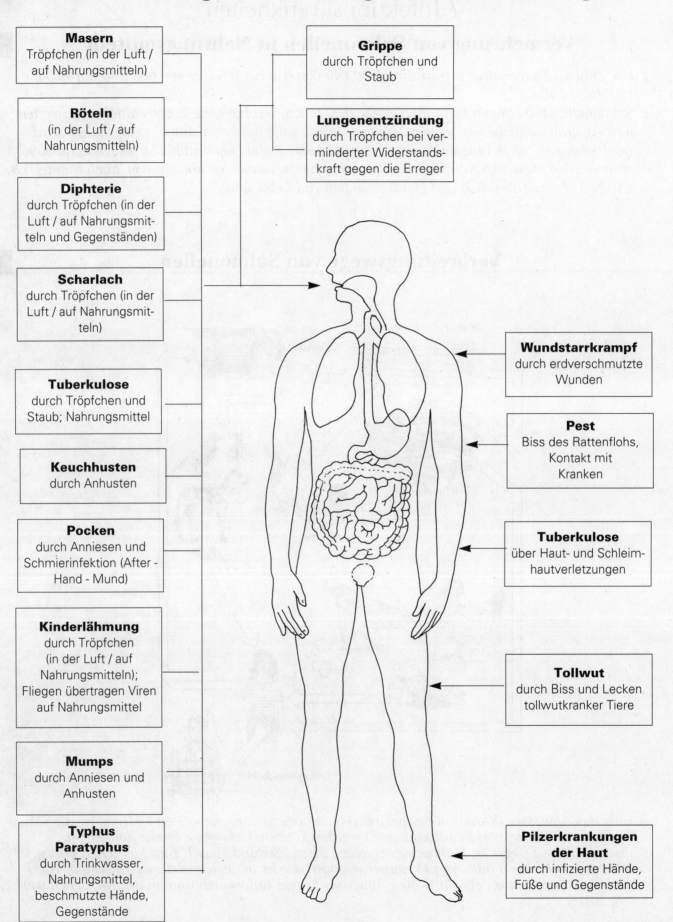

Masern
Tröpfchen (in der Luft / auf Nahrungsmitteln)

Röteln
(in der Luft / auf Nahrungsmitteln)

Diphterie
durch Tröpfchen (in der Luft / auf Nahrungsmitteln und Gegenständen)

Scharlach
durch Tröpfchen (in der Luft / auf Nahrungsmitteln)

Tuberkulose
durch Tröpfchen und Staub; Nahrungsmittel

Keuchhusten
durch Anhusten

Pocken
durch Anniesen und Schmierinfektion (After - Hand - Mund)

Kinderlähmung
durch Tröpfchen (in der Luft / auf Nahrungsmitteln); Fliegen übertragen Viren auf Nahrungsmittel

Mumps
durch Anniesen und Anhusten

Typhus Paratyphus
durch Trinkwasser, Nahrungsmittel, beschmutzte Hände, Gegenstände

Grippe
durch Tröpfchen und Staub

Lungenentzündung
durch Tröpfchen bei verminderter Widerstandskraft gegen die Erreger

Wundstarrkrampf
durch erdverschmutzte Wunden

Pest
Biss des Rattenflohs, Kontakt mit Kranken

Tuberkulose
über Haut- und Schleimhautverletzungen

Tollwut
durch Biss und Lecken tollwutkranker Tiere

Pilzerkrankungen der Haut
durch infizierte Hände, Füße und Gegenstände

Vermehrung des Masern-Virus

Die Masernviren heften sich an eine Zelle (1; der runde Bestandteil ist der Zellkern, die äußere Umgrenzung ist die Zellmembran), dringen in sie ein und vermehren sich dort (2); dann verlassen sie die Zelle und zerstören sie dabei (3).

Die körpereigene Abwehr von Erregern

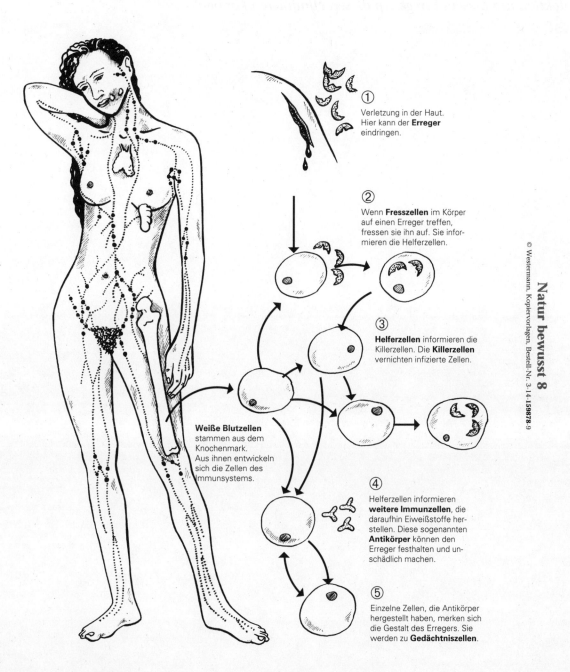

① Verletzung in der Haut. Hier kann der **Erreger** eindringen.

② Wenn **Fresszellen** im Körper auf einen Erreger treffen, fressen sie ihn auf. Sie informieren die Helferzellen.

③ **Helferzellen** informieren die Killerzellen. Die **Killerzellen** vernichten infizierte Zellen.

Weiße Blutzellen stammen aus dem Knochenmark. Aus ihnen entwickeln sich die Zellen des Immunsystems.

④ Helferzellen informieren **weitere Immunzellen**, die daraufhin Eiweißstoffe herstellen. Diese sogenannten **Antikörper** können den Erreger festhalten und unschädlich machen.

⑤ Einzelne Zellen, die Antikörper hergestellt haben, merken sich die Gestalt des Erregers. Sie werden zu **Gedächtniszellen**.

© Westermann, Kopiervorlagen, Bestell-Nr. 3-14-158878-9

Natur bewusst 8

Passive Schutzimpfung und Aktive Schutzimpfung

1. Nach einer Infektion befinden sich im Körper Krankheitserreger. Durch eine Impfung werden dem Körper mit einer Spritze passende Antikörper injiziert (diese wurden vorher von anderen Menschen oder Tieren gebildet und extrahiert). Die Antikörper binden die Erreger und machen sie so unschädlich; sie werden dann von den Fresszellen beseitigt. Der Impfschutz wird quasi „passiv" übertragen; da hier keine Gedächtniszellen vorliegen, ist dieser Impfschutz zeitlich sehr begrenzt und hängt von der Lebensdauer der Antikörper ab.

2. Dem Körper werden abgeschwächte Krankheitserreger injiziert (dabei kann es sich entweder um tote oder in ihrer Wirkung abgeschwächte Erreger oder Teile von ihnen handeln). Der Körper bildet selber („aktiv") passende Antikörper und passende Gedächtniszellen, die bei einer späteren Neuinfektion mit diesem Erregertyp diesen eliminieren können.

8 Genussmittel und Drogen

Rauschgifttote in Deutschland

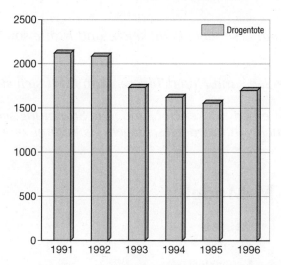

2. Anteil der Frauen und Männer unter den Drogentoten

Jahr	1991	1992	1993	1994	1995	1996
Männer	83 %	83 %	82 %	82 %	83 %	85 %
Frauen	17 %	17 %	18 %	18 %	17 %	15 %

3.

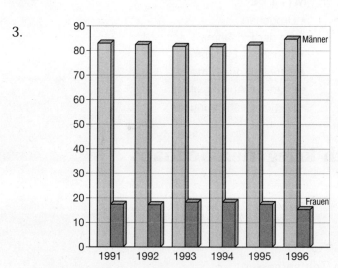

4. Mögliche Todesursachen können sein:
    Überdosierung,
    Schwere Erkrankungen, z.B. Gelbsucht, Entzündung der Bauchspeicheldrüse,
    Herzversagen,
    Unfall,
    Selbstmord.

Designer-Drogen – Rausch mit großem Risiko

1. Designer-Drogen heißen so, weil sie gezielt aus chemischen Stoffen zusammengemischt werden. LSD, „Crack", Ecstasy

2. Die Namen vermitteln den Eindruck, dass man besondere Fähigkeiten und Kräfte sowie Ausdauer und schöne Träume bekommt.

3. Man ist wie „aufgedreht" und hat besondere Seh- und Hörerlebnisse. Man fühlt sich stark. Man ist kontaktfreudig.
Die Zähne klappern. Man ist nervös und hat einen trockenen Mund. Die Stimmung schwankt. Es kommt zu starker Übelkeit. Man ist bedrückt und niedergeschlagen. Es kommt zu Muskelzuckungen.

Das 4-M-Modell

MENSCH

- Erlebnisse und Entwicklungen in der Kindheit
- Selbstbewusstsein und Belastbarkeit
- Gefühlszustand
- Kontaktfähigkeit
- Fähigkeiten, Konflikte zu lösen

MARKT

- Drogenangebot
- Preis
- Beschaffungsmöglichkeiten (einfach/schwierig)

MILIEU

- Familie
- Freundeskreis
- Moden
- Werte und Gesetze
- gesellschaftliche Sitten und Gebräuche
- Werbung

MITTEL

- Drogenart
- Art der Einnahme
- Dauer der Einnahme
- Giftigkeit des Mittels
- Grad der Abhängigkeit
- Begleiterscheinungen

Hauptsache ich krieg 'nen Schnaps

1. Keine Abhängigkeit
   Immer nur Ja-Sagen wird zum Problem

   Leichte Abhängigkeit
   Alkohol macht die Schwierigkeiten für kurze Zeit vergessen

   Mittlere Abhängigkeit
   Gute Vorsätze ohne Erfolg; Alkohol wird zum Mittelpunkt

   Schwere Abhängigkeit
   Schulden, Familie verlässt ihn, ständiges Trinken

2. Mensch: scheut Probleme; geht Schwierigkeiten aus dem Weg; Wunsch beliebt und anerkannt zu sein
Milieu: Arbeitskollegen und Freunde trinken Alkohol; man muss trinken um dazu zu gehören
Markt: In Geschäften, Gaststätten usw. ist Alkohol leicht und relativ preisgünstig zu kaufen
Mittel: Alkohol ist nicht verboten; man verfällt dem Alkohol langsam, über eine längere Zeit; der Körper des Alkoholkranken wird langfristig geschädigt, sein ganzes Wesen ändert sich.

Langfristige körperliche Schäden durch Alkohol

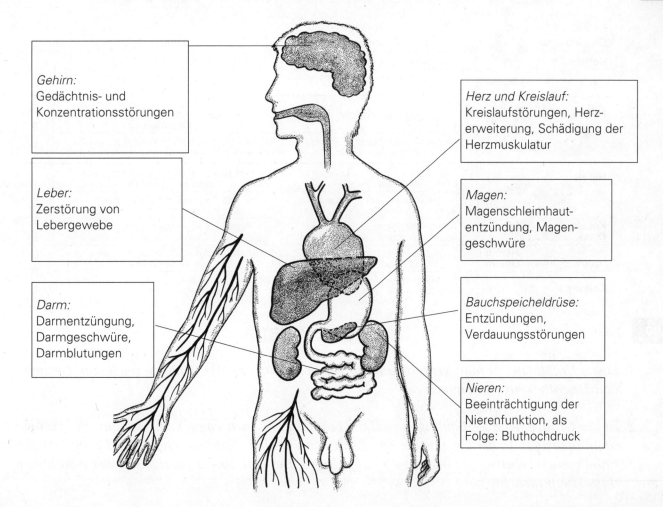

Gehirn:
Gedächtnis- und
Konzentrationsstörungen

Leber:
Zerstörung von
Lebergewebe

Darm:
Darmentzündung,
Darmgeschwüre,
Darmblutungen

Herz und Kreislauf:
Kreislaufstörungen, Herz-
erweiterung, Schädigung der
Herzmuskulatur

Magen:
Magenschleimhaut-
entzündung, Magen-
geschwüre

Bauchspeicheldrüse:
Entzündungen,
Verdauungsstörungen

Nieren:
Beeinträchtigung der
Nierenfunktion, als
Folge: Bluthochdruck

Übersicht: Drogen und ihre Wirkungen

Drogenname	Wirkung	Gefahr	
Koffein	wirkt belebend, leistungssteigernd	hoher Blutdruck, Abhängigkeit möglich	L E G A L
Alkohol	zunächst belebend, dann stark berauschend	Enthemmung, Abhängigkeit, langfristige Organschäden	
Nikotin	anregend oder entspannend	Nervenlähmung, Durchblutungsstörungen (Herzinfarkt), Abhängigkeit, erhöhtes Krebsrisiko	
Arzneimittel	aufputschend, beruhigend oder andere Wirkungen	unkontrollierte Einnahme kann zu schwerwiegenden Nebenwirkungen und Sucht führen	
Hasch	hebt die Stimmung, verändert Sinneseindrücke	Abhängigkeit, Niedergeschlagenheit, erhöhtes Krebsrisiko	I L L E G A L
LSD	Verstärkung von Gefühlen, stark veränderte Sinneseindrücke	Abhängigkeit, Angstzustände, plötzlich wiederkehrender Rausch	
Kokain Crack	Abbau der Hemmung, starkes Selbstbewusstsein, Angstzustände	Abhängigkeit, Niedergeschlagenheit, Lungen- und Gehirnschäden, Herzschwäche	
Heroin Opium	beruhigend, schmerzlindernd, hebt die Stimmung	Starke Abhängigkeit, quälende Entzugserscheinungen, körperlicher Verfall	
Ecstasy	hebt die Stimmung, leistungssteigernd, Ausschalten von Schmerz-, Hunger-, Durstgefühlen	Abhängigkeit, Gehirnschäden, Kollapsgefahr, Niedergeschlagenheit	

Disko-Unfälle

1. Disco-Unfälle nennt man Verkehrsunfälle, die vor allem am Wochenende nach dem Besuch von Discotheken vorkommen.

2. In der Gruppe der 15 - 18jährigen sind die Fahrfehler (Geschwindigkeit, Vorfahrt) die Hauptunfallursachen. In der Gruppe der 18 - 21jährigen ist die überhöhte Geschwindigkeit Hauptunfallursache ebenso wie bei den 21 - 25jährigen. Bei den über 25jährigen ist der Alkoholeinfluss Hauptursache.

3. Der Fahrer und Beifahrer sind am meisten gefährdet.

Ablauf der Alkoholkrankheit

1. Keine Abhängigkeit

Man trinkt bei einer Gelegenheit, beim Essen oder mit Freunden.

Man trinkt meist nur soviel, wie man gut verträgt.

Es gibt Zeiten, in denen man gar keinen Alkohol trinkt.

2. Leichte Abhängigkeit

Wenn man trinkt, empfindet man eine Erleichterung, die Probleme verschwinden scheinbar.

Man trinkt oft die ersten Gläser sehr schnell, um schnell in bessere „Stimmung" zu kommen.

Man trinkt einige Gläser, ohne dass die anderen es merken.

Man spricht nicht gern über Alkohol, denkt aber oft daran.

Die ersten Gedächtnislücken treten auf.

3. Mittlere Abhängigkeit

Nach dem ersten Glas kann man nicht mehr kontrollieren, wieviel man trinkt. Man versucht, Gründe für das häufige Trinken zu geben.

Man gibt sich selbstbewusst, schneidet auf, ist aber auch oft schlecht schlecht gelaunt und aggressiv.

Man achtet nicht mehr so genau auf normale Pflege und Ernährung des Körpers.

Der Kontakt zur Familie, zum Freund oder Partner wird lockerer, Arbeitsstellen werden aufgegeben.

4. Schwere Abhängigkeit

Man trinkt in jeder Gesellschaft, ist oft tagelang betrunken.

Man wird gleichgültig gegen Sitte und Anstand, die Persönlichkeit verfällt.

Häufig treten nervliche und seelische Zusammenbrüche auf. Viele Alkoholiker fallen in geistige Verwirrung.

Der Alkohol verändert Mirjams Familienleben

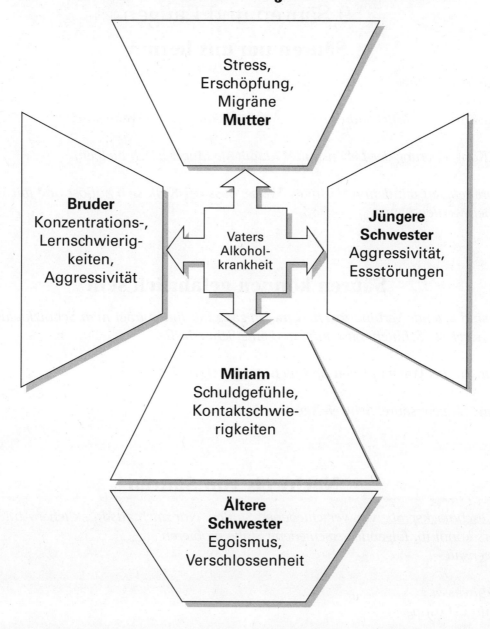

Stress,
Erschöpfung,
Migräne
Mutter

Bruder
Konzentrations-,
Lernschwierig-
keiten,
Aggressivität

Vaters
Alkohol-
krankheit

**Jüngere
Schwester**
Aggressivität,
Essstörungen

Miriam
Schuldgefühle,
Kontaktschwie-
rigkeiten

**Ältere
Schwester**
Egoismus,
Verschlossenheit

Trink trink Brüderlein trink

Situationsabhängige Lösung.

9 Säuren und Laugen

Säuren um uns herum

1. Vom sauren Geschmack!

2. Zitronensäure   Milchsäure   Ameisensäure   Weinsäure

3. Für die Konservierung der Lebensmittel (damit sie länger frisch bleiben)

4. Die Säure reagiert mit dem Kalk in der Weise, dass der Kalk sich auflöst und mit Wasser weggewaschen werden kann.

Säuren können gefährlich sein

1. Säuren sind ätzende Verbindungen, beim Umgang mit ihnen trägt man Schutzkleidung (Laborkittel), säurefeste Schutzhandschuhe und eine Schutzbrille.

2. Die Säure in das Wasser gießen und nicht umgekehrt!

3. Salzsäure, Salpetersäure, Schwefelsäure

Nachweis von Säuren

A) Die <u>Geschmacksprobe</u> von verschiedenen Stoffen. Nur nach ausdrücklicher Aufforderung des Lehrers könnt ihr folgende verschiedene Stoffe probieren:
Zitronensaft
Essig
Mineralwasser
Vitamin C-Lösung

Die Stoffe haben alle eine Gemeinsamkeit, den <u>sauren</u> Geschmack. In den Stoffen sind Säuren enthalten wie Zitronensäure, Essigsäure, Kohlensäure, Vitamin C = Ascorbinsäure.

B) Die <u>Geschmacksprobe</u> ist zum Nachweis von unbekannten Stoffen nicht geeignet! Man verwendet sogenannte <u>Indikatoren</u>, wobei es sich bei ihnen um Verbindungen handelt, welche durch Veränderung ihrer Farbe eine Reaktion anzeigen.
Ein Beispiel für einen <u>Indikator</u> ist <u>Lackmus</u>.
Taucht man <u>Lackmus</u>papier in eine wässrige Lösung, die eine Säure enthält, so färbt sich das <u>Lackmus</u>papier <u>rot</u> und zeigt somit die Anwesenheit einer Säure an.

Eigenschaften von Säuren

Säurebehandlung von	Wirkung
Kalk	wird aufgelöst
Gold	nicht angegriffen
Platin	nicht angegriffen
Magnesium	werden zersetzt
Zink	werden zersetzt
Blei	werden zersetzt
Eisen	werden zersetzt

Wirkung von Säuren

1.

Säure	Kategorie
Weinsäure	C
Salpetersäure	A
Salzsäure	A
Ascorbinsäure (Vitamin C)	C
Schwefelsäure	A
Essigsäure	B
Äpfelsäure	C
Zitronensäure	C
Schweflige Säure	A
Kohlensäure	C
Milchsäure	C
Blausäure	A

2. Konzentrierte Essigsäure bedeutet im Vergleich zu verdünnter Essigsäure eine sehr viel größere Menge von Essigsäureteilchen, das wiederum ist nicht verträglich auf der Haut.

Nutzung von verschiedenen Säuren

1. Schwefelsäure, Salzsäure und Salpetersäure sind stark ätzende Säuren und somit zu gefährlich für den Gebrauch im Haushalt.

Schweflige Säure

| I. Wortgleichung: | Schwefel | + | Sauerstoff | → | Schwefeldioxid |

I. Wortgleichung: Schwefel   +   Sauerstoff   →   Schwefeldioxid

chem. Zeichensprache: S + O_2 → SO_2

II. Wortgleichung: Schwefeldioxid   +   Wasser   →   Schweflige Säure

chem. Zeichensprache: SO_2 + H_2O → H_2SO_3

Herstellung von Kohlensäure

II. Wortgleichung: Kohlenstoffdioxid   +   Wasser   →   Kohlensäure

chem. Zeichensprache: CO_2 + H_2O → H_2CO_3

III. Wortgleichung: Kohlensäure   → Kohlenstoffdioxid   +   Wasser

chem. Zeichensprache: H_2CO_3 → CO_2 + H_2O

Salzsäure

1. Schwefelsäure + Natriumchlorid → Natriumsulfat + Chlorwasserstoffgas

Gefährlichkeit von Laugen

1.

mindergiftig,
reizend

ätzend

2. Schutzbrille, Schutzhandschuhe und Schutzkittel sind zu tragen!

3. Weil sie mit dem Metall reagieren und es zersetzen!

Nachweis von Laugen und Säuren

1.   *rot*   *gelb*   *blau*

2. Ergebnis: Der einfache Indikator kann zwar identifizieren, ob es sich beim Stoff um eine Lauge oder Säure handelt, er kann jedoch keine Angaben über die Menge machen.

Der Universalindikator und der pH-Wert

2.   Wässrige Lösungen, deren pH-Wert kleiner als 7 ist, werden als Säuren bezeichnet.
Wässrige Lösungen, deren pH-Wert grösser als 7 ist, werden als Laugen bezeichnet.
Der pH-Wert von genau 7 entspricht dem von reinem Wasser.
Man sagt auch Lösungen mit pH = 7 sind neutral.
Je niedriger der pH-Wert, desto stärker ist die Säure.
Je höher der pH-Wert, desto stärker ist die Lauge.

Bedeutung des pH-Wertes

Sauer wirkende Stoffe	pH-Wert
Zironensäure	2
Blut	7
Magensäure	1
Speiseessig	3
verdünnte Salzsäure	2
Batteriesäure	1
Cola	4
Mineralwasser	5

Neutral wirkende Stoffe	
Wasser	7

Basisch wirkende Stoffe	
Natronlauge	11
Seife	10

Eigenschaften von Laugen

1.
Elektrische Leitfähigkeit
löst organische Stoffe
löst Öle und Fette

K98

Seifen

1. pH > 7

K99

Die Alkalimetalle

1. Lithium, Natrium, Kalium, Cäsium

2. weiche Metalle, man kann sie mit dem Messer durchschneiden
   reagiert sehr heftig mit Wasser
   überzieht sich an der Luft mit einer Oxidschicht

3. Wasserstoff
   Natriumhydroxid
   Natrium

K100

Herstellung von Laugen

1. Metall + Wasser → Metallhydroxid + Wasserstoff

2.
a) Wortgleichung: Natrium + Wasser → Natriumhydroxid + Wasserstoff
chem. Zeichensymbole: $2N_a + 2H_2O \rightarrow NaOH + H_2$

b) Wortgleichung: Kalium + Wasser → Kaliumhydroxid + Wasserstoff
chem. Zeichensymbole: $2K + 2H_2O \rightarrow 2KOH + H_2$

3. Natriumhydroxid NaOH
   Verbindung aus Natrium Na
            aus Sauerstoff O
            aus Wasserstoff H

Kochsalz ist ein wichtiger Rohstoff

1. Kochsalz findet vielfältige Verwendung. Ergänze die Darstellung mithilfe von Begriffen aus deinem Buch „Natur bewusst 8" S.134–136.

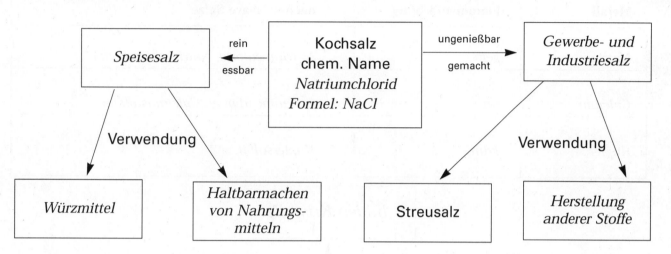

2. Kochsalz wird heute auf zwei Arten gewonnen. Beschreibe in Stichpunkten.

a) in Bergwerken: <u>*Steinsalz mit Erde*</u> → <u>*Sole*</u> → <u>*Siedesalz*</u>

         lösen   sieden

b) in südlichen Ländern: <u>*Meerwasser (Wasser und Salz)*</u> → <u>*Meersalz*</u>.

            verdunsten

3. Rätsel zum Thema Salz. Die gesuchten Begriffe findest du im Buchtext. Die zehn gekennzeichneten Buchstaben ergeben ein Lösungswort.

frühere Bezeichnung für Salz: w e i ß e s   G [o] l d

Name für die Transportstrecken: S a l z s t [r] a ß e n

So nennt es der Chemiker: N [a] t r i u m c h l o r i d

Blutersatzstoff in Notfällen: p h y s [i] [o] l [o] [g] i s c h e

            K o c h s a l z l ö s u n g

zu viel Salz schädigt es: H e r z k r e i s l a u f [s] y s t e m

Auf drei Arten scheidet der Mensch Salz aus: S c h w e i ß [U] r i n T r ä n e n

Lösungswort: [O] [r] [g] [a] [n] [i] [s] [m] [u] [s]

Eigenschaften von Salzen

1.

Metall	Flammenfärbung	nachweisbare Salze
Natrium	gelb	Natriumchlorid, Natriumbicarbonat
Calcium	rot	Calciumcarbonat, Calciumsulfat
Kupfer	grün	Kupfersulfat

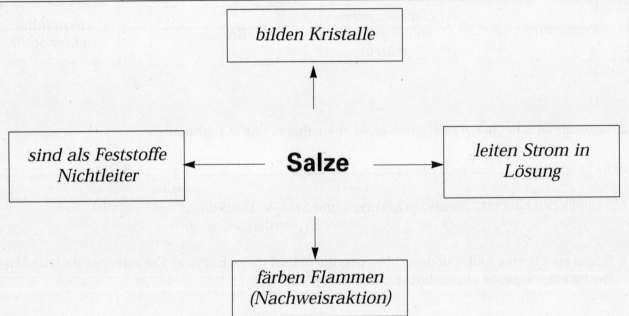

bilden Kristalle

sind als Feststoffe Nichtleiter ← **Salze** → *leiten Strom in Lösung*

färben Flammen (Nachweisraktion)

Wie Salze hergestellt werden können I

1.

Allgemeine Wortgleichung

a) *Magnesium + Salzsäure → Magnesiumchlorid + Wasserstoff*
b) *weiteres Beispiel*

Zink   + Salzsäure   → Zinkchlorid   + Wasserstoff
Allgemeine Wortgleichung: Metall + Säure → Salz + Wasserstoff

c) *Salzsäure + Natronlauge   → Kochsalz + Wasser*

Allgemeine Wortgleichung: Säure + Lauge → Salz + Wasser
Dieser Vorgang heißt Neutralisation.

Wie Salze hergestellt werden können II

1. Natrium + Chlor → Natriumchlorid (Kochsalz)

Allgemeine Wortgleichung: Metall + Nichtmetall → Salz

Dieser Vorgang heißt Synthese

Säuren und Laugen bilden Salze. Dieser Vorgang ist eine <u>Neutralisation</u>. Dabei ersetzt das <u>Metall</u> der Lauge den Wasserstoff aus der <u>Säure</u> und bildet mit dem <u>Säurerest</u> ein <u>Salz</u>. Der übrige Wasserstoff verbindet sich mit der OH-Gruppe der Lauge zu <u>Wasser</u>.

Verwendung von Salzen I

1.

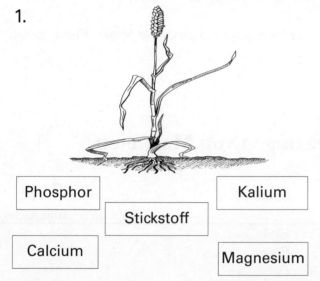

Phosphor

Stickstoff

Kalium

Calcium

Magnesium

2.

Düngerarten

organischer Dünger   Kunstdünger

Kompost, Mist   industriell hergestellter

Gülle   Dünger

Verwendung von Salzen II

3.
Überdüngung: *Boden bekommt mehr Dünger als die Pflanzen aufnehmen.*

Folgen: *nicht mehr Ertrag;   gelangt in Flüsse und Seen;   gelangt ins Grundwasser;*
   schädlich   überdüngte Gewässer   Trinkwassergefährdung

4.
erwünscht: Wasser gefriert nicht auf der Straße
unerwünscht: fördert Korosion an Autos, Brücken etc.; Boden und Pflanzen werden geschädigt.
5. a) Sand, b) Lava, c) Granit, d) Splitt

11 Magnetismus, Elektromagnetismus
Wirkungen von Magneten

K109

1. Nenne die Magnetformen
a) Scheibenmagnet
b) Stabmagnet
c) Hufeisenmagnet
d) Hufeisenmagnet
e) Stabmagnet
f) Hufeisenmagnet
g) Stabmagnet

2. Die größte Kraftwirkung besitzen Magnete an ihren Polen.
3. Gib Beispiele für die Verwendung von Magneten an.
Büroklammerhalter, Seifenhalter, Schranktürverschluss, Pinwand, Lautsprecher

4. Alle Stoffe, die von einem Magneten angezogen werden, sind magnetische Stoffe. Eisen, Kobalt und Nickel sind magnetische Stoffe.

K110

Wechselwirkungen von Magneten

1.

Gegenstand (Beispiel)	Material	Wird angezogen (+) Wird nicht angezogen (-)
Bleistift	Holz	-
Schlüssel	Eisen	+
Radiergummi	Plastik	-
Schraube	Messing	-
Nagel	Eisen	+

2. Eisen wird vom Magneten angezogen.

3.

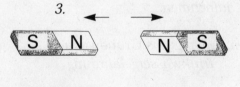 

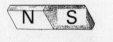 

Gleichnamige Pole stoßen sich ab.
Ungleichnamige Pole ziehen sich an.

4. Wenn auf dem Wagen ein Magnet liegt, wird der Wagen von dem einen Pol des Magneten in der Hand angezogen und von dem anderen Pol des Magneten in der Hand abgestoßen. Liegt ein Stück Eisen auf dem Wagen, wird der Wagen von beiden Seiten des Magneten angezogen.

Magnet Erde

1. Der Magnet zeigt die Nord-Süd-Richtung an.
   Der Magnet richtet sich in Nord-Süd-Richtung aus.

2.

3.

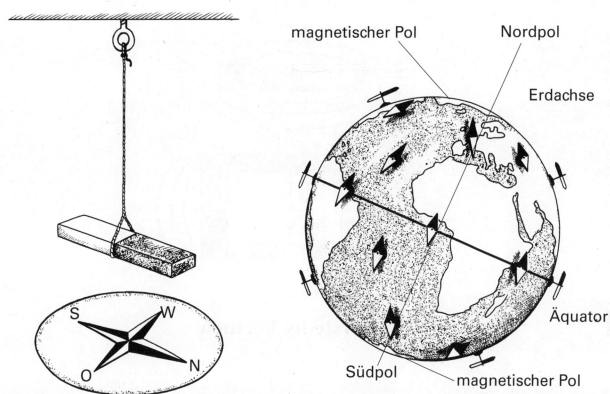

Elementarmagnete

2.

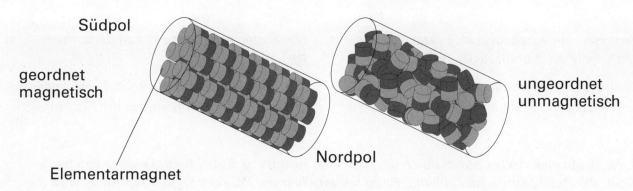

3. Ich streiche mit einem Pol eines Magneten mehrmals in die gleiche Richtung über den Draht.

4. Durch starke Erschütterungen oder durch Hitze wird der Draht wieder unmagnetisch.

Feldlinienbilder

1. Diesen Bereich nennt man magnetisches Feld oder Magnetfeld.

2. Um einen Magneten herum befinden sich kleine Magnetnadeln. Zeichne die Stellung der Nadeln ein. (Bild 1 auf Seite 154 von „Natur bewusst" 8)

3.

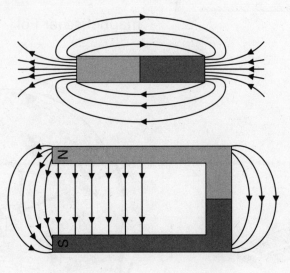

Oerstedts Versuch

2.

Aufgabe	Beobachtung
Stelle eine Spannung von 10 V ein. Schließe für einige Sekunden den Schalter.	*Die Magnetnadel dreht sich.*
Öffne den Schalter.	*Die Magnetnadel kehrt in die Ausgangslage zurück*
Vertausche die Anschlüsse am Netzgerät und schalte den Strom wieder ein.	*Die Magnetnadel dreht sich in die andere Richtung.*
Verringere die Stromstärke mit dem Drehkopf des Netzgerätes. Schalte das Netzgerät aus.	*Die Ablenkung der Magnetnadel wird immer geringer bis sie sich wieder in der Ausgangsstellung befindet.*

3. Fließt ein elektrischer Strom durch ein Kabel, so ist um das Kabel herum eine magnetische Kraft, die eine Magnetnadel ablenkt. Beim Vertauschen der Pole der Spannungsquelle wird die Magnetnadel in die entgegengesetzte Richtung abgelenkt. Je stärker der Strom ist, desto weiter dreht sich die Magnetnadel herum.

Der Elektromagnet

2. Aufgabe

Beobachtung
Beispiel:

Stelle die Kompassnadel vor die vordere Spulenöffnung.

Der Südpol der Magnetnadel wird angezogen.

Stelle die Kompassnadel an die hintere Spulenöffnung.

Der Nordpol der Magnetnadel wird angezogen.

Pole die Stromrichtung um, indem du die Anschlüsse an der Batterie vertauscht. Die Kompassnadel bleibt an der hinteren Spulenöffnung.

Der Südpol der Magnetnadel wird angezogen.

Stelle die Kompassnadel vor die vordere Spulenöffnung.

Der Nordpol der Magnetnadel wird angezogen.

Lege einen Eisenkern in die Spule und beobachte die Magnetnadel.

Die Magnetnadel bewegt sich schneller.

Spulen als Elektromagnet

1. Die Batterie wird mit den Kabeln an den mit Draht umwickelten Nagel angeschlossen.

2.

Gemeinsamkeiten	*Unterschiede*
Nord- und Südpol	Ein Elektromagnet lässt sich ein- und ausschalten
Magnetisches Feld	Ein Elektromagnet lässt sich durch Wechseln der Anschlüsse an der Spannungsquelle umpolen.
Magnetische Feldlinien	
Unterschiedliche Stärken	
Gleiche Pole stoßen sich ab, ungleiche ziehen sich an.	
Wirkt durch andere Stoffe hindurch, außer durch Stoffe, die sie anziehen.	

Der elektrische Gong

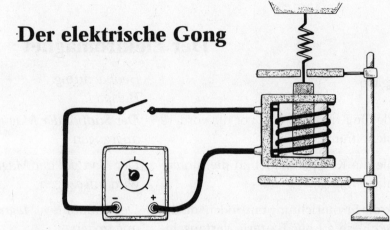

1.
⑥ *Klingelknopf*
① *Spannungsquelle*
③ *Spule*
③ *Elektromagnet*
⑦ *Eisenkern*
④ *Feder*
⑤ *Metallplatte*
② *Metallplatte*

3. Ergänze den Lückentext.
Wenn der Klingelknopf gedrückt wird, ist der Stromkreis geschlossen. Die Spule wird zu einem Elektromagneten. Dadurch wird ein Eisenkern in die Spule hineingezogen und trifft mit seinem Ende gegen eine Metallplatte. Es ertönt ein „Ding". Nach dem Loslassen des Klingelknopfes ist der Stromkreis unterbrochen. Es fließt kein Strom. Die Spule verliert ihre Magnetkraft. Der Eisenkern wird durch eine Feder zurückgezogen und trifft mit seinem anderen Ende gegen eine zweite Metallplatte. Es ertönt ein „Dong".

Die elektrische Klingel

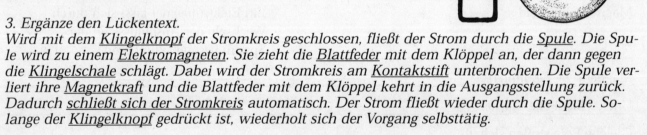

1.
⑧ *Klingelknopf*
② *Klingelschale*
③ *Klöppel*
③ *Kontaktstift*
⑥ *Blattfeder*
⑤ *Spule*
① *Spannungsquelle*
⑤ *Elektromagnet*
⑦ *Anschlussschrauben*

3. Ergänze den Lückentext.
Wird mit dem Klingelknopf der Stromkreis geschlossen, fließt der Strom durch die Spule. Die Spule wird zu einem Elektromagneten. Sie zieht die Blattfeder mit dem Klöppel an, der dann gegen die Klingelschale schlägt. Dabei wird der Stromkreis am Kontaktstift unterbrochen. Die Spule verliert ihre Magnetkraft und die Blattfeder mit dem Klöppel kehrt in die Ausgangsstellung zurück. Dadurch schließt sich der Stromkreis automatisch. Der Strom fließt wieder durch die Spule. Solange der Klingelknopf gedrückt ist, wiederholt sich der Vorgang selbsttätig.

Das Relais I

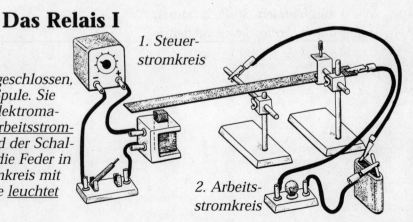

1. Steuer-
stromkreis

2. Arbeits-
stromkreis

3. Ergänze den Lückentext.
Wird der Schalter im Steuerstromkreis geschlossen, fließt ein elektrischer Strom durch die Spule. Sie wird zu einem Elektromagneten. Der Elektromagnet zieht eine Blattfeder an, die den Arbeitsstromkreis schließt. Die Lampe leuchtet. Wird der Schalter im Steuerstromkreis geöffnet, kehrt die Feder in die Ausgangsstellung zurück. Der Stromkreis mit der Lampe ist unterbrochen. Die Lampe leuchtet nicht.

Das Relais II

a) Das Relais schaltet ein.
    Der Schalter im Steuerstromkreis wird geschlossen. Die Spule wird magnetisch und zieht die Feder an. Dadurch wird der Arbeitsstromkreis geschlossen. Die Lampe leuchtet.

b) Das Relais schaltet aus.
    Der Schalter im Steuerstromkreis wird geschlossen. Die Spule wird magnetisch und zieht die Feder an. Dadurch wird der Arbeitsstromkreis unterbrochen. Die Lampe leuchtet nicht.

c) Das Relais schaltet um.
    Die rote Lampe leuchtet. Wenn der Schalter im Steuerstromkreis geschlossen wird, wird die Spule magnetisch und zieht die Feder an. Dadurch wird der Stromkreis mit der roten Lampe unterbrochen und der Stromkreis mit der grünen Lampe geschlossen.

Versuch: Einen Magneten in Drehung versetzen

1. *Ich bringe den drehbaren Magneten in Bewegung und gebe ihm immer Schwung, indem ich einen zweiten Magneten immer mit dem gleichen Pol kurz nähere und wieder entferne.*

2. *Es gelingt, den Magneten zu drehen, indem man immer „im richtigen Moment" den Elektromagneten kurz ein- und ausschaltet. Wenn z.B. der Nordpol des Magneten sich dem Nordpol der Spule genähert hat, wird kurz der Stromkreis eingeschaltet. Dann stoßen sich die gleichnamigen Pole ab.*

Gleichstrommotor I

1.

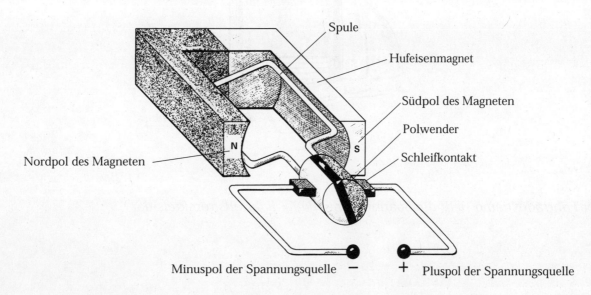

2. *Durch den Polwender werden die Anschlüsse der Spule gewechselt.*

Gleichstrommotor II

1. *Der Stromkreis wird geschlossen. Dadurch wird die Spule zu einem <u>Elektromagneten</u>. Sie hat dann einen <u>Nordpol</u> und einen <u>Südpol</u>.*
Wenn sich der Nordpol des Hufeisenmagneten und der Nordpol der Spule gegenüberstehen, <u>stoßen</u> sie sich ab. Dadurch dreht sich die <u>Spule</u>. Die Spule dreht sich so weit, bis sich <u>gleichnamige</u> Pole der Spule und des Magneten gegenüber stehen. Die Schleifkontakte liegen genau zwischen den beiden <u>Halbringen</u> des Polwenders. Die Spule würde nun stehenbleiben.
Wenn sich die Spule weiter drehen soll, muss sie ein wenig Schwung haben. Gleichzeitig wird die Stromrichtung durch den <u>Polwender</u> umgetauscht. Dadurch wird aus dem Nordpol der Spule ein <u>Südpol</u>, und aus dem <u>Südpol</u> der Spule ein Nordpol. Es stehen dann wieder <u>gleichnamige</u> Pole gegenüber, die sich abstoßen. Die Drehung geht weiter. Nach jeder <u>halben</u> Drehung wird umgepolt.

12 Elektromagnetische Induktion
Induktionsspannung I

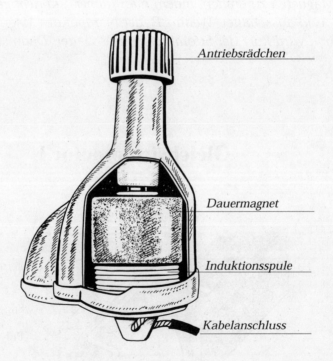

Antriebsrädchen

Dauermagnet

Induktionsspule

Kabelanschluss

Der Fahrraddynamo stellt die Spannungsquelle im Fahrradstromkreis dar.

Induktionsspannung II

2. Ergänze die Beobachtungen:
Bewegt man den Stabmagneten in die Spule hinein, so schlägt der Zeiger des Spannungsmessers
nach <u>rechts/links</u> aus, zieht man den Stabmagneten wieder heraus, so schlägt der Zeiger nach
<u>links/rechts</u> aus.
Bleibt der Magnet in der Spule liegen, so zeigt der Zeiger <u>keine</u> Spannung an.
Bewegt man die Spule auf den Magneten zu, so schlägt der Zeiger nach <u>rechts/links</u> aus, bewegt
man die Spule vom Magneten wieder weg, so schlägt der Zeiger nach <u>links/rechts</u> aus.

3. Wenn sich das Magnetfeld in einer Spule ändert, entsteht an den Enden der Spule eine Span-
nung. Das Magnetfeld ändert sich, wenn der Magnet bewegt wird und die Spule feststeht oder die
Spule bewegt wird und der Magnet feststeht.

Wovon hängt die Induktionsspannung ab?

1. Je schneller der Magnet bewegt wird, desto größer ist die Spannung.
Je stärker der Magnet bewegt wird, desto größer ist die Spannung.
Je größer die Windungszahl ist, desto größer ist die Spannung.

Wechselspannung und Wechselstrom

1. siehe Bild 3 „Natur bewusst 8", Seite 175

Der Generator

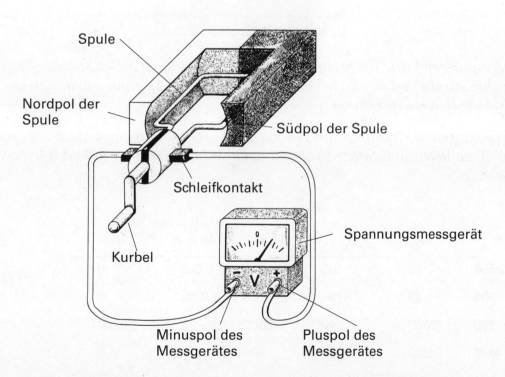

Spule
Nordpol der Spule
Südpol der Spule
Schleifkontakt
Kurbel
Spannungsmessgerät
Minuspol des Messgerätes
Pluspol des Messgerätes

2. An dieser Stelle wird die Spannung, die in der Spule entsteht, abgenommen und zum Messgerät
geleitet.
3. An der Spule ist eine Achse befestigt, an deren Ende sich eine Turbine bzw. ein Rotor befindet.
Diese können durch Wasser, Dampf, Wind oder Verbrennungsmotoren angetrieben werden.

Spannungen werden transformiert

3. Ist die Windungszahl der Primärspule größer als die Windungszahl der Sekundärspule, so wird die Spannung herabtransformiert. Ist die Windungszahl der Primärspule hingegen kleiner als die Windungszahl der Sekundärspule, so wird die Spannung herauftransformiert.

K130

Stromstärken werden gewandelt

3. Wenn die Sekundärspule eine kleinere Windungszahl als die Primärspule besitzt, fließt dort ein stärkerer Strom. Ist die Windungszahl der Sekundärspule größer als die der Primärspule, ist die Stromstärke geringer.

K131

Der Transformator

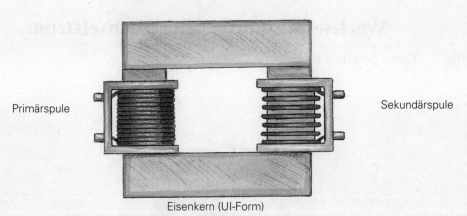

Primärspule   Sekundärspule

Eisenkern (UI-Form)

An der Primärspule wird eine Wechselspannung angelegt. Dadurch ändert sich das Magnetfeld der Primärspule ständig und es wird in der Sekundärspule eine Spannung induziert. Der Eisenkern verstärkt die Induktionswirkung.

2. a) Die Spannungen am Transformator verhalten sich wie die Windungszahlen der Spulen. Die Stromstärken in einem belasteten Transformator verhalten sich umgekehrt wie die Windungszahlen.

b)

N_p	N_s	U_p in V	U_s in V	Ip in A	I_s in A
2000	50	100	*2,5*	0,2	*8*
500	*25*	100	5	*0,25*	5
200	*10000*	40	2000	2	*0,04*
1000	250	400	100	*0,125*	0,5

Generator – Transformator – Motor I und II

a)

Strömendes Wasser setzt Turbinen in eine Drehbewegung. Die angeschlossenen Generatoren erzeugen Spannungen von einigen tausend Volt.

b)

Wind setzt Windräder in eine Drehbewegung.

c)

Wasserdampf setzt Turbinen in eine Drehbewegung.

d)

Umspannwerke transformieren die Spannung auf 20 000 V (20 kV) herab.

e)

In der näheren Umgebung der Wohnungen werden die Hochspannungen auf 400 V oder 230 V herabtransformiert.

e)

Für die Übertragung der elektrischen Energie über größere Entfernungen muss die Stromstärke möglichst klein sein, damit sich die Leitungen nicht zu sehr erwärmen. Deshalb werden die Stromstärken herabtransformiert und gleichzeitig die Spannungen auf 110 000 V (110 kV) oder 380 000 V (380 kV) herauftransformiert.

f)

Elektromotoren können durch den elektrischen Strom in Bewegung gesetzt werden.

13 Leistung

Leistung im Treppensteigen

2.

Auf einen Körper der Masse 1 kg wirkt die Gewichtskraft von ca. _10N_. Ein Körper mit der Masse _45 kg_ erfährt dann die Gewichtskraft von ca. _450 N_. Um die Arbeit W zu berechnen, muss man die _Kraft F_ in Wegrichtung mit dem _zurückgelegten Weg s_ multiplizieren. Für die Hubarbeit rechnet man _Gewichtskraft mal Höhe_.

Bei der Berechnung der mechanischen Leistung P muss man sowohl die _Arbeit W_ als auch die _Zeit t_ beachten: Beim Treppensteigen hat derjenige die größere Leistung vollbracht, der bei gleicher Hubarbeit die Treppe in _kürzerer_ Zeit aufsteigt oder für eine größere Hubarbeit die _gleiche_ Zeit für den Aufstieg benötigt. Man kann aber auch einfach den Quotienten bilden:

$P = \dfrac{W}{t}$.   Die mechanische Leistung hat die Einheiten: _1 Nm/s = 1 W = 1 J/s_.

Tauchsieder im Leistungsvergleich

2. Je größer die Leistung eines Tauchsieders, um so schneller siedet das Wasser.

Die elektrische Leistung eines Motors

Ergebnisse: Um ein Wägestück in kürzerer Zeit nach oben zu befördern, ist eine größere Leistung des Motors nötig. Die elektrische Leistung lässt sich erhöhen, indem man die Spannung und die Stromstärke erhöht. Die elektrische Leistung ist größer als die mechanische Leistung, weil ein Teil der elektrischen Leistung verwendet wird, um den Motor zu betreiben und die Leitungen sich erwärmen.

Leistung und Energie II

1. Ergänze:

Die elektrische Energie W lässt sich aus der elektrischen Leistung P und der Zeit t berechnen. Es gilt: Elektrische Energie = _elektrische Leistung mal Zeit_.

Mit den Formelzeichen: _W=P•t._ Die Einheit der elektrischen Energie lautet: _1 Ws_.

Da für die elektrische Leistung gilt: P = _U•I_, kann man die elektrische Energie auch berechnen als das Produkt aus der _elektrischen Spannung_, der _elektrischen Stromstärke_ und der _Zeit : W = U•I•t_ . Als Einheit ergibt sich dann auch: _1 Ws = 1 VAs_.

Da die Einheit _1 Ws_ sehr klein ist, gibt man die elektrische Energie auch in der Einheit _Kilowattstunde_ an.

1 kWh = _1000 W • 3600 s = 3 600 000 Ws_.

2.

Gerät	Leistung P	Betriebszeit t	Energie W in Ws	Energie W in kWh	Kosten in DM
Fernsehgerät	60 W	4 h	864 000	0,24	0,07
Radio	30 W	12 h	1 296 000	0,36	0,11
Heizlüfter	2200 W	8 h	63 360 000	17,6	5,28

Elektrische Energie mit dem Zähler bestimmen

Zählwerk: Es gibt die Anzahl der Kilowattstunden an.

Zählerscheibe: Sie dreht sich umso schneller, je mehr Energie benötigt wird

Typenschild: Hier findet sich eine Angabe mit der Abkürzung U/kWh. Diese gibt an, wie viele Umdrehungen die Scheibe gemacht hat, bis 1 kWh entnommen wurde.

2. Die Glühlampe benötigt für 5 min eine Energie von 0,0083 kWh.
a) $W = P \cdot t = 100 \; W \cdot 300 \; s = 30\,000 \; Ws = 0.0083 \; h$

(b) Wie viele Umdrehungen macht die Zählerscheibe?

x	U	entsprechen	0,0083 kWh
3000	U	entsprechen	1 kWh

$$x = \frac{0,0083 \; kWh \cdot 3000 \; U}{1 \; kWh} = 25 \; U$$

Die Zählerscheibe dreht sich 25 mal.

Elektrische Energie mit dem Zähler bestimmen

(c)

$$x = \frac{5 \; min \cdot 1 \; U}{25 \; U} = 0,2 \; min = 12 \; s$$

Eine Umdrehung der Zählerscheibe dauert 12 s.

3.

$$x = \frac{30 \; U \cdot 1 \; kWh}{300 \; U} = 0,1 \; kWh$$

Das Gerät benötigte eine Energie von W = 0,1 kWh.
Für die Leistung P gilt dann:

$$P = \frac{W}{t} = \frac{0,1 \; kWh}{5 \; min} = \frac{0,1kW \cdot 60 \; min}{5 \; min} = 1,2 \; kW.$$

Das Gerät hat eine Leistung von 1,2 kW.

Elektrische Energie sparsam nutzen

1.

Gerät	Leistung P im Standby-Betrieb in W	tägliche Betriebszeit in h	Energie W pro Tag in kWh	Energie W pro Jahr in kWh	Jahreskosten in DM
Fernsehgerät	6	20	0,120	43,80	13,14
Videorecorder	12	23	0,276	100,74	30,22
Aquarium	115	24	2,760	1007,40	302,22
Receiver der Satellitenschüssel	35	24	0,840	306,60	91,98
Stereoanlage	10	20	0,200	73,00	21,90
Radiowecker	2	23	0,046	16,79	5,04
Anrufbeantworter	3	24	0,072	26,28	7,88

2.

(a) Die Energie berechnet sich wie folgt: $10 \cdot 0,08 \text{ kW} \cdot 6 \text{ h} \cdot 200 \text{ Tage/Jahr} = 960 \text{ kWh/Jahr}$.
Das sind Kosten von: $960 \text{ kWh/Jahr} \cdot 0,30 \text{ DM/kWh} = 288 \text{ DM/Jahr}$.
(b) Die Energieeinsparung beträgt: $10 \cdot 0.08 \text{ kW} \cdot 1 \text{ h} \cdot 200 \text{ Tage/Jahr} = 160 \text{ kWh/Jahr}$.
Das ist eine Kosteneinsparung von: $160 \text{ kWh/Jahr} \cdot 0,30 \text{ DM/Jahr} = 48 \text{ DM/Jahr}$.
Die prozentuale Einsparung beträgt dann ungefähr 17 %.

Notizen

Dieses Recyclingpapier besteht zu 100 %
aus Altpapier.

1. Auflage   Druck 5 4 3 2 1
Herstellungsjahr 2003 2002 2001 2000 1999
Alle Drucke dieser Auflage können im Unterricht parallel verwendet werden.

© Westermann Schulbuchverlag GmbH, Braunschweig 1999
www.westermann.de

Verlagslektorat: Dr. Helga Röske
Zeichnungen: Schwanke & Raasch, Hannover
Herstellung: Gisela Halstenbach
Druck und Bindung: westermann druck GmbH, Braunschweig

ISBN 3-14-159878-2